Beck-Rechtsberater

Patientenrechte am Ende des Lebens

dtv

Beck-Rechtsberater

Patientenrechte

am Ende des Lebens

Vorsorgevollmacht · Patientenverfügung
Selbstbestimmtes Sterben

Von Wolfgang Putz,
Beate Steldinger
und Tanja Unger

7. Auflage

www.dtv.de
www.beck.de

Originalausgabe

dtv Verlagsgesellschaft mbH & Co. KG,
Tumblingerstraße 21, 80337 München

Druck und Bindung: Druckerei C.H. Beck, Nördlingen
(Adresse der Druckerei: Wilhelmstraße 9, 80801 München)
Satz: ottomedien GmbH, Darmstadt
Umschlaggestaltung: Design Concept Krön, Puchheim
unter Verwendung eines Fotos von Fotolia

chbeck.de/nachhaltig

ISBN 978-3-423-51242-8 (dtv)
ISBN 978-3-406-73975-0 (C.H.Beck)
ISBN 978-3-406-73976-7 (eBook)

Geleitwort zur 1. Auflage

„Sterben heißt, die Geburt vollenden."
Heinrich Pera

In 25 Jahren Hospizarbeit kreisen die Gedanken um diesen letzten Lebensabschnitt. Nachdenken über ein menschenwürdiges Sterben hat die Hospizbewegung in Deutschland auf den Weg gebracht. Die Forschung und Weiterentwicklung der Palliativmedizin ermöglicht vielen Menschen schmerzfrei – und symptomgelindert – ihre letzten Lebensmonate, -wochen und -tage bewusst und selbstbestimmt zu erleben. Das begleitende Team aus Ärzten, Pflegenden, Therapeuten, Seelsorgern und Sozialarbeitern hat die „Ars moriendi" des Mittelalters wieder erlernt. Wichtig dabei ist die Mitbetreuung von Angehörigen und Freunden, dem sozialen Umfeld des betroffenen Patienten.

In der Gesellschaft (und im Gesundheitswesen) ist das Bewusstsein für diesen anderen Umgang mit „Sterben, Tod und Trauer" gewachsen. Noch ist viel zu tun; aber die wachsende Zahl von ambulanten, stationären Hospizen und Palliativstationen sowie die große Zahl der ehrenamtlichen (besser: freiwilligen) Hospiz-Helfer machen Mut. An einigen Akademien wird dieses Wissen in Palliativmedizin und Hospizarbeit weitergegeben, bisher gibt es einen Lehrstuhl für diesen Zweig der Onkologie, so dass hoffentlich in Zukunft junge Studierende im Arzt- und Pflegeberuf schon in der Ausbildungszeit mit den Problemen am Lebensende umgehen lernen. Seit dem 1.9.2009 ist Palliativmedizin für alle Medizinstudenten an Deutschen Universitäten als Ausbildungs- und Prüfungsfach gesetzlich vorgeschrieben.

„Leben bis zuletzt" ermöglichen war einer der ersten Leitsätze. Oft überlesen wurde der Satz: „Die Hospizbewegung will weder Leben verkürzen noch verlängern." Den rechten Zeitpunkt erkennen, wann ein Mensch seine letzte Reise antritt, das Zulassen des Sterbevorgangs bzw. das Unterlassen von Substitution, das vorbereitende

Abschiednehmen und Loslassen waren und sind wichtige Schritte auf dem Weg. Zurücktreten, das Sterben zulassen ist schwierig und emotional belastend für Angehörige und Freunde, aber auch für die begleitenden Ärzte und das Pflegeteam. Diesen brennenden Fragen muss sich heute jeder Einzelne stellen, da jeder irgendwann davon berührt wird – ob als Betroffener, als Partner, als Kind oder als Eltern. Für sie alle ist dieses spannende Lesebuch weit mehr als ein Rechtsratgeber. Es kann Anstoß sein zu religiöser und ethischer Reflexion.

Ein Buch, das „das Leben geschrieben hat", denn es bringt zu jedem angesprochenen Problem faszinierende und erschütternde „Fälle" (Menschengeschichten) aus der beruflichen Praxis der beiden Autoren. Ein Buch, das viele betroffen machen wird. Ich denke dabei vor allem an das Kapitel über die PEG (= Perkutane, endoskopisch kontrollierte Gastrotomie).

Mannigfaltige Gründe gibt es, warum uns diesseitigen Menschen das Loslassen so schwer fällt; warum uns der Übergang „in ein anderes Leben nach dem Tode" mit Angst und Schrecken erfüllt. Der fehlende Glaube an die eigene Heilsgeschichte ruft im Angesicht des Todes nach spirituellem Beistand und nach einer sinnstiftenden Lebensbilanz.

Deshalb ist dies ein wichtiges Buch, weil es viele Menschen zum Nachdenken und zu vorbereitenden Entscheidungen über ihr Lebensende veranlassen wird.

Martin Bubers Worte möchte ich an das Ende dieses Vorworts stellen:

Ich habe keine Lehre. Ich zeige nur etwas. Ich zeige Wirklichkeit, zeige etwas an der Wirklichkeit, was nicht oder zu wenig gesehen worden ist. Ich nehme ihn, der mir zuhört, an die Hand und führe ihn zum Fenster. Ich stoße das Fenster auf und zeige hinaus. Ich habe keine Lehre, aber ich führe ein Gespräch.

Gustava Everding

Vorwort

„Patientenrechte am Ende des Lebens“ ist wahrlich kein ganz normaler Rechtsratgeber. Als durch das „Kemptener Urteil“ des Bundesgerichtshofs im September 1994 (Anhang III Nr. 4) die vom Grundgesetz vorgegebene Rechtslage zum Beenden leidensverlängernder ärztlicher Behandlung „als Recht erkannt“ wurde, begannen wir, die Durchsetzung eines Sterbens nach dem Patientenwillen als anwaltliche Mandate zu übernehmen, bis heute fast 400 Mal.

Da wir seit Jahrzehnten im Medizinrecht arbeiten, ist es für uns „das kleine Einmaleins“: Jede medizinische Behandlung, auch wenn sie das Leben verlängert, bedarf zu ihrer Rechtfertigung zweier Säulen, der Indikation und des Patientenwillens. Daraus entwickelten wir eine klare Vorgabe für das Prozedere in solchen „Sterbemandaten“, aber auch für alle Schulungen von Hausärzten, Palliativärzten, Hospiz-Mitarbeitern und für die Vorlesungen für Medizin- und Jurastudenten. Anfangs entwickelten und „pflegten“ wir ein Skriptum, aus dem dann dieses Buch entstand.

Als dieser Rechtsratgeber 2004 erstmals erschien, war er für viele eine Provokation. Jetzt werde auch das Sterben verrechtlicht, war noch der geringste Vorwurf. Hatte sich mancher Arzt doch in einem vermeintlich rechtsfreien Raum so wohl gefühlt. So mussten wir die von den Menschenrechten der Verfassung geprägte und daher längst existente Rechtslage ausführlich erklären, also das Gegenteil von Verrechtlichung. Danach folgten in immer engerer Schlagzahl höchstrichterliche Entscheidungen im Betreuungs- und Strafrecht, das Patientenverfügungsgesetz 2009 und das Patientenrechtegesetz 2013. Unsere eigenen rechtlichen Argumentationen konnten wir mehr und mehr durch die Verweise auf die Rechtsprechung und die Gesetzgebung ersetzen.

Die Grundrechte bestimmen das Medizinrecht. Dem Patienten gibt das Grundrecht der Selbstbestimmung nach Artikel 2 unserer Verfassung das Recht, jede indizierte ärztliche Behandlung zu verbieten, auch wenn sie sein Leben verlängern oder gar seine Heilung herbeiführen kann. Behandlungsverbote kann der Patient ebenso aktuell erklären wie vorsorgend in einer Patientenverfügung. Ein Arzt oder ein Pflegeheim, die gegen Indikation oder Patientenwillen eine lebensverlängernde Behandlung durchführen, begehen eine rechtswidrige Körperverletzung. Mit einer rechtswidrigen Köperverletzung macht man sich nach deutschem Recht haft- und strafbar. Denn der Staat schuldet effektiven Grundrechtsschutz durch Sanktionierung von Grundrechtsverletzungen wie rechtswidriger Leidensverlängerung. Über die Strafbarkeit ist höchstrichterlich längst entschieden (BGH 2010). Über die Haftung wird das Bundesverfassungsgericht voraussichtlich im Jahr 2021 seine Entscheidung verkünden.

Palliativmedizin kann Symptome lindern, aber es gibt zum Tode führende Erkrankungen, die mit extremen körperlichen oder seelischen Beeinträchtigungen einhergehen. Für einige Menschen stellt für solche Verläufe der Suizid eine beruhigende Option dar. Dass ihnen unsere Verfassung diesen Weg als Grundrecht garantiert, bestätigten 2017 das Bundesverwaltungsgericht und 2020 das Bundesverfassungsgericht. Das Recht, sein Lebensende nach eigener Vorstellung von Würde zu gestalten, garantiert die Verfassung gleichermaßen für die Patientenverfügung wie für die Selbsttötung. Dass dies „unabhängig von Art und Stadium einer Erkrankung" gilt, ist für die Patientenverfügung schon seit 2009 in § 1901a Abs. 3 BGB verankert. Für den Suizid hat es nun das Bundesverfassungsgericht genauso ausgesprochen. Man muss also nicht erst krank, schwer krank oder gar lebensbedrohlich krank sein, um durch die Ablehnung ärztlicher Behandlung oder durch Suizid, ggf. mit Suizidhilfe, selbstbestimmt und nach eigener Vorstellung von Würde sein Lebensende zuzulassen bzw. herbeizuführen.

Das Bundesverfassungsgericht hat folglich am 26.2.2020 die Strafnorm des § 217 StGB, das „Verbot der geschäftsmäßigen Förderung der Selbsttötung" ersatzlos für verfassungswidrig und nichtig erklärt, ein Lehrstück zum Verfassungsrecht in seinen Auswirkungen auf das Medizinrecht am Lebensende.

Das System ist nun wieder in sich geschlossen. Vier Jahre lang musste unsere 6. Auflage umfangreich auf diese verfassungswidrige Situation eingehen. § 217 StGB bedrohte Pflegekräfte, Hospizhelfer, Ärzte oder Anwälte, wenn sie freiverantwortliche Menschen zum Suizidwunsch ergebnisoffen beraten, Hilfe und Begleitung zusagen und dann auch leisten wollten. Das ist jetzt Vergangenheit! Mit unseren Verfassungsbeschwerden konnten wir die Interessen von Palliativmedizinern erfolgreich durchsetzen und so zugleich einen Beitrag zur Stärkung der Patientenrechte leisten! Heute können Ärzte wieder nach ihrem Gewissen entscheiden, ob sie neben allen palliativmedizinischen Angeboten auch freiverantwortliche Menschen begleiten, die selbst ihrem Leben ein vorzeitiges Ende setzen. Die wiedergewonnene Freiheit nimmt allen Berufen rund um den letzten Lebensweg und vor allen den betroffenen Patienten eine schwere Last vom Herzen!

München, im August 2020

Wolfgang Putz
Beate Steldinger
Tanja Unger

Inhaltsübersicht

Inhaltsverzeichnis

Abkürzungsverzeichnis

a.a.O. .... am angegebenen Ort
Abs. .... Absatz
ACP .... Advance Care Planning = Gesundheit im Voraus Planen (GVP)
ALS .... Amyotrophe Lateralsklerose
Anm. .... Anmerkung
Art. .... Artikel
BÄK .... Bundesärztekammer
Beschl. .... Beschluss
BGB .... Bürgerliches Gesetzbuch
BGBl. .... Bundesgesetzblatt
BGH .... Bundesgerichtshof
BGHSt .... Entscheidungen des Bundesgerichtshofs in Strafsachen
BGHZ .... Entscheidungen des Bundesgerichtshofs in Zivilsachen
BVerwG .... Bundesverwaltungsgericht
BVerfG .... Bundesverfassungsgericht
CO^2 .... Kohlendioxyd
DÄBl. .... Deutsches Ärzteblatt
et al. .... und andere
GG .... Grundgesetz
GVP .... Gesundheit im Voraus Planen = ACP (Advance Care Planning)
Hrsg. .... Herausgeber
LG .... Landgericht
MdB .... Mitglied des Bundestags
MedR .... „MedizinRecht“ (Zeitschrift)
NJW .... Neue Juristische Wochenschrift
NStZ .... Neue Zeitschrift für Strafrecht
OLG .... Oberlandesgericht
OP .... Operation
PEG .... Perkutane endoskopische Gastrostomie

S. .... Satz
sog. .... so genannt
StGB .... Strafgesetzbuch
StPO .... Strafprozessordnung
v. .... vom
ZIS .... Zeitschrift für Internationale Strafrechtsdogmatik

Literaturverzeichnis

Albrecht/Albrecht/Böhm/Böhm-Rößler, Die Patientenverfügung, 2. Aufl. 2018
Ankermann, Sterben zulassen, 2004
Arbeitskreis von Professoren des Strafrechts und der Medizin, Alternativentwurf eines Gesetzes über Sterbehilfe (AE-Sterbehilfe), 2006
Arnold, Letzte Hilfe, 2014
Aulbert/Klaschik/Pichlmaier, Ernährung und Flüssigkeitssubstitution in der Palliativmedizin, Beiträge zur Palliativmedizin Bd. 4, 2001
Baltz, Lebenserhaltung als Haftungsgrund, 2010
Bauer/Klie, Patientenverfügungen/Vorsorgevollmachten – richtig beraten?, 2. Aufl. 2005
Bauerfeind/Mendl/Schill (Hrsg.), Über das Sterben, 2005
Bausewein/Roller/Voltz, Leitfaden Palliativmedizin, 5. Aufl. 2014
Bayerisches Staatsministerium der Justiz, Die Vorsorgevollmacht, 5. Aufl. 2019
Bayerisches Staatsministerium der Justiz, Vorsorge für Unfall, Krankheit und Alter durch Vollmacht, Betreuungsverfügung, Patientenverfügung, 19. Aufl. 2019
Bayerisches Staatsministerium für Gesundheit und Pflege, Verantwortungsvoller Umgang mit freiheitsentziehenden Maßnahmen in der Pflege, Leitfaden des Bayerischen Landespflegeausschusses, 2015
Bayerisches Staatsministerium für Arbeit und Sozialordnung, Familie und Frauen, Künstliche Ernährung und Flüssigkeitsversorgung, Leitfaden des Bayerischen Landespflegeausschusses, 2008
Becker/Feldmann/Johannsen F. (Hrsg.), Sterben und Tod in Europa, 1998
Beckmann, Die gesetzliche Regelung der Patientenverfügung 2009, neue Möglichkeiten, bleibende Probleme?, in Jahrbuch für Wissenschaft und Ethik, 2011
Berg, Lebensbeendende Behandlungsbegrenzungen bei Wachkomapatienten – „passiver Suizid“ im Spannungsfeld von pflegerischem Berufsethos und Selbstbestimmungsrecht des Patienten am Beispiel

des „Kiefersfeldener Falles“, Medizinethische Materialien, Heft Nr. 172, Zentrum für medizinische Ethik, 2006
Bickhardt, Der Patientenwille, 4. Aufl. 2017
Bioethik-Kommission Rheinland-Pfalz, Sterbehilfe und Sterbebegleitung, Bericht vom 23.4.2004
Borasio, selbst bestimmt sterben, 2014
Borasio, Über das Sterben, 2011
Borasio/Heßler/Jox/Meier (Hrsg.), Patientenverfügung, 2012
Borasio/Putz/Eisenmenger, Verbindlichkeit von Patientenverfügungen gestärkt, DÄBl. 2003, A2062–2065
Bühler, Aktive und passive Sterbehilfe, Medizin und Strafrecht 2000, 139
Chabot/Walther, Ausweg am Lebensende, 3. Aufl. 2012
Charbonnier/Dörner/Simon (Hrsg.), Medizinische Indikation und Patientenwille, 2008
Christliche Patientenverfügung, Gemeinsame Handreichung der ev.-luth. Kirche in Deutschland und der katholischen Kirche in Deutschland, 2. Aufl. 2003
Christliche Patientenvorsorge durch Vorsorgevollmacht, Betreuungsverfügung, Behandlungswünsche und Patientenverfügung, Handreichung und Formular der Deutschen Bischofskonferenz und des Rates der Evangelischen Kirche in Deutschland in Verbindung mit weiteren Mitglieds- und Gastkirchen der Arbeitsgemeinschaft Christlicher Kirchen in Deutschland, 2018
Christophorus Hospiz Verein e.V., Ernährung – um jeden Preis?, Reihe Palliativmedizin Palliativpflege, 2005
Coeppicus, Behandlungsabbruch, mutmaßlicher Wille und Betreuungsrecht, NJW 1998, 3381
Coeppicus, Patientenverfügung, Vorsorgevollmacht und Sterbehilfe, 2009
Deutscher Bundestag, Enquete-Kommission Ethik und Recht der Modernen Medizin, Zwischenbericht Patientenverfügungen, 2004
66. Deutscher Juristentag, Beschlüsse, Deutscher Juristentag e.V., 2006
Edlbauer, Die hypothetische Einwilligung als arztstrafrechtliches Haftungskorrektiv, 2009

Gavela, Ärztlich assistierter Suizid und organisierte Sterbehilfe, 2013
Geißendörfer, Die Selbstbestimmung des Entscheidungsunfähigen an den Grenzen des Rechts, 2009
Geremek, Wachkoma, medizinische, rechtliche und ethische Aspekte, 2009
Gründel, Lebenserhaltung um jeden Preis, 1994
Grundsätze der Bundesärztekammer zur ärztlichen Sterbebegleitung, 1998, Neufassung 2004, Neufassung 2011
Gronemeyer, Sterben in Deutschland, 2007
Guderjahn, Diesseits Jenseits, Über einen angstfreien Umgang mit der Endlichkeit, 2009
Hahne, Die Rechtsprechung des XII. Zivilsenats des Bundesgerichtshofs zur Frage der Patientenautonomie am Lebensende, Deutsche Richterzeitung 2005, 244
Hartmann, Grenzen ärztlichen Vermögens am Lebensende, in „Sterben und Tod in Europa“, 1998
Hergenröder, Anspruch auf Sterben? in Festschrift für Herbert Buchner, 2009
Heußner u.a. (Hrsg.), Manual Psychoonkologie, 3. Aufl. 2009
Hufen, Erosion der Menschenwürde?, JZ 2004, 313–368
Hufen, Geltung und Reichweite von Patientenverfügungen, 2009
Hufen, In dubio pro dignitate, NJW 2001, 849
Imhof, Ars moriendi, Die Kunst des Sterbens einst und heute, 1991
Jens, Du sollst sterben dürfen, 2015
Jens/Küng, Menschenwürdig sterben, 1995
Jox, Sterben lassen, Edition Körber-Stiftung, 2011
Jox/Kühlmeyer/Borasio, Leben im Koma, 2011
Kettler/Simon/Anselm/Lipp/Duttge (Hrsg.), Selbstbestimmung am Lebensende, 2006
Knittel, Betreuungsgesetz, Kommentar, 2011
Knop, Ich lebe gern, 2010
Kusch/Spittler, Der Ausklang, SterbeHilfeDeutschland e.V., Schriftenreihe Band 5, 2013
Kusch/Spittler, Weißbuch 2011 der SterbeHilfeDeutschland e.V., Schriftenreihe Band 1, 2011
Kutzer, Das Patientenverfügungsgesetz, ein Vergleich mit den Vorschlägen der interdisziplinären Arbeitsgruppe „Patientenautonomie

am Lebensende" des Bundesjustizministeriums, in Jahrbuch für Wissenschaft und Ethik, 2011
Landt/Bauer/Schneider, Wir sollen sterben wollen/Todes Helfer, Edition Sonderwege bei Manuscriptum, 2012
Lipp, Patientenverfügung und Lebensschutz, 2005
von Lutterotti, Menschenwürdiges Sterben, 1985
Maio, Verfügen über das Unverfügbare? Die Patientenverfügung als unvollkommene Antwort auf die ethische Herausforderung des Sterbens, in Jahrbuch für Wissenschaft und Ethik, 2011
May, Autonomie und Fremdbestimmung bei medizinischen Entscheidungen für Nichteinwilligungsfähige, 2000
May u.a. (Hrsg.), Passive Sterbehilfe: besteht gesetzlicher Regelungsbedarf?, 2002
May/Brandenburg, Einstellungen medizinischer Laien zu Behandlungsverfügungen, Medizinethische Materialien, Heft 148, Zentrum für medizinische Ethik, 2004
May/Charbonnier (Hrsg.), Patientenverfügungen, 2005
Meier/Borasio/Kutzer (Hrsg.), Patientenverfügung, Ausdruck der Selbstbestimmung – Auftrag zur Fürsorge, 2005
Müller-Busch, Ärztliche Entscheidungen in Grenzsituationen, Patientenverfügungen als Instrumente des Dialogs, in Jahrbuch für Wissenschaft und Ethik, 2011
Nacimiento, Das apallische Syndrom, DÄBl. 1997, A661 ff.
Nationaler Ethikrat, Selbstbestimmung und Fürsorge am Lebensende, Stellungnahme, 2006
Neumann (Hrsg.), Suizidhilfe als Herausforderung, 2012
Nonnenmann, Lasst mich endlich sterben! Tagebuch einer Mutter, die trotz Patientenverfügung leben musste, 2007
Oduncu, In Würde sterben, 2007
Ohly, Sultan seiner Existenz, Süddeutsche Zeitung 1999, Nr. 76
Olzen/Frister/Roth (Hrsg.), Klinische Onkologie 2009/2010, Medizinrecht in der Onkologie
Palandt, Bürgerliches Gesetzbuch, 79. Aufl. 2020
Pschyrembel, Klinisches Wörterbuch, 258. Aufl. 1998
Putz, Das Mandat Sterben – Herausforderung für den Rechtsanwalt, in Ärztliche Behandlung an der Grenze des Lebens, 2004

Putz, Der Tod als Mandat in Arbeitsgemeinschaft Rechtsanwälte im Medizinrecht e.V. (Hrsg.) „25 Jahre Arbeitsgemeinschaft – 25 Jahre Arzthaftung – Von der Krähentheorie bis zum groben Behandlungsfehler“, 2011

Putz, Strafrechtliche Aspekte der Suizid-Begleitung im Lichte der Entwicklung von Rechtsprechung und Lehre zur Patientenverfügung, in Festschrift für Gunter Widmaier, 2008

Putz, Wann darf ein Wachkoma-Patient sterben? in Jox/Kühlmeyer/Borasio (Hrsg.) „Leben im Koma – Interdisziplinäre Perspektiven auf das Problem des Wachkomas“, 2011

Putz/Geißendörfer/May, Therapieentscheidung am Lebensende, Ein „Fall“ für das Vormundschaftsgericht, Medizinethische Materialien, Heft 141, Zentrum für medizinische Ethik, 2002

Putz/Gloor, Sterben dürfen, 2011

Putz/Steldinger, Die Grundsatzentscheidung des Bundesgerichtshofs vom 8. Juni 2005 im Fall des Komapatienten Peter K., Besprechung und Darstellung der jahrelangen BGH-Rechtsprechung zum Selbstbestimmungsrecht des Patienten bei Behandlungsverweigerung, PKR 3/2005, 57 ff.

Putz/Steldinger, Entscheidungskriterien bei ärztlicher Behandlung am Lebensende in Medizinische Indikation und Patientenwille – Behandlungsentscheidungen in der Intensivmedizin und am Lebensende, 2008

Putz/Steldinger, Rechtliche Aspekte der Therapiebegrenzung in der Pädiatrie, Monatsschrift Kinderheilkunde, 2009

Putz/Steldinger, Wenn das Zulassen des Sterbens indiziert ist, in Zeitschrift Pflege- & Krankenhausrecht (PKR) Ausgabe 2/2007

Radner (Hrsg.), Schmerztherapie in der Palliativmedizin und Sterbebegleitung im europäischen Vergleich, 2009

Ratzel/Lippert/Prütting, Kommentar zur (Muster-)Berufsordnung für die in Deutschland tätigen Ärztinnen und Ärzte - MBO-Ä 1997, 7. Aufl. 2018

de Ridder, Welche Medizin wollen wir?, 2015

de Ridder, Wie wollen wir sterben?, DVA 2010

Rudolf/Bittler/Roth, Vorsorgevollmacht, Betreuungsverfügung und Patientenverfügung, 4. Aufl. 2015

Salomon, Das Patientenverfügungsgesetz 2009, Chancen und Probleme für die ärztliche Praxis, in Jahrbuch für Wissenschaft und Ethik, 2011
Sass/Kielstein, Patientenverfügung und Betreuungsvollmacht, 2001
Schobert, Der gesuchte Tod, 1998
Schork, Ärztliche Sterbehilfe und die Bedeutung des Patientenwillens, 2007
Schulze/Niewohner, Selbstbestimmt in der letzten Lebensphase – zwischen Autonomie und Fürsorge, 2004
Spickhoff, Medizinrecht, 3. Aufl. 2018
Spittler, Begrenzungen der Autonomie im Locked-In-Syndrom, Eine Pflicht zum Leben?, 2003
Spittler, Flüssigkeitsverzicht – Ethische Maßstabsfindung in der gesellschaftlichen Kontroverse, Deutsche medizinische Wochenschrift 2005, 130
Stapferhaus Lenzburg (Hrsg.), Last minute, Ein Buch zu Sterben und Tod, 2000
Steldinger, Behandlungsentscheidungen aus juristischer Sicht, in „Praxis Palliative Geriatrie", 2011
Steldinger, Unsicherheiten in der juristischen Praxis in „Lebensverlängernde Maßnahmen beenden? – Gesetzeslage, Rechtsprechung, Medizinische Praxis", Loccumer Protokolle 72/2005
Strätling, u.a., Gut gemeint ist nicht immer gut gemacht, DÄBl. 2005, A2153
Taupitz, Das Patientenverfügungsgesetz, mehr Rechtssicherheit?, in Jahrbuch für Wissenschaft und Ethik, 2011
Taupitz, Empfehlen sich zivilrechtliche Regelungen zur Absicherung der Patientenautonomie am Ende des Lebens? Deutscher Juristentag, 2000
Thöns, Patient ohne Verfügung – Das Geschäft mit dem Lebensende, 2019
Thorbrietz, Leben bis zum Schluss, 2007
Tolmein, Keiner stirbt für sich allein, 2006
Tolmein, Selbstbestimmungsrecht und Einwilligungsfähigkeit, 2004
Uhlenbruck, Selbstbestimmtes Sterben durch Patienten-Testament, Vorsorgevollmacht, Betreuungsverfügung, 1997

Verhandlungen des 63. Deutschen Juristentages Leipzig 2000, Bd. II/1, Sitzungsberichte, 2001

Verrel, Patientenautonomie und Strafrecht bei der Sterbebegleitung, Gutachten C zum 66. Deutschen Juristentag, 2006

Verrel/Simon, Patientenverfügungen, Rechtliche und ethische Aspekte, 2010

Vetter, Selbstbestimmung am Lebensende, Patientenverfügung und Vorsorgevollmacht, 2. Aufl. 2009

Wehrli/Sutter/Kaufmann (Hrsg.), Der organisierte Tod, 2012

Weimer, Der tödliche Behandlungsabbruch beim Patienten im apallischen Syndrom, 2004

Wienke/Lippert (Hrsg.), Der Wille des Menschen zwischen Leben und Sterben – Patientenverfügung und Vorsorgevollmacht, 2001

Wolfslast/Conrads (Hrsg.), Textsammlung Sterbehilfe, 2001

Wolfslast/Schmidt, Suizid und Suizidversuch, 2005

Zieger/Bavastro/Holfelder/Dörner, Kein „Sterben in Würde", DÄBl. 2002, A917

Zimmermann, Betreuungsrecht von A–Z, 5. Aufl. 2014

Zimmermann, Ratgeber Betreuungsrecht, 11. Aufl. 2020

Hinweis

Die von den Autoren herausgegebenen Formulare für Patientenverfügung, Vorsorgevollmacht und Organspende – zusammen mit einer kurzen Anleitung zum Ausfüllen –, die mit denen des bayerischen Justizministeriums (Anhang V Nr. 1 und 7) inhaltlich weitestgehend identisch sind, können in der **Kanzlei für Medizinrecht Putz-Sessel-Steldinger, München,** unter der Telefonnummer 089/65 20 07 oder über E-Mail kanzlei@putz-medizinrecht.de bestellt bzw. auf www.putz-medizinrecht.de heruntergeladen werden.

1. Kapitel

Einführung

Denn der Arzt muss dafür sorgen, dass das Heilbare nicht unheilbar werde; er muss wissen, wie man die Entwicklung zur Unheilbarkeit verhindern kann. Im Unheilbaren aber muss er sich auskennen, damit er nicht nutzlos quäle.

So schrieb vor ca. 2400 Jahren Hippokrates, der „Urvater" aller Ärzte.

I. Sterben einst und jetzt und in Zukunft

Aus seiner Beobachtung über das Aussehen eines sterbenden Menschen sollte der Arzt in der Antike eine Prognose über den Zustand des Patienten stellen können und sein ärztliches Verhalten danach richten. Für den antiken Arzt war es der Höhepunkt seiner Kunst und zugleich seine schwerste Aufgabe, die **Unheilbarkeit zu erkennen** und damit das Ende seiner Kunst und Zuständigkeit anzuerkennen. Ihm war es deshalb geboten, den Kranken am Sterbebett zu verlassen, wenn seine Kunst sich als vergebens erwies.

Der Gesichtsausdruck eines Sterbenden, den der Arzt erkennen soll, und wie ihn Hippokrates beschrieben hat, wird noch heute nach ihm „Facies hippokrata" genannt: spitze Nase, hohle Augen, eingesunkene Schläfen, die Ohren kalt und zusammengezogen, die Ohrläppchen abstehend, die Haut im Gesicht hart, gespannt und trocken. Die Farbe des ganzen Gesichtes grünlich oder grau.

Mittelalterliche Sterbeszenen zeigen den Arzt, das Uringlas betrachtend, sich zur Tür wendend, während der Tod durch eine andere

Tür eintritt. Am Bett des Sterbenden leisten Angehörige und Priester dem Sterbenden in seiner letzten Stunde Beistand.

Der **Tod war vertraut**: Man erlebte mit, wie Familienangehörige starben, wie Verbrecher oder Ketzer hingerichtet wurden, wie die Alten starben.

In den folgenden Jahrhunderten bemühte man sich, das Sterben mehr biologisch zu erforschen. So veröffentlichte im Jahr 1800 der Pariser Arzt Bichat eine biologische Sterbenslehre. Er definierte das Leben als ein Gefüge von Zellen, Gewebe und Organen, die dem Tod widerstehen. Er unterschied „animalisches“ und „organisches“ Leben: Das Gehirn – Empfindungs- und Bewegungsvermögen – war dem animalischen Leben zugeordnet, zum organischen Leben gehörten Atmung und Kreislauf.

In der zweiten Hälfte des 18. Jahrhunderts herrschte vor allem die Angst vor dem Scheintod, also die Angst, noch lebend begraben zu werden. In unterschiedlichen Verordnungen wurden Wiederbelebungsmaßnahmen vorgeschrieben. Durch den Reiz von Tabakrauch, durch Sauerstoffbeatmung mit Blasebalg und durch elektrische Stromstöße in die Herzgegend sollte der Patient wieder zum Leben erweckt werden. Ärzte, nicht mehr Angehörige oder Priester, mussten nun den Tod bestätigen. **Anzeichen des Todes** waren Herz- und Atemstillstand, Leichenstarre und Totenflecken. Um sicher zu sein, dass kein Scheintoter beerdigt wurde, wurde die Leiche drei Tage in beheizten und bewachten Leichenhäusern aufbewahrt.

> An die Stelle des Problems der Scheintoten des 18. Jahrhunderts ist das des Schein-Lebenden unseres Jahrhunderts getreten (Fritz Hartmann, Grenzen ärztlichen Vermögens am Lebensende in Sterben und Tod in Europa, hrsg. von U. Becker, 1998).

1968 wurde von einem Komitee der Universität Harvard die Definition des Hirntods erarbeitet und international vereinbart. Sie war die Reaktion auf den zunehmenden Fortschritt in der Intensivmedizin und in der Entwicklung immer neuer Reanimationstechniken, mit denen Menschen wiederbelebt werden konnten, die nicht mehr selbständig atmeten oder deren Herz nicht mehr schlug. Das Herz-

und Kreislaufversagen hatte bis dahin als sicheres Zeichen des Todes gegolten. Mit den neuen Möglichkeiten, Schwerstkranke und Schwerstverletzte „unendlich“ lange künstlich am Leben zu erhalten, war es gelungen, den Sterbevorgang aufzuhalten, obwohl es keine Aussicht mehr auf eine Rückkehr in ein mit Bewusstsein ausgestattetes Leben ohne (intensiv)medizinische Unterstützung gab.

Seitdem wird vor allem in Europa und den USA der Tod eines Menschen mit dem Tod des gesamten Gehirns gleichgesetzt. Der Hirntod wird definiert als unumkehrbarer Ausfall seiner gesamten Funktion einschließlich des Hirnstammes, ungeachtet der künstlichen Aufrechterhaltung der Herz-Kreislauf-Funktion. Er wird diagnostiziert nach einem genau vorgegebenen Verlauf, dem sich eine mehrstündige Beobachtungszeit anschließt. Es darf keinerlei Hirnaktivität mehr feststellbar sein, auch keine hirnabhängige Körpertätigkeit wie Reflexe oder spontane Atmung.

Diese Definition des Hirntods ist in Zusammenhang mit der ersten Herztransplantation im Jahr 1967 zu sehen. Technischer Fortschritt und gesellschaftspolitische Richtlinien haben hier ineinander gegriffen (Jaqueline Häusler, Wann ist der Mensch tot? In „Last minute“/ Ein Buch zu Sterben und Tod, hrsg. von Stapferhaus/Lenzburg): Der Verstorbene muss rechtlich hinreichend tot und medizinisch noch hinreichend lebendig sein, damit seine Organe oder sein Gewebe für eine **Transplantation** geeignet sind. Dies gewährleisten die Hirntodkriterien, die für die Transplantationsmedizin übernommen wurden.

Damit wurde der „Herztod“ der vergangenen Jahrhunderte durch den „Hirntod“ abgelöst. Diese gänzlich „auf den Kopf (ab)gestellte“ Definition des Todes spiegelt auch unser heutiges Menschenbild wider, das durch Vernunft und Bewusstsein geprägt ist.

Vor Jahrhunderten hat man sich gefragt, ob der Kopf eines durch die Guillotine hingerichteten Menschen noch wahrnehmen kann und Empfindungen hat. Heute ist es schwer begreiflich, dass ein Mensch, der den Gehirntod bereits gestorben ist, wirklich tot sein soll, obwohl sein Herz mit intensivmedizinischer Hilfe noch schlagen kann, er noch warm und durchblutet ist, ausscheidet und ungeordnete Muskelbewegungen macht.

Und was ist mit den Schwerstkranken, den Komapatienten, deren Herz noch schlägt, deren Kreislauf und Atmung noch funktionieren, die aber ohne Bewusstsein sind, weil ihr Großhirn unwiederbringlich zerstört ist?

Wer bestimmt eigentlich den Beginn und die Umstände des Sterbens?

„**In Würde sterben**" hieß im Mittelalter, sich im Vertrauen auf Gott und ein Leben im Himmel gefasst in sein Schicksal zu ergeben. Über den Zeitpunkt des Todes entschied Gott, über die Umstände des Todes sollte der Mensch entscheiden. Dazu setzte der Sterbende sein Testament auf, ließ es von den umstehenden Freunden und Verwandten bestätigen. Er verfügte auch, was zu geschehen hatte, wenn er nicht mehr sprechen konnte, wenn er zu schwach für Gesten war oder wenn er das Bewusstsein verloren hatte.

Heute hat der rasante medizinisch-technische Fortschritt uns in die Lage versetzt, den Todeszeitpunkt um Jahre hinauszuschieben. Manchmal hat dies den Patienten ein längeres und ein besseres Leben beschert. Manchmal hat dies aber auch ihr Siechtum um Jahre hinausgezögert und ihr Leid nicht verringert, sondern nur verlängert. Deshalb schreiben heute Patienten ihre eigene Broschüre, in der sie nicht nur das „Wie", sondern auch das „Wann" ihres Sterbens festlegen.

Die Euphorie im letzten Viertel des vergangenen Jahrhunderts über die Fähigkeit, immer mehr Krankheiten heilen zu können und immer mehr Menschen retten zu können, verstellte mehr und mehr den Blick für ein natürliches Lebensende. Die so genannte „**Apparatemedizin**", die in Intensivstationen „Leben um jeden Preis verlängerte", wurde zum Schlagwort. In den siebziger Jahren wurde erstmals diskutiert „Darf die Medizin alles, was sie kann?" Und langsam kam die Erkenntnis, dass man auch fragen musste, ob der einzelne Patient eigentlich immer das wollte, was man ihm angedeihen ließ.

Immer wieder stellen wir Ärzten und Pflegern, aber auch beteiligten Juristen oder Betreuern und Angehörigen die Frage: Wie verläuft eigentlich ein **natürlicher Sterbevorgang** eines betagten Menschen? Erstaunlicherweise fehlt diese Kenntnis nicht nur den meisten

Laien, sondern auch vielen Ärzten: Das Essen wird plötzlich nicht mehr vollständig aufgegessen oder bleibt unangetastet. Das Füttern und die Gabe von Getränken wird mühselig, der Appetit lässt nach, die Schlafphasen auch am Tage werden länger. Gerade erfahrenen Pflegekräften in Alten- und Pflegeheimen ist diese plötzliche Veränderung von alten Menschen vertraut: Der Mensch ist „des Lebens müde". In allen Zeiten gebot der Respekt vor der Würde und der Selbstbestimmung des alten Menschen, in diesen Prozess nicht mehr gegen seinen Willen einzugreifen.

Medizinisch betrachtet kommt es infolge des Flüssigkeitsmangels zu einer verringerten Nierenfunktion oder zu einem totalen Nierenversagen und damit auch zu einer Anreicherung von harnpflichtigen Stoffen im Blut, eine zunehmende Hämokonzentration. Der Mensch kommt in ein so genanntes „terminales Nierenversagen" und verstirbt an einer Urämie, die ihn gnädigerweise schließlich völlig bewusstlos macht.

Es gab natürlich auch in der „guten alten Zeit" den plötzlichen Tod und die Krankheit, die zum Tode führt, es gab die Altersdemenz und Komafälle. Doch diese Prozesse endeten stets mit einem natürlichen Versterben, wenn eine Ernährung und Versorgung mit Flüssigkeit nicht mehr möglich waren. In England gilt auch heute noch das Prinzip „**spoon to the mouth**", also „Löffel zum Mund": Der Patient lebt so lange, wie er die notwendige Nahrung und Flüssigkeit auf natürlichem Wege unter eigener Mitwirkung, also durch Essen im Wege des Fütterns oder durch Trinken unter Mithilfe des Pflegepersonals, zu sich nehmen kann. Wenn dies nicht mehr möglich ist, lässt man den natürlichen Sterbeprozess zu und weder früher noch heute käme man in England auf den Gedanken, dass hier ein Mensch grausam verhungern oder verdursten müsste.

Als Mitte der siebziger Jahre viele Menschen mehr Angst vor der qualvollen Verlängerung ihres Sterbens durch die Apparatemedizin in hoch technisierten Krankenhäusern hatten als vor dem Sterben selbst, kam die Idee der **Patientenverfügungen** auf. Man wollte für einen natürlichen Tod und gegen Lebensverlängerung um jeden Preis vorsorgen. Die ersten Texte waren noch unbeholfen, ungeübt, sehr allgemein und häufig sehr realitätsfremd formuliert. So verankerte der Kölner Amtsrichter Uhlenbrock in seiner Formulierung einer Patientenverfügung auch den völlig realitätsfernen Hinweis, dass keine „Hemikorporektomie" (Körperenthälftung) gewünscht werde. Die Ärzte machten sich nicht zuletzt wegen solcher oder ähnlicher Formulierungen über die Texte der damals noch als „Patiententestamente" bezeichneten Urkunden lustig. Man fühlte sich aus ärztlicher Sicht bestätigt, dass die laienhaften Verfasser (insbesondere die von den Ärzten so wenig geliebten Juristen) keine Ahnung von der medizinischen Praxis hatten. Folglich fanden die „Patiententestamente" auch aus diesem Grund bei Ärzten geringe Akzeptanz.

In jene Zeit fiel die Gründung des ersten **Hospizes** in England durch Ciceley Saunders. Später wurde eine erste ähnliche Einrichtung, eine Palliativstation an der Universitätsklinik in Köln, Vorläufer des späteren Mildred-Scheel-Hauses, gegründet. Die Bevölkerung bewegten hingegen weniger diese Einrichtungen, die ein Sterben in Würde zum Ziel hatten, sondern die negativen Eindrücke der damaligen medizinischen Entwicklung.

II. Die PEG – eine Erfindung, die die Welt veränderte

Im Jahr 1984 gab es dann in der Medizin eine Erfindung, die weitgehend unbeachtet blieb, weil sie scheinbar banal und wenig spektakulär war: die so genannte **PEG**, die **p**erkutane, **e**ndoskopische **G**astrostomie. Zum Zwecke der künstlichen Ernährung eines Menschen hatte man eine Magensonde entwickelt, die in einer kleinen Operation in Narkose durch die Bauchdecke eingeführt wird.

Die Bedeutung dieser Erfindung ist bis heute noch immer nicht in das Bewusstsein der Öffentlichkeit gedrungen. Wann immer Medien aller Art über das Thema Sterben, Vorsorge und Sterbehilfe berichten, werden die Texte mit Bildern aus Intensivstationen unterlegt oder umrahmt. Damit werden immer noch die Ängste vor der so genannten Apparatemedizin geschürt und unterhalten. Anders als die angebliche Lebensverlängerung um jeden Preis per Apparatemedizin auf Intensivstationen kam die PEG schon im Jahr 2000 tatsächlich jährlich ca. 140.000-mal zur Anwendung. Sie ist zu einer Selbstverständlichkeit in der Alten- und Krankenpflege geworden. Ohne die PEG gäbe es auch kein sich über viele Jahre hinziehendes Dauerkoma.

Der längste uns bekannte Fall betrug im Jahr 2011 32 Jahre. Eine damals junge Frau erlitt eine Hirnblutung. Die Ärzte in einem Klinikum schlugen dem Ehemann vor, aufgrund der infausten (aussichtslosen) Prognose die künstliche Ernährung einzustellen und seine Frau sterben zu lassen. Der Ehemann konnte sich hierzu nicht durchringen. Die Frau war im Jahr 2011 fast 50 Jahre alt und kann im Prinzip bis zum Alterstod künstlich weiter am Leben erhalten werden.

Wenn ein im gesunden Leben stehender Mensch durch einen Unfall, eine Hirnblutung oder ähnliche Vorgänge plotzlich in einen komatösen Zustand kommt, in welchem er sich nicht selbst ernähren kann, ist die Verwendung einer PEG ohne jeden Zweifel sinnvoll. Es handelt sich um eine akute Maßnahme zu einem Zeitpunkt, in dem die künftige Entwicklung der Krankheit und die Prognose noch nicht abzusehen und einzuschätzen sind. Auch nach einer Operation im Halsbereich ist die vorübergehende Ernährung durch PEG während des Heilungsprozesses sinnvoll und notwendig. In Pflegeheimen kommen jedoch vielfach Patienten automatisch an die PEG, wenn ein langsamer Abbau ihrer Fähigkeiten in zunehmendem Maße eine eigene Aufnahme von Nahrung und Flüssigkeit unmöglich macht. Es ist heute in vielen Einrichtungen der Pflege üblich, Patienten, bevor sie zu stark abnehmen, austrocknen und zum „Heimskandal" werden, in ein Krankenhaus einzuweisen, damit sie dort erst **„bewässert"** und sodann mit einer PEG versehen werden. Anders werden sie oft gar nicht zurückgenommen.

Der Krankenhausarzt überprüft die Indikation für die PEG meistens nicht, denn dies sollte schon der Haus- oder Heimarzt getan haben. In vielen Fällen haben wir erlebt, dass eben gerade nicht geprüft wurde, ob die Indikation für eine weitere künstliche Lebenserhaltung, sei es durch künstliche Beatmung oder sei es durch künstliche Ernährung, gegeben ist (dazu eingehend im 2. Kapitel I). Der Hausarzt wiederum entscheidet oft im Sinne des Pflegeheims, weil er zumindest in Zukunft nicht zahlreiche Patienten im Heim verlieren will. Die Heime empfehlen nämlich regelmäßig die mit ihnen zusammenarbeitenden Ärzte an die Angehörigen neu aufgenommener Patienten weiter.

Die PEG tut nicht weh und stört nicht. Der Patient bemerkt sie nicht und reißt sie sich deshalb nicht heraus, wie ehedem die durch die Nase geführten Magensonden, die den Patienten in der Nase und im Nasen-Rachen-Raum Schmerzen und Entzündungen verursachten und lästig waren. Manche Patienten hatten auch mit dem Herausreißen der alten Magensonden versucht, ihren Willen zu bekunden, nicht künstlich ernährt zu werden.

Viele Ärzte und viele Pflegekräfte, Alten- und Pflegeheime, waren deshalb von der Perfektion, mit der nun Leben beliebig lange erhalten und verlängert werden kann, unreflektiert begeistert. Ein zusätzlicher Effekt bestärkt den positiven Eindruck augenscheinlich: Gerade, wenn man die Entscheidung über den Einsatz der PEG lange hinausgeschoben hat, kommt es jetzt bei perfekter Versorgung mit allen notwendigen Stoffen wie etwa Mineralien, Vitaminen und Spurenelementen sowie mit einer garantierten, hohen Flüssigkeitszufuhr geradezu zu einem „Aufblühen" des Patienten. Die PEG rechtfertigt sich durch ein für jedermann sichtbares, positives „Behandlungsergebnis".

Es soll aber nicht unerwähnt bleiben, dass es auch mit der Sondenernährung Schwierigkeiten gibt: Ärzte, die keine ausreichende Kenntnis über die richtige individuelle Zusammensetzung der Sondennahrung haben, Patienten, die mit Allergien und Durchfällen auf die Inhaltsstoffe reagieren, und Heime, die deshalb extra professionelle Ernährungsspezialisten einstellen müssen. Es gibt gut geführte Heime, die darüber mittlerweile Studien erstellen lassen.

Andererseits darf aber auch nicht übersehen werden, dass mitunter zu Unrecht auf die Versorgung mit einer PEG verzichtet wird, obwohl diese medizinisch und nach dem Interesse und dem (ggf. mutmaßlichen) Willen des Patienten geboten wäre, um einen letzten Lebensabschnitt noch lebenswert zu gestalten. Hintergrund solcher unvertretbaren Unterlassungen ist die irrige Ansicht, eine einmal begonnene Versorgung mittels der PEG sei unumkehrbar. Diese Meinung wird von vielen Ärzten nicht nur gegenüber den Angehörigen, sondern auch gegenüber dem Pflegepersonal vertreten, wenn sie nicht ohnehin schon vom Pflegepersonal „verinnerlicht“ wurde. Das Vorenthalten einer notwendigen Sondenernährung für einen Patienten, der dies noch wünscht, davon einen medizinischen Nutzen hätte und dies als eine Wohltat empfinden würde, ist Folge der allgemeinen Unwissenheit und Unsicherheit im Umgang mit der PEG.

Umgekehrt beginnt für viele Menschen das „ewige Leben an der Sonde“, während ihre Krankheit, Behinderung, ihre Demenz oder ihr sonstiger körperlicher Verfall kaum beeinflussbar fortschreiten. Der natürliche Sterbevorgang, ein synchrones Verlöschen von Körper, Geist und Seele, wird damit verhindert!

In den letzten Jahren erleben wir aber auch eine gegenteilige Entwicklung. Immer mehr werden sich Ärzte und Pflegeheime bewusst, dass auch der Beginn oder die längerfristige Fortsetzung einer künstlichen Ernährung einer sorgfältigen Indikationsstellung bedarf. Ebenso wird frühzeitig bei solchen Verläufen nach dem Patientenwillen geforscht. Immer mehr Heime weisen uns darauf hin, dass bei ihnen nur noch wenige Bewohner mit PEG-Sonden versorgt sind. Dies beruhe auf dem Bewusstseinswandel der im Hause tätigen Ärzte und der Pflege in den letzten zehn Jahren.

III. Wirtschaftliche Interessen rund um den Tod

1. Kranken- und Pflegeversicherung

Neben der Erfindung der PEG hat die Einführung der Pflegeversicherung zu einer veränderten Situation bei Krankheit, Alter und Pflegebedürftigkeit geführt: Früher gab es für alle im Zusammenhang mit einer Krankheit anfallenden Kosten die privaten oder gesetzlichen **Krankenversicherungen**. Diese übernahmen auch die Pflegekosten, solange der Patient in einem Krankenhaus lag. Die Liegezeiten im Krankenhaus waren noch nicht so eng bemessen, wie dies heute der Fall ist. Pflegekosten belasteten damals die Patienten oder die Angehörigen also erst ab dem Zeitpunkt der Entlassung nach Hause oder in ein Pflegeheim. Heute erhält der Patient nur die Leistungen der Akutmedizin oder der Rehabilitation unter streng vorgegebenen Verweildauern von der gesetzlichen oder privaten Krankenkasse. Sobald Pflegebedürftigkeit eintritt, wird in ein Pflegeheim verlegt.

Selbst relativ absehbare Sterbeprozesse werden nach den teils gesetzlichen, teils wirtschaftlichen Vorgaben der Verwaltungen der Krankenhäuser alsbald in die eigene häusliche Umgebung oder in ein Pflegeheim entlassen oder überwiesen (vgl. Fall 1).

Es dürfen auch weitere möglicherweise widerstreitende finanzielle Interessen beim Tod eines Menschen nicht unbeachtet bleiben:

2. Interessen von Angehörigen

Zum einen könnten Angehörige als potentielle Erben ein finanzielles Interesse am Tod des Patienten haben. Häufig handelt es sich dabei um die Kinder, die als Bevollmächtigte oder vom Betreuungsgericht bestellte rechtliche Betreuer auch den mutmaßlichen Willen des Patienten in die Entscheidungen der Ärzte einzubringen haben. Sie stellen also häufig auch die Weichen für Leben oder Tod und damit für einen früher oder später eintretenden Erbfall. Die zeitliche Vorverlegung des Todes bei einem durch die PEG ernährten potentiellen Erblasser kann viele Jahre betragen. Bei der Prüfung des mutmaßlichen Willens ist stets auch nach den finanziellen Hintergründen zu fragen. Besteht ein Interesse an der „Vorverlegung" des Erbfalles? Würde die Lebensverlängerung das Erbe aufbrauchen? Selbstverständlich ist das finanzielle **Interesse der Erben** auch ein Gesichtspunkt, der bei der Ermittlung des mutmaßlichen Patientenwillens zu berücksichtigen ist. Wenn aber ein Angehöriger ein beträchtliches Erbe nach dem Tod des Patienten antreten würde, so kann dies allein niemals ein Grund sein, den umfassend dargelegten und unter Beweis gestellten, vorausgeäußerten oder aktuellen mutmaßlichen Willen nicht zu befolgen.

3. Interessen der Ärzte, Heime, Pflegekräfte

Auf der anderen Seite stehen die **finanziellen Interessen** von Ärzten, Pflegeeinrichtungen, Apotheken, Herstellern von Medizintechnik, Sondennahrung und Pflegeheimausstattung sowie von berufsmäßigen Betreuern und Verfahrenspflegern. Man kann beispielhaft folgende Rechnung aufmachen:

Ein komatöser Patient in einem durchschnittlichen Pflegeheim gehört ohne Zweifel zu den weniger pflege- und damit weniger kostenintensiven Heimbewohnern, nicht selten bei höchster Pflegestufe. Er muss nicht „gefüttert" werden und benötigt weder eine Bibliothek, ein Restaurant, einen Gymnastikraum noch sonstige Gemeinschaftseinrichtungen. Er macht keinen Gebrauch von den zahlreichen kostenfreien und damit im Monatspreis enthaltenen gesellschaftlichen Angeboten zur Unterhaltung der Heimbewohner. Er verlässt sein Zimmer nicht oder jedenfalls nicht in solcher Weise, dass dies kalkulatorisch nennenswerte Kosten erzeugt (Reinigung, Beschädigungen usw.).

Ein Pflegeplatz kann mit ca. 4.500 Euro und mehr im Monat angesetzt werden. Zu diesen Heimkosten kommen zusätzlich die Kosten der Sondennahrung sowie die Arzt- und Arzneimittelkosten.

So kommt man leicht auf einen Betrag von ca. 10.000 Euro und mehr pro Patient pro Monat. Hinzu kommen die Kosten der vom Gericht bestellten Betreuer. In der Praxis wird immer wieder berichtet, dass Betreuer, die diese Aufgabe für viele Patienten gleichzeitig und berufsmäßig übernommen haben, praktisch ausnahmslos ablehnen, ihren Betreuten durch Einstellung der Nahrung sterben zu lassen. Viele Betreuer werden so lange aus dem Vermögen des Betreuten bezahlt, bis es unter anderem auch aus diesem Grund verbraucht ist, und der Patient im Koma auch noch zum Sozialhilfeempfänger wird.

Die Weigerung eines Pflegeheims, einen Menschen sterben zu lassen, wird oft mit einer „ethischen Grundorientierung" begründet, ist aber manchmal nur vorgeschoben, und in Wahrheit liegen finanzielle Motive zugrunde: Pflegeheime, die zu einem guten Teil ihre Belegung der PEG verdanken, verdienen gut an Komakranken.

IV. Vier Fälle aus der Praxis

Zur Veranschaulichung der gesamten Thematik stellen wir nun vier **„ganz normale" Fälle** aus der Praxis vor, um die typischen Sterbesituationen, in denen es zu rechtlichen Auseinandersetzungen über das Procedere kommt, besser verständlich zu machen:

FALL 1: Arno P. ist im hohen Alter „plötzlich" krebskrank geworden. Von den Beeinträchtigungen der ersten schweren Operation erholt er sich nicht mehr gut. Es folgen mehrere Zyklen Chemotherapie. Erst nach der letzten Anwendung wird den Söhnen auf dem Flur des Krankenhauses eröffnet, dem Vater sei nun nicht mehr zu helfen. Er müsse das Krankenhaus so bald wie möglich verlassen. Nachdem er austherapiert sei und seine weitere Behandlung auch keine stationäre Versorgung in einem Krankenhaus nötig mache, solle die Familie sich nun schnell nach einem Pflegeplatz umsehen oder den Patienten nach Hause nehmen. Die Söhne leben mit ihren Familien in verschiedenen Orten. Keine Familie hat die Möglichkeit, den Vater bzw. Großvater nach Hause zu nehmen. Kein Pflegeheim übernimmt innerhalb von einer Woche den Patienten. Man erfährt schließlich, dass die Gemeinden Einrichtungen der so genannten „Interimspflege" vorhalten, wo (z.T. in alten baulichen Einrichtungen, die man auf Dauer niemandem mehr zumuten will) vorübergehend in Zimmern mit vielen Betten eine Art „Zwischenlagerung" der alten Menschen stattfindet, bis ein Pflegeplatz gefunden ist. Es gibt mittlerweile auch Pflegeheime, die sich selbst als eine Einrichtung der Interimspflege verstehen und auch für diesen Zeitraum den Patienten eine behagliche Umgebung bieten wollen. Im Fall von Arno P. bittet die Familie das Krankenhaus, noch etwas Zeit zu gewähren, bis ein menschenwürdiger Platz zum Sterben gefunden sei. Diese Bitte ist nicht ohne Weiteres zu erfüllen, weil die Krankenhäuser von der Krankenversicherung bezahlt werden und keine ausschließlich pflegerischen Leistungen erbringen dürfen, da diese von der Pflegeversicherung bezahlt und von einer Pflegeeinrichtung erbracht werden müssen. In diesem Fall gewährt das Krankenhaus kulanterweise noch ein paar Tage Aufschub. Arno P. verstirbt in der Klinik zwei Tage, bevor er in ein Interims-Pflegeheim verlegt worden wäre.

FALL 2: Hanna S. (78) liegt nach einer Notoperation bei fortgeschrittenem Darmkrebs im Krankenhaus. Sie ist bei vollem Bewusstsein. Im Hinblick auf ihre Krebserkrankung hat sie bereits eine Patientenverfügung gemacht und eine Vorsorgevollmacht an ihre Familienmitglieder erteilt. Sie verweigert gegenüber den Ärzten weitere operative Eingriffe, welche die Ärzte für unerlässlich halten. Ihr Bewusstseinszustand ist wechselhaft. In Phasen der vollen Orientierung äußert sie ausdrücklich auf entsprechende Anfrage gegenüber den Angehörigen und gegenüber den Ärzten erneut das absolute Verbot einer weiteren Operation oder einer weiteren Chemotherapie. Die Ärzte halten den Willen der Patientin für unbeachtlich, weil diese noch nicht in der Sterbephase sei. Sie bezeichnen es als unverantwortlich, mögliche Lebensverlängerung zu unterlassen. Weil eine Einigung mit den bevollmächtigten Angehörigen als den rechtlichen Vertretern der Patientin über die weitere Behandlung nicht erzielt werden kann, wird die Patientin unter schriftlichem und mündlichem Protest der behandelnden Ärzte auf die Palliativstation eines anderen Krankenhauses verlegt, wo sie ihrem Willen entsprechend behandelt wird und später in Frieden sterben kann.

FALL 3: Frau Edith P. (88) leidet seit 20 Jahren an der Parkinson-Krankheit (Schüttellähmung) und der Alzheimerkrankheit. Mittlerweile ist sie immer häufiger in bewusstlosem Zustand und wird sich deswegen künftig nicht mehr selbst ernähren können. Sie hat spastische Kontrakturen (krampfartige Muskelzusammenziehungen) der Arme, Hände und Beine. Wegen zunehmender Verschlechterung wird sie in eine neurologische Klinik verlegt. Diese hält grundsätzlich die Ernährung über eine PEG für zwingend notwendig. Eine Ernährung durch Füttern ist ohne jeden Zweifel langfristig nicht mehr ausreichend und möglich. Die neurologische Klinik will die PEG legen lassen und die diversen körperlichen Gebrechen der Patientin, zu denen nun unter anderem auch noch ein chronischer Harnwegsinfekt und ein ständig drohendes Nierenversagen kommen, nur noch „reduziert" bekämpfen. Der Sohn und Betreuer, ebenso die anderen Angehörigen, wollen dies verhindern. Sie wollen eine Rückverlegung in das Pflegeheim erreichen, wo die Mutter weiterhin nur über den Mund versorgt werden soll, womit ihr Tod in absehbarer Zeit eintreten würde.
Der mutmaßliche Wille von Frau P. wird sorgfältig ermittelt. Schon vor Jahren hatte sie einen Suizidversuch unternommen, der wesentlich

durch die als entsetzlich empfundene Beeinträchtigung der Krankheit und durch die Aussichtslosigkeit auf eine Besserung, mit absehbarem Übergang in ein Siechtum motiviert war. Ferner hat die Patientin in gesunden Tagen sehr genau geäußert, dass sie in derartigen Situationen, wie sie sie nun erleben muss, nicht künstlich am Leben erhalten werden möchte. Ihrem vorausgeäußerten Willen entsprechend dürfte die neurologische Klinik keine PEG legen, sondern müsste der Patientin das Sterben ermöglichen. Die Klinik verweigert diesen Wunsch und besteht auf einer PEG.

Deshalb wird mit dem Pflegeheim in einer ausführlichen Besprechung, an der der behandelnde Arzt, der Verwaltungsleiter, die beteiligten Pflegekräfte und wir als Rechtsanwälte der Patientin teilnehmen, das weitere Procedere festgelegt. Die Patientin soll zurück in das Pflegeheim verlegt werden und die in der neurologischen Klinik gelegte Nasensonde soll entfernt werden. Die weitere Versorgung soll so lange wie möglich durch Füttern geschehen. Wenn nicht genügend Flüssigkeit zugeführt werden kann und wenn die Patientin darunter leiden würde, soll eine Kochsalzlösung gegeben werden. Es besteht Einigkeit, dass selbstverständlich die Pflege weiterhin optimal durchgeführt wird, um sämtliche Missempfindungen, insbesondere Aufliegegeschwüre (Dekubitus) zu verhindern. Wenn das Füttern nicht mehr möglich sei, sei auch der Zeitpunkt gekommen, die Patientin sterben zu lassen. Eine entsprechende Erklärung wird durch den Betreuer und die restlichen Familienangehörigen verfasst: Diese Erklärung enthält ausdrücklich die Feststellung des (mutmaßlichen) Willens anhand von eindeutigen Bekundungen der Patientin aus ihren gesunden Tagen, ferner die definitive Absage an jede Magensonde, an Wiederbelebungsmaßnahmen oder etwa an die Behandlung einer Lungenentzündung. Die Erklärung wird im Zimmer der Patientin so bereitgehalten, dass sie vom Pflegepersonal einem gegebenenfalls eintretenden Notarzt vorgelegt werden kann. Es wird vereinbart, Durstgefühl, Schmerzen und Angst mit Medikamenten und durch Mundpflege zu bekämpfen. Mit einer Spritze ohne Kanüle wird immer wieder Flüssigkeit bzw. ein Wasser-Bananen-Gemisch in den Mund eingebracht.

Die Patientin macht vor allem anfangs einen angespannten unruhigen Eindruck, scheint im Traum zu weinen und zu flehen. Die Parkinson-Anfälle sind so stark, dass das gesamte Bett wackelt. Der Arzt erhöht die Dosis eines angsthemmenden Mittels, woraufhin sich eine Besserung einstellt. Die Patientin scheint eindeutig ihre Umwelt wahrzunehmen, auf Ansprache Reflexe zu zeigen, kann aber in keiner Weise auch nur ansatzweise bewusste Äußerungen von sich geben oder in sonstiger Weise signalisieren, was sie möchte. Die Flüssigkeitszufuhr wird zunehmend reduziert. Vorübergehend kommt es zu einer gewissen Besserung. Die Patientin nimmt sogar wieder Brei vom Löffel zu sich. Die Flüssigkeit wird sogar wieder erhöht. Nach insgesamt zwei Monaten kann die Patientin in Frieden einschlafen.

FALL 4: Hartmut S. (63) geht trotz einer Nebenhöhlenentzündung und gegen ärztliches Anraten auf eine Hochgebirgstour. Die Entzündung befällt das Gehirn, sodass es zu einer rapiden Verschlechterung und einer notfallmäßigen Einweisung in ein Krankenhaus kommt. Innerhalb von zwei Tagen fällt der Patient in ein Koma, aus dem er nie wieder erwacht, weil das Gehirn unwiederbringlich geschädigt ist. Der bis dahin beruflich und sportlich aktive Familienvater dreier Kinder hatte sich in gesunden Tagen mit Angehörigen und sehr guten Freunden häufig darüber unterhalten, ob er in einem „solchen" Zustand künstlich am Leben erhalten werden will. In seltener Deutlichkeit hat er dies immer wieder strikt abgelehnt. Anlass war ein überwundener Prostatakrebs gewesen. Nun kann der Patient nicht sterben, weil er mit der PEG-Sonde ernährt wird. Sehr bald weist die Ehefrau, die vom Betreuungsgericht als Betreuerin eingesetzt worden ist, die behandelnden Ärzte und das Pflegeheim auf den Willen ihres Ehemanns hin. Schon bei der Aufnahme in das Pflegeheim übergibt sie ein von ihr verfasstes Schriftstück zum Patientenwillen, so wie ihr Ehemann ihn ihr und anderen gegenüber immer zum Ausdruck gebracht hat: Dass er nämlich auf keinen Fall im Koma künstlich am Leben erhalten werden will. Das Pflegeheim reagiert darauf jedoch in keiner Weise. Es beginnt ein zweijähriger Prozess der Lebensaufrechterhaltung. Nach Kontaktaufnahme mit unserer Kanzlei kommt es schließlich zu einer ersten Besprechung im Pflegeheim mit der Heimleiterin, der Pflegedienstleitung, einer Ordensschwester des örtlichen Hospiz vereins, dem behandelnden Arzt und einigen Pflegekräften. Als das Vorhaben, den Patienten endlich sterben zu lassen, offen angesprochen wird, reagieren die Pflegekräfte zum Teil mit versteinerten Gesichtszügen, zum Teil mit heftigem Weinen. Alle Beteiligten des Pflegeheims wollen sich die erstmalig erlebte Situation in Ruhe überlegen. Der Arzt erklärt, das Vorhaben zu unterstützen, wenn er juristisch abgesichert ist. Zwei Monate später teilt das Heim mit, dass keine Bereitschaft bestehe, den Willen des Patienten umzusetzen, weil die emotionale Bindung der Mitarbeiter während der zweijährigen Betreuung sich nicht abrupt ab-

stellen lasse, sodass eine „angeordnete" Sterbephase nicht begleitet werden könne. Die Entscheidung, die Ernährung beim Patienten einzustellen, läge zwar im Entscheidungsbereich des Arztes und der Ehefrau als Betreuerin, der Vollzug könne aber nicht so ohne Weiteres auf Dritte übertragen werden, zumindest nicht nach über zwei Jahren. Im Übrigen habe man keine ausgebildeten Hospizhelfer, sondern Pflegekräfte beschäftigt, die nur für die Pflege und Betreuung der Bewohner ausgebildet seien. Es wäre doch ohne Weiteres die Aufnahme in einem Hospiz mit speziell geschultem und erfahrenem Personal möglich. Sonst müsse der Patient eben nach Hause genommen werden.
Nach der Weigerung des Heims zögern auch die Ärzte und wollen ohne juristische Absicherung definitiv nicht die Anordnung zu einer Einstellung der künstlichen Ernährung erteilen. Es wird deshalb ein Antrag auf Genehmigung beim Betreuungsgericht gestellt. Nachdem der örtliche Betreuungsrichter auf die Eigenverantwortlichkeit von Arzt und Ehefrau verweist, erstattet das Pflegeheim Strafanzeige gegen alle Beteiligten, die den Sterbewunsch des Patienten umsetzen wollen. Die Staatsanwaltschaft sieht jedoch kein strafbares Verhalten in dem Vorhaben und teilt dies den Beteiligten mit. Doch auch dies führt nicht zu einem Einlenken des Heims. Daraufhin besprechen wir mit dem Heim noch einmal umfassend die gesamte Situation aus medizinischer und juristischer Sicht, bezogen auf die spezielle Willenslage des Patienten. Insbesondere wird darauf hingewiesen, dass der Sterbeprozess zu Hause wegen der schwierigen familiären Situation und der massiven Belastung der Ehefrau hierdurch und zusätzlich noch durch ihre Berufstätigkeit nicht möglich ist, des Weiteren, dass ein Hospiz kraft seiner Satzung und sozialrechtlichen Vorgaben nicht dazu da ist, Komakranke aus Pflegeheimen zum Zweck des Sterbenlassens zu übernehmen. Dem Heim wird eine Frist gesetzt, den Sterbewillen des Patienten zu respektieren.
Das Heim reagiert auf dieses Schreiben sieben Tage später mit der fristlosen Kündigung des Heimplatz es, weil das geplante Vorhaben, den Patienten sterben zu lassen, für die Pflegekräfte unzumutbar sei. Der Patient solle sofort abgeholt werden. Da die Kündigung sowohl gegen das Gesetz als auch gegen den geschlossenen Heimvertrag verstößt, wird sie unverzüglich als rechtsunwirksam und damit als rechtsfolgenlos zurückgewiesen.
Inzwischen hat es sich auch der verantwortlich behandelnde Hausarzt endgültig anders überlegt und möchte die Anordnung der Ernährungseinstellung, d.h. keine Nahrung mehr durch die PEG zuzuführen, und den Patienten sterben zu lassen, angesichts der Haltung des Pflege-

heims nicht geben. Er sei vom Heim abhängig und würde von diesem ständig neue Patienten vermittelt bekommen.
Inzwischen erfährt die Betreuerin, dass am Wochenende ein notfallmäßig hinzugezogener Arzt entgegen der Anordnung der Betreuerin sowohl einen Harnwegsinfekt mit Antibiotika behandelt hat als auch eine Krankenhauseinweisung angeordnet hat. Die Betreuerin untersagt dem Heim und dem Arzt nochmals deutlich eine derartige Behandlung und weist ausdrücklich darauf hin, dass im Wiederholungsfall die entstandenen Behandlungskosten auf das Heim zurückfallen werden und dass auch strafrechtliche Konsequenzen drohen würden. Dies führt zu einer sofortigen entsprechenden schriftlichen Anweisung im Zimmer des Patienten durch die Heimleitung.
Das Betreuungsgericht stellt in einem separaten Schreiben an das Pflegeheim noch einmal klar, dass es nicht über die Frage des Abbruchs von lebenserhaltenden Maßnahmen entscheiden wird, weil es keine gesetzliche Grundlage für eine solche Entscheidung gibt. Der Betreuungsrichter sei nicht „Herr über Leben und Tod", vielmehr hätten die Familienangehörigen bzw. die Betreuerin im Benehmen mit den behandelnden Ärzten unter strikter Berücksichtigung der Richtlinien der Bundesärztekammer in eigener Zuständigkeit die Entscheidung zu treffen, ob lebenserhaltende Maßnahmen aufrechterhalten werden oder nicht. Dies habe sich natürlich am (mutmaßlichen) Patientenwillen zu orientieren.
Dieses Schreiben leiten wir an die behandelnden Ärzte weiter, da wir der Meinung sind, dass dies ihnen nun die gewünschte Rechtssicherheit gibt, und wir auch den Eindruck haben, dass die Heimleitung einlenken wird.
Allerdings verlässt nun die Leiterin, die bisher die Gesprächspartnerin war, das Heim und ihr Nachfolger wiederholt in einem Gespräch mit der Ehefrau alle bisher schon vorgebrachten Argumente, als hätte man in den vorangegangenen Wochen keinerlei Kontakt gehabt.
Dann kündigt der seit Jahren behandelnde Arzt den Behandlungsvertrag. Zwar referiert er zutreffend den Sachstand, nämlich das Vorliegen eines irreversiblen (nicht mehr rückgängig zu machenden) Gehirnschadens mit völliger Kommunikationslosigkeit und den in gesunden Tagen geäußerten Wunsch, in dieser Situation sterben zu wollen. Dennoch ist er nicht bereit, diesen Wunsch zu erfüllen, da der Wille nicht in Form eines „Patiententestaments" vorliege und weder er noch das Heim ohne eine ausdrückliche richterliche Entscheidung das Sterbenlassen durchführen werden. Persönlich erläutert er zudem, er sehe die Gemeinschaftspraxis, die er mit seinem Vater führe, wegen der jahrelangen

wirtschaftlichen Verbundenheit mit dem Pflegeheim gefährdet. (Derselbe Arzt war im Jahr 2006 bereit, in einem vergleichbaren Fall die Sterbebegleitung nach Einstellung der künstlichen Ernährung zu leisten!)
Die Suche nach einem neuen Arzt gestaltet sich schwierig. Die Ehefrau hat „gerüchteweise" gehört, der bisherige Arzt habe die anderen ortsansässigen Kollegen „gewarnt", die Behandlung zu übernehmen. Man rät der Ehefrau sogar, bei der Suche nach einem neuen Hausarzt darauf hinzuweisen, dass es sich bei ihrem Mann um einen Privatpatienten handle. So solle dem potentiellen neuen Arzt signalisiert werden, dass er im Monat ca. 500 Euro an diesem Patienten verdienen kann.
Eine neue Hausärztin wird schließlich gefunden. An einem Wochenende kommt es plötzlich zu einer gravierenden Verschlechterung der gesundheitlichen Situation des Patienten durch eine Lungenentzündung, sodass eine Notärztin gerufen werden muss. Diese erklärt, dass sie gemäß der Anweisung der Ehefrau/Betreuerin nicht mit Antibiotika behandeln werde, verschreibt fiebersenkende Mittel und sorgt für Schmerzlinderung durch eine Steigerung der Morphine. Die Hausärztin erfährt am Montag, was am Wochenende geschehen ist, ist empört und kündigt fristlos den Behandlungsvertrag. Daraufhin erklärt sich die Notärztin vom Wochenende bereit, die weitere Behandlung zu übernehmen. Sie ist bereit, ein Sterbenlassen des Patienten mitzutragen, allerdings nicht im Heim, sondern nur, wenn der Patient zu Hause oder in einer Einrichtung liegt, die dieses Vorhaben unterstützt.
Die Ehefrau, deren sehr schwierige familiäre Situation sich inzwischen gelöst hat, entschließt sich angesichts all dieser Schwierigkeiten, ihren Mann doch zum Sterben nach Hause zu holen. Dort verstirbt er im Familienkreis sechs Tage nach Einstellung der künstlichen Ernährung (siehe auch 2. Kapitel III 1).

V. Recht auf Leben – Recht auf Sterben – Pflicht zu leben?

An den bisher geschilderten Fällen befremdet möglicherweise auf den ersten Blick, mit welchem Engagement der **Sterbewille** der Patienten unterstützt und durchgesetzt wird.

Vielen Menschen ist nicht geläufig, dass jemand entweder aufgrund seiner schweren Erkrankung oder aufgrund seines Alters am Ende auch einmal „lebensmüde“ ist bzw. das Gefühl hat, „seine Uhr sei abgelaufen“. Viele Menschen verdrängen, dass in derartigen Situationen der Wille zu sterben eine respektable Entscheidung sein kann, die nicht auf einer Depression beruhen muss.

Umgekehrt muss aber auch sorgfältig geprüft werden, ob der geäußerte Sterbewunsch im Einzelfall nicht auf einer Depression oder falschen Vorstellungen über die gesundheitliche Situation und die Behandlungsoptionen oder auf Druck von außen beruht, die den Patienten in seiner Willensbildung „unfrei“ machen, wie die Juristen sagen. Dann würde man den Patienten als seelisch krank oder nicht freiverantwortlich und wohlerwogen ansehen müssen. In allen Fällen haben wir uns stets sehr ausführlich mit diesen Fragen befasst. Der Anwalt, der das Mandat „Sterben“ übernimmt, ist Anwalt des Patienten. Nur diesem gegenüber ist er verpflichtet und nur dessen Wille ist maßgeblich. Der Anwalt muss für die Feststellung des Patientenwillens die ihm vorgetragenen Hinweise, Indizien, Äußerungen, mündlichen oder schriftlichen Verfügungen sorgfältig überprüfen. Auch daraufhin, ob dieser Wille möglicherweise in der aktuellen Situation nicht mehr gelten soll oder ob Zweifel bestehen am früher geäußerten Willen. Ist dies der Fall und können diese Zweifel nicht mit dem mutmaßlichen Willen auf Basis einer eindeutigen Wertvorstellung zu der konkreten Krankheitssituation ausgeräumt werden, dann gilt der Grundsatz „im Zweifel für die im konkreten Fall ärztlich indizierte Behandlung“. Dazu mehr im 2. Kapitel I.

Achtung!

Der Patientenwille entscheidet über künstliche Lebensverlängerung!

Ein Mensch, der sich selbst noch bestimmen kann, dessen Willensbildungsfähigkeit noch so frei ist, dass er ermessen kann, was ein Weiterleben für ihn bedeutet und dass er bei Einstellung der lebensverlängernden Maßnahmen sterben wird, der darf frei über sich und sein Leben entscheiden. Die im Grundgesetz als oberste Leitlinie von Recht und Ethik verankerte Menschenwürde (Art. 1 GG) und das **Recht auf Leben und Selbstbestimmung** (Art. 2 GG) machen den Patienten zum absoluten „Sultan seiner Existenz“, wie dies der Münchner Arzt Dr. Albrecht Ohly einmal formuliert hat (Süddeutsche Zeitung Nr. 76 vom 1./2. April 1999). Dies hat das Bundesverfassungsgericht nun in seinem Urteil vom 26.2.2020 ausdrücklich hervorgehoben: „Das allgemeine Persönlichkeitsrecht (Art. 2 Abs. 1 i.V.m. Art. 1 Abs. 1 GG) umfasst als Ausdruck persönlicher Autonomie ein Recht auf selbstbestimmtes Sterben (Anhang III Nr. 23).

Von Ärzten war vor Inkrafttreten des Patientenverfügungsgesetzes (Anhang I Nr. 3) häufig zu hören, die Juristen hätten ja gar keine spezifischen Vorschriften für ein selbstbestimmtes Sterben. Weder gäbe es Vorschriften und Vorgaben für die Verbindlichkeit von Patientenverfügungen noch für die Durchsetzung am Ende des Lebens. Man müsse ja „notgedrungen“ auf das Grundgesetz zurückgreifen. Dies war und ist falsch: Die wichtigste Säule unserer Rechtsordnung ist das Grundgesetz mit den Grundrechten. Alle anderen Gesetze werden hieran gemessen und haben sich unterzuordnen. Die Grundrechte geben dem Patienten das Recht, über sich, sein Leben und sein Sterben frei zu bestimmen (hierzu hat sich der Bundesgerichtshof am 17.3.2003 umfassend geäußert, vgl. Anhang III Nr. 6). Schließlich hat der Bundestag diese sich schon immer aus dem Grundgesetz ergebende Rechtslage (so genannte „herrschende Lehre“) in Form des neuen Patientenverfügungsgesetzes und in Form des neuen Patientenrechtegesetzes „in Paragrafen gegossen“ (Anhang I Nr. 3). Schließlich haben dies das Bundesverwaltungsgericht 2017 (Anhang III Nr. 20) und das Bundesverfassungsgericht 2020 (Anhang III Nr. 23) unmissverständlich klargestellt.

Wegen des hohen Stellenwerts des Selbstbestimmungsrechts hat zuletzt das Bundesverfassungsgericht im Urteil vom 26.2.2020 ausgeführt: „Das Recht auf selbstbestimmtes Sterben schließt die Freiheit ein, sich das Leben zu nehmen. Die Entscheidung des Einzelnen, seinem Leben entsprechend seinem Verständnis von Lebensqualität und Sinnhaftigkeit der eigenen Existenz ein Ende zu setzen, ist im Ausgangspunkt als Akt autonomer Selbstbestimmung von Staat und

Gesellschaft zu respektieren.“ (BVerfG vom 26.2.2020, Anhang III Nr. 23). So kann es auch nicht rechtswidrig sein, einem freiverantwortlich und wohlerwogen handelnden Menschen Suizidhilfe zu leisten, ihm also bei der Wahrnehmung eines Grundrechts zu helfen. Das hat der Bundesgerichtshof als höchstes deutsches Strafgericht für zwei Fälle entschieden, in denen Ärzte solchen Personen Beihilfe zur Selbsttötung geleistet hatten (Anhang III Nr. 21).

Wir haben Schwerstkranke erlebt, bei denen der Wille zu sterben so nachvollziehbar und respektabel war, dass niemandem über die Lippen gekommen wäre, den Wunsch nach dem Tod, auch den Wunsch, sich selbst durch Suizid zu erlösen, zu missbilligen. Voraussetzung ist, dass der Patient über die Möglichkeiten, die die Palliativmedizin bietet, voll aufgeklärt ist (oder solche Aufklärung freiverantwortlich abgelehnt hat). Es gibt Verläufe, bei denen die Palliativmedizin keine Optionen bietet. Und dort, wo sie Optionen bietet, ist niemand verpflichtet, sie anzunehmen.

Die Grenze der Selbstbestimmung ist zum einen das Eingreifen in die Rechte **anderer** (Art. 2 Abs. 1 GG), zum anderen natürlich eine krankhafte Störung der Einsichts- bzw. Entscheidungsfähigkeit. Dann fehlt es an der „Freiverantwortlichkeit“. Im Zweifel entscheidet hierüber ein Arzt. In allen gerichtlichen Verfahren, die dies zum Streitgegenstand haben, entscheidet zwar der Richter, dieser jedoch wieder nach der Bewertung durch den gerichtlichen Sachverständigen, stets einem Arzt.

FALL 5: Friedrich A. (50) erkrankte vor knapp zwei Jahren an Dünndarmkrebs. Er wurde mehrfach operiert, es wurden Teile des Darms entfernt, ein künstlicher Darmausgang (Anus praeter) gelegt. Es folgten zwanzig Chemotherapien. Der Patient hatte Metastasen in der Leber und den Knochen, eine Teilresektion der Leber wurde vorgenommen. Als er austherapiert ist, den Tod vor Augen, bittet er uns, ihm Zyankali zu verschaffen für einen Suizid, weil er die Schmerzen nicht mehr aushalten kann. Diese Bitte wird von uns abgelehnt, aber nach ausführlichen Beratungsgesprächen mit unserer Kanzlei und Mitarbeitern des örtlichen Hospizvereins bekommt der Patient einen so genannten Morphium-Perfusor. Hierbei handelt es sich um eine computergesteuerte kleine, am Gürtel des Patienten zu tragende Maschine, in der sich eine große Vorratsspritze mit Morphium befindet. Diese ist verbunden mit einer Körpervene. Programmiert kann nun geregelt werden, wann dem Patienten welche Mengen an Morphium infundiert werden, um schmerzfrei zu sein. A. erfährt eine völlig neue Lebensqualität. Nunmehr möchte er die letzte Phase seines Lebens zusammen mit seiner Frau intensiv verbringen.

Nach einiger Zeit wendet er sich erneut an uns, weil er die Möglichkeit haben möchte, selbst zu entscheiden, wann er sich über den Perfusor eine tödliche Menge an Morphium zuführen wird. Die Frage nach der Bedienung des Perfusors wird von den verantwortlichen Schwestern und Technikern der Perfusor-Firma zurückgewiesen. Zur Auskunftserteilung seien sie nicht berechtigt. Der Patient dürfe den Perfusor nicht selbst bedienen. Wir klären den Patienten rechtlich auf: Er allein hat zu bestimmen, was geschieht. Er ist Herr des Verfahrens. Er entscheidet über sich und sein Leben. Er darf auch entscheiden, wann in welcher Menge Morphium infundiert wird, auch wenn es seinen Tod herbeiführt. Niemand kann ihm dies verbieten. Mit dieser Information wendet sich der Patient erneut an die Vertreter der Perfusor-Firma und droht mit Kündigung. Daraufhin wird ihm die Bedienung erklärt und die Bedienungsanleitung ausgehändigt, auf der deutlich hervorgehoben steht „Nicht an den Patienten aushändigen!". Nunmehr möchte der Patient noch wissen, welche Menge Morphium zur Selbsttötung erforderlich ist. Wir vermitteln ihm dieses Wissen. Inzwischen geht es dem Patienten schlechter, weil in Folge von Knochenmetastasen die notwendige Menge an roten Blutkörperchen abgenommen hat. Daran könnte der Patient schmerzfrei und friedlich sterben. Der Patient, der jedoch gerne die letzte Phase seines Lebens auskosten möchte, lässt sich nunmehr Blut übertragen, eine invasive lebensverlängernde Maßnahme. Es geht ihm wieder besser.

Als dann aber kurze Zeit später der Bauch aufbricht, macht er uns klar, dass es nicht nur das Ziel gibt, schmerzfrei zu sterben, sondern noch etwas Wichtigeres: die Würde im Sterben. Er möchte nicht, dass sich vor den Augen seiner Frau sein Bauch entleert. Als er schließlich nachts stirbt, weiß niemand, auch nicht die eigene Ehefrau, was letztendlich zu seinem Tod führte, die Krebserkrankung, die Blutarmut, ein weiteres Organversagen oder die hohe Dosis an Morphium. Selbst wenn es Letzteres gewesen wäre, so weiß niemand, ob der Patient diese Dosis gewählt hat, um schmerzfrei zu bleiben, oder ob er sie gewählt hat, um sterben zu können. Die Ehefrau hat ihm in dieser Nacht beigestanden. Sie hat ihn nicht danach gefragt.

Niemandem käme in den Sinn, diesen Menschen zu verurteilen, wenn er sich selbst getötet hätte.

Der Patient hat ein uneingeschränktes Recht, über sich und sein Leben selbst zu bestimmen, vor allem aber auch über das Wann und das Wie seines Sterbens. Er hat das Grundrecht, **sich selbst den Tod zu geben (aktive Selbsttötung)**, bevor ihn die Krankheit das Leben kostet (BVerfG vom 26.2.2020, Anhang III Nr. 23). Deshalb darf er auch **Nahrung und Flüssigkeit verweigern (passive Selbsttötung)**. Er muss sich nicht „wenigstens" ernähren lassen. Solche Patienten wollen eine vom altersbedingten Abbau oder von der tödlich endenden Erkrankung unabhängige neue Todesursache setzen. Sie wollen „vorzeitig" den eigenen Tod herbeiführen. Diesen Willen müssen alle, auch die Pflegekräfte, respektieren. Es gibt keine Pflicht, den Patienten gegen seinen Willen zu ernähren oder mit Flüssigkeit zu versorgen. Im Gegenteil, damit würden sich Pflegekräfte straf- und haftbar machen. Mit seiner Entscheidung entlässt der Patient alle, Angehörige, Ärzte oder Pflegekräfte, aus der Verpflichtung, für sein Leben zu „garantieren" (juristisch die so genannte „Garantenstellung"). In einzelnen Fällen der passiven Selbsttötung (so genanntes Sterbefasten), auch „Freiwilliger Verzicht auf Nahrung und Flüssigkeit (FVNF)" oder „Freiwilliger Verzicht auf Essen und Trinken (FVET)"), ebenso wie bei einer geplanten freiverantwortlichen aktiven Selbsttötung haben wir dies schriftlich in rechtswirksamer Form fixiert (siehe Anhang V Nr. 8). Denn sowohl bei einer Patientenverfügung als auch bei einer entsprechenden Erklärung im Vorfeld eines Sterbefastens oder einer freiverantwortlichen aktiven Selbsttötung modifiziert der Patient rechtsverbindlich die Garantenpflicht des Arztes. Dieser ist dann nicht mehr Garant des (nicht mehr gewünschten) Lebens sondern Garant des freiverantwortlichen Willens des Patienten und Garant einer palliativen Begleitung auf diesem letzten Weg.

Es gibt also keine Pflicht, den Menschen vor seiner freiverantwortlichen Entscheidung zu schützen. Es ist jedoch eine Pflicht, Menschen mit krankhafter Einschränkung ihrer Einsichtsfähigkeit vor selbstschädigendem Verhalten zu bewahren. Es gibt dagegen nichts, was dem freiverantwortlichen Sterbewillen des Patienten entgegengehalten werden kann. Der nach dem Willen des Patienten zugelassene Sterbevorgang ist auch jedermann zuzumuten. Wie fließend die Übergänge zwischen der Ablehnung weiterer künstlicher Lebensverlängerung und freiverantwortlicher Selbsttötung sein können, zeigt der nachfolgende Fall.

FALL 5a: Frau F. (40) erleidet infolge eines schweren Autounfalls und eines verzögerten Transportes in eine Klinik eine Querschnittslähmung in Höhe des Halses. Sie ist zwar geistig vollkommen gesund, kann sich aber aufgrund ihrer Querschnittslähmung vom Hals abwärts dauerhaft nicht mehr bewegen und wird in einer Reha-Klinik künstlich beatmet. Die Essensaufnahme ist auf natürliche Weise mühsam möglich. Sie schaltet unsere Kanzlei ein, um durchzusetzen, dass die Beatmung bei gleichzeitiger terminaler Sedierung eingestellt wird, weil sie so nicht leben will. Die Klinik verweigert ihr die Erfüllung des Wunsches nach legaler (!) passiver Sterbehilfe (5. Kapitel I 1 b). Nach Intervention durch unsere Kanzlei und beratende Hilfe eines erfahrenen Palliativmediziners lenkt die Klinik grundsätzlich ein. Nun kann die Patientin jederzeit selbstbestimmt sterben und aufgrund der terminalen Sedierung ohne Atemnot in tiefer Bewusstlosigkeit „hinüberschlafen". Sie könnte dies rechtlich erzwingen. Eine gegen ihren Willen fortgesetzte künstliche Beatmung wäre als Körperverletzung strafbar.
Nun erklärt die Patientin jedoch, erst einmal das Leben mit allen heute möglichen Hilfen außerhalb der Reha-Klinik kennenlernen zu wollen. Sie wird in eine entsprechend spezialisierte Einrichtung aufgenommen, wo ihr eine nach dem heutigen Stand der Technik optimale Unterstützung bei der Lebensgestaltung zuteilwird.
In dieser Zeit verbessert sich entgegen aller Erwartung die Eigenatmung, so dass die Patientin nunmehr bei Beendigung der künstlichen Beatmung nicht sterben würde. Damit ist eine passive Sterbehilfe durch das Beenden der künstlichen Beatmung nun nicht mehr möglich. Da jedoch die Lähmung vom Hals abwärts und die damit verbundenen Behinderungen unverändert bleiben, möchte die Patientin nach einiger Bedenkzeit, dass man ihr bei einer Selbsttötung ärztlich hilft.

Obwohl die Lebenssituation und der daraus resultierende Sterbewunsch der Patientin unverändert sind, zeigt der Fall des fließenden Übergangs deutlich, dass das Zulassen des Sterbens nach Beendigung der künstlichen Lebensverlängerung rechtlich anders zu bewerten ist als die Hilfe zur Selbsttötung. Eine künstliche Lebensverlängerung gegen den Willen des Patienten muss zwingend beendet werden. Ob aber die notwendigen und rechtlich erlaubten Hilfestellungen für eine eigenverantwortliche Selbsttötung geleistet werden, unterliegt allein der Gewissensentscheidung der Helfer (Freunde, Ärzte, Pflegekräfte). Hier ist derzeit auch die ethische Position der Ärzteschaft gespalten, was sich in den sehr unterschiedlich formulierten standesrechtlichen Regelungen der Paragraphen 16 der jeweiligen Berufsordnungen der Landesärztekammern widerspiegelt (siehe 5. Kapitel I 2c „Beihilfe zur Selbsttötung des Patienten“). Das Bundesverfassungsgericht hat dies in seiner Entscheidung vom 26.2.2020 (Anhang III Nr. 23) als mit der Verfassung nicht vereinbar gerügt. Jene Landesberufsordnungen, die ihren ärztlichen Mitgliedern die Beihilfe zur Selbsttötung des Patienten verbieten, schränken den einzelnen Arzt verfassungswidrig in seinen Grundrechten ein und müssen angepasst werden. Schon jetzt kann sich ein Arzt über eine solche verfassungswidrige Standesnorm hinwegsetzen, worauf sogar das BVerfG in den Entscheidungsgründen hingewiesen hat.

FALL 6: Gertraud E. (92) ist am Ende ihres Lebens angelangt. Sie isst und trinkt nicht mehr ausreichend. Es handelt sich um einen klassischen altersbedingten Abbau. Die Patientin trübt ein, hat keine Lust mehr zu essen, setzt sich sogar gegen das Essen zur Wehr. Das Körpergewicht der Patientin beträgt nur noch 50 Kilo. Die Tochter möchte ihre Mutter sterben lassen. Das Heim erstattet Anzeige beim zuständigen Betreuungsgericht. Dieses ordnet unter Strafandrohung an, die Patientin täglich mit hochkalorischer Trinknahrung zu versorgen. Wir legen gegen diesen gerichtlichen Beschluss Beschwerde ein, verlangen die Beachtung des Patientenwillens. Trotz aller körperlichen und geistigen Einschränkung kann die Patientin ihren Willen sehr wohl noch im Bereich ihrer elementaren Bedürfnisse wirksam bilden und äußern. Sie will nichts anderes als in Frieden sterben. Die Richterin des Betreuungsgerichtes besucht die Patientin mit der Folge, dass keine Zwangsmittel mehr angeordnet werden. Die Patientin wird entsprechend ihrem Willen nicht mehr ernährt, jedoch gleichzeitig perfekt palliativmedizinisch gepflegt und ärztlich versorgt. Alsbald stirbt sie friedlich.

Achtung!

Selbstbestimmtes Sterben setzt Einwilligungsfähigkeit und nicht Geschäftsfähigkeit voraus! Versteht der Patient Inhalt und Tragweite der anstehenden ärztlichen Behandlung?

Für ein selbstbestimmtes Sterben kommt es **auf die Einsichts- bzw. Einwilligungsfähigkeit** an. Oft können Menschen in solchen Situationen nicht mehr all ihre geschäftlichen oder behördlichen Dinge regeln. Sie haben jedoch sehr wohl, vielleicht sogar mehr als viele gesunde Menschen, die Fähigkeit, ihre elementarsten Bedürfnisse in ihrer schweren Situation zu erkennen und zu äußern. Allzu oft und allzu leichtfertig setzt man sich in der Routine des Pflegealltags über diese Wünsche der Patienten hinweg.

Achtung!

Keine Entmündigung durch Betreuung oder Vorsorgevollmacht!

Durch einen vom Betreuungsgericht eingesetzten rechtlichen Betreuer oder durch einen in einer Vorsorgevollmacht beauftragten Vertreter ist der Patient keineswegs „entmündigt". Soweit und solange er seinen Willen noch bilden und äußern kann, ist der Vertreter hieran absolut gebunden.

In jedem Einzelfall muss der Wunsch des betreffenden Menschen ermittelt und vollzogen werden. Es gilt das, was dieser einzelne Mensch für sich selbst als lebenswert und lebensunwert empfindet. Diese Wertung des Patienten ist für seine Vertreter, Betreuer, Ärzte und Pflegekräfte absolut verbindlich.

Diese Unterordnung unter den jeweiligen Patientenwillen unterscheidet unsere heutige Denkweise von den Vorgängen im Dritten Reich, denn im Nationalsozialismus wurde genau gegenteilig argumentiert: Damals wurde durch die „Herrenmenschen" bestimmt, welches Leben lebenswert und welches Leben lebensunwert war. Gradmesser war der Wert des Individuums für die Gesellschaft aus Sicht der Nationalsozialisten. Man machte sich über die Frage, ob der Behinderte selbst sein Leben für lebenswert hält, keine Gedanken. Man vernichtete dessen Leben mit der Begründung, es sei schädlich für die Gesellschaft und nichts wert.

Getrost können wir deshalb heute den Begriff des **„lebenswerten oder des lebensunwerten Lebens“** benutzen, wenn wir als Gradmesser hierfür ausnahmslos den Willen und die Wertung des Patienten unter Beachtung seines Würdeverständnisses und seiner Selbstbestimmung als oberste ethische Leitlinien ansetzen. Niemand, auch keine Religion, darf rechtlich einen Patienten zwingen, ein Leiden oder Sterben länger hinzunehmen, als er dies möchte.

In der Praxis wird vielfach noch immer die Behandlung jener Menschen, die keine Vorsorge getroffen haben, ausschließlich vom medizinisch Machbaren diktiert. Mögliche Lebensverlängerung wird zur Normalität. Pflegeheime haben diesen Markt erkannt und es entstehen neue Einrichtungen für die Unterbringung von Dauerkomapatienten Die Begründung von Wohngemeinschaften für voll beatmete Menschen ist in einigen Fällen ein reines Geschäftsmodell. Eine solche Entwicklung orientiert sich nicht an allgemeinen Wertvorstellungen, sondern am medizinisch Machbaren und an wirtschaftlichen Interessen! Erfreulicherweise diktieren die Gesetzgebung und die Rechtsprechung eine gegenteilige Entwicklung: Dem medizinisch Machbarem und den wirtschaftlichen Interessen wird zunehmend das Bewusstsein entgegengesetzt, dass niemand Objekt einer unreflektierten Lebensverlängerung werden darf. Die zunehmende Verbreitung von Patientenverfügungen wird dazu beitragen, die allgemeinen Wertvorstellungen zu beeinflussen. Je mehr Menschen sich einer medizinisch möglichen Lebensverlängerung widersetzen, desto mehr wird sich auch der gesellschaftliche Grundkonsens verschieben. Dies wird wiederum ein entscheidender Faktor für die medizinische Indikation künstlicher Lebensverlängerung sein (siehe Folgekapitel). Was fast niemand will, kann nicht medizinisch indiziert sein. Auch Menschen, die diese Vorsorge nicht explizit für sich selbst in perfekter Form vorgenommen haben, werden dann entsprechend dieser veränderten Wertewelt behandelt werden. Das garantiert die Verpflichtung der Ärzte, jede Behandlung, auch wenn sie das Leben verlängert, nach dem Facharztstandard zu indizieren. Gerechtfertigt werden muss nicht, den Patienten an seiner

Erkrankung sterben zu lassen, sondern ihn an einem natürlichen Versterben durch künstliche Lebens- (bzw. Leidens-)verlängerung zu hindern. Inzwischen gibt es eine Fülle von ärztlichen Leitlinien, Grundsätzen und Verlautbarungen der ärztlichen Fachgesellschaften, die dem Arzt Grenzen setzen. Diese positive Entwicklung wird von einer neuen Bewegung gegen Übertherapie unter den Ärzten vorangetrieben (vgl. „stern", Ausgabe 37/2019). Wer heute „Lebensverlängerung um jeden Preis" wünscht, muss dies in einer entsprechenden Patientenverfügung niederlegen. Das jahrelange Dahinvegetieren an der Magensonde ohne ärztliches Therapieziel wird es als Normalfall – hoffentlich bald – nicht mehr geben. (Vgl. dazu Anhang III Nr. 9 und Nr. 21; die Entscheidung des Bundesverfassungsgerichts zur künstlichen Leidensverlängerung wird für 2021 erwartet. Vgl. auch das nachfolgende 2. Kapitel I).

2. Kapitel

Leben und Leiden verlängern oder Sterben zulassen?

I. Behandlung nach Indikation

Achtung!

Keine Diskussion über den Patientenwillen bei fehlender ärztlicher Indikation!

Stellt sich die Frage, ob das Leben mittels ärztlicher Therapie zu erhalten oder das Sterben zuzulassen ist, so ist **vor allen anderen Aspekten** nach der Indikation zu fragen. Denn künstliche Lebenserhaltung ist ein ärztlicher Eingriff. Dieser bedarf wie jede medizinische Behandlung einer Indikation.

Der Arzt muss zwischen dem Nutzen und Schaden der angedachten Behandlung abwägen, darf niemals mehr schaden als nutzen. Anknüpfungspunkte sind objektive Kriterien, insbesondere die Beurteilung einer Maßnahme als gemeinhin „vernünftig" oder „normal" sowie „den Interessen eines verständigen Patienten üblicherweise entsprechend" (BGH, Kemptener Entscheidung, Anhang II Nr. 4).

Der Bundesgerichtshof stellt in seiner Entscheidung vom 17.3.2003 (NJW 2003, 1588, Anhang III Nr. 6) klar, dass es keine objektive Indikation gibt. Die medizinische Indikation versteht der Bundesgerichtshof „als das fachliche Urteil über den Wert oder Unwert einer medizinischen Behandlungsmethode in ihrer Anwendung auf den konkreten Fall". Mit dieser Ausrichtung an dem konkreten Fall wird der Inhalt des ärztlichen Heilauftrags begrenzt. Hier lässt der Bundesgerichtshof dem Arzt einen erheblichen Entscheidungsspielraum. Er respektiert, dass es keine objektive Indikation für eine medizinische Maßnahme gibt, weil man nicht die Krankheit als etwas Abstraktes sehen kann, losgelöst vom Individuum in seiner konkreten Situation. Dies entspricht heutigem Medizinverständnis (vgl. Borasio/Putz/Eisenmenger, DÄBl. 2003, A2062–2065).

Was nach allgemeinen Wertvorstellungen keinen Sinn macht und was medizinischen Leitlinien widerspricht, ist auch nicht indiziert. Was **niemand** will, ist nicht indiziert. Die Indikation ergibt sich aus dem jeweiligen aktuellen Facharztstandard. Die Indikationsstellung muss erfolgen, bevor nach dem Willen des Patienten gefragt wird, § 1901b Abs. 1 BGB. Somit verbietet sich die Frage nach dem Patientenwillen, wenn eine Behandlung nicht indiziert ist. Behandlungen, die nicht indiziert sind, darf der Arzt nicht anbieten; er hat sie zu verweigern, zu unterlassen oder zu beenden (siehe Anhang IV Nr. 1). Ausnahmen, sog. wunscherfüllende, nicht indizierte Behandlung (z.B. Schönheitsoperation), gibt es bei der ärztlichen Behandlung am Lebensende nicht.

Achtung!

Was nicht indiziert ist, darf der Arzt nicht tun!

In den vergangenen Jahren ist die Diskussion um den Patientenwillen so sehr in den Vordergrund getreten, dass der Blick auf die ärztliche Indikation zunehmend verloren geht. Es wird übersehen, dass der Arzt vor jeder Behandlung und bei Fortsetzung einer Dauerbehandlung laufend feststellen muss, mit welchem Therapieziel diese begründet wird. Wenn der Patient aus der Behandlung keinen Gewinn, keinen „Benefit" mehr erzielen kann, dann gibt es keine Indikation. So wird z.B. übersehen, dass es für die künstliche Ernährung längst die „Leitlinie enterale Ernährung der Deutschen Gesellschaft für Ernährungsmedizin und der Deutschen Gesellschaft für Geriatrie" gibt. Dort wird unter anderem auf S. 223 ausgeführt: „Für final Demenzkranke (irreversibel, immobil, kommunikationsunfähig, vollständig pflegeabhängig, mangelnde körperliche Reserven) wird eine Sondenernährung nicht empfohlen.“ Hier handelt es sich um einen klaren ärztlichen Standard, dessen Missachtung einen ärztlichen Behandlungsfehler mit allen zivil- und strafrechtlichen Konsequenzen darstellen kann. (Leitlinie enterale Ernährung der Deutschen Gesellschaft für Ernährungsmedizin und der Deutschen Gesellschaft für Geriatrie, hrsg. von Volkert und Lenzen-Großimlinghaus, 2004, S. 198 bis 225).

Für jede ärztliche Behandlung, auch für eine solche, die künstlich die vitalen Funktionen eines Patienten aufrechterhält, bedarf es nach der Rechtsprechung einer Indikationsstellung durch den Arzt. Der Arzt schuldet dem Patienten diejenige Behandlung, die dem zum Zeitpunkt der Behandlung anerkannten und gesicherten Stand der medizinischen Wissenschaft entspricht. Objektiver Maßstab dafür ist der Standard eines berufserfahrenen Facharztes. Das heißt, das zum Behandlungszeitpunkt in der ärztlichen Praxis und Erfahrung bewährte, nach naturwissenschaftlicher Erkenntnis gesicherte, von einem durchschnittlichen Facharzt verlangte Maß an Kenntnis und Können, welches zur Erreichung des ärztlichen **Behandlungszieles** erforderlich ist und sich in der Erprobung bewährt hat (so der BGH Urteil vom 19.4.2000, 3 StR 442/99 und BGH Urteil vom 15.4.2014, VI ZR 382/12; vgl. auch OLG Naumburg vom 22.8.2013, VersR 2014, 591, wonach bei Nichtfeststellbarkeit des Patientenwillens die zuletzt indizierte lebenserhaltende Therapie fortzusetzen ist. Es gilt die längst vom Bundesgerichtshof festgestellte Indikationsdefinition, wonach nicht jede mögliche Lebenserhaltung per se indiziert ist [BGH NJW 2003, 1588 im Anhang II Nr. 6].).

Die zunehmende Fokussierung auf den Willen des Patienten hat dazu geführt, dass häufig Patienten am Leben gehalten werden, ohne dass hierfür eine ärztliche Indikation besteht. Dies nicht selten mit der saloppen Bemerkung, der Patient habe ja leider keine Patientenverfügung. So haben wir z.B. erlebt, dass eine Frau im irreversiblen Koma auf Anordnung des Heimträgers weiter künstlich ernährt wurde, obwohl ihre Beine mumifizierten (trockene Gangrän). Als wir das Mandat bekamen, war der rechte Unterschenkel bis zum Knie schwarz eingetrocknet, die Sehnen und die Kniescheibe lagen frei. Am linken Fuß begann der gleiche Vorgang. Hier wurde nicht gesehen, dass weder die Lebenserhaltung noch eine Amputation, sondern einzig und allein das Zulassen des Sterbens ärztlich indiziert (geboten!) war. Ähnliche Fälle wurden uns übertragen, als die PEG-Magensonde wegen Brüchigkeit hätte erneuert werden müssen. In solchen Fällen waren es zuweilen Krankenhausärzte, die schockiert auf das Fehlen einer Indikation für die weitere Lebensverlängerung der Todkranken hinwiesen. Dann wurden die Patienten ohne oder mit funktionsuntüchtiger Magensonde aus dem Krankenhaus zurück in das Pflegeheim verlegt. Dies meist zum Entsetzen der Pflegekräfte, die nun ohne entsprechende medizinische oder rechtliche Vorbildung damit konfrontiert waren, das zugelassene Sterben zu begleiten.

Also nur wenn es eine Indikation für die künstliche Lebensverlängerung gibt, stellt sich die Frage, ob der Patient diese Lebensverlängerung wünscht oder sterben möchte. Diesen Grundsatz des ärztlichen Behandlungsrechts hat der Gesetzgeber im § 1901b Abs. 1 BGB („Patientenverfügungsgesetz") festgehalten: „Der behandelnde Arzt prüft, welche ärztliche Maßnahme im Hinblick auf den Gesamtzustand und die Prognose des Patienten indiziert ist. Er und der Betreuer erörtern diese Maßnahme unter Berücksichtigung des Patientenwillens als Grundlage für die nach § 1901a BGB zu treffende Entscheidung.". Dass jede ärztliche Behandlung erst einmal nach dem Facharztstandard indiziert sein muss, ergibt sich mittlerweile auch aus dem Patientenrechtegesetz, § 630a Abs. 2 BGB, bevor auch dieses Gesetz als zweite Voraussetzung der Legitimation allen ärztlichen Handelns den Patientenwillen benennt, § 630d BGB. Das gilt ebenso und erst recht, wenn es um „künstliche" Lebens- und Leidensverlängerung geht. Außerhalb des Bereichs der Palliativmedizin scheuen hier immer mehr Ärzte die Indikationsstellung nach dem Facharztstandard, entweder aus persönlicher genereller Ablehnung des Zulassens des Sterbens oder aus Angst vor rechtlichen Konsequenzen. Daran sind auch Juristen schuld, die den Ärzten vermitteln: „Wegen Lebensverlängerung ist noch keiner verurteilt worden. Wenn Sie den Patienten aber sterben lassen, kann das als Tötungsdelikt verfolgt werden!"

Der behandelnde Arzt hat nach dem eindeutigen Gesetzeswortlaut aber eigenverantwortlich aufgrund seiner Sachkunde und im Rahmen seines Berufsethos zu prüfen, ob eine weitere Behandlung unter Einschluss einer lebensverlängernden Maßnahme, zu der auch eine Sondenernährung gehören kann, nach dem Facharztstandard noch medizinisch sinnvoll ist, so dass ein entsprechendes Therapieziel besteht und diese Behandlung weiterhin anzubieten sei. Kommt der Arzt zu dem Ergebnis, standardgerecht keine derartige Therapie mehr anzubieten, so ist weder eine Zustimmung des Betreuers noch eine Genehmigung des Betreuungsgerichts hierfür erforderlich. Die laufend adaptierte Symptomkontrolle läuft schlicht weiter.

Ist die künstliche Lebensverlängerung nicht mehr indiziert, fehlt es an einem solchen „Angebot" einer weiteren ärztlichen Behandlung der Betroffenen mit dem Ziel der Lebenserhaltung (BGH, Beschluss vom 17.3.2003, Anhang III Nr. 6 sowie Hahne, DRiZ 2005, 244, 245). Gerade die vielen Fälle hochbetagter, multimorbider Patienten sind so in der Regel über eine korrekte Indikationsstellung zu lösen, womit sich die Frage nach dem Patientenwillen gar nicht erst stellt. Indikation bedeutet, dass ein vernünftiges Therapieziel, etwa die Verbesserung der Lebensqualität, beschrieben und mit einiger Wahrscheinlichkeit auch erreicht werden kann. Wie etwa soll eine künstliche Ernährung über die Magensonde bei einer 102-jährigen, seit vielen Jahren bettlägerigen, inzwischen erblindeten und tauben Patientin ohne jegliche Kommunikation indiziert sein? In der Praxis erleben wir sehr häufig, dass über den Willen des Patienten gestritten wird, niemand aber die Frage nach der Indikation gestellt hat. Zuweilen erledigen sich die Streitigkeiten über den Patientenwillen, indem die Frage nach der Indikation gestellt und dann verneint wird.

Die Praxis zeigt auch: gerade bei sehr schwerwiegenden progredienten Krankheitsverläufen, die letztendlich zum Tode führen, wird die Indikation für lebenserhaltende Behandlungen im Laufe der Zeit abnehmen und schließlich entfallen. Dies führte zu folgender Logik: je geringer die Indikation **für** eine lebensverlängernde Therapie ist, desto eindeutiger muss der Patientenwille **für** eine solche Lebenserhaltung sein. Entfällt schließlich die Indikation, darf nicht mehr nach dem Willen gefragt werden.

Ein Beispiel für einen „Indikationsfall" aus unserer anwaltlichen Praxis:

FALL 6a: Erika S., geboren 1944, leidet seit August 2007 an einer sich rasch entwickelnden und alsbald schwersten Demenz mit frühem Beginn. In seiner Begutachtung vom 21.3.2011 stellt später der Gutachter, ein Facharzt für Anästhesiologie, Palliativmedizin und Schmerztherapie – fest, dass sich die Patientin in einer sehr schweren Demenz im Endstadium befindet. Sie ist seit über drei Jahren vollständig bettlägerig, Gehen oder Stehen ist nicht mehr möglich, selbst die Gelenke (insbesondere der unteren Extremitäten...) sind in ausgeprägten kontrakten Fehlstellungen nicht mehr voll beweglich, es besteht ein krankhaft erhöhter Muskeltonus und krankhaft übersteigerte Reflexe.... Frau S. nimmt während der gesamten Untersuchung und auch beim Besuch des Gutachters gemeinsam mit ihrem jüngeren Sohn keinen Kontakt mit den Menschen in ihrer Umwelt auf, Sprechen ist ihr völlig unmöglich, gelegentlich stöhnt die Patientin und grimassiert mit schmerzverzerrtem Gesicht. Sie ist stuhl- und harninkontinent (mit Blasenkatheter versorgt), kann nicht mehr selbst essen und trinken.
Bei der Untersuchung durch den Gutachter zeigt die Patientin keinerlei Schluckreflex, auch nicht beim Anreichen eines Teelöffels mit Wasser. Ferner zeigt die Patientin deutliche Hinweise für Schmerzen und Leiden an ihren Krankheitssymptomen, einen BESD-Wert von 8 (bei 10 möglichen), d.h. Zeichen für Schmerz, bedingt wohl durch den krankhaften Muskeltonus, bei Fehlstellungen in den Gelenken und insbesondere die fehlenden Möglichkeiten der Patientin, sich selbst im Bett anders zu lagern. Zusammenfassend kommt der Gutachter zu dem Ergebnis, dass es sich bei dem aktuellen Zustand der Patientin um eine 66-jährige mit einer schwersten Demenz im Endstadium handelt. Eine Aussicht auf Besserung verneint der Gutachter, die Lebenszeit sei mit oder ohne Ernährung über die derzeitige Sondenernährung in den Dünndarm auf eine kurze Zeitspanne begrenzt.
Bevor wir in dieser Sache mandatiert wurden, hatte der jüngere Sohn beim zuständigen Betreuungsgericht versucht, eine Genehmigung für den Abbruch der lebenserhaltenden Therapie nach dem mutmaßlichen Willen der Patientin zu erreichen. Sein Bruder hatte sich vehement mit vielen Argumenten dagegen ausgesprochen, wenig argumentierte er allerdings zum Patientenwillen. Letztendlich konnte im Ergebnis das Betreuungsgericht keinen mutmaßlichen Patientenwillen feststellen und deshalb eine darauf beruhende Einstellung der lebensverlängernden Therapie nicht genehmigen.

Hiergegen sollten wir Beschwerde zum Landgericht einlegen. Nachdem jedoch die Erkenntnismöglichkeiten durch Befragung der einzigen beiden Söhne und in Ermangelung weiterer Zeugen in der zweiten Instanz keine anderen sein würden als vor dem Amtsgericht, sahen wir hier keinerlei Sinn. Vor allem aber war im Verfahren vor dem Betreuungsgericht in erster Instanz überhaupt nicht geprüft worden, ob die weitere lebensverlängernde Ernährungstherapie über eine Dünndarmsonde indiziert war. Welches Therapieziel sollte hier noch mit welcher Wahrscheinlichkeit erreicht werden? Sofort lenkten wir den Fokus hierauf. Wir forderten die Fremdbetreuerin im Dezember 2009 auf, die behandelnden Ärzte zur Begründung der laufenden Ernährungstherapie, also zu einer Indikationsstellung aufzufordern. Diese sahen die laufende Behandlung als indiziert an. Dies war wenig überzeugend.
Die Betreuerin zog korrekterweise zuerst die Behandlungsunterlagen bei. Dann gestaltete sich die Suche nach einem Gutachter aus dem Gebiet der Palliativmedizin schwierig und führte schließlich erst nach über einem Jahr zum Erfolg. Das umfangreich wissenschaftlich begründete Gutachten verneint nach den einschlägigen ärztlichen Standards und Leitlinien die Indikation für die laufende Ernährungstherapie. Insbesondere führt der Gutachter aus, dass das terminale Stadium der Demenz, das cerebrale Krampfleiden und die Ataxie sich weder in der Symptomatik noch im Verlauf durch eine Ernährungstherapie positiv beeinflussen lassen. Es bestehe eine weit fortgeschrittene unheilbare Erkrankung, bei der durch die Ernährungstherapie die Lebensqualität weder erhalten noch verbessert wird. Es erfolge keine Leidenslinderung durch die Ernährungstherapie. Es bestehe also bei der Patientin einerseits keine medizinische Indikation zur weiteren künstlichen Ernährung über die Dünndarmsonde, andererseits ergebe sich auch im Hinblick auf die Prognose der Patientin und die Dauer der bisherigen künstlichen Ernährung kein Hinweis auf irgendeinen Nutzen von deren Fortsetzung. Der Gutachter empfiehlt bei fehlender Indikation den Verzicht auf die weitere Sondenernährung, um der schweren Demenz der Patientin unter zusätzlicher engmaschiger palliativmedizinischer Behandlung ihren tödlichen Verlauf zu gestatten.
Die Betreuerin leitet das Gutachten an die behandelnden Ärzte weiter. Diese sind nunmehr sofort der Meinung des Gutachters, verneinen ebenso die Indikation und ordnen die Einstellung der lebenserhaltenden Behandlung zu Gunsten einer nur noch palliativen Therapie im Sterbeprozess an. Die Patientin kann am 3.5.2011 in Anwesenheit ihres jüngeren Sohnes friedlich und ohne weiteres Leiden sterben.

Das OLG München hat in seinem Urteil vom 21.12.2017 umfassend den Facharztstandard für eine künstliche Lebensverlängerung mittels Magensonde bei einwilligungsunfähigen Patienten ohne Genesungschance dargestellt. Der Bundesgerichtshof hat in seiner Revisionsentscheidung vom 2.4.2019 weder die tatsächlichen Feststellungen noch diese Bewertungen des OLG München im medizinischen Bereich beanstandet.

Als Auszug aus dem Urteil des OLG München v. 21.12.2017 (1 U 454/17) eine Übersicht der Leitlinien und medizinethischen Stellungnahmen zur Frage der Indikation künstlicher Lebensverlängerung:

> 1. Auszug aus der „DGEM-Leitlinie Enterale Ernährung: Ethische und rechtliche Gesichtspunkte" (Aktuel Ernaehr Med 2003; 28, Supplement 1: S36-41, U. Körner et al):
>
> „Anwendung der Sondenernährung
>
> Der Einsatz der Sondennahrungen erfolgt stets auf der Basis eines medizinisch begründeten Behandlungszieles. Eine Ernährungssonde darf nicht allein zum Zweck der Reduktion des Pflegeaufwandes gelegt werden.
> Bei unsicherer Indikation empfehlen wir den Therapieversuch. Beim Eintreten von Komplikationen oder bei Ausbleiben des gewünschten Therapieerfolges ist von dem Therapieversuch Abstand zu nehmen.
> Das Fortbestehen der Indikation für eine Sondenernährung muss in regelmäßigen Abständen überprüft werden. Der Arzt muss in Situationen, in denen die Indikation (bei Komplikationen, im Sterbeprozess …) nicht mehr gegeben ist, bereit sein, die Entscheidung für eine Behandlungsalternative einschließlich Behandlungsabbruch zu treffen und muss dies den Entscheidungsberechtigten auch nachvollziehbar vermitteln.
> Der Anspruch an die Sorgfalt und Begründung von Entscheidungen über die Anwendung einer Ernährung über eine Sonde ist besonders in solchen Fällen hoch, bei denen für einen Patienten (wie insbesondere einen Patienten im apallischen Syndrom) die Ernährungstherapie als einzige intensive kontinuierliche Maßnahme zur Lebenserhaltung erforderlich ist. Abgesehen davon, dass bei jedem Menschen einmal die Therapiebemühung an natürliche Grenzen stößt und einen Lebensgewinn für den Patienten nicht mehr ermöglicht, ist die Ernährung jedenfalls bei diesen Patienten indiziert und fortzusetzen, solange Möglichkeiten der Remission nicht ausgeschlossen sind.
>
> Medizinisch-ethische Bewertungsmaßstäbe

Die Lebensqualität als Entscheidungskriterium

Bei schwersten Krankheitszuständen und im Sterben kann die Sicherung von Lebensqualität zum alleinigen Behandlungsziel werden und tritt die Sicherung der Lebensdauer und des Überlebens als therapeutisches Ziel zurück. …

Anhang 1

Kommentar zur aktuellen Rechtslage zur Frage einer richterlichen Entscheidung über das Einstellen künstlicher Ernährung beim Fehlen eindeutiger Belege für den mutmaßlichen Willen (vgl. s. Rothärmel 2001)

Bis zu einer höchstrichterlichen oder parlamentarischen Entscheidung des Streites der Fachgerichte um die richterliche Genehmigungspflicht wird man aufgrund der heterogenen Rechtsprechung zur Einschaltung des Vormundschaftsgerichts raten müssen, wenn die Einstellung künstlicher Ernährung beim noch nicht sterbenden Patienten erwogen wird und wenn dessen mutmaßlicher Wille auch nach gründlicher Bemühung nicht zu erfahren ist. Dementsprechend lauten auch die Richtlinien der Bundesärztekammer."

2. Auszug aus der „Leitlinie Enterale Ernährung der DGEM und DGG: Trink und Sondennahrung in der Geriatrie und geriatrisch-neurologischen Rehabilitation" (Aktuell Ernaehr Med 2004; 29: 198-225, D. Volker et al):

„Zusammenfassung:

Nicht indiziert ist Sondenernährung dagegen in finalen Krankheitsstadien einschließlich finalen Stadien der Demenz sowie zur Pflegeerleichterung oder Zeitersparnis. Unabhängig von der Indikation muss die Entscheidung für oder gegen Sondenernährung immer individuell unter Berücksichtigung des (mutmaßlichen) Patientenwillens, vorhandener Komorbiditäten, des Krankheitsgrades und der Prognose getroffen werden."

2.6. Ist bei Patienten mit Demenz eine enterale Ernährung indiziert?

Obwohl Auswirkungen einer Ernährungstherapie auf die Überlebenszeit und funktionelle Parameter bisher nicht adäquat untersucht sind, werden orale Supplemente bei Demenzkranken in frühen und mittleren Krankheitsstadien empfohlen. Die Entscheidung für Sondenernährung bei Patienten mit fortgeschrittener Demenz bleibt eine Einzelfallentscheidung. Für final demente Patienten wird Sondenernährung nicht empfohlen.

Die Datenlage lässt es nicht zu, eine Sondenernährung für fortgeschrittene Demenzstadien zu empfehlen. Vor diesem Hintergrund bleibt jede Entscheidung zur PEG bei Patienten mit fortgeschrittener Demenz und erkennbarem Risiko für Mangelernährung eine Einzelfallentscheidung (IV).

Für final Demenzkranke (irreversibel, immobil, kommunikationsunfähig, vollständig pflegeabhängig, mangelnde körperliche Reserven) wird eine Sondenernährung nicht empfohlen (IV)."

3. Aus „Grundsätze der Bundesärztekammer zur ärztlichen Sterbebegleitung" (Deutsches Ärzteblatt 2004; Heft 19: A 1298-9):

„II. Verhalten bei Patienten mit infauster Prognose

Bei Patienten, die sich zwar noch nicht im Sterben befinden, aber nach ärztlicher Erkenntnis aller Voraussicht nach in absehbarer Zeit sterben werden, weil die Krankheit weit fortgeschritten ist, kann eine Änderung des Behandlungszieles indiziert sein, wenn lebenserhaltende Maßnahmen Leiden nur verlängern würden und die Änderung des Therapieziels dem Willen des Patienten entspricht. An die Stelle von Lebensverlängerung und Lebenserhaltung treten dann palliativ-medizinische Versorgung einschließlich pflegerischer Maßnahmen.
Lässt sich der mutmaßliche Wille des Patienten nicht anhand der genannten Kriterien ermitteln, so soll der Arzt für den Patienten die ärztlich indizierten Maßnahmen ergreifen und sich in Zweifelsfällen für Lebenserhaltung entscheiden. Dies gilt auch bei einem apallischen Syndrom."

4. Nach Inkrafttreten des Dritten Betreuungsrechtsänderungsgesetzes aktualisierte Fassung der „Grundsätze der Bundesärztekammer zur ärztlichen Sterbebegleitung" (Deutsches Ärzteblatt 2011; Heft 7 v. 18. Februar 2011: A 346-8):

„II. Verhalten bei Patienten mit infauster Prognose

Bei Patienten, die sich zwar noch nicht im Sterben befinden, aber nach ärztlicher Erkenntnis aller Voraussicht nach in absehbarer Zeit sterben werden, ist eine Änderung des Behandlungsziels geboten, wenn lebenserhaltende Maßnahmen Leiden nur verlängern würden oder die Änderung des Behandlungsziels dem Willen des Patienten entspricht. An die Stelle von Lebensverlängerung und Lebenserhaltung tritt dann die palliativmedizinische Versorgung einschließlich pflegerischer Maßnahmen."

III. Behandlung bei schwerster zerebraler Schädigung

Patienten mit schwersten zerebralen Schädigungen und kognitiven Funktionsstörungen haben, wie alle Patienten, ein Recht auf Behandlung, Pflege und Zuwendung. Art und Ausmaß ihrer Behandlung sind gemäß der medizinischen Indikation vom Arzt zu verantworten; eine anhaltende Bewusstseinsbeeinträchtigung allein rechtfertigt nicht den Verzicht auf lebenserhaltende Maßnahmen. Soweit bei diesen Patienten eine Situation eintritt, wie unter I. und II beschrieben, gelten die dort dargelegten Grundsätze."

5. „Empfehlungen der Bundesärztekammer und der Zentralen Ethikkommission bei der Bundesärztekammer zum Umgang mit Vorsorgevollmacht und Patientenverfügung in der ärztlichen Praxis" (Deutsches Ärzteblatt 2007; Heft 13: A 891-6):

„Die Grundsätze der Bundesärztekammer enthalten wesentliche Aussagen zur ärztlichen Sterbebegleitung. Die vorliegenden Empfehlungen knüpfen daran an; Sehr hilfreich kann es sein, das Ziel ärztlichen und pflegerischen Handelns jeweils zu überprüfen. Der Arzt hat zu hinterfragen, ob im konkreten Fall noch eine medizinische Indikation für eine bestimmte Therapie vorliegt. Wenn eine Behandlung nicht medizinisch indiziert ist, stellt sich die Frage nicht, ob der Patient mit dem Abbruch einverstanden wäre. An die Stelle von Lebensverlängerung und Lebenserhaltung treten dann palliativmedizinische Versorgung und pflegerische Maßnahmen."

6. Weitere „Empfehlungen der Bundesärztekammer und der Zentralen Ethikkommission bei der Bundesärztekammer zum Umgang mit Vorsorgevollmacht und Patientenverfügung in der ärztlichen Praxis" (Deutsches Ärzteblatt 2010; Heft 18: A 877-):
„Behandlungswünsche sind immer an die ärztliche Indikation gebunden. Ärztlicherseits besteht keine Verpflichtung, den Behandlungswünschen Folge zu leisten, wenn keine Indikation für eine Behandlung (mehr) besteht...

Konfliktsituationen

b) Der Patientenvertreter oder die Angehörigen des Patienten verlangen die Durchführung oder Weiterführung einer medizinisch nicht (mehr) indizierten Maßnahme. Besteht keine medizinische Indikation zur Einleitung oder Weiterführung einer Maßnahme, so darf diese nicht (mehr) durchgeführt werden. Die Übermittlung der Information über eine fehlende medizinische Indikation für lebensverlängernde Maßnahmen und die damit verbundene Therapiezieländerung hin zu palliativen Zielen stellt für Patienten und deren Angehörige meist eine extrem belastende Situation dar, die vom aufklärenden Arzt hohe kommunikative Kompetenzen verlangt. Weder der Patient noch seine Vertreter oder seine Angehörigen können verlangen, dass der Arzt eine medizinisch nicht indizierte Maßnahme durchführt. Ein Gesprächsangebot sollte immer bestehen bleiben".

7. „Leitfaden des Bayerischen Landespflegeausschusses Dezember 2008: Künstliche Ernährung und Flüssigkeitsversorgung", S. 28:

„Regelmäßige Überprüfung der Indikation

Eine einmal begonnene Sondenernährung bedeutet nicht zwangsläufig deren Durchführung bis zum Lebensende. In regelmäßigen Abständen ist zu überprüfen, ob die Notwendigkeit der Sondenernährung noch besteht.
Übersteigt die Belastung in Folge der Sondenernährung die möglichen Vorteile (z.B. im Sinne einer verbesserten Lebensqualität) für die Patientin oder den Patienten, sollte sie eingestellt werden."

II. Behandlung nach dem Willen des Patienten

1. Der Patient kann selbst entscheiden

Oben haben wir den Fall des austherapierten Krebskranken Friedrich A. geschildert (Fall 5). Er hat selbst bestimmt und geäußert, welche Dosis Morphium er sich zuführt und wie er sterben möchte.

Zu dieser Patientengruppe, die selbst noch bestimmen und mitteilen kann, was sie wann möchte, schildern wir weitere Fälle aus der Praxis:

FALL 7: Barbara S., seit vielen Jahren in ständig zunehmendem Maße gelähmt, weiß, dass ihr Tod eines Tages durch Lähmung der Atemmuskulatur eintreten wird. Eines Nachts kommt es zu einem akuten Atemnot -Anfall. Ein bei ihr wachender Zivildienstleistender alarmiert den Notarzt. Barbara S. kommt sofort ins Krankenhaus. Es wird ein Luftröhrenschnitt gemacht. Sie wird künstlich beatmet, während sie hilflos im Bett liegt und miterleben muss, dass sie keinerlei Möglichkeit hat, zu beeinflussen, was rund um sie vorgeht. So wissen die Ärzte in der Klinik z.B. nicht, dass die Patientin im Rahmen ihrer notwendigen Therapie längst von Valium abhängig geworden ist. Ohne Möglichkeit, dies in irgendeiner Weise zu vermitteln, muss Barbara S. die Entzugserscheinungen qualvoll erdulden.

Die traumatischen Ereignisse und das Empfinden der Hilflosigkeit während dieser intensivmedizinischen Versorgung, vor allem der künstlichen Beatmung, machte ihr eines klar: Sie will nie wieder künstlich beatmet werden, weil so ihr natürlicher Tod als Folge ihrer Erkrankung verhindert wird.

Nach ihrer Entlassung erstellen wir in Zusammenarbeit mit den behandelnden Ärzten und unter Mitwirkung eines Notars bei schwieriger Verständigung eine umfassende Patientenverfügung. Darin regelt Barbara S. detailliert im Voraus, wie in künftigen vergleichbaren Situationen zu verfahren ist.

Als es dann so weit ist, ändert sie ihre Patientenverfügung mündlich noch einmal ab. Sie bittet um Verlegung in ein Krankenhaus und um Beatmung, weil sie von allen Freunden Abschied nehmen möchte. Danach wird wunschgemäß die Beatmung eingestellt, und Barbara S. verstirbt palliativmedizinisch betreut, wie sie es gewünscht und vorausgeplant hatte.

FALL 8: Emil L. ist 83 Jahre alt, Steuerberater, und lebt bei klarem Verstand in einem Altersheim. Als er schlagartig sein Augenlicht verliert, macht für ihn das Leben keinen Sinn mehr, obwohl seine Ehefrau ihn täglich lange besucht, ihm vorliest, ihm erzählt und versucht, sein Leben so erträglich wie möglich zu gestalten. Aber auch seine Ehefrau respektiert den Wunsch von Emil L., sterben zu wollen. Bei einer auftretenden Lungenentzündung wird der Patient, ohne gefragt zu werden, sogar gegen seine mühsam geäußerte Ablehnung, vom Notarzt in ein Krankenhaus gebracht und dort mit Antibiotika behandelt. Die Lungenentzündung wird damit erfolgreich therapiert. Emil L. kommt wieder zurück in das Pflegeheim. Fortan ist für ihn klar, sobald wie möglich eines natürlichen Todes sterben zu wollen, jedenfalls bei einer weiteren Komplikation nicht noch einmal therapiert und „geheilt" zu werden. Da er erleben musste, wie sein aktuell geäußerter Wille missachtet wurde, sucht er anwaltliche Hilfe.
Wir entwerfen eine entsprechende Patientenverfügung, die ein Notar im Pflegeheim im Zimmer des blinden Patienten beurkundet. Die Patientenverfügung wird an alle wichtigen Funktionsträger im Heim verteilt, im Zimmer ausgelegt und an der Zimmertüre mit dem Hinweis „Für den Notarzt" deutlich sichtbar befestigt.
Einige Zeit später wird eine auftretende Komplikation seinem Wunsch entsprechend nicht mehr geheilt, und er kann daran versterben.

Zu dieser Fallgruppe gehören insbesondere Kranke, die an **ALS** (**Amyotrophe Lateralsklerose**) leiden, einer Krankheit, die mit zunehmender Lähmung aller Körpermuskeln einhergeht, und bei der der Tod durch Unfähigkeit zur Atembewegung eintritt. Gleichzeitig sind Gehirn und alle Körperorgane gesund, der Patient ist willensfähig, aber nicht mehr in der Lage, diesen Willen mitzuteilen – allenfalls durch Lidschlag.

FALL 9: Fritz O. (35) erleidet eine Gehirnblutung. Er liegt deshalb seit über einem Jahr vollkommen bewegungsunfähig (mit Ausnahme von Augenbewegungen) im Bett in einem Pflegeheim. Da sein Großhirn vollkommen intakt ist, kann er den ganzen Tag mit entsprechenden Hilfseinrichtungen fernsehen oder Zeitung lesen. Dennoch signalisiert er über Augenbewegungen, dass er nicht mehr leben möchte. Fritz O. ist ohne jeden Zweifel vollkommen einsichts- und geschäftsfähig. Seine

Ehefrau verspricht ihm, seinen Todeswunsch zu erfüllen. Sie erfährt schwerste Anfeindungen. Ihr wird vorgeworfen, zum Mörder ihres Mannes zu werden. Wir beraten die Ehefrau: Eine Einschaltung des Gerichts ist nicht erforderlich, denn ein Patient, der sich selbst bestimmt, kann unmittelbar anordnen, wie mit ihm zu verfahren ist. Jeder ist daran gebunden. Insbesondere die Ehefrau als rechtliche Betreuerin ist sogar verpflichtet, dem Willen ihres Mannes „Geltung zu verschaffen", also das Zulassen seines Sterbens durchzusetzen. Da sich ihr Mann nicht selbst töten kann, kommt rechtlich nur passive Sterbehilfe in Form des Sterbenlassens in Betracht. Die Fortsetzung der künstlichen Ernährung durch die PEG gegen den explizit geäußerten Willen ihres Mannes stellt eine ständige strafbare Körperverletzung dar: Jene Ernährung, die bisher dem Willen ihres Mannes entsprach und somit rechtens war, ist ab sofort eine fortgesetzte strafbare Körperverletzung.
Wir raten der Ehefrau, den Sterbewunsch des Mannes mit Hilfe einer Videokamera und unter Umständen mit Hilfe eines Notars beweiskräftig festzuhalten.
Aufgrund der Beratung wird ein Interview mit dem Patienten geführt, das mit einer Videokamera aufgezeichnet wird, wobei er mit seinen Augenbewegungen antwortet. Alle Fragen werden so gestellt, dass der Patient sie mit Ja oder Nein beantworten kann, indem er mit den Augen entsprechende Bewegungen in horizontaler oder in vertikaler Richtung macht. Es werden Fragen zu seiner örtlichen und zeitlichen Orientierung sowie zu seinen intellektuellen Fähigkeiten gestellt, aus deren Beantwortung sich die medizinisch bereits bekannte, unbeeinträchtigte Einsichts- und Willensfähigkeit des Patienten zusätzlich ergibt. Es werden dann Fragen zum Sterbevorgang gestellt. Nachdem der Patient vorher schon von einem Psychiater befragt worden war und auf dessen Frage nach der Beendigung der Behandlung angeblich mit „Nein" geantwortet haben soll, wird insbesondere dieser Fragenkomplex umfangreich und zur Beweissicherung abgefragt. Er antwortet diesmal klar mit „Ja". Das Video beweist es.
Unter diesen perfekten juristischen Voraussetzungen kann der Patient durch Beendigung der Substitution, palliativmedizinisch begleitet, versterben.

FALL 10: Seinen Wunsch zu sterben, konnte auch Domenico B., 45, selbst übermitteln. Er war jahrelang weitgehend gelähmt und musste – bei geistig bester Gesundheit – beatmet werden. In diesen Zustand versetzt hat ihn schon früh die Amyotrophe Lateralsklerose (ALS). Er wusste, dass die allgemeine Lähmung bei ihm fortschreiten und er irgendwann am so genannten „Locked-In-Syndrom" leiden würde. Dann wäre er bei völliger geistiger Klarheit bewegungslos in seinem Körper eingeschlossen gewesen, ohne sich mitteilen zu können, obgleich er alles in seiner Umgebung mitbekommen hätte. Dagegen hatte Domenico B. mit einer Patientenverfügung vorgesorgt. Er hatte panische Angst davor, das „Locked-In-Syndrom" erleben zu müssen. Er wollte aber sterben, solange er noch kommunizieren und sich somit auch verabschieden konnte.
Im August 2010 trat dann eine rapide Verschlechterung ein. Domenico B. wusste, dass es jetzt schnell gehen musste. Er wollte so bald wie möglich und bei klarem Bewusstsein Abschied von seiner Frau und seinen Freunden nehmen und dann sterben. Endlich zeigte sich die Hausärztin bereit, das Behandlungsverbot zu befolgen. Am 11.8.2010, so wurde es vereinbart, sollte die Beatmung unter Sedierung abgestellt werden. Domenico B. stellte sich nun auf seinen Todestag ein. Doch einen Tag vor dem vereinbarten Termin ließ die Ärztin durch ihre Sprechstundenhilfe ausrichten, dass sie aufgrund rechtlicher Bedenken nun doch nicht bereit wäre, diesen Schritt zu gehen. In dieser Situation schalteten die Angehörigen und der sehr gute Heimpflegedienst dann unsere Kanzlei ein. Zwei Tage später war es soweit: Zusammen mit einem Palliativmediziner begaben wir uns vor Ort. Juristisch und medizinisch begleitet konnte der Patient nach einem berührenden Abschied von seiner Frau und allen Pflegekräften sterben. Der Arzt hatte ihm eine tiefe Narkose (Terminale Sedierung) gegeben und dann die Beatmungsmaschine abgestellt.

Achtung!

Der Patient darf selbst bestimmen, was er will. Auch „unvernünftige" Entscheidungen binden den Arzt!

Mit diesen Beispielsfällen aus unserer anwaltlichen Praxis möchten wir klarstellen, was seit vielen Jahren oberster Grundsatz der Rechtsprechung im Arztrecht ist: Der Patient darf selbst bestimmen. Auch „unvernünftige Entscheidungen“ binden den Arzt. So hat der Bundesgerichtshof in Fortführung der Rechtsprechung des Reichsgerichts aus dem Jahr 1894 (RGSt 25, 375) in seiner Entscheidung BGHSt 11, 111 formuliert:

> Denn selbst ein lebensgefährlich Kranker kann triftige und sowohl menschlich wie sittlich achtenswerte Gründe haben, eine Operation abzulehnen, auch wenn er durch sie von seinem Leiden befreit werden könnte.

Diesen Grundsatz hat der Bundesgerichtshof in seinem Beschluss vom 17.9.2014 (Anhang III Nr. 18) noch einmal in aller Deutlichkeit wiederholt. Danach kommt es für die Verbindlichkeit des tatsächlichen oder mutmaßlichen Willens eines aktuell einwilligungsunfähigen Patienten nicht auf die Art und das Stadium der Erkrankung an, was mittlerweile in § 1901a Abs. 3 BGB zudem ausdrücklich geregelt ist. Das verfassungsrechtlich verbürgte Selbstbestimmungsrecht des Patienten sei auch dann zu achten, wenn er noch nicht im Finalstadium ist. Gegen seinen Willen dürfe eine ärztliche Behandlung weder eingeleitet noch fortgesetzt werden. Der Betroffene dürfe eine Heilbehandlung auch dann ablehnen, wenn dies zu seinem Versterben führe, obwohl der Eintritt des Todes noch weit hinausgeschoben werden könne. Die gleiche Überlegung übernahm das Bundesverfassungsgericht in seiner „Sterbehilfe-Entscheidung“ vom 26.2.2020 (Anhang III Nr. 23). Auch das Grundrecht auf Suizid und auf Inanspruchnahme von Suizidhilfe besteht unabhängig von Art und Stadium einer Erkrankung.

Das **Recht der Selbstbestimmung** umfasst auch das Recht, sich zu „schaden“. Was „Schaden“ ist, unterliegt wiederum der Selbstdefinition des Patienten. Einzige Voraussetzung ist die freiverantwortliche und wohlerwogene Willensbildung.

Der Arzt muss allerdings dem Patienten eine **Aufklärung** über die Folgen des geplanten Handelns oder Unterlassens anbieten, der Patient kann diese auch ablehnen.

Sehr deutlich wird diese Problematik in Fällen von Religionsangehörigen, die z.B. eine Operation oder eine Transfusion von Blut ausdrücklich verbieten. Sind die Patienten volljährig oder voll entscheidungsfähig, weil sie vor Erreichen der Volljährigkeit die notwendige Einsicht in die Folgen ihrer Entscheidung haben, so ist ihre Entscheidung zu respektieren. Das gilt auch wenn der Tod durch die Operation oder die Bluttransfusion ohne Weiteres zu verhindern wäre (BVerfG NJW 2002, 206, Anhang III Nr. 5). Bei Jugendlichen bindet dieser Wille ggf. die Eltern, die ihr Kind vertreten, § 1626 Abs. 2 BGB. Danach müssen die Eltern die wachsende Fähigkeit und das wachsende Bedürfnis des Kindes zu selbstständigem verantwortungsbewusstem Handeln berücksichtigen, soweit es nach dessen Entwicklungsstand angezeigt ist, und Einvernehmen anstreben. Der Arzt kann in diesen Fällen keine Behandlungsentscheidung direkt mit dem Kind treffen.

Bei Entscheidungen am Lebensende oder bei schwerster unheilbarer Krankheit im Endstadium sieht die Realität oft ganz anders aus. Obwohl in aller Regel der Wille eines hochbetagten Patienten, sterben zu wollen, auch aus der Sicht von neutralen Dritten im Umfeld des Patienten besser zu akzeptieren ist als der selbstbestimmte Tod eines achtzehnjährigen Menschen, der sich einer Sekte angeschlossen hat, setzt man sich häufig darüber hinweg.

Achtung!

Kein Vertreterhandeln, solange der Patient noch selbst entscheiden kann!

Solange der Patient selbst entscheidungsfähig ist, hat der Arzt ausschließlich mit ihm zusammen die Behandlungsentscheidung zu treffen. Dann spielen weder die Patientenverfügung noch die Frage, ob der Patient einen Vertreter hat, eine Rolle. Ob der Patient bei einer solchen Entscheidungsfindung Angehörige oder Pflegekräfte zuziehen möchte, ist allein seine Entscheidung. Wir erleben Ärzte, die Berührungsängste zur Thematisierung des Sterbens im Arzt-Patienten-Gespräch haben und lieber „in die Patientenverfügung schauen", was der Patient will. Andere Ärzte nehmen keine Einsicht in die Patientenverfügung, auch wenn sie mit dem willensunfähigen Patienten kein Gespräch zur Willensermittlung mehr führen können. Mit der Begründung, es stehe ja immer das Gleiche drin! Beides sind krasse Fehlentwicklungen!

Achtung!

Kein Handeln nach Patientenverfügung, solange der Patient noch selbst entscheiden kann!

Gesundheitliche Vorausplanung (GVP bzw. Advance Care Planning, ACP)

Ein Patient, der eine Krankheit hat, bei der ein schwerer Verlauf bis hin zu dauernder Behinderung oder Tod möglich ist, sollte sich damit gedanklich auseinandersetzen. Dazu muss er mindestens die Diagnose kennen. Dann sollte er sich über die Prognose, Verläufe, Behandlungsmöglichkeiten, soziale Hilfen, Arten der Unterbringung und Pflege zu Hause oder in Einrichtungen und vieles andere mehr in Ruhe Gedanken machen. Er wird dazu in erster Linie das Arztgespräch suchen, sich mit seinen Angehörigen beraten und kann im stationären Bereich Beratungsangebote nach § 132g SGB V (GVP = Gesundheitliche Vorausplanung, Anhang I Nr. 5) in Anspruch nehmen. Die Normalität ist die ständige Fortsetzung dieses Dialogs mit Arzt und allen Beteiligten aus Familie, Pflege, Einrichtung, sozialen Helfern. Hier „greift" eine „Standard-Patientenverfügung" nicht, denn diese erfasst nur Situationen, die plötzlich und dauerhaft die eigene Entscheidung über die medizinische Behandlung unmöglich machen. Dies kann aber auch während einer schweren Erkrankung passieren, so dass dann plötzlich eine dauerhafte Entscheidungsunfähigkeit eintritt. Deswegen sollte unbedingt immer **neben einer GVP** eine „Standard-Patientenverfügung" verfasst oder eine bestehende Patientenverfügung schriftlich bekräftigt werden.

Es ist zu begrüßen, dass zur gedanklichen Befassung mit künftigen Leidenssituationen gesetzlich entsprechende Angebote wenigstens für den stationären Bereich in das Sozialgesetzbuch aufgenommen wurden. Freilich ist auch im ambulanten Bereich die Befassung mit dem Thema in gleicher Weise angezeigt.

In jedem Fall aber muss folgendes beachtet werden: Münden Nachdenken und Erörterungen mit Angehörigen, Ärzten, Pflegeeinrichtungen u.a. in eine konkrete Planung im Sinne von Vorgaben für künftige medizinische Behandlungen, so entsteht im Rechtssinne eine Patientenverfügung. Natürlich gibt es hierfür keine Reichweitenbeschränkung (§ 1901a Abs. 3 BGB). Man kann für alle erdenklichen Situationen alle erdenklichen Behandlungen verbieten. Da aber Behandlungsverbote für gewisse künftige gesundheitliche Situationen das Versterben des Patienten nach dem bindenden Patientenwillen bewirken können oder sollen, müssen auch entsprechende Verfügungen im Rahmen von GVP („Gesundheitliche Vorausplanung") wie jede Patientenverfügung strengen rechtlichen Maßstäben (BGH-Rechtsprechung zu den Bestimmtheitsanforderungen für die Anknüpfungstatbestände, bei denen die Patientenverfügung umzusetzen ist!) genügen, um verbindlich zu sein und eine straflose Umsetzung zu ermöglichen. Sonst steht schnell der Vorwurf eines Tötungsdelikts durch Unterlassen im Raum!

Merke

- **„Gesundheitliche Vorausplanung"** macht in erster Linie Sinn, wenn man konkret erkrankt ist.
- Die **„Standard-Patientenverfügung"** macht immer und für jeden Sinn. Sie ist für nicht voraussehbare, plötzlich eintretende schwerste und irreversibel entscheidungsunfähig machende Erkrankungen, die ohne ärztliche, künstliche Lebensverlängerung zum natürlichen Versterben führen würden.
- GVP und „Standard-Patientenverfügung" – kein „Oder", sondern ein „Und"

Mehr zur GVP finden Sie in der Einleitung zum 3. Kapitel „Vorsorge für Krankheit und Sterben.

2. Der Patient hat selbst vorausentschieden – Verfahren ohne Vertreter

Zuweilen existiert eine Patientenverfügung des Patienten, jedoch fehlt es an einer Vorsorgevollmacht. Dann stellt sich die Frage, ob für die medizinische Behandlung nunmehr zunächst eine Betreuerbestellung notwendig ist oder ob der Arzt die Patientenverfügung bzw. die Behandlungswünsche nach Prüfung und Feststellung, dass diese auf die medizinische Situation zutreffen, unmittelbar umsetzen darf.

Mitunter ist zu hören, dass als „prozedurale Absicherung" zunächst ein Betreuer, der die Patientenverfügung prüft und anschließend mit dem Arzt erörtert, eingesetzt werden muss. Das ist falsch! Dabei wird übersehen, dass jedenfalls die bloße formale Bestellung der Angehörigen zu Betreuern nach dem Willen des Gesetzgebers gar nicht zur gerichtlichen Überprüfung des Patientenwillens oder zur Absicherung führt. Dies soll nur bei einem Streit über den Patientenwillen geschehen, § 1904 Abs. 4 BGB. Den Patientenwillen als Botschaft überbringen kann jeder. An der Qualität eines solchen Nachweises des Patientenwillens ändert der Formalismus, den Boten zum Betreuer zu bestellen, nichts.

Durch das neue Patientenrechtegesetz ist in diesem Fall der Arzt unmittelbar an den Patientenwillen gebunden, § 630d Abs. 1 BGB. Treffend kommentiert Götz im Palandt in Rn. 15 zu § 1901a BGB. Danach ist

> „… weder das Bestehen einer Betreuung Voraussetzung für die Wirksamkeit einer Patientenverfügung, noch gibt ihr Vorhandensein Anlass zur Anordnung einer Betreuung (…). Der Sinn einer Patientenverfügung ist es gerade, im Rahmen ihres Geltungsbereichs eine Betreuung überflüssig zu machen".

Das gilt auch über die Akutphase hinaus. Nur wird dann in der Praxis meist bald eine rechtliche Betreuung schon aus vielen anderen Gründen erforderlich werden, im Prinzip immer dann, wenn der Patient ein rechtliches Dokument unterschreiben müsste. Wenn der Arzt allerdings der Patientenverfügung misstraut, weil er konkrete

Anhaltspunkte hat, dass diese nicht den Patientenwillen wiedergibt (z.B. Fälschung, Überholung u.Ä.), ist die Einbeziehung des Betreuungsgerichts erforderlich, unabhängig davon, ob der „Bote" Betreuer bzw. Bevollmächtigter ist oder nicht.

Die Regelung in § 630d Abs. 1 BGB/Patientenrechtegesetz gilt jedoch nur für das Vorliegen einer schriftlichen Patientenverfügung, die die Situation trifft. Dagegen muss bei der Ermittlung der mündlichen Behandlungswünsche bzw. des mutmaßlichen Willens der Betreuer oder Bevollmächtigte eine eigene Entscheidung treffen, so dass er hierzu immer durch Vollmacht bzw. Betreuerbestellung ermächtigt sein muss.

In der Praxis sind etwa folgende **Fallkonstellationen** denkbar, **in denen es bei Fehlen eines Vorsorgebevollmächtigten keiner Einrichtung einer rechtlichen Betreuung bedarf**:

- Der Kassenpatient (Bankvollmacht existiert, Behandlungswünsche werden glaubhaft referiert) wird über lange Zeit zu Hause von der Familie gepflegt und hausärztlich bis zum Tod behandelt.
- Bei einer Akutbehandlung liegt eine Patientenverfügung vor, die alsbald einschlägig ist.

Die strafrechtliche Korrektheit des Vorgehens richtet sich ohnehin nicht nach einer Vertreterposition oder der Einhaltung oder Unterlassung betreuungsrechtlicher Formalien sondern allein danach, ob es in Übereinstimmung mit dem ausdrücklichen, dem verbindlich vorausverfügten oder dem mutmaßlichen Willen des Patienten erfolgt (Verrel, NStZ 2010, 671 und NStZ 2011, 276 ff.). Der alleinige Verstoß gegen betreuungsrechtliche Vorgaben führt nie zur Bestrafung. Ebenso klarstellend zu den insoweit oft missverstandenen BGH-Entscheidungen vom 25.6.2010 (Anhang III Nr. 13) und dem Folgebeschluss vom 10.11.2010, NStZ 2011, 274, die ehemals Vorsitzende Richterin des jeweils erkennenden 2. Strafsenats des BGH, Rissing-van Saan, in: ZIS 2011, 544.

3. Der Vertreter des Patienten (Bevollmächtigter oder Betreuer) muss entscheiden

Erst wenn der Patient nicht mehr in der Lage ist, über seine weitere Behandlung selbst zu entscheiden, ***und* keine** auf die Behandlungssituation passende Regelung in einer Patientenverfügung getroffen hat (§ 630d Abs. 1 BGB/Patientenrechtegesetz), muss ein Vertreter des Patienten seinen Willen ermitteln und für ihn die Entscheidung treffen.

Achtung!

Der Patientenwille bindet Betreuer und Bevollmächtigte!

Der Vertreter des Patienten darf allerdings nicht nach eigenem Gutdünken oder eigenen Wertvorstellungen entscheiden. Er ist streng an die Patientenverfügung, die mündlichen Behandlungswünsche oder den mutmaßlichen Willen des Patienten gebunden, § 1901a BGB. Kommt es zwischen dem Vertreter des Patienten und dem behandelnden Arzt zu einem Streit über den Patientenwillen hinsichtlich der weiteren Behandlung, so muss auch das Betreuungsgericht die Entscheidung ausschließlich nach dem in der Beweisaufnahme festzustellenden Willen des Betreuten treffen, § 1904 Abs. 3 BGB. Diesen hat das Gericht zu ermitteln.

Ein Arzt darf einen Patienten nicht behandeln, ohne dass dieser oder sein rechtlicher Vertreter dem Eingriff wirksam zugestimmt hat. Auch eine lege artis durchgeführte Behandlung ist dann eine strafbare Körperverletzung. Nur ausnahmsweise ist sie zulässig, wenn bei einer Verzögerung der Behandlung der Patient gefährdet würde („Gefahr im Verzug").

Die Fremdbestimmung über einen anderen Menschen ist nur für einen einzigen Fall durch Gesetz geregelt, nämlich das Handeln von Eltern für ihre minderjährigen Kinder. Von Gesetzes wegen dürfen weder erwachsene Kinder aufgrund ihrer Abstammung für ihre betagten, gebrechlichen Eltern, noch Ehegatten aufgrund der geschlossenen Ehe füreinander Entscheidungen treffen und handeln. Für alle diese Fälle muss mindestens durch Vollmachterteilung vorgesorgt werden, will man die Einrichtung einer rechtlichen Betreuung durch das Betreuungsgericht vermeiden.

Ebenso wie ein Säugling sich nicht selbst bestimmen kann, können aber viele Menschen bei Krankheit oder im Alter ab einem gewissen Zeitpunkt nicht mehr für sich entscheiden oder selbst handeln. Hier ist zu beachten:

Für sie muss notwendigerweise ein Vertreter entscheiden und handeln, der durch eine Vorsorgevollmacht (vgl. 3. Kapitel I) eingesetzt wurde. Dieses Handeln eines Vertreters ist ebenso wie bei einem Säugling per se nichts Negatives, sondern vielmehr eine faktische Notwendigkeit.

Achtung!

Der Vertreter handelt erst, wenn

- der entscheidungsfähige Patient dies will oder
- der Patient entscheidungsunfähig ist und keine unmittelbar passende Patientenverfügung das Therapieziel bereits vorgibt.

Die Übergänge sind nicht immer klar abgegrenzt, sondern fließend:

FALL 12: Johannes N. (56) muss sich zu einer schweren Operation in ein Klinikum begeben. Zur Vorbesprechung erscheint er mit „einer Frau an seiner Seite". Mit beiden wird ein intensives Aufklärungsgespräch geführt. Auch zur stationären Aufnahme erscheint er mit dieser Frau. Mit ihr und dem Patienten wird noch einmal alles genauestens durchgesprochen, da die Operation und Krankheit lebensbedrohlich sind. Nach umfassender Aufklärung sind sich der Patient und die ihn begleitende Frau einig, dass die Operation wie geplant am nächsten Tag stattfinden soll. Die Operation ist schwierig und verläuft mit einigen Komplikationen. Der Patient ist anschließend in einem sehr schlechten Zustand. Er muss auf die Intensivstation verlegt werden. In den nächsten sechs Wochen verlässt er die Intensivstation nicht mehr und muss noch zweimal operiert werden, bevor er an den Folgen seiner schweren Krankheit verstirbt. Alle Entscheidungen waren mit der Frau abgesprochen worden.
Einige Zeit später meldet sich ein Rechtsanwalt unter Vollmachtvorlage als Vertreter der Witwe. Er teilt mit, jene im Krankenhaus an der Seite

des Patienten erschienene Frau sei nicht die Ehefrau gewesen, sondern eine neue Lebensgefährtin. Der Patient habe eine Patientenverfügung verfasst, gegen die während der sechswöchigen Behandlung in der Intensivstation und durch die zwei Folgeoperationen verstoßen worden sei. Der Rechtsanwalt verlangt erst einmal Einsicht in die ärztliche Dokumentation für die von ihm vertretene Witwe.
Für das Krankenhaus verweigern wir die Einsichtnahme. Denn auch nach dem Tod besteht die Schweigepflicht der Ärzte fort. Die Ärzte dürfen nur gegenüber denjenigen Personen Auskünfte geben oder Einsicht in die ärztliche Dokumentation gewähren, die schon zu Lebzeiten vom Patienten hierzu entweder ausdrücklich ermächtigt waren, oder wenn nach den Umständen des Falles davon auszugehen ist, dass der verstorbene Patient diese Personen mutmaßlich zur Einsichtnahme ermächtigt hätte. Dies war ersichtlich gegenüber der noch mit ihm verheirateten Frau nicht der Fall. Die Vertrauensperson des Patienten war vielmehr die neue Lebensgefährtin.

Achtung!

Bei jedem Krankenhausaufenthalt an Vorsorgevollmacht denken!

Der Fall zeigt jedoch deutlich, dass bei einem Patienten, der die Möglichkeit der Selbstbestimmung verliert, schnell die Notwendigkeit der Fremdbestimmung erforderlich wird. Am wirkungsvollsten wäre es in der Praxis, wenn das Krankenhaus grundsätzlich den Begleitpersonen, ohne Rücksicht darauf, ob es sich um Eheleute oder nichteheliche Lebenspartner handelt, rät, sich eine **Vorsorgevollmacht** (siehe 3. Kapitel I 1) für die Dauer des Krankenhausaufenthalts für den Bereich der Gesundheitssorge geben zu lassen. Im vorliegenden Fall hätte das Krankenhaus während der sechswöchigen Behandlung wirksam alle Entscheidungen von der bevollmächtigten Lebensgefährtin genehmigen lassen können, selbst wenn die Ehe des Patienten mit einer anderen Frau bekannt gewesen wäre.

Heute ist es gute Praxis, bei Klinikaufnahme in der Krankenakte zu dokumentieren, wer Vorsorgebevollmächtigter ist, und eine Kopie der Vorsorgevollmacht zur Krankenakte zu nehmen. Zusätzlich wird vermerkt, ob der Patient eine Patientenverfügung verfasst hat.

Im Gegensatz zur Vorsorgevollmacht wird die Patientenverfügung gerade nicht bei Krankenhausaufnahme inhaltlich zu thematisieren sein. Dies kann später geschehen, wenn eine Situation eintritt, auf die sich die Patientenverfügung bezieht.

In den Situationen, in denen der Patient willens- und/oder handlungsunfähig ist, kann der rechtliche Vertreter (Betreuer oder Bevollmächtigter) aber keineswegs frei entscheiden. Ihn bindet vielmehr der Wille des Patienten.

Eltern entscheiden für minderjährige Kinder

Unabhängig davon, ob ein Minderjähriger entscheidungsfähig, eingeschränkt entscheidungsfähig oder nicht entscheidungsfähig ist, entscheiden im Außenverhältnis, also gegenüber dem Arzt, für ihn seine Eltern in Ausübung ihrer elterlichen Sorge über die Zustimmung zu einer ärztlicher Behandlung, §§ 1626 ff. BGB.

Setzt das Recht ihnen hierbei Grenzen? Dazu der folgende Fall:

FALL 12a: Jule war vier Jahre alt und ein gesundes Kind. Im Rahmen einer klinischen Untersuchung erlitt sie durch Sauerstoffmangel einen schweren Hirnschaden und fiel in ein unumkehrbares Koma mit der Folge der künstlichen Ernährung. Als alle Hoffnung geschwunden war, entschieden sich die Eltern gegen eine weitere Lebensverlängerung durch diese ärztliche Maßnahme. Entsprechend ihrer eigenen Vorstellung vom Wert eines Lebens in dauerhafter Bewusstlosigkeit und damit einhergehenden schwersten Beeinträchtigungen wollten sie nicht, dass ihr Kind künstlich zu einem solchen Leben gezwungen werde. Jule starb schließlich nach Einstellung der künstlichen Ernährung zu Hause.
Das Oberlandesgericht Hamm gab den Eltern recht: „Das Zulassen des symptomfreien Sterbens widerspricht nicht dem Wohl von Jule. Sie hat ... die denkbar schwerste Gesundheitsschädigung, die ein Mensch erleiden kann. Zum anderen ist auszuschließen, dass sich an diesem Zustand jemals etwas Gravierendes ändert. Einziges Therapieziel soll das Erreichen der Schmerzlosigkeit unter Inkaufnahme der weitgehenden Reduzierung selbst basaler Reaktionsfähigkeiten sein. ... Damit entfallen aber auch die letzten Argumente für eine Lebenserhaltung des Kindes, nämlich das wenigstens basale Teilnehmen an der Umwelt. Es geht in die-

sem Verfahren nicht darum, staatlich zu entscheiden, ob das Leben eines solchermaßen leidenden Wachkomapatienten lebenswert oder lebensunwert ist. Es geht in diesem Verfahren alleine darum, ob die Eltern mit der Entscheidung, Jule sterben zu lassen, ihren verfassungsrechtlich geschützten Entscheidungsraum überschritten haben. In ihrer konkreten Situation … erscheint dem Senat auch aus der Sicht des Kindeswohls im Lichte des mit Verfassungsrang ausgestatteten Rechts auf eine menschenwürdige Behandlung die Entscheidung, einer Fortsetzung der lebenserhaltenden Maßnahmen nicht weiter zustimmen zu wollen, als einfühlbar und das Kindeswohl wahrend.". (Die Entscheidung findet sich im Anhang III Nr. 15 ausführlicher und mit Verweis auf die Fundstelle.)

Umgekehrt gibt es zahlreiche Entscheidungen von Familiengerichten, die Eltern verbieten, bei ihren religionsunmündigen Kindern aus religiösen Gründen eine Bluttransfusion zu verweigern. Dies ist keineswegs widersprüchlich: Man kann sich leicht vorstellen, dass es für ein vierjähriges Kind nicht lebenswert ist, in einem schwerstgeschädigten irreversiblen bewusstlosen Zustand künstlich am Leben erhalten zu werden. Hier ist auch von Bedeutung, dass in praktisch jeder Patientenverfügung eine künstliche Lebensverlängerung bei dauerhafter Bewusstlosigkeit ausgeschlossen wird und dies auch nach Umfragen die Wunschvorstellung der allermeisten Bürger unseres Landes ist. Andererseits kann man sich bei einem gleichaltrigen Kind nicht vorstellen, dass es lieber sterben will, als nach einer Bluttransfusion vollkommen gesund weiterzuleben. Die Eltern können also keine Lebenswert-Entscheidungen nach ihrer Weltanschauung treffen, die das Kind noch gar nicht haben kann, jedoch sein Leben schon beenden würde.

Lehnt ein religionsreifes Kind (über 14 Jahre) eine lebensrettende oder lebensverlängernde medizinische Behandlung aus reiflicher religiöser Entscheidung ab, so müssen die Eltern prüfen, ob sie diese Entscheidung zu übernehmen haben. Das Gesetz fordert: „Bei der Pflege und Erziehung berücksichtigen die Eltern die wachsende Fähigkeit und das wachsende Bedürfnis des Kindes zu selbstständigem verantwortungsbewusstem Handeln. Sie besprechen mit dem Kind, soweit es nach dessen Entwicklungsstand angezeigt ist, Fragen der elterlichen Sorge und streben Einvernehmen an." (§ 1626 Abs. 2 BGB). Sollten sich die Eltern der quasi bindenden Entscheidung des Kindes widersetzen, so müsste das Kind in einem Verfahren vor dem Familiengericht gegen die eigenen Eltern vorgehen. Der Arzt aber darf in einem solchen Fall nicht unmittelbar dem Kindeswillen folgen, auch wenn dieses zur Entscheidung reif und einsichtsfähig ist. Er oder auch jeder andere Beteiligte müsste das Familiengericht durch Information „einschalten". Im Strafrecht käme es allerdings alleine darauf an, ob der Arzt den wahren Willen des Kindes beachtet hat. Handelt er danach, kann er nicht bestraft werden.

4. Der Wille des entscheidungsunfähigen Patienten

Die Feststellung des aktuellen Patientenwillens eines nicht mehr entscheidungsfähigen Patienten ergibt sich nach der BGH-Rechtsprechung und dem Patientenverfügungsgesetz streng nach folgender Reihenfolge (Subsidiaritätsprinzip).

a) Patientenverfügung

Achtung!

Patientenverfügung: schriftlich abfassen, mündlich widerrufen!

Der vom Patienten in einer Vorauserklärung (Patientenverfügung) für die eingetretene Situation festgelegte Wille bindet Vertreter (Betreuer oder Bevollmächtigter), Ärzte, Heime und Pflegepersonal. Nach dem Patientenverfügungsgesetz, § 1901a Abs. 1 BGB, ist für die Patientenverfügung die Schriftform erforderlich. Der Widerruf bedarf allerdings keiner Form, kann also mündlich erfolgen. Achtung: Dazu muss der Patient aber noch die notwendige Einsichtsfähigkeit haben. Nonverbale Mitteilungen von Wohlbefinden können nicht ohne Weiteres als Widerruf einer Patientenverfügung interpretiert werden. Wohlbefinden ist nicht gleichzusetzen mit dem Wunsch nach künstlicher Lebensverlängerung! „Gutes Leben bis zuletzt", der Leitgedanke der Hospiz- und Palliativbewegung, würde damit konterkariert.

Hinsichtlich aller weiteren Voraussetzungen zum Erstellen einer wirksamen Patientenverfügung verweisen wir auf das 3. Kapitel II.

b) Behandlungswünsche

Achtung!

Auch mündliche Willensäußerungen des Patienten binden!

Aber auch mündlich im Voraus geäußerte Behandlungswünsche des jetzt willensunfähigen Patienten sind nach dem Gesetz ebenso verbindlich wie eine schriftliche Patientenverfügung, § 1901a Abs. 2 BGB. „Der Wille des Betroffenen muss beachtet werden ohne Rücksicht darauf, in welcher Form er geäußert wurde." (BGH vom 17.9. 2014, Anhang III Nr. 18)

Entscheidend ist, dass der Patient z.B. gegenüber dem Ehegatten, Verwandten oder Freunden mitgeteilt hat, was er für eine bestimmte gesundheitliche Situation wünscht oder verbietet. Die Behandlungswünsche haben das gleiche Gewicht wie eine schriftliche Patientenverfügung. In beiden Fällen ist der Vertreter quasi „der Bote" für den Patientenwillen.

Die Notwendigkeit der Schriftform wird in der Regel mit dem höheren Maß an Rechtssicherheit begründet. Nach unserer Erfahrung ist dies nicht der Fall. In unserer Praxis erleben wir überwiegend Fälle, in denen der Patient in gesunden Tagen mündlich vorausverfügt hat. Weil bei Ärzten und Pflegeheimen ohnehin die falsche Vorstellung vorherrscht, Mündliches würde nicht zählen, suchen die Angehörigen unsere anwaltliche Beratung. Die mündlichen Behandlungswünsche sind sodann zu beweisen. Der Beweis wird durch „Zeugen" geführt. Unsere Erfahrung zeigt, dass von den Angehörigen in der Regel sehr anschaulich und glaubhaft vorgetragen wird, dass die Patienten in gesunden Tagen für ganz konkrete Krankheitssituationen ganz genau beschriebene Formen der Behandlung oder Lebens- bzw. Leidensverlängerung abgelehnt haben. Selten bieten sich Anhaltspunkte für Zweifel an ihrer Glaubwürdigkeit.

Beispielsweise war das „öffentliche" Sterben von Terri Schiavo im Jahr 2005 in vielen Familien Anlass für intensive Gespräche über dieses Thema. Dabei sind viele klare Festlegungen erfolgt, wie verfahren werden sollte, wenn man selbst in eine solche Situation käme. Ob nun entschieden wurde, „In diesem Falle möchte ich nicht, dass man mir die Ernährung abschaltet!" oder ob festgelegt wurde, „In diesem Falle darf ich auf keinen Fall künstlich weiter ernährt werden sondern möchte sterben dürfen!", beides sind klare mündliche Behandlungswünsche im Sinne des Gesetzes. Auch nach Einführung einer Schriftform für die Patientenverfügung durch den Gesetzgeber sind derartige Äußerungen nach § 1901a Abs. 2 BGB in gleicher Weise der Therapiezielbestimmung zugrunde zu legen. Wieso sollten derartige Äußerungen auch unbeachtlich sein?

Bleiben Zweifel über die Glaubwürdigkeit von Zeugen, so führt dies ohnehin zwingend zur Einschaltung des Betreuungsgerichts (siehe 2. Kapitel IV 2 b). In diesen Zweifelsfällen wird der Betreuungsrichter sich durch Vernehmung der angebotenen Zeugen selbst ein Bild von deren Glaubwürdigkeit machen. Letztendlich beweist eine valide schriftliche Patientenverfügung nicht mehr oder besser den aktuellen Willen des Patienten als die glaubhaften Aussagen von Angehörigen über die Behandlungswünsche des Patienten. Dennoch raten wir dringend zur Abfassung einer Patientenverfügung, um unnötigen Streit zu vermeiden!

Achtung!

Das Wichtigste: miteinander über das Sterben sprechen!

Wer schließlich seinen Patientenwillen nach langer Diskussion im Familienkreis rechtsverbindlich geäußert hat, der sieht häufig weder Sinn noch Notwendigkeit zu einer schriftlichen Fixierung. Wir erleben häufig, dass Menschen auf ihre Ehepartner oder Kinder vertrauen und sich sicher sind, dass diese ihre Vorgaben respektieren und durchsetzen. So wurde uns über eine ältere Dame berichtet, sie hätte niemals verstanden, weshalb sie ihre klaren Festlegungen schriftlich fixieren sollte. Sie hätte entgegengehalten: „In unserer Familie gelten doch noch Wort und Handschlag!"

Achtung!

Der Wille des Patienten kennt keinen Formzwang!

Man kann den Patienten nicht zwingen, schriftlich niederzulegen, dass er eine Behandlung ablehnen will. Der Wille des Menschen lässt sich nun mal nicht unter einen Formzwang stellen! Daher auch die gesetzliche Gleichstellung von mündlicher und schriftlicher Behandlungsverfügung in ihrer Verbindlichkeit. Gerechtfertigt werden muss die lebensverlängernde Behandlung durch den Arzt als Eingriff in den Körper des Patienten. Nach § 1901a Abs. 1 BGB sind die Vertreter eines Patienten nicht nur verpflichtet, gegenüber Ärzten und Pflegepersonal den Willen des Patienten **zum Ausdruck zu bringen, und zwar unabhängig, in welcher Form er geäußert wurde**, sie müssen ihm auch **Geltung verschaffen**, d.h. für die Durchsetzung des Patientenwillens Sorge tragen. Der in gesunden Tagen voraus geäußerte Wille dauert nach Verlust des Bewusstseins fort (vgl. zum Ganzen BGH NJW 2003, 1588, Anhang III Nr. 6). Immer wieder erleben wir Fälle, in denen die Willensbildung erfolgt war, es aber nicht mehr zur geplanten schriftlichen Fixierung kam. Der BGH hat hierzu mehrfach entschieden (z.B. Anhang III Nr. 13, 18 und 19), dass es unzulässig ist, aus dem Ausbleiben der geplanten schriftlichen Fixierung die Unverbindlichkeit der mündlichen „Behandlungswünsche" (§ 1901a Abs. 2 BGB) abzuleiten.

Mit einer Patientenverfügung oder mündlichen Behandlungswünschen hat der Patient die Verantwortung (z.B. auch bei Verzicht auf Beratung) und die Bürde der Entscheidung auf sich genommen. Nur wenn dies nicht der Fall ist, kommen wir zu einer unvergleichbar schwierigeren Situation.

c) Ermittlung des mutmaßlichen Patientenwillens durch Angehörige, Bevollmächtigte oder rechtliche Betreuer

Achtung!

Bewusstlosigkeit lässt den Willen des Patienten nicht untergehen!

Liegen weder eine schriftliche Patientenverfügung noch mündliche Behandlungswünsche oder -verbote vor, so ist der Vertreter keineswegs frei in seiner Entscheidung. Ihn trifft die schwere Aufgabe zu ermitteln, was der Patient in dieser konkreten Situation mutmaßlich will, also die Frage, wie der Patient selbst entscheiden würde, wenn man ihn jetzt fragen könnte, § 1901a Abs. 2 BGB. Der mutmaßliche Wille ergibt sich im Idealfall aus einer Gesamtschau des Lebens des Betroffenen, aus seinen so genannten Wertvorstellungen (Wertanamnese). Der spätere Gesetzestext wurde aus dem Beschluss des BGH vom 17.9.2014, Anhang III Nr. 18, übernommen. Danach sind insbesondere frühere mündliche oder schriftliche Äußerungen (die jedoch keinen Bezug zur aktuellen Lebens- und Behandlungssituation aufweisen müssen), ethische oder religiöse Überzeugungen und sonstige persönliche Wertvorstellungen des Betroffenen maßgeblich. (Eine „Gesundheitliche Vorausplanung" (GVP) des Patienten kann hier hilfreich sein.) Der Betreuer stelle letztlich eine These auf, wie sich der Betroffene selbst in der konkreten Situation entschieden hätte, wenn er noch über sich selbst bestimmen könnte. Eine bereits mündlich oder schriftlich erfolgte Willensbekundung für oder gegen bestimmte medizinische Maßnahmen darf vom Betreuer jedoch nicht durch einen „Rückgriff auf den mutmaßlichen Willen" des Betroffenen korrigiert werden.

§ 1901a Abs. 2 BGB:

> Der mutmaßliche Wille ist aufgrund konkreter Anhaltspunkte zu ermitteln. Zu berücksichtigen sind insbesondere frühere mündliche oder schriftliche Äußerungen, ethische oder religiöse Überzeugungen und sonstige persönliche Wertvorstellungen des Betreuten.

Natürlich ist es immer leichter, einen mutmaßlichen Willen eines Patienten zu ermitteln, wenn dieser die Thematik „Krankheit und Sterben" im Kreise der Familie oder im Kreise sonstiger enger Vertrauter angesprochen hat. Auch die Einstellung zum Erleiden von Schmerzen muss herangezogen werden. Im Übrigen muss man davon ausgehen, dass die Aufzählung beispielhaft ist, sodass alle Äußerungen des Patienten in gesunden Tagen und seine gesamte Lebensweise zu diesem Thema im weitesten Sinne Anhaltspunkte hinsichtlich des mutmaßlichen Willens liefern können und zu verwerten sind. Insofern ist in jedem Fall eine „Gesundheitliche Vorausplanung“ sinnvoll, egal, ob es bei der Reflexion eigener Wertvorstellungen bleibt, oder ob diese Reflexion in bindende Vorgaben wie z.B. eine Patientenverfügung mündet, da viele Situationen, wie plötzliche Krisen oder sonstige lebensbedrohliche Situationen bleiben, die man mangels Voraussehbarkeit der konkreten Umstände, der dann gegebenen Diagnose und Prognose nicht mit einer „Standard-Patientenverfügung“ und nur in seltensten Fällen mit speziellen Patientenverfügungen in den Griff bekommen kann. (Vgl. Anhang V Nr. 5).

So wie der Arzt die Anamnese zur Krankheit, die sog. Krankengeschichte, erhebt, so muss der Vertreter die „Wertanamnese“ des Patienten erheben. Das komplexe System der Ermittlung des Patientenwillens fasst der BGH in seinem Beschluss vom 17.9.2014, Anhang III Nr. 18, zusammen: Bestätigt wird das Subsidiaritätsprinzip, dass bei einer Patientenverfügung nicht auf die Behandlungswünsche und bei Vorliegen von Behandlungswünschen nicht auf den mutmaßlichen Willen zurückgegriffen werden darf. Das Gericht stellt klar, dass auch bei möglicher jahrelanger Lebenserhaltung keine erhöhten Anforderungen an die Ermittlung und Annahme des mutmaßlichen Willens gestellt werden dürfen. Es geht also nicht an, die Anforderungen an den Wunsch des Patienten zu überspannen, wenn dessen Leiden sogar besonders lang verlängert werden kann. Das ist nachvollziehbar, denn gerade dann macht der Wunsch nach einem natürlichen Versterben ja besonderen Sinn. Wenn keine schriftliche Patientenverfügung vorliege, seien an die Feststellung des behandlungsbezogenen Patientenwillens beweismäßig strenge Maßstäbe zu stellen. Insbesondere dürfe nicht die Wertewelt und die Vorstellung des Betreuers zum Entscheidungsmaßstab werden. Ebenso darf die gesetzliche Formulierung „konkrete Anhaltspunkte“ nicht überspannt werden. Zum einen sind naturgemäß „Anhaltspunkte“ eben gerade keine konkreten Behandlungswünsche oder -verbote. Zum anderen zeigt die weitere Aufzählung von früheren mündlichen oder schriftlichen Äußerungen, ethischen oder religiösen Überzeugungen und sonstigen persönlichen Wertvorstellungen des Betreuten, dass aus dieser Gesamtheit die Ermittlung des mutmaßlichen Willens zur aktuellen Behandlungssituation erfolgen muss.

Wir geben gerne folgenden Rat zu Ermittlung des mutmaßlichen Willens: Stellen Sie sich vor, der Patient wäre plötzlich bewusstseinsklar. Er erfährt die Diagnose und Prognose seiner Erkrankung und die Chancen, die ihm bleiben. Wie würde er jetzt persönlich über die weitere ärztliche Behandlung entscheiden?

d) Wenn kein Patientenwille feststellbar ist: im Zweifel Behandlung nach Indikation

Ist keine Feststellung des Patientenwillens möglich oder bleiben Zweifel, dann ist allein nach der Indikation zu behandeln. Siehe 2. Kapitel I und Fall 6a. Nur Eltern minderjähriger Kinder, die noch keine eigene Wertewelt entwickelt haben, dürfen ihre Wertewelt/ihren Willen zur Grundlage der Entscheidung machen. Siehe Fall 12a.

e) Bei Uneinigkeit über die Indikation: im Zweifel für das Leben

Bleiben am Ende Zweifel bei der Indikationsstellung, so hat der Schutz des Lebens Vorrang. Wird in der Folge eine medizinische Dauerbehandlung durchgeführt, ist die Indikation regelmäßig zu überprüfen, siehe 2. Kapitel I „Behandlung nach Indikation".

III. Wer muss das Sterben zulassen?

Wenn der Vertreter des Patienten letztendlich den Sterbewunsch als den vorausgeäußerten oder mutmaßlichen Willen des Patienten ermittelt hat, oder wenn keine Indikation zur weiteren leidensverlängernden bzw. lebenserhaltenden Behandlung (mehr) besteht, dann kommt man zu der Frage, wer das Zulassen des Sterbens auf welche Weise umzusetzen hat. § 1901a Abs. 1 Satz 2 BGB verpflichtet hier Betreuer und Bevollmächtigte, dem Willen des Patienten Ausdruck und Geltung zu verschaffen.

1. Arzt

Achtung!

Der Arzt ist nicht nur an die Indikation, sondern ebenso an den Patientenwillen gebunden! Patientenwille „sticht" Indikation! („Voluntas aegroti suprema lex!")

FALL 14: Franziska Z., eine stolze und tatkräftige 65-jährige Bauersfrau, erleidet eine Hirnblutung, die eine Halbseitenlähmung mit entsprechend schwerer Gehbehinderung, depressive Verstimmung und Ängstlichkeit zur Folge hat. In dieser Situation führt sie umfangreiche Gespräche mit allen Familienmitgliedern über ihre gesundheitliche Zukunft, weil sie unter ihrem Zustand entsetzlich leidet. Sie möchte so nicht mehr leben. Sie nimmt ihrer Familie das Versprechen ab, dass sie bei einem weiteren Schlaganfall, nach dem sie nur noch mit medizinischen Mitteln am Leben erhalten werden kann und sich in einem hilflosen Zustand befindet, sterben darf.

13 Monate später ist es so weit: Nach einem zweiten Schlaganfall wird Frau Z. bewusstlos aufgefunden. Ihr Zustand ändert sich die nächsten sechs Jahre nicht mehr. Sie verbleibt in einem Koma ohne die geringsten Anzeichen irgendeiner Verbesserung. Sie liegt sechs Jahre regungslos mit geschlossenen Augen im Bett, atmet selbständig, wird gewindelt und über die PEG ernährt. Sie bekommt sechs Jahre kein Medikament, denn sie wird auch nicht „krank". Natürlich ist sie eine Schwerstkranke mit infauster Prognose, ohne jede Aussicht auf ein „normales" Leben.

Nach allen ärztlichen und laienhaften Feststellungen kann sie keinerlei Kontakt zur Umwelt aufnehmen, bekommt nichts mehr mit. Jetzt ist genau der Zustand eingetreten, den sie nicht „erleben" wollte, den sie nach dem ersten Schlaganfall beschrieben hat, den sie nicht wahrnehmen wollte, und den sie auch als unwürdigen Umgang mit ihrem Körper empfunden hätte.

Nachdem die Patientin außer zur Atmung keinen Muskel ihres Körpers mehr bewegen kann, bilden sich alle Muskeln zurück (atrophieren). Sie bedarf auch keiner normalen Nahrungsmenge, weil ohne irgendeine Bewegung der Muskulatur eine geringe Nahrungsmenge genügt. Am Ende wiegt sie noch 26 Kilo, lediglich Haut und Knochen.

Die Familie berichtet dem behandelnden Arzt immer wieder von der klaren Willensäußerung der Patientin. Doch der Arzt weist jedes Ansinnen an ein Sterbenlassen der Patientin brüsk von sich, das wäre ein Mord. Im sechsten Jahr des Komas erfahren die Angehörigen von der Tätigkeit unserer Kanzlei und wenden sich an uns.
Nunmehr zeigt sich, dass allein die rechtliche Aufklärung des Arztes genügt, um ihn zum Einlenken zu bewegen. Nach Einstellung der künstlichen Ernährung verstirbt die Patientin bereits nach einer Woche. Die Familie bleibt in dieser Woche samt den kleinen Enkelkindern am Bett der Frau und erlebt diesen Heimgang als Erlösung. „Endlich darf die Oma sterben" sagen die Kleinkinder unter dem Eindruck dieses Vorgangs.

In erster Linie ist also der Arzt dem Willen des Patienten verpflichtet und „stellt damit sämtliche medizinischen Weichen". Hierzu noch ein weiterer Fall:

FALL 15: Sigrid O. ist erst 58 Jahre alt und bei guter Gesundheit, als sie ein Schlaganfall ereilt. Sie überlebt diesen, bleibt aber im Koma. Da man davon ausgeht, dass sie alsbald sterben wird, wird sie in ein so genanntes Interims-Pflegeheim aufgenommen. Doch auch hier zeigt sich, dass die Patientin wesentlich widerstandsfähiger ist als anfangs angenommen. Ihr Zustand stabilisiert sich. Ohne irgendwelche Besserungstendenzen hinsichtlich der Gehirnschädigung liegt die Patientin monatelang im Heim. Die Familie möchte, dass die Patientin sterben darf. Dazu hat sie sich in gesunden Tagen mehrfach und deutlich geäußert. Sie hat häufig darüber philosophiert, dass ein Zustand, wie sie ihn jetzt erleben muss, von ihr absolut abgelehnt wird. Die Familie ist sich vollkommen einig. Zuletzt hatte sie mit der Mutter eine Fernsehsendung über einen vergleichbaren Fall gesehen. Danach hatten sie alle über das Thema ausführlich gesprochen und diskutiert. Energisch habe die Mutter abgelehnt, dass man – ähnlich wie im Fernsehen – ihr Leben verlängern dürfe.
Angesichts der Weigerung des Pflegeheimes mit der kuriosen Begründung, in einem Interims-Pflegeheim könnten derartige Sterbevorgänge, auch wenn sie vom Patienten gewünscht würden, nicht stattfinden, wird Frau O. in ihr eigenes Haus gebracht, welches sie zuletzt allein bewohnte. Es findet sich ohne Probleme ein christlich orientierter Pflegedienst. Der katholische Geistliche unterstützt das Vorhaben der Familie, die Mutter sterben zu lassen. Er spendet die letzte Ölung. In der Sonn-

tagspredigt ruft er unter dem Eindruck dieses Falles die Gläubigen auf, durch eine Patientenverfügung vorzusorgen.
Die Familie richtet einen 24-Stunden-Dienst am Sterbebett der Mutter ein. Beglückt erleben die Angehörigen, wie sich der Zustand der Mutter ersichtlich entspannt, während sie, ohne weitere Substitution (vgl. 4. Kapitel II) mit Flüssigkeit und Nahrung, jedoch bei palliativer Betreuung und Verhinderung von Durst und Schmerzen in zwölf Tagen stirbt.
Zuvor hatte der behandelnde Arzt in einem emotionalen, geradezu verzweifelten Telefonat mit dem Rechtsanwalt gebeten, nicht mitwirken zu müssen. Er könne sich einfach nicht durchringen, ein derartiges Verfahren mit zu tragen. Es würde auch der Familie der Patientin nichts nützen, wenn er mit seinen Zweifeln die Familienangehörigen nur noch zusätzlich belaste. Er bat um Entpflichtung und vermittelte einen Kollegen, der die Behandlung der Patientin in der Sterbephase übernahm. Der Entpflichtung des Arztes stand nichts entgegen.

Achtung!

Der Patient kann dem Arzt alles verbieten, ihm aber nichts vorschreiben!

Das Verhalten dieses Arztes ist verständlich. Menschlich betrachtet ist es sinnlos, einen Arzt gegen seine Überzeugung zu zwingen, wenn die Möglichkeit besteht, dass ein anderer Arzt mit entsprechend positiver Einstellung die Betreuung des Patienten in der Sterbephase übernimmt. Der Arzt kann dann den Vertrag über die ambulante Behandlung kündigen.

In welche Schwierigkeiten ganz anderer Art solche Fälle die behandelnden Ärzte bringen, zeigt der bereits geschilderte Fall des Hartmut S. (Fall 4, 1. Kapitel IV):

Zu FALL 4: Hier hatte der Arzt ursprünglich das Vorhaben, den Patienten sterben zu lassen, befürwortet. In der gemeinsamen Besprechung mit der Heimleitung, der Pflegedienstleitung, der Ordensschwester des Hospizvereines und den unmittelbar betroffenen Pflegekräften war uns der Arzt noch eine wichtige Stütze. Er betonte, wie er aus ärztlicher Sicht das Vorhaben, den schwer und irreversibel hirngeschädigten, komatösen Patienten sterben zu lassen, nur bejahen könne. Ausdrücklich stellte er nach dieser Besprechung noch klar, dass er dem Willen des Patienten, wie er von der Betreuerin und Ehefrau als voraus geäußerte Erklärung übermittelt werde, unterworfen sei. Dann schränkt er jedoch ein: „Wenn ich mit Ihren Wünschen nicht einverstanden bin, lege ich die Behandlung nieder. Dann muss Frau S. sich einen anderen Arzt suchen." Als die Pflegekräfte in dieser Besprechung jedoch entgegnen, sie könnten doch nicht plötzlich einen Menschen sterben lassen, den sie in jahrelanger Pflege lieb gewonnen hätten, erklärt uns der Arzt, dass die Pflegekräfte ihre Patienten oft wie ihre Kinder sehen würden. Sie würden nur noch daran denken, dass es den Patienten in ihrem Zustand so gut wie möglich gehen müsse, und sie so gut wie möglich gepflegt werden müssten. Gerade bei diesem Patienten falle es besonders schwer umzudenken, weil die Pflegekräfte den Patienten nur in seinem aussichtslosen Zustand kennen würden, so wie sie ihn eben übernommen hätten. Erschwerend komme hinzu, dass der Patient noch relativ jung sei.

Als sich später das Pflegeheim in immer härterer juristischer Gangart weigert, den Sterbewunsch des Patienten zuzulassen und umzusetzen, schwenkt der Arzt tatsächlich um. In einem langen Gespräch teilt er uns mit, dass er die entscheidende Anordnung nicht geben könne, weil er sich damit gegen das Pflegeheim stellen würde, in dem er derzeit viele Patienten betreue. Er sei auch in Zukunft auf die Vermittlung neuer Patienten durch das Pflegeheim angewiesen. Er würde diese möglicherweise verlieren. Nach einem solchen Affront wäre das Heim sicherlich nicht mehr zu einer weiteren Zusammenarbeit bereit. Davor habe er Angst. Die Patienten in diesem Heim würden faktisch einen erheblichen wirtschaftlichen Anteil seiner Praxis ausmachen.

Dieser Arzt war zwar ehrlich, aber er hat gegen ärztliches Selbstverständnis verstoßen. Als Arzt ist er verpflichtet, das Wohl und den Willen des Patienten über eigene wirtschaftliche Interessen zu stellen. Eine Rechtfertigung, wonach ihm die Beachtung des Patientenwohles nicht zuzumuten wäre, weil ihm dadurch ein nicht mehr zumutbarer finanzieller Nachteil entstünde, besteht nicht.

Auch in diesem Fall macht es keinen Sinn, den Arzt „in die Pflicht zu nehmen“, indem man ihn auf Erfüllung des Vertrages verklagt, weil der Arzt einem solchen Vorgehen durch Vertragskündigung zuvorkommen kann. Sinnvoller ist es, dem behandelnden Arzt zu kündigen und einen anderen Arzt zu finden, der die Behandlung des Patienten nach dessen Willen im Einvernehmen mit dem Bevollmächtigten oder Betreuer weiterführt. Auch nach der Rechtsprechung, Beschluss des BGH vom 17.3.2003, NJW 2003, 1588 sowie BGH vom 8.6.2005, NJW 2005, 2385, liegt dieses Vorgehen auf der Hand. Mehrfach haben wir allerdings erlebt, dass der Arzt aus Empörung über seine Kündigung eine Anzeige beim Betreuungsgericht erstattete. Dieses reagierte dann mit einem Prüfverfahren, in dem einerseits der Wille des Betroffenen festzustellen war, andererseits dem Arzt richterliche Hinweise auf die Rechtslage erteilt werden konnten. Freilich führt dies zu einer Fortsetzung der künstlichen Lebens- und Leidensverlängerung für die Dauer des betreuungsgerichtlichen Verfahrens.

Umgekehrt kann selbstverständlich auch der Arzt den Behandlungsvertrag gegenüber dem Patienten unter Einhaltung einer angemessenen Frist kündigen. Eine fristlose Kündigung könnte der Arzt allerdings nur aus wichtigem Grund aussprechen. Ohne jeden Zweifel stellt der Sterbewille des Patienten keinen „wichtigen Grund" dar.

2. Klinik

Achtung!

Die Klinik ist an den Patientenwillen gebunden!

Die rein theoretische Möglichkeit, dass eine Klinik einem Patienten kündigt, ist in der Praxis von geringer Bedeutung, denn der Aufenthalt eines Patienten in der Klinik ist nur so lange begründet, wie der Patient sich behandeln lassen will. Verweigert der Patient z.B. eine weitere Operation, so ist zum einen die Klinik daran gehindert, diese durchzuführen, zum anderen verbietet sich nach den (sozial-) gesetzlichen Regelungen ein weiterer Verbleib des Patienten in der Klinik, weil die Behandlung beendet ist.

An dieser Stelle muss noch einmal darauf hingewiesen werden, dass eine stationäre Unterbringung auf der Palliativstation eines Krankenhauses von der gesetzlichen Krankenkasse nur unter folgenden

Voraussetzungen finanziell getragen wird: Der Patient muss so schwer krank sein, dass er (auch wenn er nicht mehr heilbar ist) einer ärztlichen stationären Behandlung in einem solchen Ausmaß bedarf, wie es durch eine ambulante ärztliche Betreuung zu Hause oder in einem Pflegeheim nicht erbracht werden kann. Es muss eine stationäre ärztliche Behandlung zwingend geboten sein. „Nur zum Sterben", vor allem in der Form des Zulassens des Sterbens ohne Zufuhr von Nahrung und Flüssigkeit, ist aber eine stationäre Unterbringung in einem Krankenhaus nicht notwendig.

In all jenen Fällen, in denen das Sterben von Komakranken nur durch die Einstellung der Sondenernährung durchzusetzen ist, scheidet eine solche Verlegung daher aus. Denn ein Patient, der „nur" Komakranker ist, bedarf zwar für die Sterbephase einer palliativmedizinischen Betreuung durch einen Arzt, dies muss aber nicht stationär im Krankenhaus geschehen, sondern kann vielmehr auch durch einen Arzt ambulant zu Hause oder im Pflegeheim erfolgen. Deshalb werden diese Patienten von einer Palliativstation in der Regel nicht übernommen.

Genau für diese Fälle hat der Gesetzgeber inzwischen die Grundlagen für die spezielle ambulante Palliativversorgung (SAPV) geschaffen. Hier werden die Hausärzte durch speziell geschulte Pflegekräfte mit Zusatzausbildung oder Ärzte für Palliativmedizin unterstützt oder diese Ärzte übernehmen unmittelbar die Betreuung der Sterbenden zuhause.

3. Pflegeheim oder Hauspflegedienst

Achtung!

Die Pflegekräfte sind an die ärztlichen Anordnungen gebunden!

Zur Veranschaulichung schildern wir wiederum einen Fall:

FALL 16: Peter K. ist erst 34 Jahre alt, als er in ein absolut irreversibles Koma fällt. Der Fall ist von besonderer Tragik: Peter K. war jung und erfolgreich, bis es zu einem schweren Verkehrsunfall kam. Nahezu unverletzt wurde er aus seinem restlos zerstörten Fahrzeug geborgen. Der Unfall hat ihn sehr beeindruckt und nachdenklich gemacht. Er überlegte und besprach immer wieder mit seinen engsten Vertrauten, seinen Eltern und Freunden, was alles hätte passieren können. Die Vorstellung, er wäre aufgrund dieses Unfalls zum schwer behinderten Pflegefall geworden, ließ ihn nicht mehr los. Immer wieder äußerte er, dass er nicht mehr leben wollte, wenn ein bewusstes umweltbezogenes aktives Leben nicht mehr möglich sei, wenn er nur noch in einem Bett liegen würde und abhängig von künstlichen Maßnahmen sei. Eine solche Lebensverlängerung müsse dann unbedingt abgebrochen werden. Immer klarer gingen seine Gedanken in diese Richtung.

Jahre später stellte sich eine depressive Verstimmung ein. Peter K. erkannte dies selbst. Er war in dieser Zeit noch voll in das Berufsleben integriert. Freiwillig besuchte er eine Therapie, die ihm allerdings nicht half. Immer deutlicher wurden seine suizidalen Absichten. Immer wieder betonte er, dass das Leben für ihn keinen Sinn mehr mache. Er wolle aus dem Leben scheiden. Er würde, so betonte er zu seinen Freunden und Eltern, dazu eine Methode wählen, die garantiere, dass er nicht schwer behindert überleben müsste. Nichts wäre für ihn unerträglicher, als dass er einen Selbsttötungsversuchs beispielsweise mit schwerster Behinderung, im Koma, abhängig von technischen oder medizinischen Apparaten, überleben würde. Er würde deshalb eine Methode wählen, die sicher zum Tode führe, wie z.B. das Erhängen oder den Sprung von einer hohen Brücke.

Tatsächlich erhängte er sich einige Zeit später, wurde aber aufgefunden, abgeschnitten und blieb im Koma. Wie jeder Mensch, der seinem Leben ein Ende bereitet, war er ohne jeden Zweifel nicht in einer seelisch gesunden Situation, allerdings war deshalb nicht seine freie Willensbildung ausgeschlossen. Letztendlich wirkt sich die Frage, ob es sich bei der Tötungshandlung um den Ausdruck einer Respekt gebietenden Willensäußerung handelt, auch später nicht mehr aus. Peter K. wurde entdeckt, als er sich mit einem dicken Strick erhängt hatte. Wie lange er schon an diesem Strick gehangen hatte, als er entdeckt und abgeschnitten wurde, ist unbekannt. Er wurde durch den Notarzt so lange wiederbelebt, bis schließlich das Herz wieder zu schlagen begann. Durch die Strangulation war jedoch die Durchblutung des Großhirns über die äußeren Halsschlagadern sehr lange unterbrochen, so dass eine irreversible Schädigung der gesamten Großhirn-Strukturen eingetreten war. Der Patient musste künstlich beatmet werden. Vier Tage danach wollte man ihn in einer neurologischen Universitätsklinik sterben lassen und schaltete die

künstliche Beatmung ab. Doch völlig unerwartet atmete Peter K. von selbst weiter.
Peter K. lag seitdem im apallischen Syndrom. Sämtliche Funktionen der Großhirnrinde waren nach übereinstimmender Erkenntnis mehrerer Ärzte nicht mehr möglich. Die hierzu nötigen Strukturen der Großhirnrinde waren zerstört, was man auf den Schichtaufnahmen des Gehirns sehen konnte. Obwohl die Augen sehen, fehlt es dennoch an der Funktion des Sehzentrums, diese Reize zu verarbeiten. Obwohl die Ohren hören, fehlt doch die Möglichkeit, den Reiz im Hörzentrum umzusetzen. Alle Sinneswahrnehmungen können also nur noch von den intakten subcortikalen Bereichen des Gehirns (den Bereichen im Zentrum, unter der zerstörten Hirnrinde) wahrgenommen werden. Deshalb ist es ohne Weiteres möglich, dass vegetative (subcorticale) Reaktionen auf äußere Reize stattfinden. Ein bewusstes Verarbeiten und Wahrnehmen der Umwelt ist aber nicht mehr möglich, weil die Nervenbahnen und Verbindungen, die dies erst möglich machen, unwiederbringlich zerstört sind. Ebenso wenig wie die untergegangene Großhirnrinde aufgenommene Reize mangels untergegangener Nervenstrukturen verarbeiten kann, kann sie einen zielgerichteten Willen inhaltlich erarbeiten, geschweige denn zur äußeren Umsetzung führen. Peter K. hatte die Fähigkeit, Einsichten zu gewinnen, Entscheidungen zu treffen und mit anderen Menschen in Kontakt zu treten, vollkommen verloren. Darüber waren sich alle Ärzte, auch verschiedene Gutachter in späteren gerichtlichen Verfahren einig. Es bestand ein Zustand der Dauerbewusstlosigkeit. Peter K. war unfähig zu bewusstem Denken, zu gezielten Bewegungen oder zur Kontaktaufnahme mit anderen Menschen. Nur Reflexe auf Reize, wie Klatschen mit den Händen oder die Zuführung von Schmerz, waren möglich. Auch seine Atmung und die Darm- und Nierentätigkeit waren erhalten, weil sein Stammhirn, das für die vitalen Funktionen (Atmung, Kreislauf) zuständig ist, noch arbeitete.
Pflegekräfte reagieren natürlich sensibel auf alle (subcortikalen) Reaktionen des Patienten. Deshalb „schwören" sie häufig, dass die ärztlichen Feststellungen über den Funktionsverlust der Großhirnrinde nicht zutreffen können, denn die Patienten zeigen ja Reaktionen wie Erschrecken, Lächeln oder Wimmern.
Da Peter K. einen Schlaf-/Wachrhythmus hatte, handelte es sich um ein so genanntes „Wachkoma".
Der Vater als Betreuer des Patienten beauftragte uns mit der Durchsetzung des Sterbewunsches seines Sohnes. Der Arzt unterstützte das Vorhaben ohne Einschränkung und erteilte gegenüber dem Pflegeheim die

schriftliche ärztliche Anweisung, die Substitution (siehe 4. Kapitel II) mit Nahrung vollkommen einzustellen und die Flüssigkeit auf ein palliativ notwendiges Mindestmaß zu reduzieren. Mit der restlichen Flüssigkeit sollten Medikamente gegeben werden, die den Sterbeprozess wie bei bewussten Menschen erträglich machen.

Das Pflegeheim weigerte sich trotz aller Bemühungen endgültig, diese ärztliche Anordnung zu befolgen. Obwohl nun rechtlich zum Unterlassen verpflichtet, setzte es die tägliche aktive Zuführung von Sondennahrung über die PEG fort.

Zum ersten Mal in der deutschen Rechtsgeschichte wurde nun ein Prozess geführt, der das Sterben eines Menschen durchsetzen sollte.

Wir erhoben Klage vor dem zuständigen Zivilgericht gegen das Pflegeheim mit dem Klageantrag, das Pflegeheim aus dem zugrunde liegenden Heimvertrag zu verpflichten, den ärztlichen Anordnungen Folge zu leisten, die Zwangsernährung zu unterlassen und den Patienten nicht am Sterben zu hindern.

Das Pflegeheim wandte ein, die Ernährung einzustellen, widerspreche seiner ethischen Orientierung. In dem zugrunde liegenden Heimvertrag steht jedoch, genau wie im Heimgesetz oder im Grundgesetz an erster Stelle die Verpflichtung des Pflegeheimes, die Würde und die Selbstbestimmung des Patienten im Pflegeheim zu beachten und diesen entsprechend den ärztlichen Anordnungen zu pflegen.

Der Vorsitzende Richter der Zivilkammer des zuständigen Landgerichts fragte die Angehörigen zum Prozessbeginn, warum sie den Patienten nicht verlegen würden, z.B. in ein Hospiz oder ein anderes Heim. Immer wieder hören wir diese Frage, sowohl von Richtern als auch von Ärzten: Hospize seien doch Sterbehäuser, die schließlich exakt für diesen Zweck eingerichtet seien. Dies ist falsch. Hospize nehmen fast ausnahmslos nur schwer kranke, bewusste Patienten zur vorübergehenden Betreuung auf. Kein Hospiz, keine Palliativstation wollte den Patienten übernehmen.

Einrichtungen, die ausschließlich bewusstlose Patienten nur für die Sterbephase übernehmen, gibt es nicht. Es wäre auch eine befremdliche Entwicklung, wenn sich derartige Einrichtungen konstituieren würden. Es käme dann zu einem „Sterbetourismus" in diese Häuser. Wir haben damals trotzdem auch jene Pflegeheime gefragt, von denen wir wissen, dass sie ein solches Sterbenlassen aus Überzeugung mittragen. Sie haben ausnahmslos die Übernahme abgelehnt, weil sie der Meinung waren, das Pflegeheim, in welchem Peter K. liegt, sei verpflichtet, ihn auch bei sich sterben zu lassen. Sie wollten nicht von den unwilligen Heimen

alle Patienten übernehmen, damit diese dann bei ihnen sterben könnten. (Zu diesem Fall vgl. 2. Kapitel IV 2 b)
Im Frühjahr 2003 erkrankte der Patient an einer schweren Lungenentzündung. Ohne den Hausarzt oder den Betreuer zu informieren, verlegte das Pflegepersonal den Patienten in das Klinikum Rosenheim. Das Klinikum beachtete die Patientenverfügung und nahm keine kurative Behandlung und keine Ernährung durch die Magensonde vor, damit der Patient sterben konnte. Peter K. überlebte diese Lungenentzündung unbehandelt und kehrte nach wenigen Tagen in sein Pflegeheim zurück. Dort nahmen die Pflegekräfte erneut die eigenmächtige Ernährung über die Magensonde gegen das ärztliche Verbot auf.
Im Januar 2004 wurde die Magensonde bei der Eintrittsstelle in die Bauchdecke undicht. Der Arzt und der Vater als rechtlicher Betreuer verweigerten die Operation zur Erneuerung der PEG-Magensonde, weil der Wille des Patienten nicht nur einer laufenden Ernährung, sondern erst recht einer solchen Operation entgegenstand. Daraufhin setzte das zuständige Betreuungsgericht ausschließlich für den „Aufgabenkreis" der Entscheidung über die Erneuerung der Magensonde einen so genannten Ergänzungsbetreuer ein. Obgleich dieser die Verpflichtung gehabt hätte, zu überprüfen, ob eine derartige Operation dem Willen des Patienten entsprach, erteilte er sofort die Zustimmung. Er ließ noch am selben Tag die Magensonde im Klinikum Rosenheim in einer Operation erneuern. Nach entsprechender Vollzugsmeldung an das Betreuungsgericht wurde er von diesem wieder aus seiner Aufgabe entlassen. Gegen diesen Beschluss des Betreuungsgerichts hatten wir ebenso Rechtsmittel eingelegt, wie wir den Ergänzungsbetreuer wegen fahrlässiger Körperverletzung angezeigt haben.
Kurz darauf erkrankte Peter K. an einer hoch fiebrigen Infektion. Der Hausarzt ordnete lediglich lindernde Medikamente und lindernde Behandlung an, damit der Patient an dieser Erkrankung sterben konnte (passive Sterbehilfe in Form des Zulassens des Sterbens). Anders als ein Jahr zuvor verstieß nunmehr das Pflegepersonal nicht mehr gegen diese Anordnung und pflegte den Patienten bis zu seinem Tod am 26.3.2004.

Diesen Fall hatte auch die Tochter von Erika K., einer 75-jährigen Patientin im Wachkoma, verfolgt. Nach dem Urteil nahm sie Kontakt mit unserer Kanzlei auf und bat uns, durchzusetzen, dass ihre Mutter nicht weiter gegen ihren Willen künstlich am Leben erhalten würde. Dieser Fall stellte praktisch eine Wiederholung des Falles von Peter K. dar. Interessanterweise mündete er in ein Strafverfahren, so dass hierdurch auch die strafrechtliche Seite höchstrichterlich geklärt werden konnte (Anhang III Nr. 13):

FALL 16a („Putz-Urteil"): Der Fall begann im Juli 2006, als die beiden andernorts wohnenden Kinder von Erika K. aufgrund der familiengeschichtlichen Entwicklung noch nicht Betreuer waren. Die Betreuung hatten zuerst der Ehemann und nach dessen Tod eine Berufsbetreuer in inne. Nun wollten die Kinder den Wunsch ihrer Mutter umsetzen, dass man sie niemals jahrelang im Koma künstlich am Leben halten dürfe. Die medizinische Diagnose war nach jahrelangem Koma gesichert, eine positive Veränderung ausgeschlossen. Der Patientenwille stand völlig unstreitig (in allen folgenden Verfahren so festgestellt!) der künstlichen Lebensverlängerung entgegen. In diesem Falle hatte es nämlich angesichts einer ähnlich schweren Erkrankung des Vaters ungewöhnlich intensive Gespräche zwischen der Mutter und der Tochter gegeben. Der Wille ergab sich also aus mündlichen – nicht minder verbindlichen – Vorgaben der Patientin aus gesunden Tagen (Behandlungswünsche nach § 1901a Abs. 1 BGB). Zuletzt war es beim Umbetten zu einem Armbruch gekommen, weil die Patientin unter Osteoporose litt. Im Krankenhaus amputierte man den Arm, weil sie als Komapatientin den Arm nicht mehr brauche.
Zuerst mandatierten die Kinder der Betroffenen uns, um die Betreuerin zu veranlassen „dem Willen der Patientin Ausdruck und Geltung zu verschaffen" (So BGH NJW 2003, 1588 und heute wortgleich § 1901a Abs. 1 BGB). Der Arzt unterstützte das Anliegen der Kinder, verwies diese aber völlig korrekt an die Betreuerin. Nur sie könne ihm als Hausarzt gegenüber Behandlungen genehmigen oder erteilte Genehmigungen widerrufen. Letzteres sei hier erforderlich, weil die Dauerbehandlung über die derzeit liegende Magensonde zu Beginn ja genehmigt worden sei.
Die rechtliche Betreuerin war insoweit ungeeignet, so dass sie auf anwaltlichen Antrag schließlich vom zuständigen Betreuungsgericht in Bad Hersfeld einvernehmlich entlassen und gegen die beiden Kinder ausgetauscht wurde. Damit wollte das Gericht nach eingehender Prüfung des Falles den Kindern ermöglichen, den Abbruch der künstlichen Lebenserhaltung der Komapatientin herbeizuführen. Im Zuge dieses Verfahrens wurde gerichtlich der Patientenwille festgestellt.
Die Kinder konnten nun als Vertreter der Patientin mit dem Arzt Besprechungen führen, schließlich dann ein Round-Table-Gespräch mit allen

Beteiligten (heute auch Ethik-Konsil genannt) im Pflegeheim am 2.11. 2007. Der Hausarzt erklärte allen Anwesenden die Diagnose und die Prognose. Er verneinte aufgrund des massiv verschlechterten Gesamtzustandes der Patientin, der Aussichtslosigkeit, des fehlenden Therapiezieles, des Hinzutretens von Interkurrenterkrankungen jetzt auch korrekt die ärztliche Indikation für eine weitere künstliche Lebenserhaltung durch eine Ernährungstherapie über eine liegende Magensonde. Der weitere Verlauf gab ihm später Recht! Die Patientin starb nämlich am 5.1.2008 nach dauerhafter weiterer künstlicher Ernährung an ihrer schweren Erkrankung. Überdies wurden in diesem Konsil am Round-Table der sorgsam ermittelte Patientenwille dargelegt und vom Rechtsanwalt die rechtlichen Grundlagen für den gebotenen Behandlungsabbruch dargelegt.
Das Pflegeheim bat sich Bedenkzeit aus, nahm aber angebotene Kontaktadressen von Heimen und Ärzten, die bereits solche Behandlungsabbrüche vollzogen hatten, nicht wahr. Erkundigungen wurden nicht eingeholt. Es geschah überhaupt nichts. Nach entsprechender Anfrage wurde schlicht mitgeteilt, dass man nicht vorhabe, den Behandlungsabbruch zuzulassen. Wieder einmal mussten wir uns anhören: „Das machen wir nicht!"
Es folgte umfassender Schriftverkehr. Wir wiesen insbesondere auf die Grundsatzentscheidung des BGH zum Fall 16 (NJW 2005, 2385) hin, wonach der Patient einen Unterlassungsanspruch gegen das Pflegeheim gegen die aufgezwungene ärztliche Behandlung hat, verbunden mit dem Hinweis auf die damit einhergehende Strafbarkeit einer Fortsetzung der laufenden Ernährungstherapie. Die Heimleitung bot den Kindern 1.000 Euro, wenn sie die Mutter freiwillig verlegen würden. Nach endlosen Verhandlungen wurde schließlich ein Kompromiss mit der Heimleitung vor Ort gefunden. Der Hausarzt hatte die schrittweise Einstellung der künstlichen Ernährung und Flüssigkeitszufuhr angeordnet. Die Pflegekräfte erklärten sich bereit, die Grundpflege (Waschen, Betten, Körperpflege usw.) durchzuführen, während die Kinder die schrittweise Reduzierung der Flüssigkeit auf null sowie die zur Vermeidung des Durstgefühls notwendige Mundpflege während des Sterbeprozesses durchführen sollten.
So hatten wir selbst in diesem Fall schließlich eine gute Stimmung erreicht. Das Heim hatte die Zimmernachbarin verlegt und den Kindern die ständige Anwesenheit samt Übernachtungen im Sterbezimmer ermöglicht. Die Zusammenarbeit zwischen Kindern und Pflegekräften wurde plötzlich recht menschlich und warmherzig.

Nach den jahrelangen Auseinandersetzungen und dem mühsam erreichten Kompromiss rief am Freitagnachmittag vor Weihnachten – die Richterin und der behandelnde Arzt waren bereits im Urlaub, die Patientin lag friedlich im Sterben und die Kinder verweilten Abschied nehmend an ihrem Krankenbett – plötzlich eine Juristin aus der Verwaltung an. Sie teilte uns Anwälten am Telefon mit, wir müssten sofort die künstliche Lebenserhaltung durch die Ernährungstherapie über die Magensonde wieder aufnehmen lassen. Das Pflegeheim dulde nicht, dass die Patientin nun sterben solle. Würden die Kinder respektive wir dieser Aufforderung nicht innerhalb von zehn Minuten folgen, so würde das Pflegeheim den Kindern Hausverbot erteilen und die Ernährung über die Magensonde eigenmächtig wieder aufnehmen.
Die Situation hatte uns nicht überraschend getroffen. Alle Aspekte waren uns sicher vertraut. Wir selbst hatten die Grundsatzentscheidung des BGH von 2005 (NJW 2005, 2385) herbeigeführt, wonach ein zivilrechtlicher Unterlassungsanspruch gegen die eigenmächtige Ernährung durch ein Pflegeheim bestand. Der Fall war quasi eine Wiederholung des Kiefersfeldener Falles des Patienten Peter K., Fall 16. Wir stellten in der Kürze des uns gestellten Ultimatums folgende Überlegungen an: Strafrecht schützt zivile Rechte. Die gegen den Willen eines Patienten vorgenommene ärztliche Behandlung ist völlig unstreitig eine Körperverletzung, wie es später auch der Bundesgerichtshof zu diesem Fall festgestellt hat. Daher war es unsere Aufgabe als Rechtsanwälte der Patientin, die drohende Körperverletzung von ihr abzuwenden. Natürlich erörterten wir die Frage, ob wir gerichtliche Hilfe in Anspruch nehmen müssten, respektive effektive gerichtliche Hilfe bekommen würden (Freitagnachmittag vor Weihnachten – die Richterin und der behandelnde Arzt waren bereits im Urlaub). Die Magensonde war zu diesem Zeitpunkt nicht mehr zur Therapie im Einsatz. Sie zu entfernen stellte rechtlich ein Nullum dar. Es würde keine fremde Sache beschädigt. Die Magensonde war längst Eigentum der Patientin, bezahlt von der Krankenkasse. Es war naheliegend, den geplanten illegalen Angriff durch die Entfernung der Sonde abzuwehren. Damit würde auch in keine fremden Rechte eingegriffen. Selbst wenn man die Entfernung der Magensonde als die effektive Beendigung der lebenserhaltenden Therapie sehen würde, so waren wir uns einig, liefe dies auf eine rechtmäßige straflose passive Sterbehilfe hinaus. (So dann auch der BGH zu diesem Fall).
Und weiter überlegten wir: Kein Arzt würde ohne richterliche Anordnung eine neue Sonde legen. Zudem würden wir die Polizei zu Hilfe rufen.

Daraufhin gaben wir den Kindern per Telefon die von uns verantwortete Anweisung, die Sonde an der Bauchdecke abzuschneiden. Natürlich hatten wir uns gut überlegt, was nun passieren würde. Im Krankenzimmer war die komplette betreuungsgerichtliche Akte in Kopie vorhanden. Schließlich riefen wir den Dienststellenleiter der Schutzpolizei in Bad Hersfeld an und teilten ihm mit, welcher Streit bestehe und welche Eskalation drohe. Es sei zu befürchten, dass das Pflegeheim nunmehr mit polizeilicher Gewalt seine rechtswidrige Absicht durchsetzen wolle.
Dann schnitten die Kinder die Sonde unmittelbar über der Bauchdecke ab, so dass deren Ende in den Bauch zurückrutschte. Dadurch war eine missbräuchliche Wiederinbetriebnahme wirksam ausgeschlossen.
Kurze Zeit später – die Heimleitung hatte ihrerseits die Staatsanwaltschaft in Fulda mobilisiert – erschien jedoch die Kriminalpolizei im Krankenzimmer und teilte mit, dass sie im Auftrag der Staatsanwaltschaft Fulda nunmehr die Zuführung der Patientin zur erneuten Sondenernährung sowie die Strafverfolgung der Kinder bewirken müsse. Die Polizisten stellten die Tatwaffe, eine Pflasterschere, sicher und durchsuchten die Tochter bis in den Intimbereich auf weitere mögliche Waffen. Beide Kinder wurden vorläufig festgenommen und ein strafrechtliches Ermittlungsverfahren gegen sie und Rechtsanwalt Putz eingeleitet. Erika K. wurde ins Krankenhaus gebracht und bekam dort ohne richterlichen Beschluss und ohne Zustimmung der Betreuer auf Anordnung der Staatsanwaltschaft eine neue Magensonde, an der sie kurz später am 5.1. 2008 verstarb. Die Polizei verbot den Kindern, ihre Mutter zu besuchen und postierte vor der Station einen Wachmann. Der Bundesgerichtshof bestätigte in seinem Urteil vom 25.6.2010 (siehe Anhang III Nr. 13: „Putz-Urteil"), dass sich die Tochter der Patientin und Rechtsanwalt Putz rechtens verhalten hatten.

Achtung!

Sterben im Pflegeheim? Selbstverständlich – wir wollen doch alle zu Hause sterben!

Den Pflegeheimen, die sich weigern, das Sterben ihrer Patienten auf deren Wunsch zuzulassen, muss man entgegenhalten, dass sie die alten oder schwer kranken Patienten in der Regel „bis zuletzt", d.h. bis zum Tod, aufnehmen. Dies wissen beide Vertragspartner. Es kann aber nicht sein, dass die Einrichtungen dann bestimmen, welche Art des Sterbens sie zulassen und unterstützen und welche nicht. Dies ist ausschließlich das Recht des Patienten, der zwar alt und/oder krank ist, der seine Selbstbestimmung aber nicht „an der Pforte“ abgegeben hat. Die von den Pflegeheimen vertragsgemäß zu erbringende Behandlungspflege ist an die ärztlichen Anordnungen des jeweiligen Arztes des Bewohners gebunden. Dieser Arzt ist wiederum an den Willen des Patienten gebunden. Das Heimgesetz verbietet den Einrichtungen eine ordentliche Kündigung.

Achtung!

„Bei uns nicht!“ Kann ein Pflegeheim sich weigern?

Unabhängig von der ggf. bestehenden Möglichkeit, den Patienten anderweitig oder privat unterzubringen, besteht ein Rechtsanspruch, dass das Pflegeheim den Sterbeprozess auch unter diesen Umständen begleiten muss. Immer wieder argumentieren die Pflegeheime, womöglich unter Berufung auf eine eigene Ethik der Pflege, „Das machen wir nicht!“ Wenn man dann fragt, was die Pflegeheime denn „nicht machen“ würden und weiter insistiert, kann man deutlich machen, was dahinter in Wahrheit steht: „Wir werden uns eigenmächtig über alle ärztlichen Anordnungen, den Patientenwillen und Betreueranweisungen hinwegsetzen und selbst die Behandlung fortsetzen!“. Nur „Das machen wir nicht!“ klingt eben freundlicher! Inzwischen begegnen wir der immer noch häufig angekündigten „Weigerung“ eines Pflegeheimes mit dem Hinweis darauf, dass wir die Sonde entfernen würden. So müssen die Pflegeheime erkennen, dass ihnen eine eigenmächtige weitere künstliche Lebenserhaltung gar nicht möglich sein wird. So mussten wir seit der Entscheidung des BGH vom 25.6.2010 (Anhang III Nr. 13) nie mehr ein Gericht gegen ein Pflegeheim bemühen.

Wäre dies im Einzelfall einmal nicht möglich (etwa bei Hausverbot an die Angehörigen und bereits aufgenommener eigenmächtiger Weiterbehandlung) bleibt nichts anderes als der Rechtsweg. Das Pflegeheim muss beim Zivilgericht (nicht beim Betreuungsgericht) zur Unterlassung weiterer Zwangsernährung per Einstweiliger Verfügung oder per Klage (Fall 16) gezwungen werden um den Patienten gemäß seinem aktuellen Willen und gemäß der Anweisung des Arztes, der diesen Willen zu befolgen hat, sterben zu lassen. Da die weitere künstliche Leidensverlängerung durch die PEG (Magensonde) gegen den Patientenwillen oder ohne ärztliche Indikation eine rechtswidrige Körperverletzung darstellt, kann man gegen die Verantwortlichen auch eine Strafanzeige erstatten. Abgesehen von der voraussichtlich mangelnden Begeisterung deutscher Staatsanwaltschaften, derartige Verfahren aufzunehmen, bringt dies zu Lebzeiten des Patienten diesem aber keinen Vorteil, sondern wird eher alle anderen rechtlichen Wege blockieren!

In Fall 16 haben wir als ultima ratio den Unterlassungsanspruch gegen das Pflegeheim eingeklagt. Nach dem Tod des Patienten hatte sich dies im Rechtssinne „erledigt“. Dennoch griff der Bundesgerichtshof diesen Fall auf, um eine Grundsatzentscheidung zu fällen. Danach ist es unzulässig, dass Pflegekräfte einen Patienten gegen dessen Willen und gegen die entsprechende ärztliche Anordnung weiter künstlich ernähren. Ihre eigenen ethischen Überzeugungen und Gewissensentscheidungen (Art. 4 GG) haben gegenüber dem Recht des Patienten auf Selbstbestimmung und körperliche Unversehrtheit zurückzustehen (BGH vom 8.6.2005, NJW 2005, 2385, Anhang III Nr. 7).

Im Fall 16a hatten wir faktisch gehandelt, die Sonde entfernt und die Polizei geholt. Dies führte zu einem Strafverfahren gegen die Tochter von Erika K. (der Bruder war inzwischen verstorben) und Rechtsanwalt Putz. Das Landgericht Fulda sprach zwar die Tochter frei (weil sie sich auf den Rechtsanwalt verlassen hatte), verurteilte aber den Rechtsanwalt wegen aktiver Sterbehilfe.

Achtung!

Der Bundesgerichtshof sprach Rechtsanwalt Putz frei und erließ zugleich ein Grundsatzurteil zum Abbruch lebenserhaltender Behandlung auf Grundlage des Patientenwillens, dessen **Leitsätze** lauten:

- Sterbehilfe durch Unterlassen, Begrenzen oder Beenden einer begonnenen medizinischen Behandlung (Behandlungsabbruch) ist gerechtfertigt, wenn dies dem tatsächlichen oder mutmaßlichen Patientenwillen entspricht (§ 1901a BGB) und dazu dient, einem ohne Behandlung zum Tode führenden Krankheitsprozess seinen Lauf zu lassen.

- Ein Behandlungsabbruch kann sowohl durch Unterlassen als auch durch aktives Tun vorgenommen werden.
- Gezielte Eingriffe in das Leben eines Menschen, die nicht in einem Zusammenhang mit dem Abbruch einer medizinischen Behandlung stehen, sind einer Rechtfertigung durch Einwilligung nicht zugänglich.

Im Anhang III Nr. 13 sind wesentliche Auszüge aus dem Urteil abgedruckt. Mit diesem höchstrichterlichen Grundsatzurteil wurde endlich die seit Jahrzehnten bestehende strafrechtliche Unsicherheit bei Ärzten oder Pflegeheimen beseitigt. Zwar war die Rechtslage in Wirklichkeit klar, sie war jedoch bei Ärzten und Pflegepersonal, aber auch bei vielen Juristen und Richtern immer wieder verkannt worden. So wurde oft behauptet, das Abschalten einer Beatmung bei fehlender Indikation zur weiteren Beatmung und/oder nach dem Patientenwillen sei eine strafbare Tötungshandlung. Leider hatten auch die im Anhang aufgeführten Entscheidungen des zwölften Zivilsenats des Bundesgerichtshofs vom 17.3.2003 (Anhang III Nr. 6) und vom 8.6.2005 (Anhang III Nr. 7) diese Unsicherheit über die Rechtslage bestärkt. In beiden Entscheidungen hatte nämlich dieser Zivilsenat aufgrund eines Missverständnisses des Kemptener Urteils des BGH von 1994 (Anhang III Nr. 4) nach anfangs klaren und korrekten Ausführungen zu den Patientenrechten am Ende des Lebens hinzugefügt, dass aber die strafrechtliche Seite unklar sei, so dass der Gesetzgeber zu einer Regelung aufgerufen sei. In unmittelbarer Konsequenz berief seinerzeit das Bundesjustizministerium eine Kommission (Kutzer-Kommission) ein, die einen ersten Gesetzentwurf erarbeitete. Weder dieser Entwurf noch das im September 2009 in Kraft getretene Gesetz (Patientenverfügungsgesetz – Anhang I Nr. 3) brachten eine strafrechtliche Klarstellung. Immer wieder war gefordert worden, klarzustellen, dass es keine Straftat nach § 216 StGB (Tötung auf Verlangen) sein kann, eine lebensverlängernde Behandlung nach Indikation oder Patientenwillen zu beenden, wenn dies nur durch ein aktives Tun möglich ist. Dies hat am 25.6.2010 der Bundesgerichtshof bestätigt (Anhang III Nr. 13). So ist die strafrechtliche Klärung nicht durch den Gesetzgeber, wohl aber durch den Bundesgerichtshof erfolgt. Mehrfach betont der zweite Strafsenat in seinen Urteilsgründen, dass es selbstverständlich dabei bleibe, dass die aktive Tötung eines Patienten, die nicht im Zusammenhang mit der gebotenen Beendigung einer ärztlichen Behandlung steht, weiterhin eine Tötungshandlung bleibt.

Schleicht sich etwa der künftige Erbe in die Intensivstation ein und schneidet seinem Erbonkel den Beatmungsschlauch durch, so ist diese Handlung selbstverständlich weiterhin ein Mord. In aller Deutlichkeit sei wiederholt, dass letztlich seit dem Urteil des Landgerichts Ravensburg von 1986 (Anhang III Nr. 2) die so genannte herrschende juristische Lehre immer schon das Beenden einer Beatmung durch aktives Tun als rechtmäßig betrachtet hat. Sie schloss sich den Ausführungen dieses Gerichts an, dass es sich um keine aktive Sterbehilfe handele, weil das aktive Ausschalten nicht anders bewertet werden könne als das Nichteinschalten eines Beatmungsgerätes. Nichts anderes, allenfalls entsprechend heutiger medizinischer Auffassung besser begründet, hat der Bundesgerichtshof in seinem Urteil vom 25.6.2010 entschieden (Anhang III Nr. 13), so dass nunmehr auch im Strafrecht eine höchstrichterliche Bestätigung vorliegt.

4. Bevollmächtigte, Betreuer und Betreuungsrichter

Achtung!

Bevollmächtigte, Betreuer und Betreuungsrichter sind an den Patientenwillen gebunden, § 1904 Abs. 3 BGB!

Ärzte, die viele Patienten in Pflegeheimen behandeln, haben die Erfahrung gemacht, dass ihre Anordnungen, Patienten schließlich nicht mehr kurativ zu therapieren, sondern deren Sterben zuzulassen und palliativ zu begleiten, bei Berufsbetreuern oft auf systematischen Widerstand stoßen. Aber auch so mancher Angehöriger verhält sich als Bevollmächtigter ebenso. Nicht selten werden die Ärzte sogar mit Strafanzeigen durch die Betreuer bedroht. Die Patienten haben keine „Lobby" und die Ärzte möchten auch im weiteren guten Einvernehmen mit dem Pflegeheim und jenen Betreuern, die häufig sogar mehrere Patienten in diesem Heim betreuen, bleiben, manchmal auch gegen ihre eigene innere Überzeugung.

Dies entspricht unserer Erfahrung in den einzelnen Mandaten: Ein für den Patienten fremder „Berufsbetreuer" wird sich nur selten gegen Umstände, die den Interessen und dem Willen des Patienten zuwiderlaufen, zugleich aber das Leben des Betroffenen verlängern, wie etwa Zwangsernährung, einsetzen. Wir verweisen beispielhaft auf das Verhalten der Berufsbetreuerin im Fall der Erika K. (Fall 16a).

FALL 17: Otto. D. ist der Bruder der unter Betreuung eines Freiburger Rechtsanwaltes stehenden, seit vier Jahren im irreversiblen Koma liegenden, 85-jährigen Martha D. Er kämpft für die Einstellung der künstlichen Ernährung seiner Schwester, die ständig Schmerzmittel (3-mal täglich 30 Tropfen Valeron) und Valium zur Beruhigung und Entspannung (3-mal täglich 5 mg) bekommt, Letzteres vor allem wegen der starken Beugekontrakturen an Armen und Beinen. Eine Kommunikation ist nicht möglich. Otto D. stellt beim Betreuungsgericht den Antrag auf Einstellung der Ernährung, weil der betreuende Rechtsanwalt nichts dergleichen veranlasst. Er beantragt, die lebenserhaltenden Maßnahmen bei seiner Schwester einzustellen. Unverhohlen unterstellt man ihm „Interessenkollision" und „Erbschleicherei". Auf Anzeige kommt es zum staatsanwaltschaftlichen Ermittlungsverfahren, das alsbald mangels hinreichenden Tatverdachts eingestellt wird. Nach unserer Beauftragung beantragen wir, den betreuenden Rechtsanwalt zu entpflichten, weil er mit seiner Verweigerung der Einstellung der künstlichen Ernährung eine ständige Körperverletzung seiner Betreuten veranlasst und deshalb nicht weiter als Betreuer geeignet ist, § 1908b BGB. Wir beantragen ferner, einen neuen Betreuer zu bestellen. Wir berufen uns bei diesem eindeutigen Fall (sehr alt, irreversibler Hirnschaden, keine Kommunikation mehr möglich, Sterbephase) auf die allgemeinen Wertvorstellungen: In vergleichbarer Situation will normalerweise niemand am Sterben gehindert werden.

Das Betreuungsgericht besucht die Patientin am Krankenbett im Pflegeheim. Die „Wohnbereichsleitung" lehnt eine Einstellung „aus ihrer

Sicht", d.h. „aus ihrer Wertvorstellung", ab. Der Bruder fordert die Einstellung „aus seiner Sicht", also aus seiner Wertvorstellung. Wir tragen in einem Schreiben an das Betreuungsgericht vor, dass es auf die Wertvorstellungen des Heimes und des Bruders nicht ankommen darf, sondern nur auf die „allgemeine Wertvorstellung" zum konkreten Fall und Zustand der Betreuten, die das Gericht notfalls durch ein sozialwissenschaftliches Gutachten zu ermitteln habe, wenn es sich zu einer eigenen Bewertung außerstande sähe. Wir verweisen auf die Kemptener Entscheidung des Bundesgerichtshofes. (Heute würden wir den Arzt nach einer Indikation für die weitere lebenserhaltende Behandlung fragen und ggf. würde ein Palliativmediziner als Sachverständiger beauftragt werden).

Angesichts der laufenden Verschlechterung, des hohen Alters, der irreversiblen infausten Prognose gäbe es eine allgemeine Wertvorstellung, die nur eine einzige Entscheidung zulasse, nämlich die Sterbensvereitelung einzustellen und den natürlichen Sterbevorgang nun zuzulassen. Der betreuende Rechtsanwalt schreibt an das Gericht: „Der Unterzeichner hat ... immer erklärt, dass er in Kenntnis aller Umstände der Einstellung der Sondennahrung und damit dem Tod durch Verhungern nicht zustimmen werde." In seiner Begründung legt er dar, dass sich seine persönliche Einstellung jedenfalls nicht mit den allgemeinen Wertvorstellungen decke, da er christlich denke. Niemand dürfe Herr über Leben und Tod sein.

Wir antworten dem Gericht, dass es sehr wohl darum gehe, wer Herr über Leben und Tod sei. Unethisch sei die Selbstherrlichkeit, mit der über die Betroffene die Zwangsernährung einmal verhängt wurde und nun wohl nie mehr überprüft und beendet werden solle. Hierin liege eine Fremdbestimmung, die die Betreute in ihrer Menschenwürde und in ihrem Recht auf Selbstbestimmung verletze. Hinsichtlich der Berufung auf christliche Glaubensgrundsätze seitens des Betreuers halten wir dem Gericht vor Augen, dass gerade zu der Zeit (Herbst 1999) die beiden großen deutschen Kirchen die so genannte „Christliche Patientenverfügung" schon über 500.000-mal an Gläubige verteilt haben. In einem erläuternden Teil der Handreichung wird sehr deutlich dargelegt, dass es keine christliche Pflicht gibt, Leben um jeden Preis zu verlängern, dass auch den Christen in derartigen Fällen erlaubt ist, auf Lebensverlängerung zu verzichten.

Weiter verweisen wir auf einen Parallelfall vor dem Landgericht Augsburg, in dem ein Sachverständigengutachten eines Facharztes für Neurologie, Psychiatrie und Psychotherapeutische Medizin für das Betreuungs-

gericht erstellt wurde, in dem der Gutachter nach umfangreicher Prüfung und persönlicher Exploration der Betreuten zu dem sicheren Ergebnis gelangte, dass ein Krankheitsbild vorliege, das eindeutig ein Subsumieren unter die allgemeinen Wertvorstellungen dergestalt zulasse, dass „die Betreute in ihrem momentanen Zustand lieber sterben würde". Heute würde man problemlos feststellen, dass damit der ärztliche Gutachter die Indikation für eine weitere Lebensverlängerung durch eine invasive ärztliche Behandlung verneint hat.
Es wird beantragt, das Gericht möge in gleicher Weise ein Sachverständigengutachten erholen. Kurze Zeit später stirbt die Betreute.

FALL 18: Martha S. aus Berlin beauftragt uns, das Sterben ihres Mannes Dr. S., der seit eineinhalb Jahren im irreversiblen Koma liegt, durchzusetzen. Er hatte früher dezidiert verfügt, dass er so nie leben wollte, und hatte sich sogar Zyankali beschafft, das er seiner Frau mit dem Auftrag gegeben hatte, ihn zu töten, wenn er einmal an einer irreversiblen schweren Krankheit mit Bewusstseinsverlust ohne Aussicht der Besserung leiden sollte. Weil die Frau aus der ersten Ehe ihres Mannes noch lebt, ist jetzt nicht Frau S., sondern eine Berufsbetreuerin Vertreterin des Kranken. Diese Betreuerin verschließt sich allen Bemühungen der jetzigen Ehefrau, den Schwerstkranken sterben zu lassen. Im Auftrag der Ehefrau schreibt unsere Kanzlei an die Betreuerin, sie möge dem Patientenwillen folgen und ein natürliches Versterben durch Beendigung der Zwangsernährung zulassen. Wir erhalten einen Antwortbrief, der in Unkenntnis der einschlägigen rechtlichen und medizinischen Vorgaben dieses Ansinnen entrüstet zurückweist. Aus den positiven finanziellen Folgen bei Eintritt des Todes des Ehemannes schließt die Betreuerin auf lediglich wirtschaftliche Motive der Ehefrau. Dass allein die Bestimmung des Patienten aus seinen gesunden Tagen für die jetzt eingetretene gesundheitliche Situation ein Sterbenlassen erzwingt, wird nicht gesehen.
Wir erstatten daher eine entsprechende Anzeige beim Betreuungsgericht mit dem Hinweis, dass dieses die Betreuerin anzuweisen habe, für die Einstellung der weiteren künstlichen Substitution Sorge zu tragen. Bei Nichtbefolgung dieser Anweisung müsse die Betreuerin durch einen anderen Betreuer ersetzt werden, der den Willen des Patienten vollzieht und diesen sterben lässt. Auf dieses Schreiben an die zuständige Betreuungsrichterin erfolgt erst einmal keine Reaktion. Auf persönliche Nachfrage unseres damaligen Berliner Sozius bei der Richterin, wann nun endlich mit einem Fortgang des Verfahrens zu rechnen sei, be-

kommt er die saloppe Antwort, nachdem der Betreute schon eineinhalb Jahre im Koma liege, komme es jetzt auf ein paar Wochen mehr oder weniger nicht mehr an. Diese saloppe Art der Betreuerin und der Richterin, mit dem Schicksal ihres Mannes umzugehen, stürzt die Ehefrau und den langjährigen Berufskollegen und Freund der Familie, Friedrich A., der der Ehefrau in diesen schwierigen Jahren beisteht, in unüberwindbare Verzweiflung. Zusammen begeben sie sich in das Pflegeheim und töten Herrn S. mit Zyankali. Danach begehen beide Suizid. Ein trauriges Ende, das vermeidbar gewesen wäre!

Hausärzte, die regelmäßig viele Patienten in Pflegeheimen betreuen, erzählen uns immer wieder über die verbreitet desinteressierte Haltung von Betreuern, die sich prinzipiell jeglichem Ansinnen der Ärzte entgegenstellen, Patienten sterben zu lassen, wenn deren Zeit gekommen ist. Nach unserer Erfahrung vertreten viele berufliche oder für Vereinigungen ehrenamtlich tätige Betreuer jedenfalls dann die Interessen der Betreuten nicht, wenn deren Wille der eigene Tod ist.

Im Bereich des Amtsgerichts München gab es eine Betreuungsrichterin, die zweimal für Fälle unserer Mandanten zuständig war. Beide Male war der Wille der Patienten von uns umfassend nachgewiesen, vom Arzt aber durch angemeldete Zweifel dem Gericht zur Prüfung vorgelegt worden. Beide Male reagierte die Richterin in keiner Weise. Trotz zahlloser Nachfragen bearbeitete sie das Verfahren nicht. Im ersten Verfahren teilten wir ihr mit, dass wir ein weiteres Untätigbleiben als stillschweigende Zustimmung betrachten würden. Tatsächlich erfolgte keinerlei Reaktion und der inzwischen einsichtige Arzt begleitete das Zulassen des Sterbens. Dies mag ungewöhnlich erscheinen, für die Rechtmäßigkeit eines Handelns kommt es aber nur auf die Übereinstimmung mit Indikation und Patientenwillen und nicht auf die Genehmigung durch das Betreuungsgericht an (so schon der Bundesgerichtshof in seiner Kemptener Entscheidung, Anhang III Nr. 4). Im zweiten Fall bei derselben Richterin verbanden wird nach deren erneutem Untätigbleiben und vielen Mahnungen denselben Hinweis mit der Androhung einer Dienstaufsichtsbeschwerde. Daraufhin kam die Richterin unverzüglich zu einem Besuchstermin zu dem betroffenen Patienten in das Pflegeheim und genehmigte dann das Zulassen des Sterbens. Wir reichten damals dennoch Dienstaufsichtsbeschwerde beim Präsidenten des Amtsgerichts hinsichtlich beider Fälle ein. Dieser ließ uns wie auch in vorangegangenen Fällen bei anderen Gerichten wissen, dass die Dienstaufsichtsbeschwerde nicht den Inhalt der richterlichen Tätigkeit prüfen oder rügen könne. Dies gelte auch für die Frage, welche Bearbeitungszeiten ein Richter für seine Fälle benötige. Umgekehrt zeigt aber etwa das Verhalten der Betreuungsrichterin im Fall der Erika K. (Fall 16a), wie vorbildlich sich auch Betreuungsrichter heute schon für die Umsetzung des Patientenwillens einsetzen.

Auch wenn es inzwischen sehr viele engagierte und qualifizierte Betreuer mit entsprechendem medizinischem und rechtlichem Basiswissen gibt, zeigt unsere Erfahrung, wie wichtig es ist, selbst durch Erteilung einer Vorsorgevollmacht an eine Vertrauensperson vorzubeugen. Eine solche nahestehende Vertrauensperson sollte nicht emotionale Vorbehalte gegen ein Zulassen des natürlichen Sterbens durch Beendigung künstlicher Lebenserhaltung haben. Allerdings kann genau das Gegenteil der Fall sein.

Achtung!

Vorsicht: Der „Feind" des Patientenwillens lauert in der eigenen Familie!

Wir wollen nicht den Eindruck vermitteln, dass Betreuer grundsätzlich schlechtere Vertreter eines entscheidungsunfähigen Menschen sind als die von diesem zu gesunden Zeiten eingesetzten Bevollmächtigten, meist Familienangehörige. Auch bei diesen erleben wir immer wieder erhebliche Mängel an Qualifikation. Zum einen liegt es an der Emotionalität, die das Zulassen des Sterbens nach dem Willen des Patienten hervorruft und Angehörige nicht loslassen können. Zum anderen liegt es manchmal auch an der Unfähigkeit der Angehörigen, die schwierigen Aufgaben im Bereich des rechtlichen Handelns zu bewältigen. Schließlich gibt es ohne Zweifel auch erhebliche Missbrauchsfälle, in denen die Bevollmächtigung zum Nachteil des Patienten ausgenutzt wird. Die Motive können finanzieller Art sein oder aber fanatisches Umsetzen eigener Wertvorstellungen, die zum Patientenwillen im Widerspruch stehen. Zwar wird in den Medien immer wieder gern auf Veranlassung von Familienangehörigen über schlechte Betreuer berichtet, vermutlich gibt es jedoch eine nicht minder große Dunkelziffer von schlechten Bevollmächtigten. Nachdem – im Gegensatz zu den vom Gericht eingesetzten Betreuern – keine regelmäßige Kontrolle der privat bevollmächtigten Familienangehörigen (Vorsorgevollmacht) erfolgt, dürfte die Dunkelziffer hier wohl wesentlich größer sein als bei den rechtlichen Betreuern!

IV. Strategien

Wir kommen jetzt zu dem letzten wichtigen Punkt: Wie setzt man den Sterbewunsch des Patienten durch? Wir schildern hier zusammengefasst die Erfahrungen, die wir über viele Jahre in vielen Verfahren gesammelt haben. Fast jeder Fall hat durch seine „Einzigartigkeit" unseren Erfahrungshorizont erweitert, denn es ist in der Tat so, wie wir es unseren Mandanten in den Erstberatungen immer erklären: Zum einen handelt es sich nicht um eine schlichte Störung im Rahmen alltäglicher Rechtsverhältnisse wie z.B. Kauf oder Miete, die möglicherweise schon durch „einen Blick ins Gesetz" zu lösen ist. Sondern es geht um die Umsetzung elementarster Wünsche – um die Alternative eines aufgezwungenen Lebens oder eines wunschgemäßen Sterbens. Zum anderen nehmen auch Fälle, die scheinbar „üblich" begonnen haben, oft eine ganz unerwartete Wendung. Wir waren nicht selten auf unsere „Intuition" und unser „Fingerspitzengefühl" angewiesen. Dies ist auch ein Grund, weshalb wir die „Sterbefälle" fast ausnahmslos zusammen bearbeiten. So können wir miteinander Eindrücke austauschen und uns gegenseitig „kontrollieren", Strategien in Gesprächen gemeinsam entwickeln, ungewöhnliche Ideen durch wiederholte Diskussionen juristisch „alltagstauglich machen".

Da es sich um die Umsetzung eines **höchstpersönlichen Rechtes** handelt, ist unser vorrangiges Bestreben immer, eine **gütliche Beilegung des Streits** herbeizuführen. Wie wir in einigen geschilderten Fällen schon gezeigt haben, gelingt dies immer dann, wenn die Beteiligten die Wünsche des Patienten und seines Vertreters verstehen und respektieren, sich jedoch einfach nur rechtlich unsicher fühlen. Ein Gerichtsverfahren sollte immer „ultima ratio“, also allerletztes Mittel, sein. Die Besonderheit der Verfahren um das Sterben eines Menschen ist aber, dass es in der Sache nie einen „Vergleich“, also eine Einigung durch gegenseitiges Nachgeben, geben kann. Daher ist in besonderem Maße ein einfühlsames Vorgehen geboten.

1. Gütliches Vorgehen

a) Beratung in Anwesenheit eines Anwalts

Achtung!

Erst informieren, dann handeln!

Aufgrund der vielfältigen, überwiegend taktischen Aspekte sollte man sich frühzeitig durch einen qualifizierten Rechtsanwalt beraten lassen. In den letzten Jahren konnten wir manchmal bereits mit einer anwaltlichen Erstberatung ausreichende Hilfestellung geben, so dass die Fälle ohne weitere anwaltliche Unterstützung gelöst werden können. Die ersten Gespräche der Angehörigen mit Ärzten oder Pflegeheimen sind immer weichenstellend. Durch taktische oder inhaltliche Fehler können unnötige Fronten aufgebaut werden. Auch die weiteren Gespräche mit Ärzten oder Pflegeheimen, die sich häufiger nach der jeweiligen Argumentation der Gesprächspartner richten, können wiederum nur mit anwaltlicher Unterstützung taktisch und inhaltlich klug geführt werden. Dazu ist selbst dann, wenn der Anwalt nicht nach außen auftritt, eine ständige anwaltliche Begleitung sinnvoll. Nur wenige Anwälte befassen sich in Deutschland mit solchen Fällen. Hier hilft oft eine Anfrage z.B. bei einem örtlichen Hospizverein oder bei einer örtlichen Palliativstation eines Krankenhauses weiter. Dort kennt man häufig Rechtsanwälte, die sich mit dieser sehr ungewöhnlichen Materie bereits befasst haben. Letztendlich braucht ein solcher Anwalt nicht nur die rechtlichen und wesentlichen medizinischen Grundkenntnisse, er darf auch keine emotionalen Hemmungen haben, den Patientenwillen durchzusetzen.

b) Das Gespräch mit dem behandelnden Arzt

Achtung!

Der erste Ansprechpartner muss der Arzt sein!

Bei der Frage, ob eine weitere Lebensverlängerung stattfinden soll, geht es immer um eine invasive ärztliche Behandlung (siehe 2. Kapitel I). Folglich stellt sich zu allererst die Frage nach der Indikation für Beginn oder Fortsetzung einer solchen ärztlichen Therapie. Deswegen ist grundsätzlich der erste Ansprechpartner immer der behandelnde Arzt. Häufig wird in diesen Gesprächen seitens des Arztes sofort der Patientenwille thematisiert. Wir insistieren aber auf der Mitteilung eines noch erreichbaren Therapiezieles, also einer ärztlichen Indikationsstellung für die lebenserhaltende Therapie. Nicht selten hören wir dann, wie z.B. im Fall der Erika K. (Fall 16a), dass der Arzt die laufende künstliche Lebensverlängerung durch ärztliche Behandlung schon lange nicht mehr für indiziert halte. Aus den verschiedenen Gründen führen Ärzte dennoch eine solche Behandlung durch. Sei es, dass sie von falschen strafrechtlichen Vorstellungen ausgehen („Ich darf nicht abschalten."), sei es, dass sie auf die ablehnende aber unbeachtliche Haltung des Pflegeheimes verweisen oder gar, dass sie – medizinisch unzutreffend – mit Verhungern und Verdursten argumentieren (vgl. 4. Kapitel II 4 c).

Immer häufiger ist jedoch der behandelnde Arzt zur Unterstützung bereit, stellt eine korrekte Indikation und respektiert den Willen des Patienten. Ein solcher Arzt kann im Pflegeheim vermitteln. Dieses fühlt sich nicht brüskiert oder in die Enge getrieben durch die Einschaltung eines Anwalts. Der Arzt kennt am besten die dortige Heimleitung, Pflegedienstleitung und die unmittelbar betroffenen Pflegekräfte. Er kann bei ihnen bereits die notwendige informatorische Vorarbeit leisten. Dieses ganz normale medizinische Vorgehen ist hier in besonderer Weise geboten, weil der Arzt später ja auch die bindende Anordnung zur Änderung der Therapie von der bisherigen Lebenserhaltung zum Zulassen des Sterbens an das Pflegeheim erteilt. Das Pflegeheim und deren Pflegekräfte sind dann im Rahmen der Behandlungspflege an diese ärztliche Anordnung gebunden (BGH NJW 2005, 2385, Anhang III Nr. 7).

Häufig organisieren auch die Ärzte vor Ort für uns das nun folgende Gespräch am runden Tisch.

c) Round Table – ein Gespräch mit allen Beteiligten

Achtung!

Gut Ding will Weile haben! Reden und Zuhören! Zeit lassen und Zeit geben!

Nach entsprechender Vorbereitung sollte der nächste Schritt immer ein Gespräch mit allen Beteiligten sein, um eine einvernehmliche Lösung zu erreichen. Angesichts dieser in hohem Maße für alle emotional belastenden Problematik, die nicht nur juristisch zu erfassen ist, muss eine einvernehmliche Lösung immer oberstes Ziel sein. Hierbei kann ein erfahrener Rechtsanwalt das nötige rechtliche Wissen vermitteln. Ein Problem dabei ist, dass zum Zeitpunkt dieses Gespräches die Angehörigen oft schon einen monatelangen oder gar jahrelangen „Reifungsprozess" hinter sich haben und plötzlich, wenn sie diesen Schritt getan haben, sehr ungeduldig sind: Sie können dann die weitere Leidensverlängerung des eigenen Angehörigen kaum noch ertragen. Häufig wird nun das Pflegeheim allzu forsch attackiert. In dieser Situation kann ein nicht persönlich tangierter, besonnener Rechtsanwalt sehr hilfreich sein, der auf die Angehörigen schon vor dem Round-Table-Gespräch eingeht und ihnen auch erklärt, dass auf die Situation des Pflegeheimes Rücksicht genommen werden sollte. Manchmal kann es auch sinnvoll sein, zuerst mit dem Arzt allein zu sprechen. Er geht dann bereits juristisch beraten und sicherer in die Besprechung mit dem Pflegeheim (siehe oben).

In diesen Gesprächen am runden Tisch müssen medizinische und juristische Informationen so übermittelt werden, dass sich alle Beteiligten für das kommende Vorgehen gut informiert und beraten fühlen. Dies erfordert sehr viel taktisches und menschliches Einfühlungsvermögen. Weit verbreitet sind inzwischen so genannte klinische Ethikkomitees, die diese Aufgabe je nach Qualifikation der dort

Beteiligten mehr oder weniger gut erfüllen. Leider mussten wir in Einzelfällen feststellen, dass deren Voten auf einer fehlerhaften Kenntnis der Rechtslage beruhten. Es sollte gewährleistet werden, dass in einem solchen Komitee auch Personen mit sicherer Rechtskenntnis sind. Andernfalls tragen solche Voten nur zur Verwirrung bei. So flossen in die Entscheidungsbildung derartiger Ethikkomitees mitunter auch weltanschauliche Tendenzen der Träger der betroffenen Einrichtungen ein. Wir haben erlebt, dass etwa eine terminale Sedierung (die als einzige Behandlung der Wahl zwingend indiziert war) von religiös orientierten so genannten Tendenzbetrieben abgelehnt wurde. Dem schloss sich das Ethikkomitee insoweit an, als es diesen Weg als „nicht gangbar“ bezeichnete.

Achtung!

Angst vor Behörden, Heimaufsicht und MDK? Einfach vorher informieren!

In letzter Zeit haben wir die gute Erfahrung gemacht, wie förderlich folgendes Vorgehen ist: Wir kündigen – wenn dies seitens des Arztes oder Pflegeheims gewünscht ist – den geplanten Abbruch der künstlichen Lebenserhaltung und das Zulassen des Sterbens unter palliativer Begleitung **rein informatorisch** per Anwaltsschreiben dem zuständigen Betreuungsgericht, dem Medizinischen Dienst der Krankenkassen (MDK) und der zuständigen Heimaufsicht an. Kurz darauf übersenden wir dann die Abschriften der jeweiligen Mitteilungen, so dass alle Beteiligten beruhigt die Sterbephase begleiten. Bisher haben wir noch nie eine Reaktion des zuständigen Betreuungsgerichts, des MDK oder der Heimaufsicht bekommen.

Achtung!

Ohne fachliche Hilfe sind die Angehörigen überfordert!

Ein Gespräch unter Ausschaltung eines Anwaltes nur zwischen Heim und Angehörigen führt so gut wie immer dazu, die unsicheren Angehörigen mit einer falschen Darstellung der Rechtslage von ihrem Vorhaben abzubringen.

Die Familie ist deshalb allein in einer solchen Runde meistens überfordert, sie kennt weder medizinische noch juristische Grundlagen. Arzt, Pflegepersonal, Heimleitung tendieren zur „Frontbildung" mit dem Ziel der Lebenserhaltung. Es fallen Schlagworte wie „Wollen Sie Ihre Mutter grausam verhungern und verdursten lassen?". Sie treffen die Angehörigen völlig überraschend und Gegenargumente fehlen. Die Vorwürfe sind zutiefst verletzend und bringen die Angehörigen entweder in Aggression oder zum Schweigen.

2. Vorgehensweise bei Widerstand

a) Widerstand von Arzt oder Klinik

Achtung!

Arzt und Klinik eher wechseln als verklagen!

Bei Widerstand von Arzt oder Klinik sollte abgestuft vorgegangen werden. Eine Klage gegen Arzt oder Klinik kann durch deren Kündigung oder das Ende der Notwendigkeit einer stationären Behandlung ins Leere gehen.

Man könnte überlegen, ob man öffentlich macht, dass ein Arzt oder eine Klinik sich derartigen Patientenwünschen widersetzt und das Leiden eines Menschen künstlich verlängert.

Die Androhung einer **Strafanzeige wegen Körperverletzung** (die zwangsweise Zuführung von Nahrung und Flüssigkeit durch eine Magensonde oder eine künstliche Beatmung gegen den Willen eines Patienten stellen rechtlich gesehen eine strafbare Körperverletzung dar) kann Wirkung zeigen.

Faktisch kann allerdings jeder Zwang gegen einen Arzt oder eine Klinik durch Kündigung unterlaufen werden. Nur wenn die Verlegung dem Patienten nicht zuzumuten ist oder der Patient sich in der unmittelbaren Sterbephase befindet, steht der Einwand der Sittenwidrigkeit oder der Rechtsmissbräuchlichkeit entgegen. Folge: der Vertreter des Patienten muss in der Regel den Arzt respektive die Klinik wechseln.

b) Widerstand des Heimes

Achtung!

Heime können zur Begleitung eines Sterbens nach Abbruch der lebensverlängernden Behandlung gezwungen werden!

Im Fall des Peter K. (Fall 16) haben wir dargestellt, dass der Arzt trotz der klaren Weigerung des Heimes die Beendigung der künstlichen Ernährung anordnet.

Was kann daraufhin passieren?

- **Das Heim kündigt** dem Patienten, wie wir es im Fall des Hartmut S. (Fall 4) erlebt haben. Hier ist die richtige Reaktion die Zurückweisung und Nichtbeachtung der Kündigung wegen Unwirksamkeit, da im Heimgesetz und im Heimvertrag eine Kündigung durch das Pflegeheim nur für Ausnahmefälle bei vertragswidrigem Verhalten des Patienten – z.B. Zahlungseinstellung – vorgesehen ist. Im Übrigen ist eine Kündigung sittenwidrig, da der Patient sonst nirgends unterkäme. Man hätte auch die Möglichkeit, die zuständige Heimaufsicht einzuschalten.
- **Das Heim erklärt endgültig, diese Anordnung nicht zu befolgen.** Dann kann der behandelnde Arzt die Magensonde entfernen, so dass die eigenmächtige Ernährung durch das Heim faktisch nicht möglich ist (BGH NJW 2010, 2963, Anhang III Nr. 13). Nur wenn dies nicht möglich ist, weil etwa vorher rechtswidrige Hausverbote erteilt wurden und die eigenmächtige Ernährung vom Heim bereits übernommen wurde, muss gegen das Heim vor dem zuständigen Zivilgericht aus dem Heimvertrag geklagt oder eine einstweilige Verfügung beantragt werden. Dazu muss, wie im Fall des Peter K. (Fall 16) geschehen, vorher eine entsprechende ärztliche Anordnung präzise erteilt worden sein. Es handelt sich um eine so genannte „Unterlassungsklage“, mit der dem Pflegeheim die weitere Zwangsernährung verboten wird. Das geforderte Unterlassen weiterer Körperverletzung stellt den Klageantrag dar (BGH NJW 2005, 2385, Anhang III Nr. 7). Auch eine einstweilige Anordnung kann durch ein Gericht ausgesprochen werden, weil in einem solchen Fall so ge-

nannte „verbotene Eigenmacht“ vorliegt. Allerdings nimmt eine solche Entscheidung trotz ihrer Zulässigkeit „die Hauptsache vorweg“ – endgültig: Wenn der Patient tot ist, ist eine andersartige Entscheidung zu spät. Unbeachtlich rechtlicher Bedenken wird deshalb schon aus emotionalen Gründen kein deutscher Richter eine solche Entscheidung treffen.

c) Vermeidung von Prozessen – Möglichkeiten des Nachgebens

Für die Angehörigen ist es sehr unangenehm, angesichts des ohnehin extremen Schicksals des betroffenen Patienten nun auch noch einen womöglich lange dauernden Prozess gegen das Pflegeheim zu führen. Im Heim selbst wird dann jeder Besuch zum „Spießrutenlaufen“. Deshalb muss auch immer die Möglichkeit einer anderweitigen Unterbringung des Patienten in Betracht gezogen werden. Hospize, Palliativstationen und Akutkrankenhäuser scheiden in vielen Fällen aus, wie wir oben schon erklärt haben (vgl. 2. Kapitel III 2). Andere Heime weigern sich in aller Regel ebenfalls, den Patienten zu übernehmen. In einigen Fällen haben Klöster solche Patienten übernommen. Andernfalls bleibt als letzte Möglichkeit – vor einer Klage – nur noch, den Patienten nach Hause zu nehmen.

d) Nach Hause zu den Angehörigen nehmen

Tipp:

Zu Hause ist es am schönsten!

Entweder gibt es noch die ursprüngliche Wohnung des Patienten oder die Angehörigen können ihn zu sich nehmen. Dies muss gut vorbereitet werden: Es muss ein Pflegebett beschafft werden und die notwendigen technischen Hilfsmittel (z.B. Sauerstoffflaschen, Matratzen, die ein Wundliegen vermeiden, Vernebler, Infusionspumpen je nach Bedürfnis des Patienten) müssen besorgt werden. Die beteiligten Pflegedienste und die Teams der Allgemeinen Ambulanten Palliativversorgung (AAPV) oder der Speziellen Ambulanten Palliativversorgung (SAPV) sind damit vertraut und bei der Organisation behilflich. Die Hausärzte vermitteln deren Einbeziehung. Handelt es sich um einen beatmeten Patienten, dessen Beatmung eingestellt werden soll, um sein Sterben an der Krankheit zuzulassen, so ist Besonderes zu beachten. Es bedarf eines Spezialtransportes mit Beatmung. Zuhause muss eine doppelt gesicherte Heimbeatmung vorgehalten werden. Ist dies nicht der Fall, könnte sich ein Krankentransportunternehmen weigern, den Patienten zu verlegen. Erst nach der Aufnahme der Heimbeatmung kann diese dann unter ärztlicher Begleitung beendet werden (siehe 4. Kapitel II 4 a).

Natürlich wird das eigene Wohnhaus oder die eigene Wohnung des Patienten in der Regel jedenfalls dann nicht mehr zur Verfügung stehen, wenn der Patient schon länger im Pflegeheim untergebracht ist. In der Regel wurden dann die persönlichen Wohnverhältnisse aufgelöst. In all diesen Fällen wird der einzige Ausweg sein, den Patienten in die Wohnung oder das Wohnhaus der Familie zu verlegen, wenn sich das Heim weigert, das zugelassene Sterben zu begleiten. Dieser Vorschlag wird von den betroffenen Angehörigen in aller Regel anfangs entsetzt zurückgewiesen. Aus unserer Erfahrung können wir allerdings sagen, dass die Angehörigen später den Sterbevorgang des Patienten in der eigenen Wohnung, im eigenen Familienkreis als ein unverzichtbares Erlebnis empfinden.

So berichtete uns eine Frau, die ihre Mutter zum Sterben nach Hause genommen hatte, über ihr Erleben dieses häuslichen Sterbevorgangs: Die Besuche bei ihrer Mutter im Pflegeheim in der Zeit zwischen dem Schlaganfall und der späteren Verlegung nach Hause habe sie immer nur als Pflicht empfunden. Sie habe beim Anblick der komatösen Frau eigentlich nichts Positives gefühlt. Sie war bedrückt durch die Vorstellung, dass die Mutter diesen Zustand nie gewollt hätte. Sie lehnte diesen Zustand ab und dementsprechend waren ihr die Besuche ein Horror. Sie sei nach jedem Besuch sehr deprimiert gewesen. Ganz anders sei es dann gewesen, als die Mutter nach zwölf Tagen zu Hause sanft und friedlich gestorben sei. Die Familie hätte nicht nur den Eindruck gewonnen, dass es der Mutter dort besser gehe – was auch Ärzte immer wieder bestätigen, wenn die Ernährung eingestellt und die Flüssigkeit reduziert wird. Sie hätte auch durch die stundenlange Anwesenheit bei der Mutter in deren gewohnter Umgebung diese Stunden zum Abschiednehmen genutzt und geradezu „genossen". Sie erzählte später immer wieder anderen von uns vertretenen Mandanten, dieses Abschiednehmen zu Hause, das Organisieren und Begleiten des Sterbens der eigenen Mutter habe sie in einer ganz besonderen Weise mit dieser verbunden.

Auch die Schilderung des Falles der 80-jährigen Anna E. (Fall 25) zeigt das positive Erleben des Versterbens der Mutter in der eigenen Wohnung.

In einem anderen Fall hat uns eine Tochter über die letzten Tage ihres Vaters später noch einmal einen schriftlichen Bericht überreicht:

> Als mein Vater das Trinken und Essen verweigerte, indem er nicht mehr schluckte, hatte der Pflegedienst zur Legung einer Nasensonde geraten, um eine künstliche Ernährung gewährleisten zu können. Der Hausarzt hingegen zeigte Verständnis für das Verhalten des Patienten und versuchte, den Angehörigen die Situation mit Vergleichen aus der Tierwelt und Angehörigen von Naturvölkern in ähnlicher Lage nahe zu bringen. Er erklärte, dass dieses Verhalten das Natürlichste sei, das man in diesem Stadium haben kann (Zurückziehen in eine Höhle, um zu sterben). Angehörige, die diesen letzten Willen eines Sterbenden akzeptieren, können ihn unterstützen, indem auf alle unnötigen und unrichtigen Handhabungen, wie z.B. Wechseln von Bettwäsche, Ganzkörperwaschungen etc., die den Patienten stören könnten, verzichtet wird. Diese Maßnahmen gegen das Pflegepersonal durchzusetzen, war schwierig, zumal Druck ausgeübt wurde: dies sei unterlassene Hilfeleistung, hieß es und es wurde immer wieder betont, dass Verdursten ein grausamer Tod sei. Der Hausarzt beruhigte uns mit einer umfassenden medizinischen Aufklärung.
>
> Mein Vater war in den letzten drei Tagen seines Lebens nicht eine Minute allein. Das Pflegebett stand im Wohnzimmer, und ein Familienmitglied war immer in seiner Nähe. Das Familienleben fand um sein Bett herum statt, z.B. kamen Freunde zum Kaffeetrinken, man saß neben dem Bett an einem kleinen Tisch, man unterhielt sich, alltägliche Dinge fanden im Wohnzimmer statt. Die Gespräche handelten von Alltäglichem und von meinem Vater und seiner Familie. Der Arzt hatte den Angehörigen erklärt, dass es wichtig sei, mit dem Patienten trotz seiner „Abwesenheit" zu sprechen, ihn zu berühren, denn er war der Überzeugung, dass er diese Zuwendungen auch wahrnimmt. Auch nachts war er nicht allein.
>
> Die Körperpflege wurde nur auf das Notwendige beschränkt. Dazu gehörte eine Mundpflege mit speziellen Wattestäbchen, die das Herausholen des Schleims

aus Mund und Rachen ermöglichten. Als mein Vater starb, waren seine Frau und die beiden Töchter zugegen.
Mit Abstand betrachtet ermöglichten die so abgelaufenen letzten Tage nicht nur meinem Vater ein ruhiges und friedliches Hinübergleiten in eine andere Sphäre, sondern haben uns Angehörigen geholfen, aktiv und selbst bestimmend diesen Prozess zu begleiten. Es war nicht leicht, sich gegen die Vorwürfe von Außenstehenden durchzusetzen. Jedoch mit Hilfe des Arztes, der uns Angehörigen objektiv über den Sterbeprozess aufklärte, konnte die Möglichkeit geschaffen werden, als Beteiligter objektiv aber auch gefühlsmäßig und intuitiv das Beste für den Patienten zu tun.
Gedankt hat mein Vater es, indem er sich einen geeigneten Augenblick ausgesucht hat, seinen letzten Atemzug zu machen, nämlich, als die ihm wohl wichtigsten Personen um ihn herum versammelt waren, und alles sehr friedlich und still war.

e) Wenn Betreuer dem Patientenwillen im Weg stehen

Vorweg sei nochmals in aller Deutlichkeit darauf hingewiesen, dass für die Therapiebestimmungen, Therapiezieländerungen, für die Indizierung von Beginn, Fortsetzung oder Beendigung einer medizinischen Behandlung alleine der Arzt zuständig ist. In die medizinische Entscheidungsfindung ist der rechtliche Betreuer nach dem Gesetz nicht einzubinden. Dieser hat lediglich der medizinischen Behandlungsentscheidung die Zustimmung nach dem Patientenwillen zu erteilen oder zu versagen. Hinsichtlich der Indikation hat er kein Mitspracherecht. Wenn rechtliche Betreuer eine indizierte Therapiezieländerung nicht mittragen wollen (mit dem Argument, dass der Patient sodann verstirbt) oder den Willen des Patienten nicht akzeptieren wollen (mit dem Argument, dass der Patient leidensverlängernde Behandlung ablehnt und dann verstirbt), so ist immer der Weg zum Betreuungsgericht vorgegeben:

Ärzte, die nicht einfach kündigen wollen, sondern sich zu einer indizierten und vom Patientenwillen diktierten Therapie (auch wenn diese das Sterben ermöglicht) verpflichtet sehen, können eine „Überprüfung der Eignung des rechtlichen Betreuers“ beim Betreuungsgericht erwirken. Zur Begründung müssen sie dann vortragen, dass der rechtliche Betreuer die Einwilligung zu einer Therapiezieländerung nach Indikation und/oder Patientenwillen verweigert, obwohl er dazu rechtlich nicht berufen ist. Meist genügt der richterliche Hinweis an den rechtlichen Betreuer, dass dieser für die medizinische Entscheidungsfindung keine Mitwirkungskompetenz hat. Bestehen Anhaltspunkte für eine falsche medizinische Vorgehensweise des Arztes, so muss das Betreuungsgericht dies überprüfen und dazu ein Sachverständigengutachten einholen (§ 298 FamFG, Anhang I Nr. 4). Geht der Streit jedoch um den Patientenwillen zu einer indizierten Therapie, so kommt es zu den betreuungsgerichtlichen Verfahren nach § 1904 BGB oder § 1906 BGB.

3. Der Rechtsweg (Welche Gerichtsbarkeit?)

Wenn die Möglichkeit, den Patienten nach Hause zu nehmen, nicht besteht, aber das Zulassen des Sterbens geboten ist, muss dies als ultima ratio gerichtlich durchgesetzt werden!

In Deutschland gibt es für jedes „materielle" Recht (einen Rechtsanspruch) auch die Möglichkeit, dieses bei einem deutschen Gericht durchzusetzen. Diese „Rechtsweggarantie" gibt das Grundgesetz in seinem Art. 19 Abs. 4. Selbstverständlich gilt dies auch für das Recht auf Sterben!

Achtung!

Beim juristischen Vorgehen gibt es die ersten Schwierigkeiten und Verwirrungen bei der Frage, auf welcher juristischen Ebene man das Recht des Patienten verfolgt:

- Das Betreuungsgericht: Muss der Betreuer eine Genehmigung zum Sterbenlassen des Betreuten beantragen? Ist der Betreuer ungeeignet, weil er den Patienten sterben bzw. nicht sterben lassen will?
- Die Staatsanwaltschaft: Ist das Handeln strafbar?
- Das Zivilgericht: Hat der Patient einen Rechtsanspruch auf seinen Tod?

In der Tat wurden bei einigen Mandaten sogar auch alle drei Ebenen beschritten.

Wie immer, wenn man etwas durchsetzen möchte, muss man sich fragen, **wer was von wem möchte und bei welchem Gericht man diesen Anspruch einklagen kann.**

In unseren Fällen haben die Betroffenen oder deren rechtliche Vertreter **ein einziges Anliegen**: Es soll gemäß dem Willen des Patienten die leidensverlängernde Behandlung, in der Regel die künstliche **Ernährung oder die Beatmung eingestellt** werden, damit dieser sterben kann. Dies soll meistens gegenüber dem Pflegeheim durchgesetzt werden. Es handelt sich hierbei um einen Anspruch, der sich sowohl aus vertraglichem Recht (Heimvertrag) als auch aus dem Recht der unerlaubten Handlung (Anspruch auf Unterlassung der Zwangsernährung als rechtswidriger Körperverletzung) ergibt (BGH NJW 2005, 2385, Anhang III Nr. 7).

a) Zivilrechtsweg

Diese Ansprüche müssen vor dem zuständigen Landgericht/Zivilkammer klageweise geltend gemacht werden. Wir führten in dem Fall des Peter K. (Fall 16) zum ersten Mal ein solches Verfahren.

Nachdem das Oberlandesgericht München in seinem Urteil die Revision nicht zugelassen hatte, führte unsere Nichtzulassungsbeschwerde zur Zulassung der Revision beim Bundesgerichtshof. Hintergrund ist, dass dieses Verfahren wie kein anderes im Bereich der Patientenrechte am Ende des Lebens von allgemeiner und über den Einzelfall hinausgehender Bedeutung war. Denn Patientenrechte am Ende des Lebens nützen nichts, wenn deren Beachtung letztendlich dem Pflegepersonal freigestellt wäre. Peter K. verstarb im März 2004, sodass wir davon ausgingen, es würde in diesem Fall nicht mehr zu einer inhaltlichen Entscheidung des Bundesgerichtshofs kommen. Daraufhin haben wir die Schmerzensgeld- und Schadenersatzansprüche des Peter K., die nach seinem Tod auf seine Erben übergegangen sind, gerichtlich geltend gemacht, um auf diese Weise diese wichtige Rechtsfrage doch noch einer höchstrichterlichen Entscheidung zuzuführen.

Im Revisionsverfahren des ersten Prozesses hatten wir das Begehren des Klägers auf Unterlassung seiner weiteren Zwangsernährung wesentlich auf ein Gutachten von Prof. Dr. Friedhelm Hufen, Professor für öffentliches Recht, Staats- und Verwaltungsrecht an der Universität Mainz, gestützt. Danach muss die künstliche Ernährung beendet werden, weil sie den Kläger Peter K. in seinen Grundrechten der Selbstbestimmung und der körperlichen Unversehrtheit verletzt. Mögliche Rechte der Pflegekräfte finden ihre Grenze dort, wo die Grundrechte des Patienten verletzt werden (Anhang VI).

Die Entscheidung des Oberlandesgerichts München ist auf Unverständnis und einhellige Ablehnung gestoßen. Beispielhaft zitieren wir die prägnante Kritik des langjährigen Richters am Bundesgerichtshof Ernst Ankermann in seinem Buch „Sterben zulassen“:

> „Diese Begründung ist, wie ich meine, rechtlich nicht haltbar und nicht mehr nachvollziehbar. In diesem Punkte würde das Urteil einer verfassungsgerichtlichen Nachprüfung schwerlich standhalten. Diese Kritik will ich kurz begründen: Wie das Gericht selbst erkennt, erlaubt das Selbstbestimmungsrecht des Patienten seine Entscheidung für einen Verzicht auf ärztliche Therapiemaßnahmen und für deren Abbruch. Das heißt nichts anderes, als dass seinem Wunsch, ohne weitere Therapie zu sterben, entsprochen werden muss. Die Vorstellung des Gerichtes, bei der Aufnahme in ein Pflegeheim verzichte der Patient auf diesen Teil seiner Rechte, ist schon fast abenteuerlich.
> Natürlich unterwirft sich der Patient der Heimordnung, aber es gibt nicht den geringsten Grund zu der Annahme, dass die Heimleitung bestimmen darf, was in Fragen der Gesundheit und ärztlichen Betreuung mit dem Heimbewohner geschieht. In Fragen der ärztlichen Behandlung haben weder der Träger des Heims noch seine Pflegekräfte mitzuentscheiden. Vielmehr haben sie, und so steht es im Vertrag, ärztliche Anordnungen auszuführen. Das gilt selbstverständlich auch dann, wenn es darum geht, ob lebensverlängernde und lebenserhaltende Maßnahmen noch sinnvoll und rechtmäßig sind. Ist das nicht mehr der Fall, hat der Arzt, wie wir gesehen haben, das Behandlungsziel zu ändern, eine lebenserhaltende Therapie, zu der auch die künstliche Ernährung gehört, zu beenden und auf eine nur noch palliative ärztliche Betreuung überzugehen.
> Demgegenüber können sich die Pflegekräfte nicht auf vermeintliche andere, sich aus dem Heimvertrag ergebende Befugnisse berufen. Zu ihren Aufgaben gehört es auch, den Patienten „zu Tode zu pflegen", d.h. Beistand zu leisten, wenn es ans Sterben geht. Um nichts anderes ging es hier. In der Praxis kommt es leider noch oft genug vor, dass Heimleitungen und Pflegekräfte selbstherrlich darüber entscheiden, was für den Pflegebedürftigen ihrer Ansicht nach gut oder schlecht ist, vielleicht für sie bequemer."

Ernst Ankermann führt weiter aus, dass entgegen der Meinung des OLG München die „Leitlinie Chirurgie" keineswegs auf derartige Fälle anwendbar sei, geschweige denn ethische Bedenken gegen den Abbruch einer künstlichen Ernährung im Fall eines Komapatienten mit irreversibler Prognose begründe. Weiter schreibt Ankermann:

> „Am Rande sei noch bemerkt: selbst die beiden großen christlichen Kirchen halten das in den Erläuterungen ihres ‚christlichen Patiententestaments' (Anmerkung der Verfasser: gemeint ist die „Christliche Patientenverfügung", vgl. 3. Kapitel II 7e) für rechtlich und ethisch zulässig... Die Ansicht des Gerichtes widerspricht fundamental der Autonomie und dem Selbstbestimmungsrecht des Patienten, der jede Behandlung jederzeit ablehnen darf. Die Behandlung gegen seinen Willen ist rechtswidrig, und dem dürfen sich auch Ärzte und Pflegepersonen nicht entgegenstellen. Für ungeheuerlich halte ich die Parallele, die das OLG München zu den Regelungen beim Schwangerschaftsabbruch zieht. Bei Letzteren geht es um die gezielte Tötung ungeborenen menschlichen Lebens in einem Konfliktfall, die nach Meinung des Bundesverfassungsgerichts in bestimmten Fällen erlaubt ist, aber rechtswidrig bleibt. Dagegen geht es im Falle eines Behandlungsverzichts und Behandlungsabbruchs in der präfinalen oder finalen Phase des Lebens eben nicht um eine gezielte Tötung, von der nur bei aktiver Sterbehilfe geredet werden kann, sondern darum, dass der Krankheit ihr Lauf gelassen wird und dem Wunsch des Patienten, nunmehr unbehandelt, wenn auch ärztlich begleitet, zu sterben, nachgekommen wird. Hier ist in unserer pluralistischen Gesellschaft eine Entscheidung getroffen worden, die ernsthaft kein Ethiker und kein Jurist als verwerflich ansieht. Andere Auffassungen können zwar respektiert werden, aber nicht auf Kosten unveräußerlicher Rechte des Patienten. Nicht jeder Irrglaube darf sich dagegen durchsetzen."

Obwohl nach dem Tod von Peter K. niemand mehr mit einer inhaltlichen Entscheidung des BGH gerechnet hatte, nahm das höchste deutsche Zivilgericht diesen Fall zum Anlass, am 8.6.2005 eine Grundsatzentscheidung zu treffen und diese in das amtliche Nachschlagewerk des Bundesgerichtshofs aufzunehmen (Anhang III Nr. 7). Danach ist die künstliche Ernährung über die Magensonde ein ärztlicher Eingriff, der der Zustimmung des Patienten bedarf. Eine gegen diesen Willen durchgeführte künstliche Ernährung ist rechtswidrig. Daran ändert auch nichts, dass die begehrte Unterlassung zum Tod des Patienten führt. Hierzu war der Betreuer verpflichtet. Seine Anordnung, die weitere künstliche Ernährung des

Patienten zu unterlassen, war gegenüber dem Pflegeheim und dem Pflegepersonal bindend. Eine Einschaltung des Betreuungsgerichts war nicht erforderlich, weil Arzt und Betreuer sich einig waren. Die mit ethischen Argumenten begründete Weigerung des Heimes führt nicht zur Notwendigkeit einer betreuungsgerichtlichen Entscheidung. Es ist auch nicht möglich, dass man bei Aufnahme in das Heim im Voraus und mit Selbstbindung auf seine Selbstbestimmung verzichtet. Die Fürsorgepflicht des Heimes begründet keine Pflicht des Bewohners, sich gegen seinen Willen ernähren zu lassen. Die Pflegekräfte können sich hinsichtlich der Missachtung des Patientenwillens auch nicht auf ihre in Art. 1, 2 und 4 GG (Grundgesetz) verbürgten Grundrechte berufen. Diese Rechte finden schließlich am entgegenstehenden Willen des Bewohners ihre Grenze. Der Bundesgerichtshof bestätigte damit unsere Rechtsmeinung, wie wir sie seit der ersten Auflage dieses Buches vertreten haben. Er folgte auch den Argumenten des verfassungsrechtlichen Gutachtens von Prof. Dr. Friedhelm Hufen (Anhang VI). Weitgehende Auszüge aus dem Urteil sind im Anhang III Nr. 7 abgedruckt.

Ganz bewusst hatten wir zu Lebzeiten des Patienten Peter K. die Unterlassungsklage nicht mit einer Klage auf Schmerzensgeld und Ersatz der Heimkosten verbunden. Im Gegensatz zu einer Schadensersatzklage konnte sich das Pflegeheim gegen den Anspruch auf Unterlassung der weiteren künstlichen Ernährung nicht mit dem Argument verteidigen, es hätte geglaubt, es sei zur Ernährung gegen den Willen des Patienten berechtigt oder gar verpflichtet (so genannter Verbotsirrtum). Hingegen setzt der Schadensersatzanspruch ein Verschulden voraus. Das rechtswidrige Verhalten muss also dem Schädiger vorwerfbar sein. Hier schließt ein Verbotsirrtum die Vorwerfbarkeit aus.

Insofern kam es nicht überraschend, dass wir das Verfahren auf Schadensersatz in erster und in zweiter Instanz (OLG München, Urteil vom 26.4.2006, Anhang III Nr. 9) verloren haben, weil sich im Jahre 2002 das Pflegeheim noch im Irrtum über die Rechtslage befinden konnte. Damals gab es die Entscheidungen des Bundesgerichtshofs vom 17.3.2003, NJW 2003, 1588, vom 8.6.2005, NJW 2005, 2385 und vom 25.6.2010, NJW 2010, 2963 noch nicht. In Zukunft wird sich also ein Pflegeheim insoweit nicht mehr auf einen unverschuldeten Verbotsirrtum berufen können. Dann wäre eine eigenmächtige künstliche Ernährung nicht nur tatbestandsmäßig und rechtswidrig eine Körperverletzung, sie würde auch vorwerfbar und somit schuldhaft begangen. Dann aber machen sich Pflegeheime sowohl strafbar als auch schadensersatzpflichtig. Der Patient bzw. seine Erben können Schmerzensgeld und Erstattung der Kosten der weiteren Heimunterbringung verlangen. Diesen Anspruch hat der Bundesgerichtshof zwar im Urteil vom 2.4.2019 verneint. Über die hiergegen von uns erhobene Verfassungsbeschwerde wird das Bundesverfassungsgericht aber voraussichtlich im Jahr 2021 entscheiden, vgl. Anhang III Nr. 21.

b) Betreuungsgericht

Viel häufiger kommt es zur Einschaltung des Betreuungsgerichts. Seine Aufgabe ist es, in den vom Gesetz vorgegebenen Fällen den Betreuer oder Bevollmächtigten als Vertreter des Patienten zu überwachen.

Achtung!

Eine Überprüfung des Betreuers durch das Betreuungsgericht kann auch durch Dritte im Rahmen einer Anzeige eingeleitet werden. Er stellt jedenfalls die häufigste Belastung derartiger Verfahren um das Sterbenlassen eines Patienten dar.

Ausgangspunkt ist immer der § 1904 BGB. Er regelt die „Genehmigung des Betreuungsgerichtes bei ärztlichen Maßnahmen".

Achtung!

Betreuungsrichter überprüfen nicht den Arzt, sondern den Betreuer/Bevollmächtigten!

Dieses Gericht ist also nicht dazu da, ärztliche Entscheidungen zu überprüfen oder den Ärzten als Gericht grünes Licht zu geben. Gegenstand solcher Verfahren im Zusammenhang mit Entscheidungen am Lebensende ist nach dem Gesetz ausschließlich die korrekte Ermittlung des Patientenwillens und die Beachtung des Wohles des Patienten. Der neue § 1904 Abs. 3 BGB stellt klar, dass die gerichtliche Genehmigung des Zulassen des Sterbens **entsprechend dem Willen des Patienten** zu erteilen bzw. zu versagen ist.

Durch das Patientenverfügungsgesetz, welches zum 1.9.2009 in Kraft trat, wurde der Abs. 2 neu in den § 1904 BGB eingefügt. Dort heißt es:

> Die Nichteinwilligung oder der Widerruf der Einwilligung des Betreuers in eine Untersuchung des Gesundheitszustandes, eine Heilbehandlung oder einen ärztlichen Eingriff bedarf der Genehmigung des Betreuungsgerichts, wenn die Maßnahme medizinisch angezeigt ist und die begründete Gefahr besteht, dass der Betreute aufgrund des Unterbleibens oder des Abbruchs der Maßnahme stirbt oder einen schweren und länger dauernden gesundheitlichen Schaden erleidet.

Achtung!

Bei Einvernehmen kein Gericht!

Ebenso eingefügt wurde der Abs. 4 in den § 1904 BGB, der dieses Verfahren aber nur für Fälle vorsieht, in denen der Arzt einerseits und der Betreuer oder Bevollmächtigte andererseits kein Einvernehmen über den Patientenwillen erreichen konnten. In der Regel bietet der Arzt seinerseits eine lebensverlängernde Behandlung an. Dem hält der Vertreter des Patienten entgegen, dass diese Lebensverlängerung nicht dem Patientenwillen entspricht. Dies allein führt nach dem Willen des Gesetzgebers nicht zu einem betreuungsgerichtlichen Verfahren. Nur wenn der Arzt den ihm vorgetragenen und unter Beweis gestellten Patientenwillen (Patientenverfügung, Behandlungswünsche oder mutmaßlicher Wille) für nicht glaubhaft erachtet und deshalb auf der angebotenen Behandlung insistiert, kommt eine Einschaltung des Betreuungsgerichts in Frage. Wörtlich heißt es im Gesetz:

> Eine Genehmigung nach den Absätzen 1 und 2 ist nicht erforderlich, wenn zwischen Betreuer und behandelndem Arzt Einvernehmen darüber besteht, dass die Erteilung, die Nichterteilung oder der Widerruf der Einwilligung dem nach § 1901a festgestellten Willen des Betreuten entspricht.

Diese heutige Rechtslage galt schon seit der Entscheidung des Bundesgerichtshofs vom 17.3.2003 (Kurzfassung siehe Anhang III Nr. 6; voller Wortlaut NJW 2003, 1588). Da letztlich das „Patientenverfügungsgesetz“ den Inhalt dieser Entscheidung nur „in Paragrafen gegossen hat“, hat diese wichtige Grundsatzentscheidung weiterhin inhaltlich Bedeutung. Der BGH führt aus: „Die Beschränkung des Prüfungsvorbehalts auf Fälle, in denen eine lebensverlängernde oder -erhaltende Behandlung des Betroffenen medizinisch indiziert ist oder jedenfalls ärztlicherseits angeboten wird, der Betreuer aber in die angebotene Behandlung nicht einwilligt, stellt schließlich sicher, dass die Vormundschaftsgerichte (heute „Betreuungsgerichte“, Anm. der Verfasser) nur in Konfliktlagen angerufen werden können; damit wird vermieden, dass die Vormundschaftsgerichte (heute „Betreuungsgerichte“, Anm. der Verfasser) generell zur Kontrolle über ärztliches Verhalten am Ende des Lebens berufen und dadurch mit einer Aufgabe bedacht werden, die ihnen nach ihrer Funktion im Rechtssystem nicht zukommt, … und wohl auch sonst ihre Möglichkeiten weit überfordern würde.“

Mit der Beschränkung auf Konfliktlagen fordert der Bundesgerichtshof also einen nicht auszuräumenden Dissens zwischen dem Arzt und dem Betreuer (Konflikt). Lenkt jedoch der Arzt im Hinblick auf den Patientenwillen, der einer Lebensverlängerung entgegensteht, ein und bietet wegen dieser individuellen Situation (weil damit die Behandlung „aus sonstigen Gründen nicht möglich ist“) eine weitere lebensverlängernde Behandlung nicht weiter an, besteht naturgemäß kein Konflikt. Der Bundesgerichtshof trägt damit auch den Grundsätzen der Bundesärztekammer Rechnung, die formulieren „Alle Entscheidungen müssen dem Willen des Patienten entsprechen.“

Dieses Verständnis der Entscheidung des BGH vom 17.3.2003 bekräftigt derselbe Senat des BGH in seiner Entscheidung vom 8.6. 2005 (Anhang III Nr. 7), Fall 16 dieses Buches.

Schon vor dem Patientenverfügungsgesetz konnten wir in der täglichen anwaltlichen Praxis mit dieser Rechtslage gut arbeiten. Nur noch selten kam es zu einem Antrag auf betreuungsgerichtliche Genehmigung des Zulassens des Sterbens. Entweder wurde die weitere lebenserhaltende Behandlung vom Arzt aufgrund der individuellen medizinischen Situation als „nicht indiziert“ oder „nicht mehr indiziert“ nicht angeboten oder die ursprünglich vorgeschlagene Behandlung wurde nach dem Hinweis auf den entgegenstehenden Willen des Patienten nicht weiter angeboten, der Arzt insistierte also nicht auf der ursprünglich vorgeschlagenen Lebenserhaltung.

In einzelnen Fällen insistierte der Arzt gegen den erklärten und von ihm gar nicht bestrittenen Patientenwillen aus persönlichen moralischen Gründen auf lebenserhaltender Behandlung. Hier handelt es sich zum einen um keine Konfliktlage über den Patientenwillen. Das Betreuungsgericht wäre gar nicht zuständig. Zum anderen ist zu bedenken: Eine betreuungsgerichtliche Genehmigung würde den Arzt nicht zur Mitwirkung zwingen. Trotz richterlicher Genehmigung müsste also der Arzt gewechselt werden. Deshalb macht es mehr Sinn, den Arztwechsel gleich vorzunehmen und damit die Einschaltung des Gerichts entbehrlich zu machen.

Besteht zwischen dem neuen Arzt und dem Betreuer Einvernehmen über den Patientenwillen, so liegt keine Konfliktlage vor, so dass der Raum für eine betreuungsgerichtliche Entscheidung nicht eröffnet ist.

Wir hatten auch eine Reihe von Verfahren zu bearbeiten, in denen die Angehörigen vor der Einschaltung unserer Kanzlei Anträge an das Betreuungsgericht gestellt hatten, das Zulassen des Sterbens nach dem Willen des Patienten zu genehmigen.

Ist über den Antrag noch nicht entschieden, so kann er jederzeit zurückgenommen werden. Liegt bereits ein (fehlerhafter) Beschluss des Amtsgerichts vor, so legt man dagegen Beschwerde ein und nimmt zugleich den Antrag zurück. Dann muss in entsprechender Anwendung des § 269 Abs. 3 ZPO (Zivilprozessordnung) das Landgericht den (fehlerhaften) Beschluss des Amtsgerichts ohne inhaltliche Prüfung aufheben, weil dieser nach Rücknahme des Antrags gegenstandslos geworden ist.

Alle geschilderten Vorgehensweisen eröffnen die faktische Umsetzung passiver Sterbehilfe nach dem Willen des Patienten, wozu im Regelfall keine Einschaltung des Betreuungsgerichts erforderlich ist.

Wir haben mehrfach erlebt, dass der Arzt die Bereitschaft zu seiner Mitwirkung beim Sterbevorgang grundsätzlich bekundet, jedoch von der Absicherung in Form einer „Genehmigung" des Betreuungsgerichts abhängig machen will. Völlig korrekt haben insoweit verschiedene Amtsgerichte entschieden, dass in solchen Fällen das Betreuungsgericht nicht zur Entscheidung berufen ist: „Es ist unter diesen Umständen nicht Aufgabe des Vormundschaftsgerichts (heute „Betreuungsgericht"), den verantwortungsvoll handelnden Hausarzt im Vorhinein strafrechtlich abzusichern. Dieser muss vielmehr selbst entscheiden, welche Maßnahmen er unter Berücksichtigung seiner beruflichen Pflichten einerseits und der Rechte seiner Patientin andererseits verantworten kann und will" (AG Siegburg vom 9.2.2004, 43 XVII P58). Auch das Landgericht Hamburg entschied in einer von uns betriebenen Betreuungssache (301 T 142/04) mit Beschluss vom 26.3.2004, dass ein solcher Konfliktfall nicht vorliege, wenn „der Arzt dagegen die Patientenverfügung als verbindliche Erklärung akzeptiert" und eben nicht auf einer angebotenen lebensverlängernden Behandlung besteht. Da dies im vorliegenden Fall gegeben war, wurde eine förmliche Genehmigung nicht ausgesprochen. Auch in diesem Fall konnte danach das Sterben der Patientin zu Hause stattfinden. Den Anspruch auf ein solches gerichtliches Negativattest, aus dem sich ergibt, dass eine gerichtliche Genehmigung wegen des Einvernehmens über den Patientenwillen nicht erforderlich ist, hat der Bundesgerichtshof in seinem Beschluss vom 17.9.2014, siehe Anhang III Nr. 18, bestätigt.

Mit dem Patientenverfügungsgesetz hat der Gesetzgeber auch Änderungen des Gesetzes über das Verfahren in Familiensachen und in den Angelegenheiten der freiwilligen Gerichtsbarkeit (FamFG) mit Wirkung zum 1.9.2009 vorgenommen. Danach sind im Rahmen eines betreuungsgerichtlichen Prüfverfahrens betreffend das Zulassen des Sterbens folgende Voraussetzungen zu beachten:

- Das Gericht soll die sonstigen Beteiligten anhören, § 298 Abs. 2 FamFG.
- Die Bestellung eines Verfahrenspflegers ist stets erforderlich, wenn Gegenstand des Verfahrens eine Genehmigung nach § 1904 Abs. 2 des Bürgerlichen Gesetzbuchs ist, § 298 Abs. 3 FamFG.

- Vor der Genehmigung ist ein Sachverständigengutachten einzuholen. Der Sachverständige soll nicht auch der behandelnde Arzt sein, § 298 Abs. 4 FamFG.

In der früheren betreuungsgerichtlichen Praxis mussten wir immer wieder erleben, dass die Betreuungsrichter ihre Rolle verkannten und sozusagen alle – auch alle medizinischen – Aspekte des anstehenden Zulassens des Sterbens überprüfen wollten. Die Richter, die den Patienten und seine „Geschichte" in der Regel nicht kannten, zogen die ärztliche Dokumentation über die Krankengeschichte bei. Da sie sie diese in der Regel nicht selbst bewerten konnten, befragten sie den behandelnden Arzt. Nicht selten wurden ärztliche Gutachter letztlich mit der Beantwortung der allgemeinen Frage betraut, ob man den Patienten sterben lassen dürfe.

Dass dies von den Gutachtern auch zur missbräuchlichen Einbringung höchstpersönlicher Wertvorstellung gegen anerkannte Regeln der Medizin führte, zeigt folgender Fall:

FALL 19: Klara S. (83) leidet schon seit ca. 25 Jahren an einer langsam fortschreitenden Hirnatrophie, die sie in den letzten Jahren an einen Rollstuhl fesselte und ihr manchmal auch das Sprechen schwer machte. Als sie geistig noch so klar war, dass sie über sich selbst bestimmen konnte, hatte sie, schon 81 Jahre alt, mit ihrem Ehemann und ihrer Tochter die Patientenverfügung unserer Kanzlei besprochen und ihren Willen klar ausgedrückt und festgelegt. Nur schreiben konnte sie nicht mehr wegen der schon zusammengekrallten Hände: Sie will nie und nimmer eine künstliche Ernährung oder gar Lebensverlängerung, wenn es unumkehrbar ans Sterben geht. Sie wolle vor ihrem Mann sterben. Als ein Jahr später ihr Mann stirbt und sie nach Bayern zu ihrem Sohn in ein Pflegeheim ziehen muss, erleidet sie einige Wochen später einen Schlaganfall. Der Sohn ist selbst Arzt und wird Betreuer. Im Krankenhaus bekommt sie zunächst eine Magensonde durch die Nase und die Speiseröhre, weil die weitere Entwicklung noch abgewartet werden soll. Noch hofft man auf eine Besserung. Doch diese bleibt aus und Klara S. kommt zurück ins Pflegeheim. Eine Besserung ist nicht mehr denkbar. Eine Ernährung durch Füttern vom Löffel ist nicht mehr möglich. Der ganz normale Sterbeprozess einer hochbetagten und schwerstkranken Frau hat damit eingesetzt. Jetzt kommt es gar nicht mehr auf den Willen der Patientin an. Eine Verlängerung des Sterbeprozesses darf der Arzt

niemals vornehmen. Der Sohn als Arzt und Betreuer und der Hausarzt ordnen daher ganz selbstverständlich die Einstellung der Ernährung durch die Nasensonde bei nur noch geringer Flüssigkeitsgabe an.
Der Pflegedienstleiter des Heimes fragt umgehend bei seinen Hausjuristen und beim Betreuungsgericht nach. Dieses setzt einen Verfahrenspfleger ein und beginnt ein Verfahren zur Überprüfung der Eignung des Betreuers. Das Gericht überprüft also nun ohne gesetzliche Zuständigkeit eine ärztliche Anordnung. Dabei wird als Gutachter der regelmäßig vom Gericht beauftragte Gerontopsychiater bestellt. Dieser stellt eine Austrocknung der Patientin fest, obwohl ihr noch bis zu seinem Besuch reichlich Flüssigkeit infundiert wurde. Auf diese Tatsache von uns hingewiesen, erklärt er, die Flüssigkeit laufe wohl in die Lunge, die Patientin sei deshalb auch so verschleimt. (Anm.: Wäre dies der Fall, wäre die Patientin längst an einem Ertrinkungstod gestorben!) Nach Rücksprache mit dem Betreuungsrichter und dem Hausjuristen wird auf Anordnung des Pflegedienstleiters die Patientin wieder ernährt. Nach sofortiger Androhung straf- und zivilrechtlicher Konsequenzen durch unsere Kanzlei und Bekräftigung der ärztlichen Anordnung, auch noch einmal durch den Hausarzt, beendet das Heim unverzüglich diese Maßnahme. Die alte Frau kann in dreißig Tagen vom Pflegepersonal bestens begleitet und gepflegt, an ihrer schweren Krankheit sterben.

Achtung!

Das Gericht muss erst die Indikation durch ein medizinisches Gutachten feststellen lassen!

Wenn das Gesetz nunmehr vorschreibt, vor der Genehmigung ein Sachverständigengutachten einzuholen, § 298 Abs. 4 FamFG, so kann dies nur die medizinische Indikation betreffen. Denn nach § 1901b Abs. 1 BGB ist die Bejahung einer Indikation die Voraussetzung für die Ermittlung des Patientenwillens. Andere medizinische Aspekte sind kein Prüfgegenstand eines betreuungsrechtlichen Verfahrens.

Achtung!

Fehlt die Indikation, dann gibt es keine Gerichtsentscheidung über den Willen des Patienten!

Verneint der gerichtliche Sachverständige die Indikation für eine Fortsetzung der lebensverlängernden Therapie, so ist kein Raum für ein betreuungsgerichtliches Verfahren. Das Betreuungsgericht muss dann durch Beschluss das Verfahren beenden, sinnvollerweise verbunden mit dem Hinweis, dass es Sache des Betreuers oder Bevollmächtigten ist, die in Frage stehende Behandlung zu unterbinden oder zu beenden, ggf. mit Hilfe der Zivilgerichte, nicht der Betreuungsgerichte. Der Vertreter des Patienten müsste dann sinnvollerweise den Arzt wechseln, wenn sich der Arzt widersetzt. Vereitelt der rechtliche Betreuer (mit oder ohne Zusammenwirken mit dem Arzt) die Beendigung einer nicht indizierten oder nicht dem Patientenwillen entsprechenden Therapie, so erweist er sich als ungeeignet. Hier muss die „Überprüfung der Eignung des Betreuers" bei Gericht veranlasst werden. Das Gericht wird den Betreuer auf seine Pflichten verweisen, als ultima ratio entpflichten und einen geeigneten Betreuer bestellen (z.B. Anhang III Nr. 13).

Bejaht der gerichtliche Sachverständige die Indikation, so führt dies lediglich zum betreuungsgerichtlichen Verfahren über die Frage, ob diese indizierte Behandlung auch dem Patientenwillen entspricht. Es steht aber zu befürchten, dass in Zukunft Betreuungsrichter nach einem solchen Gutachten die indizierte Behandlung zum Wohl des Betroffenen ohne Rücksicht auf dessen Willen als „zwingend geboten" sehen, was nichts anderes als die absolute Indikation bedeutet. Aber – auch eine absolut indizierte respektive „zwingend gebotene" Behandlung verbietet sich bei entgegenstehendem Patientenwillen! Auch bei Betreuungsrichtern begegnen uns noch immer die gleichen Emotionen wie bei vielen Ärzten. Es ist für manche Richter noch immer unvorstellbar, dass das selbstbestimmte Sterben zum Wohl des Patienten sein kann. Zu befürchten ist also, dass Betreuungsrichter angesichts der gewichtigen Aussage des medizinischen Sachverständigen, eine Behandlung sei „zwingend geboten" (damit der Patient nicht stirbt), sogleich zu der Entscheidung kommen, dass die lebenserhaltende Behandlung nicht beendet werden darf. Dann ist in aller Deutlichkeit auf die Vorrangigkeit des Patientenwillens (Merke: Patientenwille sticht Indikation!) hinzuweisen. Gegen eine falsche betreuungsgerichtliche Entscheidung muss sofort Beschwerde zum Landgericht eingelegt werden.

c) Familiengericht

Besteht bei Therapieentscheidungen für Minderjährige zwischen dem Arzt und den Eltern Streit über den Willen des Kindes oder Streit über die Frage, ob die elterliche Entscheidung dem Wohl des Kindes entspricht, so ist **das Familiengericht zuständig,** nicht wie bei Erwachsenen das Betreuungsgericht. Das gilt **sowohl** für Entscheidungen der Eltern **eines Kleinkindes** (s. Fall 12a „Jule" und Anhang III Nr. 15) wie für Entscheidungen der Eltern **auf Basis von Patientenverfügungen ihrer heranwachsenden Kinder** (auch „Elternverfügungen für ein krankes Kind" s. Anhang V Nr. 6). Die Verfahren sind geprägt **einerseits** vom Grundrecht der Eltern, für Kleinstkinder nach eigenen Wertvorstellungen zu entscheiden, andererseits von der wachsenden Selbstbestimmung der heranwachsenden Kinder im Rahmen ihrer zunehmenden Reife und Einsichtsfähigkeit. Im Gegensatz zu Betreuungsrichtern haben allerdings Familiengerichte mit derartigen Verfahren so gut wie keine Erfahrung, so dass man leicht auf **emotionales Unverständnis** trifft.

d) Strafjustiz

Die Geltendmachung des zivilrechtlichen Anspruchs des Patienten auf seinen eigenen Tod kann einen weiteren „Nebenkriegsschauplatz" eröffnen: In einigen Fällen wurde auf – teils anonyme – Anzeigen ein **staatsanwaltliches Ermittlungsverfahren** wegen versuchten Totschlags eingeleitet. Beschuldigter in dem Ermittlungsverfahren waren stets der Arzt und der Rechtsanwalt. Anzeigeerstatter waren Unbekannte oder das Heim, einmal aber auch, nach einem Informationsweg über das Heim und den Verband der Schädel-Hirn-Patienten in Not e.V., das CDU-MdB Hüppe.

Bis 2008 wurden in allen Fällen die Ermittlungsverfahren eingestellt. Ein Behandlungsabbruch ist nämlich nur dann strafbar, wenn er dem Willen des Betreuten widerspricht. Wünscht der Betreute aber eindeutig, vorausgeäußert oder mutmaßlich, einen Behandlungsabbruch, so kann der Vollzug dieses Willens durch Arzt oder Betreuer oder Rechtsanwalt niemals eine strafbare Handlung sein (siehe hierzu Entscheidungen der Staatsanwaltschaften Ingolstadt und Traunstein im Anhang III Nr. 10 und 11 sowie BGH in Anhang III

Nr. 13). Hier hatten zuvor die beiden Beschlüsse des BGH (17.3.2003, NJW 2003, 1588 und 8.6.2005, NJW 2005, 2385) für Verunsicherung gesorgt. Sie stellen zwar zu Recht fest, dass im Zivilrecht nicht erlaubt sein kann, was das Strafrecht verbietet. Eine Auseinandersetzung mit der vollkommen klaren Strafrechtslage erfolgte jedoch nicht.

In seiner so genannten Kemptener Entscheidung hatte sich nämlich der 1. Strafsenat des Bundesgerichtshofs mit dem Abbruch der künstlichen Ernährung einer Wachkomapatientin befasst. Danach kommt es für die Rechtmäßigkeit und Straflosigkeit **allein auf den Patientenwillen** an. Erstmals ging es in der Rechtsprechung um einen Behandlungsabbruch, ohne den die Patientin noch jahrelang hätte weiterleben können (Anhang III Nr. 4).

Bis 1994 hatte das ärztliche Standesrecht (Richtlinien der Bundesärztekammer zur ärztlichen Sterbehilfe) einen tödlichen Behandlungsabbruch zu Unrecht vom Eintritt des „Sterbeprozesses“ abhängig gemacht, der durch drei Kriterien definiert war: einer irreversiblen Erkrankung, einem infausten (zum Tode führenden) Verlauf und vom Stadium der Todesnähe. § 1901a Abs. 3 BGB erklärt solche Bedingungen (sog. Reichweitenbeschränkung) für rechtswidrig. Die Festlegungen in seiner Patientenverfügung kann der Patient für jedwede Situation treffen, „unabhängig von Art und Stadium einer Erkrankung“. Das gebieten die verfassungsmäßigen Menschenrechte. Das Gleiche gilt logischerweise für das Recht auf Suizid, das dem Suizidwilligen ebenso unabhängig vom Vorliegen einer Erkrankung oder einer bestimmten Art oder Stadium einer Erkrankung zusteht (BVerfG vom 26.2.2020, Anhang III Nr. 23).

Achtung!

Keine Reichweitenbeschränkung des Patientenwillens!

Der Kemptener Fall einer künstlich ernährten Wachkomapatientin wurde zu einem „Fall vor dem BGH“, weil aufgrund der künstlichen Lebensverlängerung „Todesnähe“ auf Jahre nicht eintreten konnte. Der BGH erklärte nunmehr den Behandlungsabbruch auch ohne das Kriterium der Todesnähe für zulässige „Hilfe zum Sterben“ (Anhang III Nr. 4). Es käme alleine auf den Patientenwillen an. **Der BGH erteilte damit einer sog. Reichweitenbeschränkung eine klare Absage.** Der Gedanke der Reichweitenbeschränkung, der im Vorfeld des neuen Patientenverfügungsgesetzes umfassend diskutiert wurde, besagt folgendes: Ein Patient soll nicht uneingeschränkt über sich selbst verfügen dürfen. Das Recht zu seiner Selbstbestimmung über ein würdevolles Sterben nach seinen eigenen Vorstellungen sollte auf gewisse vom Staat vorgegebene Kriterien einer schweren Erkrankung und eines unumkehrbaren Grundleidens beschränkt werden. Dem hatte der Bundesgerichtshof in seiner Kemptener Entscheidung ebenso widersprochen, wie es das Patientenverfügungsgesetz nun bestätigt und wie es das Bundesverfassungsgericht am 26.2.2020 für das Recht auf Selbsttötung ausgesprochen hat (Anhang III Nr. 23): Das Selbstbestimmungsrecht des Patienten über die Gestaltung seines Sterbens gilt nach § 1901a Abs. 3 BGB **unabhängig von Art und Stadium einer Erkrankung des Betreuten.**

Das Bundesverfassungsgericht, NJW 2002, 206, hatte dies längst vor dem neuen Patientenverfügungsgesetz bestätigt (Anhang III Nr. 5). So können die Zeugen Jehovas lebensrettende und damit lebensverlängernde Maßnahmen (Bluttransfusionen) aktuell oder in einer Patientenverfügung ablehnen, ohne irreversibel oder infaust erkrankt und damit zwingend nicht „todesnah" zu sein. Das Bundesverfassungsgericht geht ganz selbstverständlich davon aus, dass ein Zeuge Jehovas per Patientenverfügung auch für Krankheitszustände, die nicht infaust und nicht irreversibel sind, lebensverlängernde Behandlung verbieten kann. Nicht überraschend hat das Bundesverfassungsgericht dies in seiner Entscheidung vom 26.2.2020 (Anhang III Nr. 23) zum Recht auf selbstbestimmtes Sterben durch Selbsttötung bestätigt.

Vor dem Hintergrund dieser klaren strafrechtlichen und verfassungsrechtlichen Rechtslage ist es schlicht kaum nachzuvollziehen, dass es im Fall Erika K. (Fall 16a) zu einer strafrechtlichen Verfolgung und zu einer Verurteilung von Rechtsanwalt Putz vor dem Schwurgericht Fulda kam. Zum einen vermuten wir die emotionalen Tendenzen, ein Zulassen des Sterbens grundsätzlich zu bekämpfen als Motivation der Staatsanwälte und Richter. Zum anderen muss man einräumen, dass die jeweiligen Bemerkungen in den beiden Entscheidungen des zwölften Zivilsenats des BGH von 2003 und 2005 (Anhang III Nr. 6 und 7) zur angeblichen strafrechtlichen Unsicherheit irgendwann ein solches Verfahren provozieren mussten.

So sicher wie wir uns bei der Entscheidung im Fall Erika K. (Fall 16a) waren, so selbstverständlich hat der Bundesgerichtshof in seinem Grundsatzurteil vom 25.6.2010 die von uns hier dargestellte strafrechtliche Rechtslage bestätigt. Auf Basis dieser Rechtslage haben wir schon seit dem Kemptener Urteil des BGH vom 13.9.1994 (Anhang III Nr. 4) bis Mitte 2020 in rund 400 Mandaten das Zulassen des Sterbens von Menschen rechtlich abgesichert. Immer wieder wird übersehen, dass der Bundesgerichtshof festgestellt hat, dass wir im Zeitpunkt der Durchtrennung der Magensonde im Jahr 2007 bereits nach der damaligen Rechtslage rechtmäßig gehandelt hatten und sogar so handeln mussten.

Zusammenfassend ist somit festzustellen, dass auch strafrechtlich die Kriterien für einen **rechtmäßigen** tödlichen Behandlungsabbruch die entsprechende Indikation und der Wille des Patienten sind. Die Begründung liegt auf der Hand: Straf- und Zivilrechtsprechung unterliegen gleichermaßen dem Grundgesetz.

Selbstverständlich ist es in einem Rechtsstaat unerlässlich, dass bei begründetem Verdacht die Betreuungsgerichtsbarkeit im Voraus Kontrolle ausübt und die Strafverfolgungsbehörden im Nachhinein Ermittlungsverfahren durchführen.

3. Kapitel

Vorsorge für Krankheit und Sterben

Die Tatsache, dass viele Fälle des Sterbenlassens heute streitig enden, liegt nicht nur an medizinischer und juristischer Unkenntnis, sondern vor allem daran, dass nicht ausreichend Vorsorge getroffen wurde. Es fehlt noch immer das Bewusstsein in der Gesellschaft, dass man sich den Tod bzw. seine Umstände „wünschen“ darf und dass dieser Wunsch zwingend umgesetzt werden muss bzw. kein Mensch gegen seinen Willen behandelt werden darf. Es fehlt das Bewusstsein, dass invasive Lebensverlängerung gegen den Willen des Patienten eine **strafbare Körperverletzung** und eine Missachtung der Würde und Selbstbestimmung des Patienten ist.

Achtung!

Daher ist es unerlässlich, den eigenen letzten Weg in gesunden Tagen durch **Vorsorge** zu ebnen, und zwar durch:

- „Vorsorgevollmacht" oder „Betreuungsverfügung" (von wem möchte ich vertreten werden?) einerseits und der
- „Patientenverfügung" (wie soll mein Vertreter für mich entscheiden?) andererseits.

Die kombinierte Vorsorge sollte jeder wie folgt gestalten:

- **Vorsorgevollmacht** (nachfolgend I) **sofort erteilen** – damit ist gesichert, dass eine Vertrauensperson die Vertretung wahrnimmt, wenn der Patient zu einem späteren Zeitpunkt kognitiv nicht mehr in der Lage sein sollte, selbst Entscheidungen über seine ärztliche Behandlung, Pflege und sozialen Alltag in allen Belangen zu treffen. Die Vertrauensperson hat dem Patientenwillen Ausdruck und Geltung zu verschaffen, § 1901a Abs 1 BGB.

- **Standard-Patientenverfügung** (nachfolgend II) **sofort verfassen**, damit die bevollmächtigte Vertrauensperson den Patientenwillen kennt, dem sie Ausdruck und Geltung zu verschaffen hat. Patientenverfügung ist nur für wenige im Voraus erfassbare plötzlich auftretende Situationen möglich.
- **Gesundheitliche Vorausplanung** (siehe auch 2. Kapitel II 1) **beginnen, sobald** sich abzeichnet, dass eine schwere Krankheit die Zukunft beherrschen und verändern wird. Erste Weichenstellungen vorbereiten zu Aufenthalt und personeller Versorgung in Pflege und Behandlung. Strategien hierzu nach eigenen Wertvorstellungen entwickeln und mit Familie, nahestehenden Bezugspersonen, dem Hausarzt und den Fachärzten besprechen, ggf. mit den einschlägigen Beratern in einer Einrichtung (z.B. Altersheim). Ethische Beratungsangebote in Anspruch nehmen, sofern einem das liegt oder man dies braucht.
- Am Ende kann aus solcher Befassung mit dem Thema im Rahmen einer **„Gesundheitlichen Vorausplanung"** (2. Kapitel II 1, Einleitung zum 3. Kapitel und spezielle Verfügungstexte im Anhang V Nr. 2 bis 6 sowie Gesetzestext des § 132 g SGB V im Anhang I Nr. 5) der Wunsch nach konkreten Vorgaben (Behandlungsverbote) für künftige medizinische Behandlungen entstehen, die über die Regelungen einer „Standard-Patientenverfügung" hinausgehen. Inhaltlich sind hier grundsätzlich keine Grenzen gesetzt (keine „Reichweitenbeschränkung", § 1901a Abs. 3 BGB). Aber,wenn die Behandlungswünsche rechtlich verbindlich sein sollen, müssen sie die strengen Vorgaben von Gesetz und Rechtsprechung erfüllen (vgl. BGH-Beschlüsse im Anhang III, zuletzt unter Nr. 19 sowie 3. Kapitel II).

Weiterreichende Regelungen (Behandlungsverbote) scheitern meist an der Vorhersehbarkeit und Einstufung künftiger gesundheitlicher Situationen nach Diagnose, Prognose und Chancen, insbesondere in Krisen und Notfallsituationen.

Die Vorgaben für ein rechtlich verbindliches Behandlungsverbot müssen nachvollziehbare „Anknüpfungstatsachen" sein. Das ist z.B. mit den Formulierungen „bei einer gesundheitlichen Krise" oder „im Notfall" oder „in einer lebensbedrohlichen Notfallsituation" oder „...wenn Nahestehende und Pflegekräfte zum Urteil kommen, das sei kein menschenwürdiges und humanes Leben mehr..." sicher nicht der Fall! Hier fehlt es an der Bestimmtheit. Nach solchen Kriterien kann man keinen Menschen sterben lassen! Mit der Umsetzung solcher Vorgaben riskiert man strafrechtliche Sanktionen!

Nur in seltenen Ausnahmefällen ergibt sich ein unmittelbar bindendes Behandlungsverbot für nach Diagnose und Prognose ungewisse Situationen direkt aus dem Ergebnis einer „gesundheitlichen Vorausplanung", damit aus einer „speziellen Patientenverfügung". Dies sind z.B. Fälle einer **absoluten** Behandlungsablehnung aus religiösen Gründen, wegen hohen Alters oder Multimorbidität oder wegen Art und Chancen einer Intensivbehandlung (z.B. bei Covid-19-Erkrankung). Diese **absoluten** Behandlungsverbote greifen, weil sie eben **losgelöst („ab-solut")** von Diagnose und Prognose in einer Krise bzw. Notfall gelten sollen. Es wird also z.B. eine Reanimation verboten ohne Rücksicht darauf, dass sie dem Patienten ein Weiterleben ermöglichen könnte. Dazu müssen diese Behandlungsverbote möglichst so formuliert werden, wie wir dies im Anhang V Nr. 5 vorschlagen. Die meisten uns bekannten „Notfallverfügungen" sollen jedoch ersichtlich nicht „absolut" binden, sondern nur ab einem gewissen Grad der Schwere der Situation (z.B. Prozentangaben bei „bleibender schwerster körperlicher Behinderung", bei „bleibender schwerer kognitiver Einschränkung" oder „monatelangem stationären Verlauf"). Derartiges lässt sich mit den Bestimmtheitserfordernissen der Rechtsprechung nicht vereinbaren.

Liegt kein Fall einer „Standard-Patientenverfügung" vor und auch kein Fall des absoluten Behandlungsverbots, muss die aktuelle Entscheidung durch den rechtlichen Vertreter erfolgen. Er muss nach dem mutmaßlichen Patientenwillen gemäß § 1901a Abs. 2 BGB den ärztlicherseits angebotenen (indizierten!) Behandlungsoptionen die Zustimmung erteilen oder verweigern, § 1901b BGB. **Das Betreuungsrecht gewährleistet damit, dass auch in solchen Situationen**

nach dem Patientenwillen gehandelt wird, für die der Patient mangels Vorhersehbarkeit selbst keine Vorausverfügung treffen konnte. Aus gutem Grunde hat der Gesetzgeber dort den rechtlichen Vertreter des Patienten als Garant einer Behandlung nach dem Patientenwillen in die Pflicht genommen, wo jedenfalls eine „Standard-Patientenverfügung“ dies nicht leisten kann.

Eine sorgfältig nach § 1901a Abs. 2 BGB begründete Entscheidung des Vertreters stellt eine sichere Rechtsgrundlage für jeglichen Behandlungsverzicht oder -abbruch dar.

Der Vertreter muss dafür nach §1901b BGB mit dem Arzt das „Gespräch zur Feststellung des Patientenwillens“ führen. Bezogen auf die Krise oder Notfallsituation muss der Arzt die indizierten Behandlungsoptionen anbieten. Der Vertreter muss nach den Behandlungswünschen oder dem mutmaßlichen Willen des Betroffenen entscheiden, ob er in eine angebotene ärztliche Behandlung einwilligt oder sie untersagt. Klar sagt das Gesetz in § 1901a Abs. 2 BGB: „Der mutmaßliche Wille ist aufgrund konkreter Anhaltspunkte zu ermitteln. Zu berücksichtigen sind insbesondere frühere mündliche oder schriftliche Äußerungen, ethische oder religiöse Überzeugungen oder sonstige persönliche Wertvorstellungen“ des Betroffenen. **Bei dieser Ermittlung des mutmaßlichen Patientenwillens in der Notfallsituation kann eine Dokumentation einer sorgfältigen „Gesundheitlichen Vorausplanung“ eine Grundlage sein.** Den Arzt bindet aber in der Regel rechtlich letztendlich nur die Entscheidung des Vertreters.

I. Bestimmung eines Vertreters

Achtung!

Auch Ehegatten und Kinder brauchen Vollmachten!

Das Gesetz gibt in dieser Situation den Angehörigen kein Recht, füreinander die Gesundheitssorge auszuüben. Kinder können nicht für ihre Eltern und Ehegatten oder eingetragene Lebenspartner können nicht füreinander entscheiden. Nur für Kinder unter 18 Jahren können die Eltern entscheiden. Dies alles ist weithin unbekannt.

Deshalb muss nach unserem Recht ein Vertreter für den Patienten Rechtshandlungen vornehmen. Ihn hat entweder der Patient selbst ermächtigt (Bevollmächtigter) oder das Betreuungsgericht muss einen Vertreter bestellen (rechtlicher Betreuer). Im Mittelpunkt steht also das **Vertreterhandeln**.

Wer seine rechtlichen Angelegenheiten nicht selbst bewerkstelligen kann oder dies nicht will, kann diese durch einen rechtlichen Vertreter besorgen lassen. Man denkt hier immer zuerst an Kranke, die ihren Willen nicht mehr bilden und/oder äußern können Vielfach beginnt dieses Bedürfnis jedoch durchaus schon früher und schon in gesunden Tagen: Allein die Beschwerlichkeit des Behördenganges oder die Erledigung von Bankgeschäften können trotz bester geistiger Fähigkeiten das Verlangen nach Hilfe durch einen rechtlichen Vertreter aufkommen lassen. Der Vertretene muss also keineswegs willensunfähig oder geschäftsunfähig sein.

Rechtliche Betreuung einerseits und Vertretung durch einen Vorsorgebevollmächtigten andererseits sind zwei Wege mit dem gleichen Ziel: Hilfe bei Krankheit oder bei Gebrechlichkeit unter Erhalt der Selbstbestimmung so lange wie möglich und später auch eine wirksame Vertretung bei dauerhaftem oder vorübergehendem Verlust der Selbstbestimmungsfähigkeit. Zwei Beispiele: der Krebskranke im Krankenhaus oder der beginnend Alzheimerkranke im eigenen Haus. Beide sind sehr wohl noch willensbildungsfähig, selbstbestimmungsfähig und vor allem **selbstbestimmungsberechtigt**. Sie brauchen bzw. wollen dennoch einen Vertreter, der z.B. einen Heimplatz sucht und den Vertrag wirksam für sie abschließt.

Achtung!

Es gibt zwei Möglichkeiten der Vertretung:

- Die Vertretung durch einen Vorsorgebevollmächtigten (diesen bestimmt der Patient – so genannte privatrechtliche Vertretung).

- Die Vertretung durch einen „rechtlichen Betreuer" (diesen bestimmt das Betreuungsgericht – so genannte öffentlich-rechtliche Vertretung).

Keine der beiden Formen bewirkt eine „Entmündigung" oder setzt Geschäftsunfähigkeit voraus!

1. Vorsorgevollmacht

Achtung!

Vorsorge in der Familie organisieren!

a) Rechtliche Grundlage – Vollmacht vor Betreuung

§ 1896 Abs. 1 BGB sieht zwingend die so genannte „Bestellung" eines rechtlichen Betreuers durch das Betreuungsgericht auf Antrag oder von Amts wegen vor, wenn ein Volljähriger aufgrund einer psychischen Krankheit oder einer körperlichen, geistigen oder seelischen Behinderung seine Angelegenheiten ganz oder teilweise nicht besorgen kann. § 1896 Abs. 2 BGB schränkt jedoch ein, dass eine Betreuung nur dort eingerichtet werden darf, wo sie erforderlich ist, und fügt hinzu: „Die Betreuung ist nicht erforderlich, soweit die Angelegenheiten des Volljährigen durch einen Bevollmächtigten, …, oder durch andere Hilfen, bei denen kein gesetzlicher Vertreter bestellt wird, ebenso gut wie durch einen Betreuer besorgt werden können.". Damit ist gesetzlich der **Vorrang der Vorsorgevollmacht** begründet. Das heißt, wenn eine Vorsorgevollmacht den notwendigen Lebenssachverhalt praxistauglich regelt, dann verbietet sich die Bestellung eines rechtlichen Betreuers durch das Betreuungsgericht. Die Intention des Gesetzgebers war es, weniger Staat bei mehr individueller Organisation im Familienkreis zu erreichen. Deswegen wird inzwischen insbesondere auch von staatlichen Stellen die Vorsorgevollmacht als nahe liegendes und optimales Instrument zur Organisation von Alter, Krankheit und Sterben propagiert. Natürlich stehen dahinter auch finanzielle Aspekte: Betreuungsgerichtlich bestellte Betreuer verschlingen unter Umständen das Vermögen des

Betreuten und belasten dann die Staatskasse. Sie verursachen gegebenenfalls auch einen erheblichen Aufwand an gerichtlicher Tätigkeit. Dies wird in der Regel bei Bevollmächtigten aus dem engsten und vertrauten Umfeld des betroffenen Patienten nicht oder nur in geringem Umfang der Fall sein.

b) Gleichstellung von Vorsorgebevollmächtigtem und Betreuer

Damit kommt es also zur faktischen Gleichstellung von Bevollmächtigtem und dem vom Betreuungsgericht bestellten „rechtlichen Betreuer". Ist die Vorsorgevollmacht rechtlich perfekt und „wasserdicht" formuliert, so hat der Bevollmächtigte die gleichen Rechte und die gleichen faktischen Möglichkeiten wie der vom Betreuungsgericht bestellte rechtliche Betreuer.

Der Vorsorgebevollmächtigte ist in der Praxis oft der „bessere Vertreter": Nach unserer Auffassung ist es viel sinnvoller, dass man sich in gesunden Tagen, wenn man sich schon Gedanken zu Alter, Krankheit und Sterben macht, auch Gedanken zur Auswahl der Person macht, die einem in schwierigen Zeiten beistehen und wichtige Entscheidungen treffen soll. Man tut also gut daran, mit jener Person, die man für diese Aufgabe auswählen möchte, intensive Gespräche über das Leben im Alter, die Behandlung von Krankheiten und die Umstände des Sterbens zu führen. Man wird die Gespräche mit der für die spätere Vertretungsrolle ausgesuchten Person dazu nutzen, inhaltliche Festlegungen zu treffen: Wie will ich in welcher Situation behandelt werden? Wie soll mein Sterben gestaltet werden? Ist man sich über seine eigenen Wertvorstellungen im Klaren (was oft ein lang dauernder Prozess sein kann) und hat mit engen Vertrauten, seien es Familienangehörige oder Freunde oder Bekannte, gesprochen, dann sollte der nächste Schritt die Fixierung der eigenen Vorstellungen in einer schriftlichen Patientenverfügung sein. Die Patientenverfügung ist nicht nur Garant dafür, dass in Alter, Krankheit und beim Sterben die Wünsche des Patienten umgesetzt werden, sie ist auch eine wesentliche Hilfe und Erleichterung für jene Menschen, denen man die verantwortungsvolle Aufgabe überträgt, in diesen Situationen im Sinne des Patienten zu entscheiden.

In der praktischen Umsetzung haben wir erlebt, dass die **Bevollmächtigung einer Vertrauensperson** in der Regel die optimale Regelung ist: Ärzte wollen traditionell mit Angehörigen reden, ein durchaus verständliches Interesse, welches durch Bevollmächtigung dieser Angehörigen auf eine legale Basis gestellt wird.

Mehr oder weniger desinteressierte Betreuer, die es sowohl bei den Betreuungsvereinen als auch im Kreise der üblicherweise beauftragten Rechtsanwälte gibt, haben oft wenig Bereitschaft, mit den Ärzten zusammen über die Reduzierung von medizinischen Maßnahmen bis hin zum „Sterbenlassen" zu reden. Wir haben erlebt, dass Ärzte und Pflegekräfte sogar für die Beendigung einer weiteren Lebensverlängerung votierten, dieses wohlverstandene Interesse des Patienten allerdings nicht umsetzen können, weil gerichtlich bestellte Betreuer „aus Prinzip" für das Leben und gegen das Sterben sind.

Wird dagegen den Ärzten von engsten Angehörigen oder Vertrauten, die zudem in der rechtlich verbindlichen Position des Bevollmächtigten kraft einer Vorsorgevollmacht sind, Rückendeckung für derartige gravierende Entscheidungen gegeben, so ist in aller Regel die Umsetzung des Patientenwillens eher gewährleistet.

Wir erleben aber auch gegenteilige Probleme. Manche persönlich vertraute, liebe Menschen sehen sich mit den rechtlichen und verwaltungsmäßigen Anforderungen, die bei dauerhaft schwer kranken Menschen auf sie zukommen, überfordert. Sie kennen oftmals die rechtlichen Grundlagen nicht. Zuweilen führt rechtliche Unkenntnis dazu, dass sich solche nahestehenden Vertrauenspersonen einschüchtern lassen und deshalb den Willen des Patienten nicht umsetzen. Noch schlimmer ist es, wenn enge Angehörige den Patientenwillen absichtlich oder wegen emotionaler Überforderung nicht umsetzen, eigene Wertentscheidungen treffen, sich gegen das Zulassen des Sterbens nach dem Willen des Patienten aussprechen. Während Ärzte, rechtliche Betreuer, Kliniken und Heime zunehmend die Rechtslage erfasst haben und immer mehr auch umsetzen, ist bei Angehörigen der Patientenwille manchmal schlecht aufgehoben.

Vorsicht!

Der Feind des Patientenwillens lauert in der eigenen Familie!

Wir sehen einen positiven Wandel bei den geschulten Betreuern, die diese Tätigkeit für Betreuungsvereine oder beruflich betreiben. Die emotionale Scheu, „dem Willen des Patienten … Ausdruck und Geltung zu verschaffen“, auch wenn dies das selbstbestimmte Sterben ist, wozu sie § 1901a Abs. 1 BGB verpflichtet, scheinen die Betreuer angesichts der mehr als deutlichen Entwicklung der Rechtsprechung langsam mehr und mehr zu verlieren.

c) Juristisches zur Vorsorgevollmacht

aa) Ausweisdokument. Die Vorsorgevollmacht ist, wie alle Vollmachtsformulare, ein **Ausweis zur Verwendung im Rechtsverkehr**.

bb) Form der Vollmacht:

Achtung!

Vollmacht immer schriftlich!

Die Vollmacht muss schriftlich erteilt werden. Der Vollmachtgeber muss diese mit der Angabe von Ort und Datum der Unterzeichnung eigenhändig mit Vor- und Zuname unterschreiben. Der Bevollmächtigte muss die Urkunde nicht gegenzeichnen. Auch wenn es zur rechtlichen Wirksamkeit der Urkunde als „Ausweis im Rechtsverkehr“ eigentlich nicht erforderlich ist, so raten wir dennoch dazu, dass der Bevollmächtigte die Vorsorgevollmacht mit unterzeichnet. Zum einen ist damit nach außen dokumentiert, dass er den Auftrag auch tatsächlich angenommen hat, zum anderen ist dadurch gewährleistet, dass Personen nicht mit der weitreichenden Aufgabe, den Betroffenen im Alter, bei Krankheit und im Sterben zu vertreten, betraut werden, ohne dass ihnen dies in eindeutiger Weise klar gemacht wurde.

Wann eine Vollmacht öffentlich beglaubigt oder notariell beurkundet werden muss, erfahren Sie nachfolgend unter e aa.

cc) Bezeichnung des Bevollmächtigten: Sie muss den Vollmachtgeber und Bevollmächtigten mit Namen und Vornamen, besser noch mit Geburtsdatum und Adresse bezeichnen. Die Rufnummer des Bevollmächtigten sollte vermerkt sein.

dd) Regelungsbereiche: Die Reichweite der Vollmacht muss klar beschrieben sein: Welche Bereiche des täglichen Lebens (Vermögen, Gesundheit usw.) sollen erfasst werden?

Bei Abfassung der Vorsorgevollmacht muss unbedingt beachtet werden:

Achtung!

Vollmacht und Patientenverfügung getrennt verfassen!

Keinesfalls dürfen über die Regelungs**bereiche** hinaus **inhaltliche Elemente** aus dem zugrunde liegenden Auftragsverhältnis in der Vollmacht enthalten sein, also Beschreibungen des Willens des Betroffenen in den jeweiligen Aufgabenbereichen, denn der Patientenwille kann ja durchaus wechseln, weil sich Erfahrungen und Wertvorstellungen im Laufe des Lebens ändern. Die Vollmacht darf von derartigen inhaltlichen Vorgaben nicht belastet sein, sonst würde es z.B. bei Abänderung der Patientenverfügung zu einer Diskrepanz von Vorsorgevollmacht und Patientenverfügung kommen.

Im Laufe des Lebens kann es vorkommen, dass man entweder die Vertrauenspersonen austauschen will oder seine inhaltlichen Vorstellungen über die Regelung der eigenen Belange im Alter, bei Krankheit und im Sterben ändert. Deshalb ist es klarer und praktikabler, wenn **zwei Urkunden** erstellt werden:

- die **Vorsorgevollmacht**, die nur Angaben zur bevollmächtigten Vertrauensperson und zu ihrem Wirkungskreis (Regelungsbereiche) enthält,
- die **Patientenverfügung**, die die inhaltlichen Vorgaben zusammenfasst. Dabei können Angaben zur Behandlung bei Krankheit und im Sterben ebenso wie Wunschvorstellungen über die Auswahl des Heimes oder die Versorgung der Wohnung und der Haustiere zu den inhaltlichen Vorstellungen gehören.

So kann also bei einem Vertreterwechsel die Vorsorgevollmacht geändert werden, ohne dass die Patientenverfügung tangiert ist. Der neue Vertreter ist dann an die bestehende Patientenverfügung gebunden. Das Gleiche gilt im umgekehrten Fall: Der Inhalt der Patientenverfügung kann geändert werden, ohne dass die Person des Vertreters und die Vorsorgevollmacht hiervon berührt werden.

Achtung!

Vorsorge durch Patientenverfügung und Vorsorgevollmacht erübrigen in der Regel eine Betreuungsverfügung!

In seltenen Fällen macht eine Betreuungsverfügung Sinn. Besteht zu keiner Person ein so nahes Vertrauensverhältnis, dass man ihr sofort Vollmacht mit den weitreichenden Befugnissen zur Verfügung im Vermögens- oder Gesundheitsbereich übertragen möchte, so sollte eine solche Vollmacht nicht erteilt werden. In diesem Fall kann man eine Betreuungsverfügung erstellen, das heißt bestimmen, wen das Betreuungsgericht später als Betreuer einsetzen soll oder nicht einsetzen darf. Diese vom Patienten im Voraus getroffene Auswahl ist für das Betreuungsgericht in der Regel verbindlich. Hier kann man für diese Person die inhaltlichen Wünsche für eine spätere Betreuung festschreiben. An dieser Stelle sei darauf hingewiesen, dass die von unserer Kanzlei herausgegebenen Texte ebenso wie die Texte des Bayerischen Staatsministeriums der Justiz innerhalb der Vorsorgevollmacht auch eine Betreuungsverfügung enthalten. Es wird nämlich geregelt, dass für theoretisch denkbare Fälle, in denen in Zukunft die Vollmacht die Vertretung nicht ausreichend regelt, der Bevollmächtigte vom Betreuungsgericht zum Betreuer eingesetzt werden soll. So wird garantiert, dass künftig jedenfalls die Vertretung des Patienten immer in einer Hand bleibt (hierzu siehe auch unter 3. Kapitel I 1 d).

ee) Keine „bedingte" Vorsorgevollmacht: Vorsorgevollmacht und Betreuung setzen keinen willens- oder geschäftsunfähigen Betreuten voraus. Auch ein voll willens- und geschäftsfähiger, aber eingeschränkt mobiler Mensch kann sich einen Betreuer bestellen lassen. Das Gleiche gilt für die Vorsorgevollmacht, die der Gesetzgeber ja als flexibles Instrument der Vorsorge propagiert. Vollmacht kann man darüber hinaus sogar ohne „Betreuungsbedarf" erteilen.

Der Vorsorgevollmacht, die ja bereits in gesunden Tagen erteilt werden soll (siehe oben), liegt ein Auftragsverhältnis zwischen Vollmachtgeber (Vertretener) und Vollmachtnehmer/Bevollmächtigter (Vertreter) zugrunde. Dieses Auftragsverhältnis können beide ausgestalten (so genanntes „Innenverhältnis"). Meist wird geregelt: Der Bevollmächtigte darf erst von der Vollmacht Gebrauch machen, wenn der Vollmachtgeber dies wünscht. Unter welcher Bedingung dies geschehen soll, kann auch schriftlich fixiert werden, ist aber rechtlich nicht erforderlich. Diese **Bedingung** darf es jedoch **nur im Auftragsverhältnis**, dem so genannten **Innenverhältnis** zwischen Auftraggeber und Bevollmächtigtem, geben. In der Vorsorgevollmacht darf sie nicht erscheinen, weil sie als „Bedingung" sonst für den Rechtsverkehr (so genanntes „Außenverhältnis") untauglich ist.

Ein **Beispiel:** Im Text der Vorsorgevollmacht (Ausweis für den Rechtsverkehr) darf **auf keinen Fall** der einleitende Satz stehen:

> Wenn ich in Folge gesundheitlicher Beeinträchtigung meinen Willen nicht mehr bilden oder verständlich äußern kann, so bestimme ich … zu meinem Vertreter.

Damit würde die Wirksamkeit der Vollmacht von einer medizinischen Tatsache (Bedingung) abhängen, die in jedem Anwendungsfall erst einmal dargelegt und bewiesen werden müsste. Derartige Einschränkungen dürfen niemals in jenem Ausweisdokument, welches die Vorsorgevollmacht ja darstellt, enthalten sein. Sie können und sollen intern mit dem Bevollmächtigten rechtsverbindlich ausgehandelt werden, gegebenenfalls sogar schriftlich, aber stets getrennt von der Vollmacht. Diese ist als Ausweisdokument im Rechtsverkehr „bedingungsfeindlich".

Zum besseren Verständnis einige klassische Fallgestaltungen:

FALL 20 (Variante a): Herr A. liegt schwerstkrank im Krankenhaus. Er war bis vor wenigen Wochen kerngesund, kam dann immer öfters in stationäre Behandlung. Jetzt weiß er, dass er sterben muss. Seine Hände sind verkrampft, er kann nicht schreiben. Das Krankenhaus bittet die

Angehörigen, einen Pflegeplatz zu suchen und dort einen Pflegevertrag für Herrn A. abzuschließen. Herr A. ist einverstanden. Er hat die Vollmacht schon vor Wochen unterschrieben, als er noch gut schreiben konnte. Er ist geistig vollkommen gesund.

Stünde die Vollmacht unter der Bedingung der Willensunfähigkeit oder Äußerungsunfähigkeit, wäre sie nun unwirksam. Der Bevollmächtigte müsste sich eine **neue Vorsorgevollmacht ohne diese Einschränkung** ausstellen lassen. Da Herr A. nicht schreiben kann, bräuchte man nun einen Notar. Genau das sollte das Instrument der einfachen Vorsorgevollmacht gerade vermeiden.

FALL 20 (Variante b): Gleicher Fall, doch Herr A. ist schläfrig, eingetrübt und kaum mehr kommunikationsfähig.

Die – für den Fall der Willensunfähigkeit bedingte – Vollmacht würde nun wegen des Eintritts der Bedingung zwar gelten. Der Bevollmächtigte braucht aber zum Abschluss des Heimvertrag es eine **hochaktuelle Bestätigung**, dass Herr A. zur Zeit die Bedingung der Vollmacht erfüllt, also nicht willensfähig bzw. nicht äußerungsfähig ist. Der Bevollmächtigte muss sich also von der Klinik zusätzlich ein Attest ausstellen lassen. Sucht er länger nach einem Heimplatz, braucht er ständig neue, aktuelle Atteste.

FALL 20 (Variante c): Fall wie (b). Herrn A. geht es plötzlich wieder etwas besser, er kann seinen Willen wieder klar bilden und äußern, er muss aber trotzdem erst einmal stationär weiterbehandelt werden bzw. bald in ein Pflegeheim übersiedeln.

Der Bevollmächtigte kann die Vollmacht, die eben noch galt, nun nicht mehr verwenden. Das Attest ist überholt. Die Vollmacht ist zurzeit wieder unwirksam, ist aber eigentlich noch erforderlich, weil Herr A. noch bettlägerig und deshalb eingeschränkt ist. Jetzt bräuchte er wieder die andere – unbedingte – Vollmacht.

Und schließlich der häufigste Fall:

FALL 20 (Variante d): Frau B. erfährt, dass sie Alzheimersche Demenz hat. Sie ist noch voll willensbildungs- und willensäußerungsfähig. Sie weiß, was auf sie zukommt. Sie regelt alles in einer Patientenverfügung. Dann erteilt sie ihrer Tochter eine Vorsorgevollmacht, damit ihre Tochter ihr in den nächsten Jahren – immer entsprechend dem Grad ihrer Behinderung durch die fortschreitende Krankheit – wirksam helfen kann. Die Krankheit verläuft in Wellen, es wechselt der Grad der Willensfähigkeit ständig, bei insgesamt laufend abnehmender Tendenz.

Hier wäre eine Vorsorgevollmacht, die den Verlust der Handlungs-, Willens- oder Äußerungsfähigkeit voraussetzt, vollkommen untauglich. In vielen Jahren der Fürsorge für die Mutter müsste die Tochter laufend ärztliche Atteste mit aktuellen Befunden liefern – eine absurde Vorstellung!

Also darf die Vorsorgevollmacht keine einleitende Bedingung enthalten, wonach sie erst gültig ist, wenn der Vollmacht gebende Patient nicht mehr oder nur noch eingeschränkt willensfähig ist.

d) Angst vor Missbrauch einer (sofort wirksamen) Vorsorgevollmacht

Manche Menschen haben Angst vor Missbrauch. Sie fürchten, dass die Vollmacht vom Bevollmächtigten zu früh benutzt werden könnte. Sie befürchten, dass etwa die bevollmächtigte Tochter mit der Vollmacht Verfügungen im Eigeninteresse vornehmen könnte, etwa bei der Bank. Selbstverständlich wäre dies ein Missbrauch. Auch eine normale Bankvollmacht, die man der eigenen Tochter gibt, ermöglicht in gleicher Weise diesen Missbrauch. Es ist für uns unverständlich, dass Menschen Angst vor solchem Missbrauch durch jene engsten Vertrauenspersonen haben, denen sie in derselben Vollmachtsurkunde die Verfügung über ihre Gesundheit und ihr Leben anvertrauen. Sollte das Misstrauen überwiegen, sollten sie unter Umständen von einer Bevollmächtigung dieser Person überhaupt absehen. Überlegen kann man hier, ob eine Befreiung vom gesetzlichen Verbot, dass der Bevollmächtigte Verträge mit sich selbst schließen darf (§ 181 BGB), Risiken birgt (siehe unten).

Dem „Unbehagen“ kann man aber vorbeugen: Man erteilt eine Vollmacht ohne Bedingungen, wie sie in diesem Buch auch als Formular vorgeschlagen wird, verwahrt diese sodann aber im eigenen Schreibtisch zu Hause. Der bevollmächtigten Person teilt man mit, wo diese Vollmacht hinterlegt ist. Möchte man, dass die bevollmächtigte Person ein Geschäft tätigt, einen Behördengang erledigt, einen Vertrag abschließt oder Geld von der Bank holt, dann händigt man gezielt für diese Aufgabe die Vollmacht aus und lässt sie sich später wieder zurückgeben.

Für den Fall, dass man durch plötzliche gesundheitliche Schädigung oder durch fortschreitende Krankheit in einen Zustand der eingeschränkten Willensfähigkeit oder des völligen Verlusts der Willensfähigkeit gerät, weiß die bevollmächtigte Vertrauensperson, wo die Vollmacht zu finden ist, wird sich diese beschaffen und kann dann ohne zeitlichen Verzug im Sinne des Betroffenen die notwendigen Maßnahmen unter Verwendung der Vollmacht einleiten und durchführen.

Jedes Missbrauchsargument verliert damit sein Gewicht. Wer Missbrauch befürchtet, wird gelegentlich nach dem Verbleib der Vollmachtsurkunde im eigenen Schreibtisch sehen. Missbräuchliches Handeln kann in aller Regel korrigiert werden. Und schließlich sei noch einmal in aller Deutlichkeit wiederholt, dass wir aufgrund unserer Erfahrung die Gefahr in der Praxis nicht für so bedeutungsvoll erachten. Sicherlich besteht die Gefahr, dass alte und gebrechliche Menschen übervorteilt werden. Es besteht jedoch kein durch die Praxis gerechtfertigter Anlass, eine solche Übervorteilung gerade im frühen Stadium zu sehen, wenn der Vollmachtgeber noch bei klarem Verstand, also voll willensfähig und damit auch fähig zur Kontrolle des Bevollmächtigten ist.

Wenn der Vollmachtgeber aber einmal seine Willensfähigkeit verloren haben wird, dann gibt es gegen den Missbrauch der Vollmacht ohnehin keine allzu wirksamen Vorkehrungen über die Regelungen des Betreuungsrechts hinaus. Jede Vollmachtserteilung in allen Bereichen des Lebens setzt schließlich Vertrauen voraus! (Siehe hierzu auch unter 3. Kapitel I 1 c dd).

Achtung!

Missbrauch bei In-Sich-Geschäften?
Rechtsgeschäfte des Bevollmächtigten mit sich selbst eröffnen naturgemäß Gefahren eines Missbrauchs der Vollmacht. Andererseits sind solche Rechtsgeschäfte zuweilen sinnvoll und praktisch und ganz im Sinne des Patienten. So fließen etwa Leistungen der Pflegeversicherungen an den pflegebedürftigen Angehörigen, sollen aber für den Bevollmächtigten zur Verfügung stehen, wenn dieser auch die tatsächlichen Pflegeleistungen erbringt. Rechtlich bedeutet dies, dass der Bevollmächtigte im Namen des betroffenen Patienten mit sich selbst einen Pflegevertrag mit entsprechender Vergütungsvereinbarung schließt. Ein weiterer Fall ist der Kauf des Autos des Patienten, der dieses nicht mehr nutzen kann. In beiden Fällen müssen also im Sinne des Patienten so genannte In-sich-Geschäfte abgeschlossen werden. Dies verbietet jedoch § 181 BGB. Man kann allerdings ausdrücklich eine Befreiung von diesem Verbot in der Vollmacht erklären. Dies macht auch deshalb Sinn, weil dann mögliche Streitigkeiten nach dem Tod z.B. wegen des Verbleibs des Kraftwagens oder wegen der vereinnahmten Pflegevergütung jedenfalls nicht mit dem Argument geführt werden können, der Bevollmächtigte wäre wegen des gesetzlichen Verbots zu diesen Rechtshandlungen nicht befugt gewesen. Die Befreiung vom Verbot des § 181 BGB befreit nicht von der strengen Beachtung des Willens des Patienten.

e) Weitere Tipps und wichtige Informationen zur Vorsorgevollmacht

aa) Beglaubigung und Beurkundung:

Achtung!

Notarielle Beurkundung oder öffentliche Beglaubigung der Vorsorgevollmacht – immer hilfreich, selten zwingend und billiger als man denkt!

Man kann eine Vollmacht „nur“ schriftlich erteilen, man kann sie schriftlich erteilen und sodann öffentlich beglaubigen lassen oder man kann sie notariell beurkunden.

aaa) Schriftform: Wenn man zum Beispiel vorformulierte Vollmachten verwendet oder Vollmachten nach den Vorgaben im Anhang V dieses Buches ganz oder teilweise übernimmt, dann erfolgt die Vollmachtserteilung schriftlich, egal ob handschriftlich oder als Textausdruck mit Unterschrift. Diese „einfache Schriftform" reicht in allen Bereichen aus, soweit nicht im Folgenden jeweils dargestellt wird, wann eine öffentliche Beglaubigung bzw. eine notarielle Beurkundung erforderlich ist.

Achtung: Banken (Kreditinstitute) wollen zuweilen eine schriftliche Vorsorgevollmacht für übliche Kontoverfügungen nicht akzeptieren und verlangen eine Vollmacht auf **bankeigenen** Vordrucken. Eine Bank (Kreditinstitut) **muss** allerdings eine schriftliche Vollmacht akzeptieren, die weder auf bankeigenen Vordrucken abgefasst ist, noch in der Geschäftsstelle der Bank unterzeichnet wurde, noch beglaubigt noch von einem Notar beurkundet wurde. Darauf hat z.B. das Bayerische Justizministerium in einem Rundschreiben an alle Kreditinstitute in aller Deutlichkeit hingewiesen. Diese Pflicht wurde auch gerichtlich bestätigt (LG Detmold vom 14.1.2015, 10 S 110/14 in NJW-Spezial 12/2015, S. 360). Nur macht es eben Sinn, diese streitige Auseinandersetzung zu vermeiden, wenn man im Voraus handelt, also bereits bei Vollmachterteilung die sinnvollen Wünsche der Kreditinstitute beachtet. Sie möchten die Vollmachtserteilung sozusagen „live" in der Geschäftsstelle erleben und sich zumindest eine Kopie des Personalausweises des Bevollmächtigten zu den Akten nehmen. Dies geschieht zum Schutz des Kontoinhabers und sollte von ihm begrüßt und mitgetragen werden.

Ist allerdings „der Zug abgefahren", nämlich der Vollmachtgeber mittlerweile entscheidungsunfähig und die Bank weigert sich, die Vorsorgevollmacht in einfacher Schriftform anzuerkennen, dann gibt es zwei Lösungen. Man kann die Bank erfolgreich gerichtlich verklagen und zwingen, die Vollmacht zu akzeptieren. Der dazu nötige Gerichtsprozess kostet in jedem Fall sehr viel Zeit und Nerven, das Vorgehen ist praxisfern! Manchmal genügt das entsprechende Schreiben eines Rechtsanwalts. Wenn das nicht hilft, sollte man sich in einer solchen Situation an das Betreuungsgericht wenden. Geht es um einfache Bankgeschäfte, wird das Betreuungsgericht oder die

Betreuungsbehörde die Bank auf ihre Verpflichtung hinweisen, die schriftliche Vollmacht zu akzeptieren. Will der Vorsorgebevollmächtigte für seinen Vollmachtgeber allerdings ein Verbraucherdarlehen aufnehmen, so wird das Betreuungsgericht den Bevollmächtigten mit dem ausschließlichen Wirkungskreis „Aufnahme eines Verbraucherdarlehens" als rechtlichen Betreuer einsetzen. Denn nur dafür schreibt das Gesetz eine notarielle Beurkundung (siehe unten) vor, bei deren Fehlen ein rechtlicher Betreuer (siehe in diesem Kapitel I 2. Die rechtliche Betreuung) vom Gericht eingesetzt („bestellt") werden muss.

Beim Betreuungsgericht muss der Bevollmächtigte beantragen, ausschließlich für das geplante Vertretungshandeln einer Kreditaufnahme für den Vertretenen, also z.B. den komatösen Patienten, als rechtlicher Betreuer eingesetzt zu werden. Das muss das Betreuungsgericht umgehend veranlassen. Die Vorsorgevollmacht hat in allen dort erfassten Bereichen weiterhin Bestand (siehe auch I 1 g „Bankvollmacht").

bbb) Beglaubigung: Die Beglaubigung ist eine „öffentliche" (früher „amtliche") Bescheinigung der Richtigkeit bzw. Echtheit der Unterschrift unter einer Urkunde. Dazu muss sich derjenige, der die Urkunde unterschreibt, vorher ausweisen. Die Beurkundungsperson beglaubigt sodann, dass die Unterschrift von jener Person stammt, die in der Urkunde als Aussteller genannt ist. Der Inhalt wird nicht Gegenstand des Verfahrens, die Unterstützung des Bevollmächtigten bei Ausübung seiner Aufgabe hingegen schon, wenn eine Betreuungsbehörde beglaubigt, § 6 Abs. 1 Betreuungsbehördengesetz (BtBG). Die Gebühren bei den Behörden sind gering und halten sich im unteren zweistelligen Bereich.

Die „öffentliche" Beglaubigung (§ 6 Abs. 2 BtBG, früher „amtliche Beglaubigung") einer Vorsorgevollmacht kann von jedem Notar, aber ebenso von jeder landesrechtlich hierzu ermächtigten Behörde vorgenommen werden, in der Regel durch die Betreuungsbehörde, in Baden-Württemberg auch durch den Ratsschreiber der Gemeinde, in Hessen auch durch den Obergerichtsvollzieher und in Rheinland-Pfalz auch durch Gemeinde- oder Stadtverwaltungen.

Eine **öffentliche Beglaubigung** der Vorsorgevollmacht ist für die Erklärungen gegenüber dem Handelsregister, für die Erklärung einer Erbausschlagung und für die Beantragung eines Reisepasses oder Personalausweises nötig, ferner, wenn sie zum Erwerb, zur Belastung oder zur Veräußerung von Immobilien berechtigen soll, ferner in Bayern, Hessen, Mecklenburg-Vorpommern, Sachsen und Thüringen zur An- oder Abmeldung bei der Meldebehörde.

Für Erklärungen gegenüber dem Grundbuchamt, wie dem Erwerb, der Veräußerung oder der Belastung einer Immobilie genügt also die öffentliche Beglaubigung der Vollmacht. Es ist vielfach – auch bei den Behörden – nicht bekannt, dass dazu die Vollmacht nicht notariell beurkundet sein muss (siehe nachfolgend ccc). Mit einer beglaubigten Vollmacht kann man also den Betroffenen z.B. bei einer späteren notariellen Beurkundung eines Hausverkaufs vertreten. Wer sich jedoch mögliche Unannehmlichkeiten ersparen will, dem raten wir auch hier zur notariellen Beurkundung.

ccc) Notarielle Beurkundung: Hier wird die Vollmachtsurkunde von einem Notar in einer Niederschrift abgefasst, dem Vollmachtgeber vorgelesen, sodann von diesem genehmigt und in Anwesenheit des Notars eigenhändig unterschrieben. Wie bei der Beglaubigung wird die Identität des Vollmachtgebers durch Ausweisvorlage festgestellt. Der Notar muss darüber hinaus auch die Geschäftsfähigkeit feststellen und dafür sorgen, dass der Erklärende versteht, was er verfügt. So gehört hier auch die Beratung des Vollmachtgebers dazu. Die Vollmacht erlangt schließlich die bekannte notarielle Form „mit Brief und Siegel".

Diese höchste „Form" einer Vollmachtsurkunde schreibt das Gesetz einzig und allein für den Abschluss von Verbraucherdarlehensverträgen vor, §§ 491, 492 BGB, wenn also der Bevollmächtigte im Namen des Vollmachtgebers bei der Bank des Vollmachtgebers einen Kredit aufnehmen will. Sinnvoll ist diese Form auch, wenn die Vollmacht zum Betrieb eines Handelsgewerbes oder für die Gesellschafter einer Personen- oder Kapitalgesellschaft erstellt werden soll.

In jedem Fall hat die notarielle Beurkundung einige Vorteile: Bei einer solchen Urkunde hat der Notar von Amts wegen die Geschäftsfähigkeit geprüft. Einwände, die Urkunde sei im Zustand der Geschäftsunfähigkeit erstellt worden, werden also kaum zu beweisen sein. Im Übrigen hat eine solche notarielle Urkunde eine ganz andere Wirkung als eine so genannte privatschriftliche Urkunde: Die notarielle Vollmacht (mit „Brief und Siegel"), so könnte man laienhaft sagen, „macht mehr her" und erheischt mehr Respekt. Für Ärzte oder Pflegekräfte oder Heimleiter ist sicherlich die Hemmschwelle für eine Missachtung höher.

Die Kosten der notariellen Beurkundung sind auch sehr viel geringer als allgemein angenommen. Allerdings spielt bei der Höhe das Vermögen des Vollmachtgebers eine Rolle. Fragen Sie daher unbedingt den Notar vorher, welche Kosten auf Sie zukommen! Bei bettlägerigen oder sonst behinderten Menschen kommen Notare auch in das Krankenhaus, nach Hause oder in das Pflegeheim.

bb) Einschaltung eines Rechtsanwalts: Allein zur Ausfüllung und Unterzeichnung einer Vorsorgevollmacht bedarf es keiner Mitwirkung eines Rechtsanwaltes, wenn man die in diesem Buch im Anhang V Nr. 1 und 2 vorgeschlagenen Formulare verwendet. Diese sind nicht nur juristisch einwandfrei, sondern auch in Abstimmung mit der Notarkammer und mit Fachleuten aus dem Betreuungsrecht sowie mit praktizierenden Juristen erstellt worden. Sollten allerdings ganz besondere tatsächliche Verhältnisse, z.B. familiäre oder geschäftliche Aspekte, bestehen, dann sollte man zur Abfassung der Vorsorgevollmacht anwaltlichen Rat einholen oder den Notar befragen, zu dem man sich zur Beurkundung der Vollmacht begibt.

cc) Verwendung von Formularen: Natürlich darf und soll man Formulare verwenden! Auf keinen Fall sollten die in diesem Buch angebotenen Formulare oder sonstige juristisch einwandfrei formulierte Formulare durch persönliche Ergänzungen oder Veränderungen abgewandelt werden. Zu groß ist die Gefahr, dass hierdurch die Tauglichkeit der Vorsorgevollmacht eingeschränkt wird. Als Vergleich sei darauf hingewiesen, dass auch die Rechtsanwälte einheitliche Vollmachtsformulare für sämtliche ihnen übertragenen Mandate verwenden. Solche erprobten Formulare umfassen alle erdenklichen Situationen in rechtswirksamer Weise. Der Inhalt des Mandats ergibt sich dann aus dem Mandanteninteresse. Auch diese Vollmachten sind reine Urkunden zur Vertretung des Mandanten im Rechtsverkehr. Individuelle inhaltliche Regelungen haben in anwaltlichen Vollmachten ebenso wenig ihren Platz wie in einer Vorsorgevollmacht. Ältere Formulare sind häufig fehlerhaft oder können wegen ihres Entstehungsdatums spätere rechtliche Vorgaben gar nicht enthalten. In Entscheidungen 2016, 2017 und 2018 hat der Bundesgerichtshof sich mit den seinerzeit weit verbreiteten Formularen der Evangelischen Kirche auseinandersetzt. Sie sind in vielen Punkten rechtlich unzulänglich formuliert (vgl. Anhang III Nr. 19). Wer auf solchen Formularen Vollmacht erteilt hat, sollte unbedingt auf aktuellen Formularen (Anhang V Nr. 7 – auch im Buchhandel – oder Abruf von der Homepage der Autoren: www.putz-medizinrecht.de) eine komplett neue Vollmachtserteilung durchführen. Dann ist man auf der sicheren Seite. Das gilt analog für alle notariellen Vollmachten, die vor 2009 (Patientenverfügungsgesetz) erstellt wurden. Sie konnten die späteren gesetzlichen Inhaltsanforderungen nicht erfüllen.

dd) Verwahrung einer Vorsorgevollmacht: Wenn man Vertrauen zur bevollmächtigten Person hat (und das sollte die Basis für jede Vollmachtserteilung im Leben sein!), so sollte die Vorsorgevollmacht dieser Person ausgehändigt werden. Sie kann, wie oben dargelegt, aber auch zu Hause an einem der bevollmächtigten Vertrauensperson bekannten Ort verwahrt werden.

Eine Hinterlegung von Zweitschriften beim Hausarzt oder im örtlichen Krankenhaus (in welches man mit einiger Wahrscheinlichkeit kommen würde, wenn unverhofft ein gesundheitlicher Zwischenfall dies erzwingt) kann Sinn machen.

Eine Registrierung der Vorsorgevollmacht ist auch bei der Bundesnotarkammer möglich (www.vorsorgeregister.de). Jedes Betreuungsgericht muss dort abklären, ob eine Vorsorgevollmacht existiert, bevor es eine rechtliche Betreuung einrichtet. Gegebenenfalls wird der Vorsorgebevollmächtigte sofort durch das Gericht informiert.

ee) Organisatorisches: Um sicher zu gehen, dass die bevollmächtigte Person im Ernstfall schnellstens unterrichtet wird, empfehlen wir, stets unmittelbar beim Personalausweis einen Hinweis auf diese Vertrauenspersonen zu tragen:

Im Notfall bitte Herrn X mit der Telefonnummer … oder Frau Y mit der Telefonnummer … benachrichtigen!

So wird man gewährleisten, dass für anstehende Entscheidungen alsbald die in gesunden Tagen ausgewählte Vertrauensperson zur Verfügung steht.

Es macht aber auch Sinn, z.B. den Nachbarn Bescheid zu sagen, wer Bevollmächtigter ist. Die Nachbarn müssten dann für eine sofortige Benachrichtigung sorgen, wenn sie z.B. eine Abholung mit einem Krankenwagen beobachten.

Ebenso sollte vorgesorgt werden für den Fall, dass der Vollmachtgeber im Urlaub ist (Information des Bevollmächtigten im Heimatland), bzw. für den Fall, dass der Gesundheitsbevollmächtigte im Urlaub ist (Organisation eines Vertreters und einer Information des eigentlichen Bevollmächtigten).

ff) Zahl der Exemplare: Es können beliebig viele Exemplare ein und derselben Vollmacht erstellt und ausgehändigt werden. Damit es sich bei jedem Exemplar um eine Originalurkunde handelt, muss jedes dieser Exemplare mit dem Ort und dem Datum der Unterzeichnung versehen sowie handschriftlich mit Vornamen und Nachnamen unterschrieben sein. Ein Problem einer allzu großzügigen Verteilung von solchen Urkunden kann jedoch sein, dass im Falle eines Widerrufs oder einer Änderung der Verbleib aller bisherigen Urkunden nicht mehr bekannt ist. Besteht eine Urkunde aus mehreren Blättern, wie etwa beim Ausdruck eines Textes auf einem Drucker, so muss jede Seite mit Angabe von Ort und Datum unterschrieben werden.

gg) Mehrere Bevollmächtigte – Strategien: Viele Menschen möchten, dass für den Notfall in einer gewissen Reihenfolge verschiedene Menschen als Bevollmächtigte bestimmt werden sollen. Erst wenn die an erster Stelle bestimmte Vertrauensperson zur Wahrnehmung der Aufgabe nicht in der Lage sein sollte (Urlaub, Krankheit, Tod u. a.), soll die an zweiter Stelle genannte Person mit der Aufgabe betraut sein. Derartige Regelungen sind möglich und sollten in einem **Dokument** niedergelegt werden, welches **separat von jenen Vollmachtsformularen** erstellt und verwahrt wird, die den jeweiligen Bevollmächtigten ausgehändigt werden. Somit erhalten dann die zum Einsatz kommenden Bevollmächtigten grundsätzlich alle die gleiche Vorsorgevollmacht. Durch ein **getrenntes** Dokument kann man regeln, wer an erster Rangstelle, wer an zweiter Rangstelle usw. tätig werden darf und soll.

Würde eine zweitrangig genannte Person gegen die Reihenfolge verstoßen wollen und insoweit die ihr erteilte Vollmacht unter Missachtung des Auftragsverhältnisses missbrauchen, so kann jederzeit die an erster Stelle beauftragte Person hiergegen rechtliche Schritte vornehmen, gegebenenfalls das Betreuungsgericht anrufen. Dazu dient der erstgenannten bevollmächtigten Person dann jene separate Urkunde, in der die Reihenfolge festgelegt ist.

Falsch wäre es, in eine Vollmachtsurkunde folgende Formulierung aufzunehmen:

> Für den Fall, dass Herr A. nicht für mich handeln kann, bestimme ich, dass Herr B. für mich handeln soll.

Dies wäre erneut eine Bedingung für die Wirksamkeit der Vollmacht, so dass Herr B. z.B. erst beweisen müsste, dass Herr A. im Urlaub verschollen ist. Dies wird nicht möglich sein, so dass die Bedingung für die Vollmacht nicht nachgewiesen werden kann. Derartige Vollmachten wären also im Rechtsverkehr untauglich. (Vollmacht ist „bedingungsfeindlich“!)

In einem Fall eines äußerst ängstlichen Mandanten sind wir wie folgt vorgegangen: hinsichtlich des Sohnes, der volles Vertrauen genoss, wurde eine Vorsorgevollmacht erteilt und dem Sohn ausgehändigt. Für den Fall von dessen Verhinderung sollte (mit nur geringer Begeisterung des Mandanten) die Tochter tätig werden. Dort bestand aber eine erhebliche Angst hinsichtlich eines Missbrauchs der Vollmacht. Daher haben wir neben der Vorsorgevollmacht für den Sohn eine Betreuungsverfügung zugunsten der Tochter formuliert. In dieser Betreuungsverfügung wurde auf die Vollmacht für den Sohn hingewiesen. Während also der Sohn seine Vollmacht ausübt, wird die Tochter in keiner Weise zur Vertretung des Vaters berechtigt sein. Würde der Sohn jedoch an der Ausübung seines Amtes verhindert sein, so würde die Tochter unter Berufung auf die Betreuungsverfügung beim zuständigen Betreuungsgericht ihre Bestellung zur Betreuerin für den Vater ohne Weiteres erreichen. Würde die Tochter dies missbräuchlich einleiten, so könnte der Sohn dagegen intervenieren. Er müsste nur beim Betreuungsgericht die Vollmacht vorlegen.

hh) Verschiedene Bevollmächtigte für verschiedene Bereiche: Vielfach besteht der Wunsch, für verschiedene Bereiche verschiedene Bevollmächtigte einzusetzen. Es könnte z.B. der Sohn als Bankkaufmann der ideale Vertreter im Bereich der Vermögenssorge sein, während die Tochter als Ärztin die ideale Vertreterin im Bereich der Gesundheitssorge wäre. Die im Anhang vorgeschlagenen Formulare tragen dieser Möglichkeit ganz einfach Rechnung: Man benutzt für den Sohn das eine Formular und für die Tochter das andere – gleich lautende – Formular. Beim Sohn wird der Bereich Vermögenssorge mit „ja" angekreuzt, der Bereich der Gesundheitssorge mit „nein" angekreuzt sein, bei der Tochter geschieht dies umgekehrt. Andererseits ist zu bedenken, dass bei Verhinderung des einen Kindes das jeweilige andere Kind dann nur in seinem Vertretungsbereich handlungsfähig wäre. Ist z.B. die in Gesundheitsfragen zuständige Tochter unerreichbar im Urlaub, so wäre der Sohn an der Vertretung verhindert. Selbst wenn er mit seiner Schwester im Urlaub telefonischen Kontakt aufnimmt, könnte er keine Entscheidungen im Gesundheitsbereich treffen. Dafür kann die Tochter aber noch Untervollmacht erteilen. Was aber, wenn Sie plötzlich selbst schwer erkrankt und vorübergehend an der Vertretung verhindert ist? Das gleiche würde umgekehrt gelten, so dass die zuhause verfügbare Tochter etwa keine wichtigen Vermögensverfügungen machen kann, weil der Bruder nicht erreichbar ist. Sinnvollerweise sollte man überlegen, ob man nicht beiden Kindern uneingeschränkte Vollmacht gibt, intern aber abspricht, dass nach Möglichkeit der jeweils Sachkundige in seinem Fachgebiet den Patienten vertreten sollte. Besteht in einer Familie eine Vertrauensbasis, wird es hier keine Probleme geben.

f) Besondere Inhalte einer Vorsorgevollmacht – notwendige gesetzlich vorgeschriebene Inhalte

Für gewisse Regelungsbereiche und Inhalte einer Vorsorgevollmacht hat der Gesetzgeber besondere Voraussetzungen geschaffen. So wird etwa vom Gesetzgeber die Befürchtung gesehen, eine knapp und pauschal formulierte Vollmacht könnte allzu leicht den Vollmachtnehmer berechtigen, die betreute Person gefährlichen medizinischen Eingriffen zuzuführen oder z.B. in eine Nervenheilanstalt einweisen oder sterben zu lassen. Deswegen müssen alle juristisch einwandfreien **Formulare für eine Vorsorgevollmacht** folgende zwingende Formulierungen enthalten:

aa) Hinsichtlich der medizinischen Maßnahmen (§ 1904 Abs. 1 BGB): Der Text der Vorsorgevollmacht muss folgende Formulierung enthalten:

> Sie darf insbesondere in sämtliche Maßnahmen zur Untersuchung des Gesundheitszustandes und in Heilbehandlungen einwilligen, auch wenn ich an einer solchen Behandlung sterben könnte oder einen schweren oder länger dauernden gesundheitlichen Schaden erleiden könnte (§ 1904 Abs. 1 BGB).

bb) Hinsichtlich der Einstellung lebensverlängernder Maßnahmen (§ 1904 Abs. 2 BGB): Der Text der Vorsorgevollmacht muss folgende Formulierung enthalten:

> Sie darf die Einwilligung zum Unterlassen oder Beenden lebensverlängernder Maßnahmen erteilen (§ 1904 Abs. 2 BGB).

cc) Hinsichtlich freiheitsentziehenden Maßnahmen und ärztlicher Zwangsmaßnahmen (§§ 1906 und 1906a BGB): Der Text der Vorsorgevollmacht muss folgende Formulierung enthalten:

> Sie darf über meine Unterbringung mit freiheitsentziehender Wirkung (§ 1906 Abs. 1 BGB) und über freiheitsentziehende Maßnahmen (z.B. Bettgitter, Medikamente und Ähnliches) in einem Heim oder in einer sonstigen Einrichtung (§ 1906 Abs. 4 BGB) sowie über ärztliche Zwangsmaßnahmen (§ 1906a BGB) entscheiden, solange dergleichen zu meinem Wohle erforderlich ist.
> (Keine Angst: In solchen Fällen ist zum Schutz des Betreuten zusätzlich die Genehmigung des Betreuungsgerichts nach § 1906 Abs. 2und 5 BGB und § 1906a Abs. 2, 4 und 5 BGB einzuholen!)

dd) Anmerkungen zu diesen Formulierungen: Diese Formulierungen haben immer wieder Menschen unsicher gemacht, ob sie im Rahmen einer Vollmacht derartige Macht auf die bevollmächtigte Person übertragen sollten. Es wird dabei übersehen, dass ohne derartige Formulierungen ausgerechnet die bevollmächtigte Vertrauensperson von der Vertretung ausgeschlossen wäre. Es müsste dann zusätzlich für diese Situation ein Betreuer bestellt werden. Natürlich könnte nun das Betreuungsgericht die bereits auserwählte Vertrauensperson in diesem Bereich zum Betreuer bestellen. Da es aber um den heiklen **Bereich der Freiheitsentziehung**, der **Ruhigstellung** bzw. der **Fixierung** mit einem Gurt im Bett geht, wird das Betreuungsgericht unter Umständen diese Vertrauensperson ausdrücklich nicht, sondern einen Rechtsanwalt oder Berufsbetreuer als rechtlichen Betreuer bestellen, der eher Gewähr für einen reibungslosen Ablauf im Krankenhaus, Pflegeheim oder in der psychiatrischen Klinik bietet. Damit würde gerade der Bereich der freiheitsentziehenden Maßnahmen, wie sie in Krankenhäusern und Pflegestationen leider nun einmal immer wieder unumgänglich sind, nicht der auserwählten Vertrauensperson, sondern einem fremden Betreuer übertragen werden.

Es besteht sogar die Gefahr, dass der zuständige Betreuungsrichter die Vorsorgevollmacht so interpretiert: wenn für die Vertrauensperson der Bereich der freiheitsentziehenden Maßnahmen nicht angekreuzt ist, soll diese Person jene Bereiche gerade nicht übertragen bekommen.

Jene auf den ersten Blick vielleicht erschreckenden Formulierungen dienen gerade dem Schutz und der Wahrung der Patienteninteressen.

Ein Bettgitter dient dem Patienten, damit er bei Unruhe nicht aus dem Bett stürzt und sich verletzt. Die medizinisch begründete Unterbringung in einer geschlossenen Abteilung dient ebenso dem Patienten, damit dieser sich nicht aus der Einrichtung unbemerkt entfernt und z.B. bei einem Verkehrsunfall schwer verletzt wird. Schließlich ist die medizinisch indizierte dauerhafte Unterbringung in einer psychiatrischen Anstalt normalerweise eine unumgängliche Maßnahme zum Schutz des Patienten. Solche Unterbringungen sind in der Regel sinnvollerweise mit medikamentöser Therapie verbunden, für deren Sinnhaftigkeit den Betroffenen aber oft die Einsicht fehlt. Die Einrichtungen sind keine Verwahranstalten.

Wir betonen noch einmal: Auch wenn die Formulierungen hart erscheinen mögen und vielleicht auf den ersten Blick abschrecken, so ist es doch besonders sinnvoll, gerade diese heiklen Aufgaben wie Bettgurte, Bettgitter, Zwangsunterbringung, Zwangsernährung oder Zwangsbehandlung, die höchste Tragweite für die Würde und Selbstbestimmung des Patienten haben, einer selbst auserwählten Vertrauensperson durch die korrekt formulierte Vorsorgevollmacht zu übertragen. In diesem Bereich wird zusätzlich zum Schutz des Betroffenen jede dieser Maßnahmen innerhalb von 24 Stunden durch einen Richter des Betreuungsgerichts kontrolliert, genehmigt oder wieder aufgehoben oder unter modifizierende Bedingungen gestellt.

g) Bankvollmacht

Man kann im Rahmen einer Vorsorgevollmacht auch die Vermögenssorge, also die Verwaltung des Vermögens sowie alle Rechtshandlungen und Rechtsgeschäfte im In- und Ausland, die Abgabe oder Entgegennahme von Erklärungen, die Stellung, Abänderung, Rücknahme von Anträgen, die Verfügung über Vermögensgegenstände, die Entgegennahme von Zahlungen oder Wertgegenständen sowie das Begründen oder die Erfüllung von Verbindlichkeiten, ferner die gesamten rechtsverbindlichen Erklärungen hinsichtlich von Bankkonten, Depots und Safes auf die Vertrauensperson übertragen.

Hierzu ist allerdings folgender Hinweis zu beachten: Kreditinstitute sind zwar rechtlich verpflichtet, schriftliche, weder beglaubigte noch notariell beurkundete Vollmachten anzuerkennen (LG Detmold vom 14.1.2015, 10 S 110/14, ZEV 2015, 353), verlangen jedoch in der Regel für alle diese Geschäfte die Erteilung einer **Vollmacht auf bankeigenen Vordrucken**. Diese wiederum werden in den Räumen der Bank im Beisein von Mitarbeitern der Bank bei Vorlage der Ausweispapiere (außer bei persönlichem Kennen) des Vollmachtgebers und des Bevollmächtigten ausgefüllt und sodann unterzeichnet. Im Sinne einer problemlosen Ausübung der übertragenen Rechte durch die bevollmächtigte Person sollte auf derartige Vorgaben der Kreditinstitute unbedingt Rücksicht genommen werden. Sie dienen dem Schutz des Vermögens des Betroffenen! (Siehe dazu auch 3. Kapitel I 1 e aa).

Achtung!

Vorsorgevollmacht – mit der Bank absprechen!

2. Die rechtliche Betreuung – Betreuungsverfügung

a) Rechtliche Betreuung

Angesichts der Tatsache, dass es der Intention des Gesetzgebers und der Intention aller Fachleute entspricht, dass die Einrichtung einer rechtlichen Betreuung durch das Betreuungsgericht (§ 1897 Abs. 4 BGB) möglichst durch die unmittelbare Einsetzung eines Gesundheitsbevollmächtigten in einer entsprechenden Vorsorgevollmacht ersetzt wird, dass also **private Vorsorge vor staatlicher Fürsorge** rangieren soll, sparen wir in diesem Buch umfassende Ausführungen zur rechtlichen Betreuung (früher Pflegschaft) nach dem Betreuungsrecht aus.

Wenn Sie aber schon Betreuer eines anderen Menschen sind, der nicht mehr in der Lage ist, Ihnen eine Vorsorgevollmacht zu erteilen, dann sollten Sie sich über Ihre Rechte und Pflichten als Betreuer nach dem **Betreuungsrecht** kundig machen (Beck-Rechtsberater im dtv „Ratgeber Betreuungsrecht" von Walter Zimmermann).

Wenn es in (kaum denkbaren) Ausnahmefällen doch einmal Gründe geben sollte, nicht einen Bevollmächtigten mittels einer Vorsorgevollmacht einzusetzen, wenn man also für den Fall von Alter und für den Fall des Verlusts der Selbstbestimmungsmöglichkeit im Rahmen einer Krankheit auf das Handeln eines durch das Betreuungsgericht bestellten Betreuers angewiesen ist, so sollte man sich wenigstens Gedanken machen, welche Person vom Gericht mit dieser Aufgabe betraut werden sollte. Man kann hierzu im Rahmen einer **Betreuungsverfügung** Hinweise für das Gericht geben. Die vorgeschlagenen Personen sollen nach dem Wortlaut des Gesetzes als Betreuer bestellt werden, wenn es dem Wohl des Volljährigen nicht zuwiderläuft. Ausdrücklich gilt dies auch für **Verfügungen**, die der Volljährige **vor dem Betreuungsverfahren** gemacht hat. Damit ist rechtlich verankert, dass das Betreuungsgericht an die Auswahl in einer Betreuungsverfügung gebunden ist.

An dieser Stelle sei noch einmal wiederholt, dass es in aller Regel heute kaum mehr vernünftige Gründe gibt, der für die spätere Betreuerbestellung auserwählten Person nicht unmittelbar und sofort Vorsorgevollmacht zu erteilen. Diese **Vorsorgevollmacht entfaltet**, wie oben dargelegt, ihre Wirkung sofort, ohne große Bürokratie und ohne das umständliche gerichtliche Verfahren. Anders als der Betreuer ist der Bevollmächtigte nicht verpflichtet, gegenüber dem Betreuungsgericht Rechenschaft abzugeben. Er wird ohne Mitteilungen von Verdachtsmomenten nicht vom Betreuungsgericht kontrolliert.

Natürlich haben immer noch einige Menschen (selten aus überzeugenden Gründen, meistens aus Rechtsunkenntnis und darauf beruhender Angst) Sorge, die sofort gültige Vollmacht könnte missbraucht werden. Für solche Befürchtungen wäre dann auch heute noch das Instrument der Betreuungsverfügung gerechtfertigt, wenn diese Angst nicht durch sachliche und rechtliche Information oder organisatorisch durch entsprechende Verwahrung der Vollmacht auszuräumen ist.

Achtung!

Bedenken gegen den Vorsorgebevollmächtigten? Kontrolle selbst organisieren!

Man kann die **Kontrolle des eigenen Bevollmächtigten** auch selbst im Voraus organisieren, indem man einen Kontrollbevollmächtigten mit bestimmten Aufgaben einsetzt. Man kann ihm aber auch nur die Kontrolle für gravierende Entscheidungen des Bevollmächtigten übertragen. Solche Entscheidungen wären dann nur wirksam, wenn der Bevollmächtigte und der Kontrollbevollmächtigte die Entscheidung gemeinsam treffen. Das muss in der Vorsorgevollmacht kenntlich gemacht werden. Es geht etwa um die Entscheidung, das eigene Haus zu verkaufen, den Betroffenen in einem Heim unterzubringen oder die Zustimmung zur Fortsetzung lebenserhaltender Behandlung zu verweigern. Man könnte in diesen Bereichen also in der Vollmacht jeweils formulieren: „Diese Entscheidung darf der Bevollmächtigte nur treffen, wenn Herr/Frau X dazu die schriftliche

Zustimmung erteilt hat. Diese hat mein Bevollmächtigter durch Vorlage im Original nachzuweisen." Grund für die eigene Organisation der Kontrolle des Bevollmächtigten muss nicht Misstrauen gegen den Bevollmächtigten sein. Die selbst organisierte Kontrolle schließt nämlich die staatliche Kontrolle aus. Denn auch hier gilt der Vorrang der privatrechtlichen Regelung vor der staatlichen Einmischung. Wenn also etwa die Verweigerung der Zustimmung zur künstlichen Lebensverlängerung beim Betreuungsgericht als Verdachtsmoment mitgeteilt wird, die Eignung des Bevollmächtigten in Frage zu stellen, dann entfaltet eine Kontrollbevollmächtigung eine wichtige Wirkung: das Betreuungsgericht kann in der Regel keinen Betreuer mit dem speziellen Aufgabenbereich der Kontrolle des Bevollmächtigten einsetzen, weil dies bereits privatrechtlich durch den Betroffenen organisiert ist.

Trotz dieser relativ neuen Möglichkeit, statt eines gerichtlich bestellten Betreuers einer Vertrauensperson eine Vorsorgevollmacht zu erteilen, wird in Kliniken oder in Pflegeheimen immer wieder die Ansicht vertreten, diese reiche zur **Besorgung von Rechtsangelegenheiten** oder zur Entscheidung in Gesundheitsangelegenheiten nicht aus. Es müsse ein vom Gericht bestellter Vertreter entscheiden. Es wird dann entweder direkt beim Betreuungsgericht ein Antrag auf Stellung eines Betreuers gestellt oder dem Vorsorgebevollmächtigten wird aufgegeben, sich selbst darum zu kümmern, vom Betreuungsgericht zum rechtlichen Betreuer bestellt zu werden. Dies ist natürlich rechtlich falsch. Es liegt am Bevollmächtigten, durch Vorlage der Vorsorgevollmacht und durch Hinweis auf die Rechtslage nach **§ 1896 Abs. 2 BGB** gegebenenfalls dem Betreuungsrichter „auf die Sprünge zu helfen".

b) Betreuungsverfügung

In einer Betreuungsverfügung kann man bestimmen, **wer** im Falle einer notwendigen Betreuung vom Betreuungsgericht zum **Betreuer** bestellt werden soll, bzw., wer hierzu nicht bestellt werden soll, wer hierzu ggf. ersatzweise bestellt werden soll usw. Vielfach wird aber auch zum Inhalt einer Betreuungsverfügung gemacht, **wie** man sich die **Ausübung der rechtlichen Vertretung im Einzelnen** vorstellt. Für die Rechtswirklichkeit ist es belanglos, ob man derartige Vorausbestimmungen unter der Überschrift „Betreuungsverfügung“ oder unter Überschrift „Patientenverfügung“ niederlegt.

Achtung!

Patientenverfügung und Vorsorgevollmacht bzw. Betreuungsverfügung sind zwei verschiedene Dokumente!

Wie oben bereits dargestellt, sollten aber grundsätzlich die verschiedenen Inhalte der Formulare

- „Vorsorgevollmacht“ oder „Betreuungsverfügung“ (**von wem** möchte ich vertreten werden?) und
- „Patientenverfügung“ (**wie** soll mein Vertreter für mich entscheiden?)

nicht vermengt werden.

Jeder Vertreter, Betreuer oder Bevollmächtigter, ist an den Patientenwillen absolut gebunden. Damit der Vertreter auch im Fall der Entscheidungsunfähigkeit des vertretenen Patienten weiß, wie er in dessen Sinne entscheiden soll, bedarf es der **Festlegung des eigenen Willens für diese Situationen**.

II. Regelungsinhalt der Patientenverfügung

1. Willensbildung und Gespräche über Krankheit und Tod

Will man für Krankheit, Alter und Sterbeprozess wirksam Vorsorge treffen, so sind sicherlich Gespräche über Krankheit und Tod mit engen Vertrauten, Freunden und Angehörigen die wichtigste Basis. In diesem juristischen Ratgeber möchten wir diesen Hinweis keineswegs unterlassen, andererseits auch nicht über Gebühr vertiefen. Jeder, der für diese Phase des Lebens Vorsorge treffen will, muss sich über seine eigenen Wertvorstellungen im Klaren sein. Hierzu sind häufig Krankheitsgeschichten von Angehörigen, Freunden oder Nachbarn ein guter Anlass. Ebenso enthalten viele Informationsbroschüren zur Abfassung einer Patientenverfügung Fallschilderungen.

Wir verweisen natürlich auf die zahllosen geschilderten Fälle unserer anwaltlichen Praxis, von denen in diesem Buch einige beispielhaft wiedergegeben sind. Anhand solcher Fallschilderungen sollte man sich Gedanken machen: Wie möchte man in einer vergleichbaren Situation behandelt werden? In erster Linie geht es um die Frage des „wie", erst in zweiter Linie geht es um die Frage des „warum". Warum man ein gewisses Handeln oder Unterlassen wünscht, muss Dritten gegenüber nicht gerechtfertigt werden.

Zum Verständnis dieses Rechtsratgebers: Man kann über die Behandlungswünsche bzw. -verbote hinaus viele andere Lebensbereiche mit Vorausverfügungen erfassen. So etwa die Frage, ob und in welche Einrichtung man möchte, wer das Haus, den Garten, den Hund versorgt, wer sich um Patenkinder oder eigene Kinder kümmern soll, wer in welcher Weise die Vermögensverwaltung vollziehen soll u.v.a.! Dieser Ratgeber und die hier vorgestellten Varianten von Patientenverfügungen decken nur den Sektor der medizinischen Versorgung ab und betreffen hier wiederum die rechtliche Seite (**„Patienten-rechte"!**). Wir verstehen uns nicht als Ratgeber für die gesamte Planung und Gestaltung der zweiten Lebenshälfte unter allen Aspekten, wollen auch keineswegs die sinnvolle Vorsorge auf die rechtlichen Bereiche und die Gesundheit reduziert sehen. Insoweit erheben sowohl dieser Ratgeber als auch die vorgelegten Texte von Patientenverfügungen keineswegs den Anspruch auf umfassende Vorgaben oder Vorschläge für die so wichtige Gestaltung des eigenen Alters im sozialen, familiären oder wirtschaftlichen Bereich! Die Vorsorgevollmacht deckt weitgehend alle Bereiche ab. Das Thema „Patientenverfügung" bearbeiten wir intensiv hinsichtlich der Rechtsbeziehung zwischen Behandlerseite (Arzt/Klinik u.a.) und Patient sowie hinsichtlich der Rechtsbeziehung zwischen Pflege und Patient und schließlich das sich aus beiden Rechtsfeldern ergebende Dreiecksverhältnis. Naturgemäß hängt die Befassung mit der **gesundheitlichen** Zukunft davon ab,

- ob man aktuell bereits an einer potentiell langfristig belastenden oder gar voraussichtlich tödlich verlaufenden Krankheit erkrankt ist oder

- ob man ganz generell für den Fall einer künftigen, plötzlich eintretenden, dauerhaften Einwilligungsunfähigkeit Vorgaben für die ärztliche Behandlung machen möchte.

Befasst man sich in der aktuell eingetretenen, erstgenannten Situation mit allen Fragen der gesundheitlichen und sozialen Versorgung, so sprechen wir von **„Gesundheitlicher Vorausplanung“** (2. Kapitel II 1, Einleitung zum 3. Kapitel und spezielle Verfügungstexte im Anhang V Nr. 2 bis 6 sowie Gesetzestext des § 132g SGB V im Anhang I Nr. 5).

Befasst man sich ohne konkrete Erkrankung oder allenfalls in theoretischer Erwartung (z.B. bei familiärer Disposition) mit den naturgemäß aktuell unbekannten künftigen schwersten Leidenssituationen, die plötzlich eintreten und dauerhaft die eigene Entscheidungsfähigkeit ausschließen könnten (z.B. Schlaganfall, Hirnblutung oder Koma nach Reanimation), so sprechen wir von Vorsorge durch eine **„Patientenverfügung“**.

Achtung!

Reden über das Sterben – kein Tabu!

Die Befassung mit dem Tod ist in unserer Gesellschaft immer noch ein Thema, das ungern angesprochen wird. Nach den Erfahrungen, die wir in unserer Praxis gemacht haben, gibt es Menschen, die dieses Thema verdrängen, Menschen, die dieses Thema zwar für sich selbst zum Gegenstand von Überlegungen machen, wohl auch eigene Wertvorstellungen bilden, sich jedoch scheuen, mit anderen darüber zu sprechen, und schließlich die Menschen, die dieses Thema in Gesprächen mit vertrauten Personen erörtern.

Letzteres ist natürlich die beste Voraussetzung für die Vorsorge.

Gerade Ärzten ist es nach unserer Erfahrung gefühlsmäßig und traditionell am liebsten, mit Angehörigen über derartige Gespräche des Patienten in gesunden Tagen zu sprechen. So haben sie immer gehandelt, so sind sie es gewöhnt.

Je länger es allerdings Patientenverfügungen gibt, je mehr sie in Praxen und Kliniken die Ärzte erreichen, desto mehr breitet sich ein neuer Missstand aus. Ärzte, die nicht gerne mit Patienten über das

Sterben reden, sind froh, dass dazu sozusagen alles in der Patientenverfügung steht. Das Gespräch mit dem sehr wohl noch kommunikationsfähigen Patienten unterbleibt zuweilen. Und nicht selten wird die Patientenverfügung gar nicht mehr gelesen („Steht ja doch immer das Gleiche drin!")

Und eine weitere Fehlentwicklung beobachten wir: bei (unqualifizierten) Ärzten oder Krankenhäusern kommt es zur groben Zwei-Klassen-Einstufung von Patienten: die einen, die keine Patientenverfügung haben, lehnen ärztliche Behandlung also nicht ab, sind willkommen und bekommen unreflektiert Maximaltherapie, ohne die zwingende Voraussetzung der ärztlichen Indikation im Einzelfall geprüft zu haben (siehe 2. Kapitel I); die anderen haben eine Patientenverfügung, werden eher als kritische, schwierige Patienten eingestuft, die nicht alles annehmen, was der Arzt anbietet, und bekommen womöglich von Anfang an eine Unterversorgung. Wenn sich Aversion und mangelnde Rechtskenntnis mischen, kann es zu krass rechtswidrigen Situationen kommen. Da wird beispielsweise eine aktuell zwingend indizierte Beatmung nicht begonnen mit dem unsinnigen Hinweis auf die Patientenverfügung. Der Patient wolle so etwas ja nicht. Die Voraussetzungen für diese Ablehnung werden entweder nicht verstanden oder man scheut den Beginn einer Beatmung, weil man die spätere ggf. gebotene Beendigung nicht erleben möchte, die für manchen Arzt immer noch eine Horrorvision darstellt.

Mitunter wird Angehörigen als Bevollmächtigten oder rechtlichen Betreuern von Patienten, die akut eine indizierte künstliche Beatmung oder Ernährung brauchen, von der Zustimmung abgeraten. Dies mit der rechtlich fehlerhaften Begründung, eine Beendigung solcher lebenserhaltender Maßnahmen sei unzulässig. Oder mit der Begründung, eine an sich gebotene spätere Beendigung werde „hier im Hause" abgelehnt.

So werden Patienten schlicht fehlerhaft behandelt und sterben womöglich wegen solcher rechtswidrigen Verhaltensweisen, obwohl sie gute Chancen für Gesundung oder Verbesserung gehabt hätten. „Schuld" ist dann in den Augen jener Ärzte die Patientenverfügung. In Wirklichkeit ist „schuld" die Unkenntnis von Recht und/oder Medizin!

Es fällt vielen Ärzten, Pflegekräften und Einrichtungen immer noch schwer, die von der Rechtsprechung geforderte Selbstbestimmung des Patienten als oberste Leitlinie in der Behandlung zu verinnerlichen. Im „normalen" medizinischen Alltag ist dieser Grundsatz längst akzeptiert. Wenn es aber am Ende des Lebens zu der Frage „Weitermachen oder Aufhören?" kommt, soll der Patient plötzlich nicht mehr selbst bestimmen. Dann sind manche Ärzte, Pflegekräfte oder Heimleitungen völlig verständnislos oder aus eigenem Wertefanatismus oppositionell.

Diese **emotionale Ablehnung, Menschen sterben zu lassen**, führt mitunter zu grotesken Reaktionen: Es gibt einerseits Ärzte oder Pflegekräfte, die nun plötzlich auf derartige Erklärungen von Patienten zu Krankheit und Sterben in gesunden Tagen überhaupt nicht mehr abstellen wollen, weil es an einer schriftlichen Patientenverfügung fehlt (Gleichwertigkeit von mündlicher oder schriftlicher Vorausverfügung siehe in diesem Kapitel unter 2a und im 2. Kapitel unter II 4). Andererseits gibt es Ärzte und Pflegekräfte, die sich an eine perfekte schriftliche Patientenverfügung nicht halten wollen, wenn nicht zusätzlich – sozusagen als Beweis für die Glaubwürdigkeit – über entsprechende mündliche Äußerungen des Patienten aus gesunden Tagen referiert wird. „Wie man's macht, ist's falsch!"

Nach alledem liegt die Lösung auf der Hand: die beste Vorsorge für Krankheit, Alter und Sterbevorgang geschieht in drei Schritten.

a) Der Patientenwille – Entwicklung in drei Schritten

- In einer intensiven Befassung mit dem Thema müssen erst einmal die **eigenen Wertvorstellungen gefunden** und **definiert** werden. Man muss sich also darüber Gedanken machen, was man will, was man nicht will, welches Leben und welche Behandlung einem selbst sinnvoll oder lebenswert erscheinen, wie die Einstellung zu künstlicher Lebensverlängerung, zum Erleben von Leiden, zum „Leben nach dem Tod" ist. Noch viele andere Aspekte können eine Rolle spielen. Diese Phase hat inzwischen den Fachbegriff der Gesundheitlichen Vorausplanung (Advance Care Planning) erhalten.

- Der Meinungsbildungsprozess, jedenfalls aber das **Ergebnis** solchen Nachdenkens sollte dann das **Thema von Gesprächen im Familienkreis** oder mit engsten Vertrauten werden, zwingend aber mit jenen Personen, denen man mit einer Vorsorgevollmacht oder Betreuungsverfügung die Bürde auflädt, später gemäß dem ermittelten Willen über sein Sterben oder Weiterleben zu entscheiden. Schon in diesen Gesprächen sollten möglichst konkrete **Behandlungswünsche** im Sinne des § 1901a Abs. 2 BGB (siehe unten) formuliert werden. Wer mag, kann einen Ethikberater hinzuziehen. In stationären Einrichtungen wird dies nach § 132g SGB V (Anhang I Nr. 5) angeboten.
- Letzter Schritt und sozusagen das „i-Tüpfelchen" der Vorsorge und damit der juristischen Absicherung ist die **schriftliche Fixierung** dieser Wertvorstellungen in einer **Patientenverfügung**, die den Vorgaben des § 1901a Abs. 1 BGB entspricht. Dabei sollte man unbedingt „wasserdicht" formulierte Vordrucke verwenden (siehe unten 3. Kapitel II 6 a). So wird die Umsetzung der eigenen Wertvorstellungen, die man nun ggf. mit einiger Überwindung gebildet und einer Vertrauensperson offenbart hat, nicht an fehlerhaften Formulierungen scheitern.

In einer Patientenverfügung müssen keine Wertvorstellungen dargestellt werden, **die Patientenverfügung ist das Resultat der Wertvorstellungen des Verfassers.** Nicht nötig aber zuweilen hilfreich sind separat persönlich hinzugefügte oder wenigstens der/den Vertrauensperson(en) mitgeteilte eigene Wertvorstellungen. Deshalb wird in den Formularen regelmäßig „Raum für persönliche Erklärungen" gegeben.

Abzulehnen sind dagegen ausschließlich umfassende, womöglich seitenlange, gedruckte, vorformulierte Erklärungen über die Wertvorstellungen eines Menschen. Egal, wie im Einzelnen diese Wertvorstellungen ausformuliert sind, man wird eher skeptisch sein, ob unzählige Verwender solcher Formulare wirklich alle die gleiche Wertvorstellung haben, als dass man sich von solchen Formularen ein überzeugendes Bild von der Wertewelt des konkreten Patienten vermitteln lassen will. Gerade solche weitschweifigen vorformulierten Erklärungen über die eigene Wertewelt zwingen dann oft eher zur Auslegung, was im Einzelfall geschehen soll, als konkrete schriftlich niedergelegte Behandlungsverbote zu konkret genannten gesundheitlichen Situationen.

Zwei Grundsätze des Medizinrechts sollte man sich hier vor Augen halten:

1. **Der Patient kann dem Arzt alles verbieten, ihm aber nichts vorschreiben!** Der Arzt kann nicht indizierte Behandlung ablehnen, auch wenn sie in der Patientenverfügung verlangt wird. Indizierte Behandlung (z.B. angemessene Symptomkontrolle und Schmerzlinderung) schuldet der Arzt nicht erst nach einer Patientenverfügung, sondern ohnehin nach dem Facharztstandard.
2. **Die Verfassung verbietet eine Abstufung des Grundrechts auf Selbstbestimmung!** Mit § 1901a Abs. 3 BGB war die lange Debatte um die sog. „Reichweitenbeschränkung" beendet worden. Es war seinerzeit angedacht worden, dass man lebensverlängernde Behandlung nur ab einem gewissen Schweregrad der Erkrankung verbieten könne. Weniger Kranke oder gar Menschen, die durch Behandlung wieder vollkommen gesund werden könnten, dürften leidens- und lebensverlängernde Maßnahmen sowie Maßnahmen, die ihre Gesundheit sogar vollkommen wiederherstellen können, nicht verbieten. Das allerdings wäre verfassungswidrig gewesen und deshalb garantiert § 1901a Abs. 3 BGB das Grundrecht, ohne Rücksicht auf Art und Stadium einer Erkrankung lebensverlängernde oder lebensrettende Behandlung zu verbieten. Derselbe verfassungsrechtliche Grundsatz findet sich konsequenterweise im „Sterbehilfe-Urteil" des Bundesverfassungsgerichts vom 26.2.2020 (Anhang III Nr. 23) wieder. Da das Grundrecht auf Selbstbestimmung sowohl berechtigt, lebensverlängernde Behandlung abzulehnen als auch mit eigener Hand sein Leben zu beenden, bestehen natürlich beide Rechte ohne Rücksicht auf Art und Stadium einer Erkrankung.

Das Medizinrecht gibt die Konzeption einer validen Patientenverfügung vor: Es müssen für einzeln aufgezählte gesundheitliche Situationen und deren konkrete gesundheitliche Einschränkungen konkrete Vorgaben für die ärztliche Behandlung gemacht werden. Rechtlich kommt es auf die Verbote von gewissen Behandlungen an;

denn nach deutschem Medizinrecht kann eben der Patient dem Arzt alles verbieten, ihm aber nichts vorschreiben. Dagegen macht es keinen Sinn, detailliert Krankheiten aufzuzählen. Würde man z.B. für einen „Schlaganfall" mit daraus resultierendem dauerhaften Bewusstseinsverlust die künstliche Ernährung verbieten, dann würde dies u. U. nicht für eine „Gehirnblutung" mit der gleichen lebenslangen Bewusstlosigkeit gelten.

Man sollte also dem Verbraucher **Formulare einer rechtlich einwandfreien Patientenverfügung** an die Hand geben (der Text, den das Bayerische Staatsministerium der Justiz unter Mitwirkung von Wolfgang Putz und Tanja Unger herausgibt, ist im Anhang V Nr. 1 und 2 abgedruckt). Sie erfassen üblicherweise (daher „Standard-Patientenverfügung") die **wenigen** aktuell ja nicht absehbaren Situationen, für die man in einer Patientenverfügung überhaupt **Behandlungsverbote** aussprechen kann.

Achtung!

Eine Standard-Patientenverfügung kann nur wenige künftige Behandlungssituationen und nur darauf bezogene einzelne Behandlungsverbote erfassen!

Neuerdings wird den Patientenverfügungen der Autoren und jenen von Justizministerien von Bund und Ländern vorgeworfen, sie würden den Notfall nicht regeln und sie würden, obgleich ein Grundrecht, die Reichweite einschränken. Diese Kritik übersieht, dass die „klassischen" Texte wie zum Beispiel im Anhang V Nr. 1 auf die mit Abstand am häufigsten bestehenden Wertvorstellungen über Krankheit und Sterben zugeschnitten sind („Standard-Patientenverfügung"). Unsere jahrzehntelange Beratungstätigkeit zeigt uns, dass nahezu ausnahmslos im Notfall (mangels sicherer Prognose) die Aufnahme einer lebensrettenden Behandlung von Menschen ohne vorbestehende potentiell gravierende oder lebensbedrohende Krankheitszustände erwünscht ist. Natürlich erfordert eine qualifizierte Beratung folgenden Hinweis: Erweist sich später, dass diese Notfall-Behandlung nur in einen Zustand geführt hat, wie er in der Patientenverfügung beschrieben und nicht gewollt ist, dann „greift" diese und es müssen leidensverlängernde Behandlungen beendet werden. Natürlich gibt es weitere mögliche Verfügungsinhalte, wie etwa die zeitliche Begrenzung von Lebens- und Leidensverlängerung bei dauerhaften schwersten Krankheitszuständen. Speziell hier und hinsichtlich aller über den Text der „Standard-Patientenverfügung“ hinausgehenden Gestaltungsmöglichkeiten raten wir „Gesunden“ dringend zu einer rechtlich und medizinisch qualifizierten Beratung.

Achtung!

Spezielle Patientenverfügungen für spezielle Situationen und/ oder „Andersdenkende"!

Zum andern steht es jedem frei, auch für den Notfall oder schwerste, meist klinische Krankheitsverläufe, bei denen aber die Prognose nicht sicher ist, jegliche über die reine Palliation hinausgehende Behandlung auch im Wissen um möglicherweise vergebene Chancen zu verbieten. Dieses Interesse nimmt im Alter und/oder bei belastender Gesundheitsstörung naturgemäß zu. Hier empfiehlt sich selbstverständlich eine persönliche Beratung! „Standard-Patientenverfügungen“, die als Formular vertrieben werden, bedienen naturgemäß die „üblichen“ Wünsche“ der Verbraucher. Wir haben in unserer anwaltlichen Beratungspraxis seltenst Mandanten erlebt, die in gesunden Tagen über eine solche „Standard-Patientenverfügung“ hinaus auch etwaige Notfälle oder Krisen mit Behandlungsverboten regeln wollten. Dazu mehr in diesem Kapitel unter II 2c. Im Anhang V finden sich hierzu beispielhaft weitere Texte für solche Regelungsbedürfnisse und Gestaltungsmöglichkeiten.

Behandlungsanweisungen an den Arzt oder zahllose Behandlungsverbote (wie sie im Internet massenweise angeboten werden) sind mangels Kenntnis der künftigen Situation und mangels Kenntnis der dann indizierten Behandlung häufig unsinnig.

Das alles mag verwundern, ergibt sich aber aus folgenden Überlegungen:

1. Der Patient muss seine Einwilligungsfähigkeit jedenfalls so rasch verloren haben, dass er zu einer Auseinandersetzung mit seiner Diagnose oder Prognose nicht mehr gekommen ist oder es ver-

säumt hat. Dies passiert entweder durch Fortschritt einer schweren neurologischen Störung oder durch Dauerhaftigkeit einer aus dem Gesunden heraus schlagartig erlittenen neurologischen Störung (Diagnose).

2. Der Patient muss zudem nach ärztlicher Einschätzung seine Einwilligungsfähigkeit aller Wahrscheinlichkeit nie mehr wieder erlangen (Prognose).
3. Weiterleben muss nur mit künstlicher Lebensverlängerung möglich sein. Diese kann dann in einer Patientenverfügung verboten werden, also z.B. künstliche Flüssigkeitszufuhr, künstliche Ernährung, künstliche Beatmung, künstliche Niere u.v.a. Ohne diese Substitution wird der Patient versterben.

Eine weitere Situation erfassen neuere Texte von Patientenverfügungen, die bei Hirnabbauerkrankungen wie z.B. Demenz oder Alzheimersche Erkrankung die kurative Behandlung von hinzutretenden, potentiell tödlichen Erkrankungen (Interkurrenterkrankungen) oder potentielle Reanimationen verbieten. Diese Regelungsbemühen setzen aber eine Mitwirkung des rechtlichen Vertreters voraus; denn man kann unter „Situationen, in denen diese Verfügung gilt" ja keine Definition eines Stadiums solcher Erkrankungen verankern. Es gibt eben keine „Alzheimer-Skala", ab deren Stufe X dann diese Behandlungsverbote greifen könnten. Also muss der Bevollmächtigte nach dem mutmaßlichen Willen des Patienten den „Einsatzbefehl" bei Fortschreiten solcher Erkrankungen geben, ab wann weitere lebenserhaltende Behandlungskomponenten unterbleiben müssen.

Das kann bei Auftreten einer Lungenentzündung bei solchen Patienten zwar noch in Ruhe überlegt und nach dem Patientenwillen entschieden werden. Besonders schwierig ist es aber, wenn der Patient in Abhängigkeit von einem gewissen schweren Krankheitsstadium nicht mehr reanimiert werden will. Hier muss der rechtliche Betreuer bzw. der Vorsorgebevollmächtigte letztlich eines Tages die folgende Anordnung erteilen: „Angesichts des jetzt erreichten schweren Krankheitsstadiums der … -Erkrankung des Patienten, hat unabhängig von Art und Ursache einer akuten Situation jegliche Reanimation zu unterbleiben. Ferner dürfen Interkurrenterkrankungen nur noch palliativ behandelt werden." Es versteht sich von selbst, dass der Patient in gesunden Tagen eine Benennung eines konkreten Zeitpunkts nicht treffen kann.

Bei Verwendung oder Erarbeitung qualifizierter Texte für Patientenverfügungen ergibt sich ein aus unserer Erfahrung ideales Instrument aus juristischer Verbindlichkeit und persönlicher Glaubwürdigkeit. Dies alles muss untrennbar verbunden und eingebettet in Gespräche mit jenen Personen sein, denen dann im Wege der Vorsorgevollmacht die Aufgabe übertragen wird, im Ernstfall den Patientenwillen umzusetzen.

Diese Vertrauenspersonen, mit denen über das Thema gesprochen wurde, denen sogar Vorsorgevollmacht erteilt wurde, sind dann auch wichtige **Zeugen für die Echtheit und inhaltliche Richtigkeit** sowie für die Untermauerung der schriftlich niedergelegten Patientenverfügung.

Vorsicht mit dem Wildwuchs von Patientenverfügungen im Internet (siehe auch unten 4 f)

Wenn man mit einer Standard-Patientenverfügung schon nur ganz wenige Krankheitssituationen erfassen kann, dann kann man auch nur ganz wenige Behandlungsverbote aussprechen! Die Ideen mancher Formulare für Patientenverfügungen (nicht nur, aber neuerdings besonders im Internet), eine möglichst große Vielzahl von Krankheiten mit einer möglichst großen Vielzahl von Vorgaben an den Arzt zu erfassen übersehen z.B.:

- Der Patient kann in den beschriebenen Krankheitssituationen aktuell noch mit seinem Arzt sprechen und selbst über die Behandlung entscheiden.
- Die Vielfalt der möglichen künftigen Krankheitssituationen lässt keine Vorgaben oder Verbote für die ärztliche Behandlung im Voraus aus dem Gesunden zu.
- Der Patient kann dem Arzt zwar Behandlungen ganz oder teilweise verbieten, aber er kann den Arzt nicht zu bestimmten Behandlungen zwingen.
- Es werden völlig unsinnige Verbote ausgesprochen (z.B. „Ich verbiete Endoskopie“).

Es kann nicht Aufgabe dieses Ratgebers sein, sich mit den unzähligen kursierenden, meist mehr schlechten als rechten Formulierungen von Patientenverfügungen zu befassen. Hier, im **3. Kapitel „Vorsorge für Krankheit und Sterben“**, sprechen wir jene Menschen an, die ihre Vorsorge in gesunden Tagen regeln wollen. Im Zweifel sorgen Sie sinnvoll vor, indem sie ihre Patientenverfügung nach den neuesten Texten im Anhang dieses Buches neu erstellen. Denn es ist ja ohnehin ratsam, die Patientenverfügung in einigen Abständen immer wieder zu bekräftigen. Dies kann durch die Verwendung eines aktuell vollkommen korrekten Formulars am besten geschehen. Besondere Umstände wie hohes Alter, Multimorbidität oder eine sich entwickelnde zum Tode führende Krankheit sind Beispiele, wann eine spezielle Patientenverfügung statt dem Text einer „Standard-Patientenverfügung“ und eine entsprechende Beratung sinnvoll sind!

Die Patientenverfügung wird leider häufig aus mangelndem Verständnis von Ärzten kritisiert: sie beklagen, dass sie in der großen Mehrzahl von Behandlungssituationen nicht weiterführend ist, meist mit dem völlig unsinnigen Hinweis „Wir reden lieber mit unseren Patienten!“. Es wird übersehen, dass die Patientenverfügung ja erst „greift“, wenn man nicht mehr mit dem Patienten reden kann. Es gibt aber auch Ärzte, die das sehr wohl mögliche Gespräch mit Schwerstkranken über Behandlungsbegrenzungen und Zulassen des Sterbens scheuen. Manche von diesen Ärzten meinen, die Patientenverfügung könnte oder müsste ihnen dieses belastende Gespräch ersparen.

Achtung!

Die Patientenverfügung ersetzt niemals den Dialog zwischen Arzt und entscheidungsfähigem Patienten.

b) Keine Rechtfertigungspflicht

Achtung!

„Nein!“ heißt „Nein!“

Wer in seiner Patientenverfügung klare Festlegungen trifft, ist keine Erklärung über seine Motive schuldig. Er muss sich nicht rechtfertigen. Er muss seine Wertewelt nicht offenbaren. Wo immer ein Mensch in Ausübung seiner grundrechtlich geschützten Selbstbestimmung eine persönliche Definition von Lebenswert und Würde vornimmt und daraus Einwirkungen anderer jeglicher Art (z.B. auch sexueller Art) ablehnt, gilt der rechtliche Grundsatz „Nein" heißt „Nein". Denn mit der Selbstbestimmung über seine ärztliche Behandlung kann der Patient genauso wie bei der sexuellen Selbstbestimmung niemals in die Rechte anderer eingreifen (Art. 2 Abs. 1 und 2 Grundgesetz). Das Recht besteht ohne Einschränkung und es bedarf keiner Begründung für seine Geltendmachung. Gerade jene bereits erwähnten vorformulierten, seitenlangen Patientenverfügungen mit der Darlegung einer umfassenden Wertvorstellung zu Leiden, Erleben von Krankheit, Alter, Tod beruhen auf der Vorstellung, dass der Verfasser sich umfassend rechtfertigen müsse, dass er in einer gewissen Situation lieber sterben als leben möchte. Die von uns konzipierten Texte sind für sich allein und ohne irgendwelche Zusätze **bundesweit rechtsverbindliche Festlegungen**. Ein Patient, der einer künftigen Operation schriftlich zustimmt, muss ja zur Wirksamkeit der Einwilligung auch nicht seine Wertvorstellungen schriftlich niederlegen! Wenn eine Situation, die in der Patientenverfügung genau beschrieben ist, eintritt, dann sind ausdrückliche Behandlungsverbote des Patienten für jedermann absolut verbindlich, ohne dass der Patient diese Entscheidung in der Patientenverfügung begründen muss.

Es kann nicht gefordert werden, dass die Weisungen durch den Patienten in einer schriftlichen Ergänzung zur Patientenverfügung noch umfassend begründet werden müssen. Dies sagen wir deswegen so deutlich, weil in der Praxis eine gewisse Intention erkennbar ist, „nicht ausreichend begründete" Patientenverfügungen, also „lediglich" ausgefüllte, „lediglich" angekreuzte und unterzeichnete Formulare nicht anzuerkennen.

Natürlich raten auch wir als juristische Praktiker dann zu ergänzenden schriftlichen Angaben über die eigenen Wertvorstellungen, wenn der Patient später nicht durch eine nahe Vertrauensperson (mit der man sinnvollerweise über die eigenen Wertvorstellungen gesprochen hat) vertreten wird, sondern etwa durch einen fremden, vom Betreuungsgericht ernannten „rechtlichen Betreuer“. In diesem Fall machen die ergänzenden und erläuternden Wertvorstellungen, auch „gesundheitliche Vorausplanung (GVP)“ genannt, die getroffenen Entscheidungen für den fremden Betreuer gut nachvollziehbar. Sie haben auch den Vorteil, für Situationen, die nicht genau den Vorgaben der Patientenverfügung entsprechen, den mutmaßlichen Willen des Patienten anhand der so genannten persönlichen Wertanamnese besser ermitteln zu können. Unser Ziel ist es naturgemäß, mit diesem Ratgeber die optimale faktische Umsetzung des Patientenwillens durch entsprechende Vorsorge abzusichern. In diesem Sinn macht die schriftliche Niederlegung der eigenen Wertanamnese in Einzelfällen natürlich Sinn, auch wenn sie rechtlich nicht erforderlich ist.

Man muss sich jedoch im Klaren sein, dass gerade diese schwierigen Situationen oft durch das Gespräch mit Angehörigen über die Wertewelt des Patienten besser zu lösen sind als durch die mühselige Auslegung schriftlicher Patientenverfügungen. Deswegen sei erneut dringend die Thematisierung im Kreise engster Vertrauter als die beste flankierende Maßnahme angeraten.

c) Ärztliche Aufklärung als rechtliche Wirksamkeitsvoraussetzung?

Die Forderung nach einer Begründung der in der Patientenverfügung getroffenen Entscheidung, also nach der schriftlichen Niederlegung einer begründenden Werteanamnese, hat zuweilen auch noch ein anderes Motiv: Ärzte haben verinnerlicht, dass eine Operationseinwilligung nur dann rechtsverbindlich ist, wenn der einwilligende Patient die Tragweite seiner Einwilligung kannte, folglich vorher über die medizinische Tragweite aufgeklärt wurde. Dies ist allerdings juristisch nicht richtig. Auch der nicht aufgeklärte Patient kann wirksam einer Operation zustimmen. **Der Arzt muss die Aufklärung lediglich dem Patienten anbieten.** Der Patient kann sie aber auch ablehnen und gezielt unwissend entscheiden, § 630e Abs. 1 und 3 BGB/Patientenrechtegesetz. Lediglich zum Schutz der Ärzte wird natürlich diesen geraten, den Patienten möglichst aufzuklären, dies tunlichst zu dokumentieren oder sich wenigstens die Ablehnung gegenzeichnen zu lassen. Denn sonst könnte der Patient später argumentieren, er habe nur deswegen dem Eingriff zugestimmt, weil er sich der Tragweite seiner Zustimmung mangels ärztlicher Aufklärung nicht bewusst war.

Achtung!

Der Patient muss nicht aufgeklärt sein, er kann stets – auch mit einer Patientenverfügung – auch unaufgeklärt zustimmen oder die Zustimmung verweigern.

Überdies wäre die Forderung nach Aufklärung vor einer Patientenverfügung eine **unzulässige Analogie** zum Bereich der Operationsaufklärung: Es wird übersehen, dass der Operateur den Nachweis der Aufklärung zu seiner Verteidigung gegen den Vorwurf führen muss, durch aktives Handeln eine strafbare Körperverletzung begangen zu haben. Die Beweislast liegt bei ihm.

Ganz anderes gilt für die Patientenverfügung. Rechtlich relevant sind hier Verbote, insbesondere Verbote möglicher lebensverlängernder Maßnahmen. Hier verlangt der Patient das Zulassen des Sterbens: Er verlangt ein Unterlassen! Insofern **verbietet** der Patient ausdrücklich einen **Eingriff an seinem Körper**, also eine grundsätzlich mit Strafe bedrohte Körperverletzung. Ein solches Verbot bindet jedermann. Der später behandelnde Arzt konnte zum Zeitpunkt der Abfassung eines solchen Behandlungsverbotes gar nicht zur Aufklärung verpflichtet sein. Im Falle von Vorausverfügungen durch Behandlungswünsche oder Patientenverfügungen nimmt der Patient das Aufklärungsrisiko auf sich.

Um die bestmögliche Umsetzung des Patientenwillens zu gewähren und viele „Stolpersteine“ schon vorab wegzuräumen, raten wir dennoch, sich z.B. von einem vertrauten Hausarzt bei der Abfassung einer Patientenverfügung beraten zu lassen und dies auch zu dokumentieren.

Achtung!

Der gute Hausarzt kann eine wichtige Hilfe sein.

Allerdings erlauben wir uns den Hinweis, dass wir vereinzelt die Erfahrung gemacht haben, dass Ärzte im Rahmen einer solchen Beratung unsinnige Hinweise geben wie etwa jenen, man würde mit der Patientenverfügung bewirken, eines Tages grausam zu verhungern und zu verdursten. Solche Hinweise bewirken dann oft eine **Einschüchterung des Patienten** und ein Absehen von einer Vorsorge, die dem wahren Willen des Patienten entspricht. Dass diese Auskunft natürlich nicht richtig ist, wird im 4. Kapitel II 4 a bis c ausführlich dargestellt.

2. Fixierung des Patientenwillens in einer Patientenverfügung

a) Schriftform

Achtung!

Gibt es die mündliche Patientenverfügung?

Der Begriff „Patientenverfügung" wird durch das Patientenverfügungsgesetz in § 1901a Abs. 1 BGB ausschließlich einer schriftlich niedergelegten Vorausverfügung vorbehalten.

Achtung!

Was ist, wenn der Patient nur **gesagt** hat, was er will?

Seit dem Patientenverfügungsgesetz dürfen sich mündliche Patientenverfügungen nicht mehr „Patientenverfügung" nennen. Sie sind aber in gleicher Weise als Behandlungswünsche nach § 1901a Abs. 2 BGB verbindlich.

§ 1901a Abs. 2 BGB:

> Liegt keine Patientenverfügung vor oder treffen die Festlegungen einer Patientenverfügung nicht auf die aktuelle Lebens- und Behandlungssituation zu, hat der Betreuer die Behandlungswünsche oder den mutmaßlichen Willen des Betreuten festzustellen und auf dieser Grundlage zu entscheiden, ob er in eine ärztliche Maßnahme nach Absatz 1 einwilligt oder sie untersagt. (…)

b) Inhalte einer Patientenverfügung

Achtung!

Keine eigenen Formulierungsversuche bei der Patientenverfügung!

In aller Regel sollte eine Patientenverfügung die im Formular im Anhang V Nr. 1 vorgegebenen Inhalte haben. Die Erfahrungen aller Autoren dieser Texte beim Bayerischen Staatsministerium der Justiz haben übereinstimmend gezeigt, dass diese Regelungen den Wunschvorstellungen der allermeisten Menschen gerecht werden.

Achtung!

Keine Krankheiten aufzählen, sondern die Einschränkungen durch Krankheiten beschreiben!

Wie oben dargestellt dürfen keine Krankheiten, sondern es müssen krankheitsbedingte **gesundheitliche Einbußen zur Voraussetzung für Behandlungsverbote** gemacht werden. Der Grad der rechtlichen Bindungswirkung einer Patientenverfügung hängt nämlich davon ab, wie gut (in juristischer und medizinischer Hinsicht) und wie passend für die konkrete Situation die Patientenverfügung formuliert ist. Die angebotenen Formulare bieten Gewähr für eine optimale Formulierung aus juristischer Sicht. Ferner sind die Situationen, in denen die Patientenverfügung gelten soll, von Ärzten so fachkundig formuliert worden, dass bei Eintritt dieser Situationen in der Realität später sehr genau „subsumiert“ werden kann, d.h. man wird eine Übereinstimmung der beschriebenen mit der eingetretenen Krankheitssituation gut feststellen können. Eine solche Patientenverfügung ist nach § 1901a Abs. 1 BGB für alle Beteiligten absolut verbindlich.

Achtung!

Möglichst viele Krankheiten möglichst genau beschreiben – ein schlechter Rat!

Vielfach wird der Rat erteilt, in einer Patientenverfügung so viele Krankheitsbilder wie möglich und für diese wiederum so genau wie möglich zu beschreiben, welche ärztlichen Behandlungen man konkret wünscht und welche nicht. Gerade im Internet beobachten wir derzeit eine solche Entwicklung! Davon können wir nur abraten. Bei akribisch genauer Aufzählung von einzelnen Krankheiten und einzelnen Behandlungsmaßnahmen kann später eher argumentiert werden, dass bei Eintritt einer nicht aufgezählten Erkrankung oder der Fragestellung nach einer nicht aufgezählten Behandlung der Patient hier keine Regelung hat treffen wollen.

Es gibt aber auch Fallgestaltungen, die niemand im Voraus genau beschreiben kann. Z. B. ein sich über lange Zeit entwickelndes vielschichtiges Krankheitsbild, bei dem ständig neue gesundheitliche Beeinträchtigungen hinzukommen, sodass die Summierung aller Beeinträchtigungen in langsam steigendem Ausmaß die Befindlichkeit des Menschen beeinträchtigt. Rechtzeitig sollte man hier an die Gesundheitliche Vorausplanung denken, solange diese möglich ist. Es ist hingegen unmöglich, im Voraus eine derartige Entwicklung für sich selbst zu bewerten bzw. festzulegen, ab wann man selbst bei späterer Unmöglichkeit eigener Entscheidung seinen Zustand nicht mehr „lebenswert“ empfindet, oder gar zu beschreiben, in welchem Stadium welche Maßnahmen vorgenommen oder unterlassen werden sollen. Hier hat der Vertreter des entscheidungsunfähigen Patienten (Betreuer oder Bevollmächtigter) den mutmaßlichen aktuellen Willen des Patienten zu ermitteln. Genau für diese Situationen kann die Patientenverfügung oder eine zeitnah, gerade noch rechtzeitig, vom bereits Erkrankten getroffene, gesundheitliche Vorausplanung wesentliche Anhaltspunkte zur Ermittlung dieses mutmaßlichen Willens enthalten. Hierzu der Bundesgerichtshof in seinem Beschluss vom 17.9.2014, Anhang III Nr. 18: „Die Anforderungen an die Bestimmtheit einer Patientenverfügung dürfen nicht überspannt werden. Vorausgesetzt werden kann nur, dass der Betroffene umschreibend festlegt, was er in bestimmten Lebens- und Behandlungssituationen will und was nicht. Maßgeblich ist nicht, dass der Betroffene seine eigene Biografie als Patient vorausahnt und zukünftige Fortschritte in der Medizin vorwegnehmend berücksichtigt. Insbesondere könne kein gleiches Maß an Präzision verlangt werden wie bei der Erklärung eines einwilligungsfähigen Kranken in die Vornahme einer ihm angebotenen Behandlung. Maßgeblich sei, ob die entsprechenden Anweisungen, welche zu einem Zeitpunkt erteilt wurden, als ein bestimmter ärztlicher Eingriff noch nicht unmittelbar bevorstand, auf die aktuelle Lebens- und Behandlungssituation zugeschnitten sind."

Achtung!

Nicht am Buchstaben kleben, sondern den wahren Willen ermitteln!

Es kann auch die beste schriftlich niedergelegte Patientenverfügung einmal nicht exakt auf eine eingetretene Situation zutreffen. Hier ist nach der Auslegungsregel des § 133 BGB der wahre Wille des Patienten zu erforschen und nicht an den Buchstaben der Erklärung festzuhalten. Bei dieser Auslegung sind nach den gesetzlichen Auslegungsregeln auch bekannte Wertvorstellungen des Patienten bzw. eine ggf. vorgenommene gesundheitliche Vorausplanung (GVP) einzubeziehen.

Zu den „Standardsituationen", die eine Patientenverfügung erfassen sollte, gehört insbesondere **der langsame Abbau des altersdementen Menschen.** Es handelt sich um die vielen Menschen, die, anfangs unmerklich, langsam und über viele Jahre geistig abbauen, z.B. durch **Altersdemenz**, oder durch die **Alzheimersche Erkrankung**. Natürlich muss gerade auch beim Beginn einer künstlichen Ernährung im Falle von Demenz, Alzheimer oder anderen Abbauerkrankungen des Gehirns zu allererst die Indikation für eine solche

Therapie vom behandelnden Arzt gestellt werden. Wie bereits im Kapitel über die Indikation (siehe 2. Kapitel I) dargestellt, wird in vielen Fällen häufig keine Indikation mehr für eine solche Ernährungstherapie gegeben sein. Es ist sinnvoll, dies zusätzlich in der Patientenverfügung anzusprechen, weil leider nicht alle Ärzte den aktuellen Facharztstandard umsetzen (Behandlungsfehler). Sie bejahen die Indikation für den Beginn einer Ernährungstherapie bei Demenz und ähnlichen Erkrankungen ausnahmslos und wollen keinen Patienten natürlich sterben lassen. Dies geschieht in der Regel aus emotionaler Ablehnung, die im Idealfall eine Patientenverfügung „beseitigt". In Fällen, in denen tatsächlich die Indikation zweifelhaft wäre, wäre die Patientenverfügung dann aber bindend und setzt den sonst geltenden Grundsatz „Im Zweifel für das Leben" außer Kraft.

Achtung!

Auch Regelungen für Alzheimer und Demenz gehören in eine Patientenverfügung!

Im Hinblick auf diese Fälle muss jeder Mensch selbst überlegen, ob er eine künstliche Lebensverlängerung wünscht, ob er dies überhaupt regeln will, an welchen Anknüpfungstatsachen er ein gewünschtes Verhalten von Ärzten und Pflegekräften festmachen will (Fallkonstellation 4 der Formulare des Bayerischen Staatsministeriums der Justiz, Anhang V Nr. 1 und Formulierungsvorschlag im Anhang V Nr. 4).

Eine mögliche **klare Grenze** in diesen Fällen ist der Zeitpunkt, an dem nur noch eine **Ernährung über eine Magensonde** die Gewähr böte, eine ausreichende Versorgung mit Kalorien und Flüssigkeit sicherzustellen. Anders ausgedrückt: Es ist der Zeitpunkt, zu dem in allen Jahrtausenden ein Mensch an dieser Krankheit sterben durfte! Hier gibt heute der Facharztstandard dem Arzt klare Vorgaben, nach welchen Kriterien er die möglichen lebensverlängernden Komponenten der Behandlung indizieren muss (vgl. Zusammenfassung des Facharztstandards im 2. Kapitel I. „Behandlung nach Indikation"). Für eine solche mögliche gesundheitliche Entwicklung könnte man vorsorglich einer alten Patientenverfügung zusätzlich das absolute Verbot eines Übergangs auf künstliche Ernährung hinzufügen. Sie ist als Text im Anhang V Nr. 4 abgedruckt. Im Text des Bayerischen Staatsministeriums der Justiz ist sie bereits enthalten. Da man Patientenverfügungen sowieso von Zeit zu Zeit aktualisieren soll, empfehlen wir eine Neuabfassung auf aktuellsten Formularen!

Für diesen Fall stellt sich allerdings folgendes Problem: es kann durchaus sein, dass aufgrund der geschilderten Erkrankungen des Gehirns ein Patient nicht mehr ausreichend isst und trinkt, weil er dies entweder bewusst verweigert oder unbewusst dazu nicht mehr in der Lage ist. Dennoch ist es möglich, dass dieser Patient noch durchaus ein bewusstes Leben führt. In solchen Fällen ist es denkbar, dass Ärzte oder Pflegepersonal mit dem Patienten Gespräche führen, er wolle doch sicher nicht verhungern oder verdursten, er solle doch der operativen Einbringung einer Magensonde zustimmen. Um sich den drängenden Fragen des Pflegepersonals zu entziehen und ohne die Tragweite zu erfassen, könnte also womöglich ein einfaches „ja“ die gesamte Vorsorge durch Patientenverfügung und Vorsorgevollmacht zunichtemachen. Es ist also nahe liegend, dass ein Mensch in dieser Situation Erklärungen abgibt, die seiner bisherigen Intention in seiner Patientenverfügung diametral widersprechen.

Wenn Sie sich dagegen schützen wollen, empfehlen wir eine zusätzliche Formulierung zum oben genannten Vorschlag, mit der erzwungen wird, dass durch medizinische Begutachtung erst einmal überprüft werden muss, ob der Patient insoweit noch entscheidungsfähig ist. Es wird somit der Grundsatz festgelegt: **„Im Zweifel für meine frühere Patientenverfügung!“** Auch dieser Zusatz ist im Text Anhang V Nr. 4 enthalten. In den Formularen, die unsere Kanzlei herausgibt (Anforderung über die Kanzlei oder Download von unserer Homepage www.putz-medizinrecht.de), ist dieser Passus bereits enthalten.

Dies ist sicher ein neuer Weg, der uns in der Praxis noch nicht begegnet ist, geschweige denn Gegenstand einer gerichtlichen Überprüfung wurde. Wir sind aber der Überzeugung, dass derartige Formulierungen durchaus geeignet sind, den Patientenwillen auch für so schwierige Krankheitsbilder wie langsam zunehmende Altersdemenz oder Alzheimersche Krankheit oder vergleichbare Zustände wirksam zu definieren und seine Durchsetzung durch den rechtlichen Vertreter (Bevollmächtigter oder Betreuer) möglich zu machen.

Letztendlich machen wir damit von der üblichen Argumentation in umgekehrter Weise Gebrauch: Wenn alte, schwerstkranke und geistig reduzierte Menschen ihr eigenes Sterben fordern, dann wird ihnen in aller Regel attestiert, dass ihnen die notwendige Einsicht für diese Erklärung fehle, dass sie wegen depressiver Verstimmung nicht mehr wirksam über sich selbst bestimmen könnten, dass sie nicht wüssten, was gut für sie sei, und dass der Todeswunsch nicht ernst zu nehmen sei. Ohne dies fachärztlich festzustellen, ohne nachzufragen, ob die Einsicht für diese elementare Erklärung angesichts der eigenen gesundheitlichen Situation nicht sehr wohl noch gegeben ist, wird der erklärte Wille des Patienten schlicht übergangen. Bei einem **Widerruf** einer oben genannten Verweigerung künstlicher Ernährung in **einer Patientenverfügung** würde man natürlich dem Widerruf allzu gerne folgen, ohne auch nur eine Sekunde in Frage zu stellen, ob der Patient die Einsicht hat, was er sich damit „antut". In einem solchen Fall ist man ganz besonders auf seinen Vertreter angewiesen, der nun für die Umsetzung des Patientenwillens kämpfen muss, sei es durch interpretierende Hilfe, durch ergänzende Verweise auf mündliche Verfügungen, sei es durch Beauftragung eines Anwalts mit der Durchsetzung des Patientenwillens, wie er sich aus der Patientenverfügung ergibt.

Damit soll in keiner Weise in Abrede gestellt werden, dass der umgekehrte Fall denkbar ist: Ein Patient kann sehr wohl noch die ausreichende Einsichtsfähigkeit haben, seine frühere Patientenverfügung wirksam abzuändern, und auch in derartigen Krankheitszuständen nunmehr den Übergang auf künstliche Ernährung für sich rechtsverbindlich fordern. Ihn bindet natürlich seine eigene Patientenverfügung nicht.

In letzter Zeit sind wir zunehmend um Rat gebeten worden zu einer weiteren Vorsorge für den Fall einer Erkrankung mit Abbau des Gehirns (Alzheimer oder Demenz oder ähnliche Erkrankungen). Nach

Eintritt einer solchen Krankheit soll eine so genannte **Interkurrenterkrankung** (z.B. hinzutretende Lungenentzündung, Harnwegsinfekt) nur noch palliativ jedoch nicht mehr kurativ (mit dem Ziel der Heilung) behandelt werden. An dieser Interkurrenterkrankung könnte der Alzheimer-Patient möglicherweise leidfrei sterben, wenn sie nicht mehr kurativ (z.B. mit Antibiotikum) behandelt wird, sondern nur palliativ. Kann der Patient sich zu diesem Zeitpunkt trotz seiner schweren Gehirnerkrankung noch mit der notwendigen Einsichtsfähigkeit (Geschäftsfähigkeit ist nicht erforderlich) entscheiden, so gilt natürlich seine aktuelle Entscheidung. Für den Fall, dass er dies aber nicht mehr kann, könnte er ausdrücklich im Voraus regeln, dass dann seine etwa noch bestehende Fähigkeit zu natürlicher Aufnahme von Nahrung und Flüssigkeit nicht als Zustimmung zu einer kurativen Behandlung der Interkurrenterkrankung gewertet werden darf, sondern dass vielmehr diese Krankheit als willkommene Erlösung unter palliativer ärztlicher und pflegerischer Begleitung zum Tode führen darf. Eine entsprechende Textvorlage findet sich im Anhang V Nr. 4.

Achtung!

Patientenverfügung schriftlich – Widerruf mündlich! Aber nur bei Einsichtsfähigkeit!

Nachdem der Gesetzgeber im neuen § 1901a Abs. 1 BGB die **Schriftform** für die Patientenverfügung vorgeschrieben hat, wäre es nach den allgemeinen Regeln des Rechts so, dass ein **Widerruf** auch nur schriftlich erfolgen könnte. Dies war aber nicht gewollt, so dass die neue gesetzliche Regelung ausdrücklich den Satz enthält: „Eine Patientenverfügung kann jederzeit formlos widerrufen werden." Unter formlos versteht man juristisch, dass nicht einmal Schriftform erforderlich ist. Das bedeutet, dass der Widerruf der Patientenverfügung mündlich erfolgen kann. Voraussetzung ist aber immer eine Einsicht- und Willensfähigkeit des Patienten. Er muss die Tragweite des Widerrufs erfassen können. Nur unter diesen Voraussetzungen für eine beachtliche Willensbildung kann in Einzelfällen auch einmal die Körpersprache des Patienten zu einem Widerruf der Patientenverfügung führen. **Keinesfalls genügt es, dass ein Patient Zeichen von Wohlbefinden oder positiven Reaktionen auf angenehme Pflegemaßnahmen zeigt. Dies ist niemals ein Widerruf einer Patientenverfügung in Form nonverbaler Kommunikation!**

Schließlich werden bei allem Bemühen um eine inhaltlich perfekte Patientenverfügung immer Krankheitssituationen denkbar bleiben, die im Voraus nicht genau beschrieben werden können. Für diese Fälle bietet die vorformulierte Patientenverfügung in der Regel wichtige Indizien. Gerade für diese Fälle wäre es aber gut, wenn der vorformulierten Patientenverfügung vor allem für spätere Fremdbetreuer grundsätzliche Erklärungen über die eigenen Wertvorstellungen zu Krankheit, Ertragen von Leiden, Alter und Sterben (so genannte Wertanamnese) hinzugefügt werden, mindestens aber die Vertrauensperson darüber Bescheid weiß. Zusammen mit den grundsätzlichen Äußerungen im Kreise vertrauter Personen in gesunden Tagen wird man aus ihr den aktuellen mutmaßlichen Willen des Patienten ermitteln. Es muss darauf geachtet werden, dass die hinzugefügten Erklärungen im Verhältnis zu den formularmäßig vorgegebenen Regelungen keine Widersprüche darstellen.

Neben diesen „Standardsituationen“ sollte man sich aber auch mögliche besondere Gegebenheiten am Lebensende durch den Kopf gehen lassen, die wir im Folgenden ansprechen:

c) Patientenverfügungen für besondere Fälle und „Andersdenkende"

aa) Das absolute Verbot jeglicher Wiederbelebung: Die üblichen Texte von Patientenverfügungen betreffen niemals den so genannten Akutfall (auch „Notfall“, „lebensbedrohlicher Notfall“ oder „Krise“). Sie gelten für absehbar finale Krankheitsverläufe oder den Zustand schwerster körperlicher Beeinträchtigung durch Krankheit. Es gibt jedoch gute Gründe, eine durchaus erfolgversprechende Wiederbelebung (Reanimation) auch für einen Akutfall zu verbieten. Dies ist z.B. bei hochbetagten Menschen denkbar, aber auch bei Menschen, die eine bereits bestehende Erkrankung so belastend empfinden, dass sie einen plötzlichen Tod als Erlösung begrüßen würden. Das

Grundgesetz gibt jedem Menschen das Recht, schon für frühere Phasen, in denen die Prognose und/oder die Erfolgsaussichten einer Behandlung noch unsicher sind, Behandlungsverbote auszusprechen (es gibt keine sog. Reichweitenbeschränkung). Aus diesen und vielen anderen denkbaren Motiven kann also ein Patient verfügen, dass er grundsätzlich und unabhängig von einer bestimmten gesundheitlichen Situation jegliche Wiederbelebung „absolut" verbietet. Solche Fälle kann eine Standard-Patientenverfügung jedoch nicht erfassen. Hier sind besondere Texte erforderlich. Lebt ein solcher Patient z.B. eingebunden in einen Familienverband oder in einem Pflegeheim, dann würde eine solche klare Patientenverfügung die Familienangehörigen respektive die Pflegekräfte wirksam von der Pflicht entbinden, einen Arzt zur Reanimation zu rufen.

Findet allerdings der akute Fall „auf der Straße" statt, lässt sich in diesem Sinne kaum eine wirksame Vorsorge treffen. Man müsste sich schon eine entsprechende Patientenverfügung quasi „auf die Brust tätowieren". Aber auch dann wäre nach deutschem Recht ein von Passanten herbeigerufener Notarzt nicht unbedingt daran gehindert, dennoch eine Reanimation vorzunehmen. Im Anhang V Nr. 5 bieten wir einen entsprechenden Text als Ergänzung der Standard-Patientenverfügung an.

bb) Das absolute Beatmungsverbot bei „Corona": Gerade angesichts der Corona-Pandemie sollte man sich in gewissen Lebens- und Gesundheitszuständen überlegen, ob man ein solches „absolutes Reanimationsverbot" auch mit einem „Verbot künstlicher invasiver Beatmung und intensivmedizinischer Behandlung" verbindet, ohne Rücksicht darauf, ob diese ein Überleben der Krankheit ermöglichen könnte. Man kann dies mit seiner persönlichen Wertvorstellung begründen, z.B. damit, dass man angesichts von Comorbiditäten und/oder seines eigenen hohen Alters und/oder wegen der zu erwartenden Gesundheitsverschlechterung bei Überleben einer invasiven Beatmung oder den geringen statistischen Chancen einer längeren Beatmung ein Versterben z.B. an der Covid-19-induzierten Lungenentzündung oder Nierenerkrankung oder anderen Covid-19-induzierten Organversagen als Erlösung hinnehmen würde. Die Lungenentzündung nannte man früher ja auch „den Freund des alten Menschen". Das kann jeder für sich entscheiden. Auch wenn er altruistische Motive, wie z.B. knappe Ressourcen an Beatmungsplätzen, benennen würde, ändert das nichts an der Bindung der Ärzte an den Patientenwillen.

Achtung!

Standard-Patientenverfügungen haben keine Auswirkungen auf die Behandlung in „Corona"-Fällen!

Eine Erkrankung an Covid-19 („Corona") ist immer eine akute Erkrankung mit offenem Ausgang, für die eine Standard-Patientenverfügung gerade nicht gelten soll. Bei Beginn der Behandlung und später ggf. bei Beginn einer (indizierten!) invasiven Beatmung muss grundsätzlich eine Chance auf Heilung bestehen, auch wenn sie für viele der betroffenen Patienten minimal ist. In diesen Fällen wirkt sich eine übliche „Standard-Patientenverfügung" nicht aus. Wer beatmet werden will, weil er letzte Chancen zum Überleben ausreizen will, wird diese Behandlung trotz seiner „Standard-Patientenverfügung" erhalten, so lange sie indiziert ist. Man muss sich also keine Sorgen machen, dass diese Maximaltherapie wegen einer Standard-Patientenverfügung unterbleibt. Umgekehrt schützt eben eine solche Standard-Patientenverfügung nicht vor einer solchen Maximaltherapie, insbesondere nicht vor einer Beatmung mit Tubus oder Luftröhrenschnitt. Wer nun z.B. wegen seines hohen Alters und/oder Comorbiditäten davon ausgehen muss, dass er nur geringste Chancen haben wird, aus einer solchen Beatmungstherapie wieder in seinen vormaligen Gesundheitszustand zurückzukehren, kann gut nachvollziehbar eine solche Beatmung ablehnen. Dies muss er aber den aktuell behandelnden Ärzten kundtun. Da auch bei einer Covid-19 Erkrankung der Patient in aller Regel zu Beginn und auch noch bei gesicherter Diagnose jedenfalls nicht aufgrund dieser Erkrankung entscheidungsunfähig ist, muss der Arzt den Patienten über die naheliegenden kommenden Behandlungssituationen und die hierfür bestehenden Behandlungsoptionen aufklären. Zur Thematisierung gegenüber dem entscheidungsfähigen Patienten ist der Arzt verpflichtet, nicht umgekehrt! Der umfassende Inhalt – nämlich alle entscheidungsrelevanten Aspekte – wird vom Gesetz in den §§ 630d und 630e BGB vorgegeben. Der akut erkrankte und selbstbestimmungsfähige Patient muss nicht „schnell noch“ eine spezielle Patientenverfügung fertigen, mit der er die invasive Beatmung verbietet.

Ist jedoch eine Erkrankung an Covid-19 nicht bekannt, kann man natürlich vorsorglich auch zu seiner Standard-Patientenverfügung eine Ergänzung vornehmen. Das kann durch Ergänzung und Unterzeichnung in der bestehenden Urkunde der Standard-Patientenverfügung geschehen. Es kann auch in einer neu erstellten zusätzlichen speziellen Patientenverfügung geschehen.

Man könnte diese wie folgt formulieren:

> Für den Fall, dass ich an Covid-19 oder einer vergleichbaren Krankheit erkranke, verbiete ich eine invasive Beatmung durch Tubus oder Luftröhrenschnitt, unabhängig von allen sonstigen Umständen. Ich verbiete für eine solche Situation auch eine Reanimation. Ich möchte nur palliativ behandelt und begleitet werden und an dieser Krankheit – möglichst in ambulanter palliativer Behandlung zu Hause – versterben können. Ich weiß, dass ich damit auf die Chance verzichte, meinen vorherigen Gesundheitszustand vollkommen oder eingeschränkt wieder zu erreichen.

Wie im Anhang V Nr. 5 kann man erläuternd seine Motive darstellen. Es fördert, wenngleich rechtlich nicht erforderlich, durchaus die Akzeptanz. Wer grundsätzlich in diesem Sinne denkt, ist ethisch geradezu verpflichtet, diesen Patientenwillen zum Ausdruck zu bringen. Sonst könnte mit der Behandlung gegen den eigenen Patientenwillen zugleich ein Behandlungsplatz für indizierte und gewünschte Therapie bei anderen Patienten blockiert werden.

Auch ein bereits nicht mehr einwilligungsfähiger Patient, der an Covid-19 erkrankt und keine spezielle Patientenverfügung mit einem solchen Inhalt erstellt hat, kann nicht einfach die indizierte Maximaltherapie bekommen. Hier muss der rechtliche Vertreter, der Vorsorgebevollmächtigte oder der rechtliche Betreuer, nach dem mutmaßlichen Willen des Patienten gemäß § 1901a Abs. 2 BGB entscheiden, ob er einer invasiven Beatmung die Zustimmung erteilt oder versagt.

cc) Patientenverfügung für Kinder/Elternverfügung für ein krankes Kind: Auf den ersten Blick erscheint es widersinnig, dass Eltern eine Patientenverfügung machen, obgleich nicht sie, sondern ihr Kind der Patient ist. Doch gerade in der Kinderhospizarbeit hat sich gezeigt, wie wichtig dieses Instrument sein kann, wenn die Eltern in akuten Entscheidungssituationen nicht gefragt werden können (Freizeiten, Reha-Aufenthalte, Auslandsurlaube, sonstige Notfälle usw.). Doch es gibt einen weiteren wichtigen Aspekt: die ggf. mit dem Kind fundiert erarbeitete Patientenverfügung beugt im Interesse des Kindes und der Eltern einer vielleicht emotionalen und übereilten Meinungsbildung oder -änderung in dramatischen Situationen vor. Die Patientenverfügung muss auf die konkrete aktuelle Krankheitssituation zugeschnitten sein. Die ärztliche Aufklärung von Kind (je nach Reifegrad) und Eltern ist daher für eine solche Verfügung sinnvoll. Eine solche Regelung betrifft ja alsbald zu erwartende Behandlungsentscheidungen, so dass der später behandelnde Arzt schon bei Niederlegung der Verfügung als Berater mitwirken sollte.

Eltern sind verpflichtet, die mit dem Älterwerden wachsende Fähigkeit und das wachsende Bedürfnis des Kindes zu selbstständigem verantwortungsbewusstem Handeln zu berücksichtigen (§ 1626 Abs. 2 BGB). Die Regelung des Betreuungsrechts in § 1901a BGB, wonach die Patientenverfügung die Erklärung eines Erwachsenen ist, ist nicht so zu verstehen, dass es nicht auch Patientenverfügungen von Jugendlichen oder für Kinder und Jugendliche geben kann. Das Betreuungsrecht betrifft nur Erwachsene. Die Patientenverfügung für ein krankes Kind findet ihre Grundlage somit nicht im Betreuungsrecht sondern im Familienrecht des BGB. Die Eltern dürfen also nicht das Gespräch mit ihrem Kind über seine Krankheit und deren weitere Behandlung scheuen. Ärztliche und pflegerische Erfahrung zeigen, dass kranke Kinder und vor allem Jugendliche schon sehr früh eine erstaunliche Fähigkeit und Bereitschaft haben, sich mit ihren Eltern offen über ihr Schicksal zu unterhalten und die Weichenstellungen der Behandlung **mit**zuentscheiden. Zu den Fragen der Therapiefestlegung heißt es im Gesetz: „Sie besprechen mit dem Kind, soweit es nach dessen Entwicklungsstand angezeigt ist, Fragen der elterlichen Sorge und streben Einvernehmen an"

(§ 1626 Abs. 2 BGB). Die Eltern sollen nach dem Gesetz im Einvernehmen mit dem Kind auch weitere Vertrauenspersonen des Kindes, wie etwa geliebte Paten oder Verwandte, hinzuziehen.

Häufig erschwert es die elterliche Liebe und der Drang zum Festhalten am schwer kranken Kind, dessen Wohl und Wille gerecht zu werden.

Die im Anhang V Nr. 6 abgedruckte Patientenverfügung für das schwer kranke Kind ist eine wichtige Hilfe für alle Beteiligten. Sie sichert Ärzte, Pflegekräfte und alle weiteren Helfer ab, wenn diese **akute Entscheidungen in Abwesenheit der Eltern** zu treffen haben. Empfehlenswert ist die Beratung und Begleitung durch geschulte Mitarbeiter eines Kinderhospizes (ambulant oder stationär).

Anders als im Erwachsenenbereich des Betreuungsrechts des BGB entfaltet die Patientenverfügung z.B. eines insoweit einsichtigen Jugendlichen keine unmittelbare Bindungswirkung gegen den Arzt, sondern ist von den Eltern bei deren Behandlungsentscheidungen zu beachten. In Konfliktfällen ist daher auch das Familiengericht und nicht das Betreuungsgericht einzuschalten, ggf. sogar vom Jugendlichen „gegen" seine Eltern.

dd) Patientenverfügung und Organspende – ein Widerspruch? Die Bereitschaft zur Organspende ist rückläufig. Sowohl der Organspendeskandal als auch die zunehmende Zahl von Patientenverfügungen werden als Ursache verantwortlich gemacht.

Hinsichtlich des Verhältnisses Patientenverfügung – Organspende fehlen meistens die notwendigen Informationen:

Nach dem Transplantationsgesetz ist Voraussetzung für eine Organentnahme der sicher festgestellte unumkehrbare Ausfall der gesamten Hirnfunktionen (Hirntod). Da hier „gesetzliche Sicherungen" eingebaut sind, kann man davon ausgehen, dass der irreversible Hirnfunktionsausfall bei jeder Organspende garantiert ist. Ob der Tod des gesamten Gehirns der Tod des Menschen ist, wird wohl immer eine philosophische Frage bleiben, die jeder für sich entscheiden muss. Wer der Meinung ist, er sei bei einem unumkehrbaren Ausfall der gesamten Hirnfunktionen, aber bei weiter bestehendem Kreislauf noch ein Lebender, der wird eine Organspende konsequenterweise als eine Lebendspende betrachten. Er kann ihr mit dieser Vorstellung ja ebenso zustimmen. Rechtlich relevant ist allein die Zustimmung. Die überwiegende öffentliche Meinung definiert jedoch mit dem irreversiblen Hirnfunktionsausfall den Tod des Menschen. Wer Organe spenden will, sollte Folgendes wissen:

Es werden in der Regel nur Organe entnommen, wenn nach dem irreversiblen Hirnfunktionsausfall der Kreislauf durch intensivmedizinische Maßnahmen, insbesondere künstliche Beatmung aufrechterhalten werden kann. Dann können die Organe in einem so guten Zustand entnommen werden, dass sie für eine erfolgreiche Transplantation optimal geeignet sind (sog. Organprotektion). Würde man dagegen den Patienten nicht beatmen, käme es zum Kreislaufstillstand und die Organe können bis zur Entnahme geschädigt werden. Folglich wird bei Organspendern spätestens vor Beginn des unmittelbaren Sterbeprozesses mit einer künstlichen Beatmung und Aufrechterhaltung des Kreislaufes begonnen. Das bedeutet: Verlegung auf eine Intensivstation. Dort tritt dann unter künstlicher Aufrechterhaltung des Kreislaufes der irreversible Hirnfunktionsausfall ein, was neurologisch sicher festgestellt werden kann. Dort können auch die Angehörigen Abschied nehmen. Danach werden aus dem „hirntoten", aber beatmeten und „lebend erscheinenden" Patienten die Organe entnommen. Anschließend wird die Beatmung beendet. Die Angehörigen können bei diesem Vorgehen nicht den natürlichen Sterbevorgang erleben, wie der Patient von selbst „den letzten Hauch tut" und dann langsam leichenblass wird.

Infrage kommen folglich nur Fälle, in denen entweder unter Beachtung der Patientenverfügung oder ohnehin nach ärztlichem Standard der Tod unausweichlich auch ohne Lebensverlängerung durch ärztliche Behandlung alsbald eintreten wird. Die nun beginnenden organschützenden Maßnahmen („Organprotektion") wie z.B. die künstliche Beatmung können als Nebenwirkung eine minimale Lebensverlängerung bewirken. Es kann also sein, dass um der Organspende willen der irreversible Hirnfunktionenausfall vielleicht ein paar Stunden später eintritt. In dieser letzten Lebensphase ist aber eine palliativärztliche Unterdrückung von jeglichem Leid zwingende

Selbstverständlichkeit. In der Phase nach Eintritt des irreversiblen Hirnfunktionenausfalls, also nach dem Tod, folgen dessen mehrmalige neurologische Feststellungen und schließlich die Organentnahme. In dieser Phase findet folglich auch keine „Lebensverlängerung" statt; denn in dieser Phase ist der Spender bereits tot. Nach der Organentnahme wird die Beatmung der Leiche beendet, worauf es zum Kreislaufstillstand im Leichnam kommt.

In den meisten Fällen, in denen eine Patientenverfügung die künstliche Lebensverlängerung verbietet, kommt jedoch eine Organentnahme gar nicht in Betracht. Wird nämlich der natürliche Sterbeprozess durch Beendigung der künstlichen Zufuhr von Nahrung und Flüssigkeit zugelassen, so sind viele Tage später bei Eintritt des natürlichen Todeszeitpunktes die meisten Organe für eine Transplantation nicht mehr geeignet. Kann der Tod des Patienten nur durch Beendigung der künstlichen Beatmung eintreten, so scheidet obiges Vorgehen und damit eine Transplantation in der Praxis für die meisten Organe ebenfalls aus.

Wer grundsätzlich durch eine Patientenverfügung verhindern will, dass sein Leben und Leiden künstlich durch ärztliche Behandlung verlängert wird, kann dies also in einer Patientenverfügung regeln, ohne seine Bereitschaft zur Organspende aufgeben zu müssen. Sinnvoll ist eine Erklärung nach unserem Muster im Anhang IV Nr. 9.

3. Tipps zur Absicherung der Patientenverfügung

a) Keine eigenen Formulierungsversuche

Es wird immer wieder empfohlen, keine Formulare zu verwenden, sondern die Patientenverfügung möglichst mit eigenen Worten und nach eigenen Überlegungen zu formulieren. Davon müssen wir aufgrund unserer umfassenden Erfahrung bei der Umsetzung von Patientenverfügungen dringend abraten. In aller Regel kann ein Laie bei einer vollkommen eigenständigen Formulierung der Patientenverfügung diese juristisch und/oder medizinisch nicht korrekt abfassen. Seine eigenen Formulierungen werden dann dem Patienten im Krankenbett zum Verhängnis: Es beginnt eine Wortklauberei, einzelne Formulierungen werden geradezu triumphierend zerpflückt.

FALL 21: Ein alter Bäckermeister hatte verfügt, er wolle ab einem gewissen Grad gesundheitlicher Schädigung „keine Apparatemedizin", die sein Sterben nur verhindern würde. Im Rahmen eines gerichtlichen Verfahrens, in dem wir das Sterben dieses Patienten durchzusetzen hatten, argumentierte der vom Betreuungsgericht bestellte Verfahrenspfleger, die Magensonde (PEG) laufe hier ja nur als „Tröpfel-Infusion", werde also nicht über einen Automaten, eine Maschine, so geführt. Die Sondennahrung würde nur durch Schwerkraft aus der Infusionsflasche über einen Schlauch in den Magen laufen. Dies sei nach seinem Verständnis von Physik und Medizin keine „Apparatemedizin". Deshalb sei diese Art der Ernährung auch durch die Patientenverfügung keineswegs verboten. Aufgrund der Patientenverfügung könne also nicht von einem Willen des Patienten ausgegangen werden, durch solche Art von künstlicher Ernährung nicht weiter am Sterben gehindert zu werden.

Inbegriff der **untauglichen** Formulierung wäre das Beispiel einer Patientenverfügung folgenden Inhalts:

> Wenn mein Leben einmal nicht mehr lebenswert ist, will ich keine Apparatemedizin.

Der Begriff „lebenswert" ist völlig unbestimmt und bezieht sich nicht einmal auf eine konkrete Krankheitssituation. Jeder Mensch hat andere Vorstellungen von einem „nicht mehr lebenswerten Zustand". Es fehlt eine Darlegung, welche Zustände der Verfasser als lebensunwert empfindet.

Der Begriff „Apparatemedizin" ist ebenfalls untauglich und hat allenfalls eine gewisse Indizwirkung. Umstritten ist z.B., ob die lediglich durch Schwerkraft in den Magen fließende Sondennahrung überhaupt unter diesen Begriff fällt (vgl. Fall 21).

Dasselbe gilt für Formulierungen wie:

> … wenn Ärzte festgestellt haben, dass ich kein menschenwürdiges Leben mehr führen kann …
> oder
> Solange die Aussicht besteht, dass eine Wiederherstellung meiner Gesundheit oder eines erträglichen menschenwürdigen Lebens möglich ist, erwarte ich ärzt-

lichen Beistand unter Ausschöpfung aller Möglichkeiten. Wenn aber eine sorgfältige ärztliche Diagnose zu dem Ergebnis kommt, dass für mich eine Rückführung in ein menschenwürdiges Leben nach menschlichem Ermessen ausgeschlossen erscheint, so bitte ich darum, dass medizinische Maßnahmen, durch die nur oder hauptsächlich der Todeszeitpunkt hinausgeschoben werden soll, abgebrochen werden sollen. Dies gilt insbesondere, wenn meine Lebensfunktionen nur noch künstlich-mechanisch aufrechterhalten werden können.

oder

Ich glaube, dass meine Zeit in Gottes Händen steht. Solange eine realistische Aussicht auf Erhaltung eines erträglichen Lebens besteht, erwarte ich ... Beistand unter Ausschöpfung der angemessenen Möglichkeiten. Für den Fall, dass ich durch Krankheit, Unfall oder sonstige Umstände zur Bildung oder Äußerung meines Willens nicht mehr in der Lage bin, erkläre ich hiermit: Ich lehne aktive Sterbehilfe ab, aber ich will auch nicht, dass mein Leben um jeden Preis verlängert wird. Deshalb bitte ich vom Einsatz lebensverlängernder Maßnahmen abzusehen, die mich nur daran hindern, in Ruhe zu sterben.

Die Wiedergabe von abstrusen Formulierungen ließe sich beliebig fortsetzen. Hier wurden nicht nur völlig unbestimmte Begriffe wie „erträgliches Leben“ oder „angemessene Möglichkeiten“ oder „um jeden Preis“ verwendet, sondern die letztgenannte Patientenverfügung würde den Tod schon herbeiführen, wenn sich jemand wegen einer Krankheit oder eines Unfalls auch nur kurzfristig nicht äußern könnte. Deshalb wird man derartig unsinnige Texte nicht ernst nehmen können. (Dieser Text lag interessanterweise im Frühjahr 1999 im Betreuungsgericht München aus, ohne den Urheber zu nennen.) Viele rechtlich untaugliche Texte waren ursprünglich gut gemeint, geradezu „progressiv“ und „liberal“, es mangelte aber in den Entstehungsjahren (meist 1990 ff.) an der Kenntnis der Rechtslage. Heute sind sie jedenfalls deswegen untauglich, weil sie den Vorgaben des Patientenverfügungsgesetzes von 2009 und den Anforderungen der BGH-Rechtsprechung nicht entsprechen. Der Betreuungssenat des Bundesgerichtshofs hatte sich ständig mit solchen Texten zu befassen, die er sodann in einzelnen Passagen als nicht rechtswirksam qualifizieren musste (Anhang III Nr. 18 und 19). Man kann es kurz sagen: Aus allen Entscheidungen des Betreuungssenats des BGH ergibt sich, dass die hier vorgelegten Texte (Ursprung: Bayerisches Justizministerium und Autoren dieses Ratgebers) in jeder Hinsicht den gesetzlichen und richterlichen Ansprüchen genügen!

In diesem Ratgeber lösen wir dieses Problem, indem wir dringend anraten, ältere Texte von Patientenverfügungen und Vorsorgevollmachten durch die aktuellen Texte (Anlage oder Download von der Homepage der Verfasser) zu ersetzen. Es macht keinen Sinn, alle erdenklichen untauglichen Formulierungen aufzuzählen, um sodann alte Verfügungstexte dementsprechend zu korrigieren. Es sind ja weit über die Richtersprüche des Betreuungssenats hinaus viele weitere Formulierungen untauglich. Die Richter können sich immer nur mit den Formulierungen in den zugrunde liegenden Rechtsstreiten befassen.

Gibt es **Streit um die Tauglichkeit einer „alten“ Formulierung**, ist dies nicht mit einem Rechtsratgeber zu lösen. Dann ist anwaltliche Hilfe geboten, einerseits um ein betreuungsgerichtliches Verfahren zu vermeiden, andererseits, um es ggf. zu begleiten.

b) Regelmäßig aktualisieren

Immer wieder wird die Frage diskutiert, ob es für die Rechtswirksamkeit einer Patientenverfügung notwendig ist, diese regelmäßig zu aktualisieren. Das Patientenverfügungsgesetz verlangt dies nicht! Bei einem Testament gilt z.B. Folgendes: Wenn ein 20-Jähriger ein Testament macht und erst mit neunzig Jahren stirbt, dann gilt dieses Testament unverändert, auch wenn es siebzig Jahre lang nicht bekräftigt wurde.

Für die Patientenverfügung wird man wohl keine Analogie zulassen können: eine Vorausbestimmung (antizipierte Willenserklärung), wie man sie im Medizinrecht bei jeglicher Operationseinwilligung bestens kennt, wird in aller Regel für einen überschaubaren Zeitraum im Voraus abgegeben werden. Ist der Zeitraum jedoch deutlich länger, so wird man zu Recht eine Aktualisierung erwarten. Wenn man den mutmaßlichen aktuellen Willen eines betagten Menschen anhand der allgemeinen Darstellungen der Wertewelt in seiner Patientenverfügung ermitteln muss, genügt eine Patientenverfügung aus jungen Jahren, die nie aktualisiert wurde, eher nicht.

Deshalb ist es schon sinnvoll, dass eine Patientenverfügung alle ein bis zwei Jahre durch kurze Zusätze oder erneute Unterschrift, etwa mit dem Hinweis „Das ist immer noch mein Wille! … Datum … Unterschrift", bekräftigt werden sollte. Gerade alte Menschen, die über viele Jahre immer wieder ihre Patientenverfügung aktualisiert haben, brauchen sich aber keine Sorgen zu machen, dass man eine solche Verfügung nicht mehr beachten würde, wenn sie in den letzten Jahren dann nicht mehr aktualisiert worden wäre.

Etwas anderes würde sicherlich dann gelten, wenn der viele Jahre gesunde Mensch plötzlich an einer Krankheit leidet, die seine gesamten Lebensumstände verändert und ihn voraussichtlich mit schwerem Leid und möglicherweise sogar mit einem frühen Tod konfrontiert. In solchen Fällen wird man gut daran tun, die Patientenverfügung zu bekräftigen oder sogar an die veränderten Lebensumstände mit eindeutigen Hinweisen anzupassen.

Nachdem das Gesetz einer schriftlichen Patientenverfügung die gleiche Bindungswirkung zubilligt wie mündlichen Behandlungswünschen, § 1901a Abs. 2 BGB, kann auch hinsichtlich der Bekräftigung keine Schriftform gefordert werden. Wenn etwa durch Zeugenaussagen nachgewiesen wird, dass ein Patient bis zuletzt immer wieder betont hat, dass seine Patientenverfügung noch gelte und beachtet werden sollte, genügt dies zur Bekräftigung auch, zumal das Gesetz die Bekräftigung ohnehin nicht zur rechtlichen Voraussetzung der Wirksamkeit gemacht hat.

c) Keine eigenmächtige Kombination verschiedener Formulare

Im Bemühen, eine möglichst glaubwürdige, individuelle Patientenverfügung zu schaffen, kombinieren manche Menschen verschiedene „Bausteine" aus verschiedenen Patientenverfügungs-Formularen. Dies führt häufig, ohne dass die Verwender als juristische Laien dies immer erkennen können, zu Widersprüchlichkeiten und damit zu rechtlicher Unwirksamkeit. Es wird immer wieder übersehen, dass „im Ernstfall" manchen Ärzten oder Heimleitungen jedes Argument, vor allem jedes formalistische Argument, recht ist, eine Patientenverfügung nicht befolgen zu müssen.

Zur Individualisierung empfehlen wir hier noch einmal, die korrekt formulierten und nicht zu verändernden vorformulierten Rumpftexte der Patientenverfügung (Anhang V) allenfalls mit persönlich gehaltenen Darlegungen der eigenen Motive zu ergänzen. Rechtlich erforderlich ist dies nicht. Eine mündliche Darlegung gegenüber dem oder den Vorsorgebevollmächtigten erleichtert diesen genauso ihre spätere Aufgabe, „dem Willen des Patienten Ausdruck und Geltung zu verschaffen“, § 1901a Abs. 1 BGB.

d) Handschriftliche Abfassung

Eine handschriftliche Abfassung ist nicht erforderlich. Dies geschieht mitunter im Bemühen, die Glaubwürdigkeit zu erhöhen. Die Glaubwürdigkeit erhöht man aber viel besser durch persönliche Zusätze, durch eine persönliche Werteanamnese und vor allem durch bevollmächtigte Personen oder andere enge Vertrauenspersonen, die die Wünsche des Patienten (optimal aus den vorangegangenen Gesprächen!) erläutern können und dadurch die Echtheit der Patientenverfügung bestätigen. Diese Personen werden dann auch weit über den Inhalt der schriftlichen Verfügung hinaus über den aktuellen Willen des Patienten Hinweise geben. In all diesen Fällen haben wir nie Probleme gehabt, dass die Echtheit einer Patientenverfügung oder die inhaltliche Richtigkeit angezweifelt worden wäre.

e) Erforderlichkeit von Zeugen

Für die rechtliche Verbindlichkeit einer Patientenverfügung sind an sich keine Zeugen nötig. Die Patientenverfügung ist eine Urkunde, die als solche nach deutschem Recht die so genannte „Vermutung der Richtigkeit“ in sich hat. Es müsste also von jedem, der die Unrichtigkeit behauptet, die Unrichtigkeit durch Zeugen belegt werden. Anderseits raten wir erneut dazu, die Patientenverfügung mindestens mit jener Vertrauensperson intensiv durchzusprechen, der dann auch die Vorsorgevollmacht erteilt wird. Naturgemäß dient diese Person später, wenn es um die Durchsetzung der Patientenverfügung geht, nicht nur als wirksamer Vertreter des Patienten, sondern auch als Zeuge für die Echtheit und inhaltliche Richtigkeit der vorgelegten Patientenverfügung. Wird die Patientenverfügung z.B.

nach der Diagnose einer Demenz zu einem Zeitpunkt erstellt, an dem der Patient geistig dazu noch uneingeschränkt in der Lage ist, so empfehlen wir, die dazu erforderliche Einsichtsfähigkeit ärztlich bestätigen zu lassen. So kann man etwa Zweifeln, die erst Jahre später eingewendet werden, wirksam zuvorkommen.

f) Notarielle Beurkundung

Gesetzlich vorgeschrieben ist dies nicht. Dennoch hat die notariell erstellte Urkunde auch hier Vorteile: Bei einer solchen Urkunde hat der Notar von Amts wegen die Einsichtsfähigkeit geprüft. Einwände, die Urkunde sei im Zustand der Einsichtsunfähigkeit erstellt worden, werden also kaum zu beweisen sein. Im Übrigen hat eine solche notarielle Urkunde noch mehr als bei der notariellen Vorsorgevollmacht den Effekt, dass sie „mehr hermacht". Für Ärzte oder Pflegekräfte oder Heimleiter ist sicherlich die Hemmschwelle für eine Missachtung höher.

Leider müssen wir immer wieder feststellen, dass nicht alle Notare gleichermaßen mit der Thematik vertraut sind. Sie kennen sich meist bestens mit Vorsorgevollmachten aus, aber viele Notariate verwenden Texte für Patientenverfügungen, die aus der notareigenen Software ohne klare Urheberschaft hervorgehen. Diese Texte sind von äußerst unterschiedlicher Qualität. Zuweilen enthalten sie eindeutige juristische Fehler, viele sind in der Praxis wegen ihrer schlechten Formulierungen wenig tauglich.

g) Einschaltung eines Rechtsanwalts

Nur zur Ausfüllung und Unterzeichnung einer Patientenverfügung bedarf es keiner Mitwirkung eines Rechtsanwaltes, wenn man die in diesem Buch empfohlenen Formulare verwendet. Sollten allerdings besondere familiäre oder medizinische Umstände bestehen, dann sollte man selbst zur Abfassung der Patientenverfügung anwaltlichen Rat einholen oder den Notar befragen, zu dem man sich zur **Beurkundung** von Vollmacht und Patientenverfügung begibt. Wird der Notar oder eine Behörde nur zur **Beglaubigung** der Echtheit der Unterschrift eingeschaltet, hat er sich mit dem Inhalt der Texte nicht zu befassen. Eine Beglaubigung bringt keine Beratung und verbietet die inhaltliche „Einmischung“. Sollen über die Inhalte einer „Standard-Patientenverfügung“ hinaus weitere Situationen erfasst werden wie z.B. lebensbedrohliche Notfälle oder Besonderheiten eines bereits begonnenen schweren Krankheitsverlaufs, so ist es sinnvoll, ärztliche und rechtliche Beratung in Anspruch zu nehmen.

4. Andere Denkansätze zur Patientenverfügung

a) Humanistischer Verband

Dieser Organisation geht es um eine möglichst individuell formulierte Patientenverfügung auch mit Inhalten über die üblichen „Standard-Patientenverfügungen“ hinaus. Damit diese rechtlich korrekt ist, wird den Interessenten gegen Erhebung einer Gebühr ein umfassender Fragebogen zur individuellen Wertanamnese zugesandt. Die Antworten werden vom Humanistischen Verband in eine vom Verband formulierte Patientenverfügung eingearbeitet und fälschungssicher als Dokument hergestellt. Kritisch sehen wir hier wie bei all diesen Anbietern die Bemühungen, Notfälle und Krisen mit Vorgaben zu regeln.

b) Bausteinprinzip

Andere Autoren, häufig auch die Anbieter digitaler Patientenverfügungen, bieten eine unüberblickbare Menge von Textbausteinen zur individuellen Kombination an. Hier ist die Gefahr gegeben, dass die Kombination zu widersprüchlichen Regelungen führen kann, sodass deshalb bei der juristischen Durchsetzbarkeit Probleme entstehen können. Meist sind viele der Textbausteine medizinisch oder rechtlich nicht tauglich, vgl. 3. Kapitel II 2.

c) Vorformulierte Wertvorstellungen

Vorformulierte Wertvorstellungen, insbesondere wenn sie sehr umfangreich und detailliert seitenlang in Formularen niedergelegt sind, erhöhen nicht die Glaubwürdigkeit. Vielmehr werfen sie die Frage auf, ob der Verwender zusammen mit unzähligen anderen Verwendern identische Wertvorstellungen hat. Damit verringert man die Akzeptanz!

d) Die christliche Patientenverfügung (Katholische und Evangelische Kirche Deutschlands 2018)

Diese Texte sind im Juli 2018 in völliger Neubearbeitung herausgekommen. Sie enthalten einen ausführlichen Erläuterungsteil sowie Formulare. Im Erläuterungstext wird auf die Gesetzeslage aber auch auf die christliche Sichtweise verwiesen. Hinsichtlich des § 217 StGB sind die Erklärungen durch das Bundesverfassungsgerichtsurteil vom 26.2.2020 mittlerweile überholt.

In den Formularen *Patientenverfügung und Behandlungswünsche* beschränken sie sich allerdings auf zwei Situationen, nämlich den unmittelbaren Sterbeprozess und das Endstadium einer unheilbar, tödlich verlaufenden Krankheit. Hinsichtlich des Wachkomas wird auf das Feld „für ergänzende Verfügungen“ verwiesen und empfohlen, lebensverlängernde Behandlungen nur bei Eintritt einer akuten Zweiterkrankung zu verbieten.

Es besteht also wiederum – wie schon früher – die Gefahr, dass dem Verwender der Christlichen Patientenverfügung nicht bewusst ist, dass diese nur sehr eingeschränkt gilt, trotz des Hinweises im Erläuterungsteil, dass Patientenverfügungen keiner Reichweitenbeschränkung unterliegen. Der wichtigste Fall einer validen Patientenverfügung, das Verbot lebensverlängernder Behandlung bei dauerhaftem Bewusstseinsverlust, wird gerade nicht erfasst und nicht geregelt, sondern nur im Falle einer Interkurrenterkrankung und auch dann nur, wenn dies separat und ausdrücklich vom Verwender dazugeschrieben wird.

e) Patientenverfügungen von Ärztekammern

Ausdrücklich warnen wir davor, Formulare für Patientenverfügungen zu verwenden, die von einzelnen Landesärztekammern herausgegeben werden. In einzelnen Exemplaren sind gravierende Fehler enthalten oder tendenzielle Inhalte vorgegeben. Zum Teil ist dies für Laien kaum erkennbar. Wiederholt werden kann nur der gute Rat, die Texte der jeweiligen Länderjustizministerien oder des Bundesjustizministeriums zu verwenden.

f) Digitale Patientenverfügungen

Neuerdings werden auch Online-Patientenverfügungen und Vorsorgevollmachten angeboten: z.B. Dipat oder Afilio. Beide sind wirtschaftlich orientierte Start-up-Unternehmen, die keine Rechtsberatung leisten dürfen.

Bei beiden Unternehmen wird man per Klick durch einen Fragenkatalog nach persönlichen Daten, Krankheiten, Wünschen und Vorstellungen geführt. Die Antworten per Mausklick ergeben am Ende die Patientenverfügung oder Vorsorgevollmacht. Dipat verlangt einen Jahresbeitrag von 48 Euro. Afilio bittet um eine finanzielle Unterstützung, die jedoch nicht obligat ist und setzt ein Rechtsanwaltsberatungshonorar zum Vergleich dagegen. Auch hier wird jüngst eine „Premiummitgliedschaft" für einen festen Jahresbeitrag angeboten.

Beide bieten eine digitale Notfallkarte an. Dies soll – so die Theorie – ermöglichen, dass Ärzte bei einem Notfall sofortigen Zugriff auf die Patientenverfügung haben.

Der Gründer von Dipat, Dr. med. Brandenburg, weist in einem YouTube-Video darauf hin, dass gerade der Notfall mit einer Patientenverfügung geregelt werden muss, damit der Notfall-Arzt vor Ort weiß, wie der Patient behandelt werden möchte. Die bereits angebotenen Formulare würden nur Allgemeinplätze enthalten wie z.B. *lebensverlängernde Maßnahmen* (Dr. Brandenburg: „bereits ein Glas Wasser ist eine lebensverlängernde Maßnahme") oder im *Sterbeprozess* (Dr. B: „dieser beginnt schon mit der Geburt") und seien deshalb untauglich.

Gerade hier irrt Dipat. Kein Arzt hat bei einem Notfall Zeit, eine Patientenverfügung abzufragen, diese zu lesen und zu entscheiden, ob die tatsächliche Situation zu der Regelung in der Patientenverfügung passt und wie der Patient jetzt behandelt werden möchte. Es fehlen nämlich zwei wesentliche Voraussetzungen für die Bewertung einer Notfallsituation: Diagnose und Prognose. Erst wenn die korrekte Diagnose gestellt wurde und der weitere Verlauf prognostiziert werden kann, kann entschieden werden, ob lebensverlängernd behandelt werden soll oder nicht. Gerade in einer Notfallsituation besteht in der Regel für jeden die Hoffnung, wieder gesund zu werden.

Stellt sich im Verlauf heraus, dass es keine Prognose für eine Rückkehr in ein bewusstes Leben gibt, verhindert eine valide „Standard-Patientenverfügung", dass dieser Zustand mittels medizinischer Maßnahmen aufrechterhalten wird.

Anders als bei einem vorliegenden Formular hat der „Kunde" beim Durchklicken auch keinen Überblick. Er hat keinen Ansprechpartner, der sich ihm und seinen Bedürfnissen unter Beachtung der rechtlichen Voraussetzungen individuell widmet. Er kennt die juristischen und medizinischen Folgen seines Anklickens im Einzelfall nicht. Es wird ihm nicht das auf dem ärztlichen Behandlungsrecht beruhende System der Patientenverfügung erklärt, und schon gar nicht die besonderen Schwierigkeiten einer Notfallsituation. Eine rechtliche Beratung darf durch den Anbieter nicht stattfinden.

Drei Dinge machen das Wesen der Patientenverfügung aus:

- In welcher **Situation** (möglichst genaue Beschreibungen)
- will ich was (z.B. Palliativmedizin, Seelsorge)
- **verbiete** ich was (z.B. künstliche Ernährung oder Beatmung).

Drei Dinge machen die Effektivität der Patientenverfügung aus:

- Die Formulierung muss medizinisch und rechtlich korrekt sein und den Willen des Patienten wiedergeben.
- Die Formulierung muss Akzeptanz beim Patienten finden
- Die Formulierung muss Akzeptanz bei Ärzten und Pflegekräften finden.

4. Kapitel

Medizinische Grundlagen

I. Kurative Medizin – Palliative Medizin

Immer sahen es die Ärzte als ihre erste Aufgabe an, Krankheiten zu heilen und Leben zu retten. Man sprach vom „Heilberuf", der Arzt war ein „Heiler". Lebensverlängerung war immer ein „Heilerfolg". Lateinisch heißt heilen „curare", sodass jene Medizin, deren Ziel die **Heilung** ist, **kurative Medizin** genannt wird. Es liegt in der Natur des menschlichen Körpers und der Vorgänge in diesem Körper (Physiologie), dass viele Behandlungen nicht sicher das gewünschte Ergebnis bringen, wobei es hierfür viele Gründe gibt. Man spricht daher heute in der Medizin auch vom „Heilversuch". In der Praxis wird dies gegenüber dem Patienten natürlich nicht so deutlich dargestellt, schon weil man aus gutem Grunde dem Patienten Hoffnung machen will. In den letzten Jahrzehnten hat die Medizin in allen Bereichen so große Fortschritte gemacht und Behandlungsmöglichkeiten entwickelt, dass das Ende der Behandlung immer weiter hinausgeschoben werden konnte. Wenn es nichts mehr zu heilen gibt, wenn die Krankheit in ihrem Verlauf nicht mehr beeinflussbar ist, erst recht, wenn die Krankheit unweigerlich zum Tode führt, sehen auch heute noch manche Ärzte ihre Aufgabe als beendet an, denn sie belastet das Scheitern ihrer Bemühungen als Misserfolg oder gar als Versagen. Manchmal führt dies sogar so weit, dass sie mit ihrem sterbenden Patienten und seinen Angehörigen nicht einmal mehr reden mögen. Diese Haltung hat allerdings nichts mit ihrer medizinischen Qualifikation zu tun, sondern ist die Scheu vor dem Tod, der unbedingt besiegt werden sollte. Denn immer noch sehen viele Ärzte Sterben als Scheitern an.

Andere Ärzte nutzen ihr ganzes Wissen und Können nun, um den Patienten schon vor, vor allem aber in seiner Sterbephase zu betreuen (palliative Betreuung).

Die Übergänge von der kurativen zur palliativen Medizin sind fließend. Schon lange vor Ausschöpfung aller kurativen Möglichkeiten beginnt heute das Stadium der so genannten **palliativen Medizin.** Der Name geht zurück auf das lateinische Wort für Mantel, „pallium". Es geht also um die Medizin, die nicht mehr Heilung zum Ziel hat, die die verbleibende Lebenszeit weder verlängern noch verkürzen will, sondern den Mantel der **Begleitung**, der **Betreuung**, des **Beistandes bei optimaler Symptomkontrolle und Schmerzlinderung schon früh und schließlich** in der **Phase des Sterbens** um den Patienten legt. Diese Richtung in der Medizin gab es natürlich schon immer. Schon immer wurden Patienten von guten Ärzten seelisch, pflegerisch und medizinisch bis in die letzte Phase begleitet. Allerdings hat diese „Sparte" der Medizin in den letzten Jahren zu Recht an Bedeutung gewonnen, vorwiegend in der ambulanten und stationären Behandlung. Seit dem 1.9.2009 schreibt das Gesetz vor, dass jeder Medizinstudent an einer deutschen Hochschule Palliativmedizin als Ausbildungs- und Prüfungsfach hat. Dies ist vor dem Hintergrund der großen Fortschritte in der Intensivmedizin, der Transplantationsmedizin, der Krebstherapie und der Notfallmedizin zu sehen: Mehr Menschen können länger überleben und wollen und sollen dies bis zum Schluss mit höherer Qualität, d.h. ohne Schmerzen und Not, aber in Würde und Frieden erleben.

Auch die Grundsätze der Bundesärztekammer zur ärztlichen Sterbebegleitung (Neufassung Januar 2011, Anhang II Nr. 1) haben angesichts des Wandels und angesichts der Vorgaben der Rechtsprechung nicht mehr die Lebenserhaltung zur obersten Maxime erhoben, sondern formulieren unverändert seit dem 11.9.1998:

Aufgabe des Arztes ist es, **unter Achtung des Selbstbestimmungsrechtes des Patienten** Leben zu erhalten, Gesundheit zu schützen und wiederherzustellen sowie Leiden zu lindern und Sterbenden bis zum Tod beizustehen. Die ärztliche Verpflichtung zur Lebenserhaltung besteht jedoch nicht unter allen Umständen. Es gibt Situationen, in denen sonst angemessene Diagnostik und Therapieverfahren nicht mehr angezeigt und Begrenzung geboten sind. Dann tritt eine palliativmedizinische Versorgung in den Vordergrund. Die Entscheidung hierzu darf nicht von wirtschaftlichen Erwägungen abhängig gemacht werden.

Schon frühzeitig sollte während der kurativen Phase der Blick auf die palliative Phase gerichtet werden, so dass parallel zum Auslaufen der kurativen Behandlung die palliative Behandlung beginnen kann. Das Gegenteil ist leider immer noch verbreitet. Dazu ein Fall aus unserer Praxis:

FALL 22: Hertha W. wird völlig unverhofft mit der Diagnose überrascht, dass sie einen schweren Lungenkrebs hat. Sofort erfolgt eine maximale Therapie in einer speziellen Fachklinik. Zwei Chemotherapie-Zyklen hat sie hinter sich. Über die dritte soll entschieden werden. Frau W. erfährt in dieser Klinik alles über ihre Krankheit, über ihre Prognose, über die Art und Weise, wie sie an diesem Krebs sterben wird, und über die verbleibenden Möglichkeiten, den Tod noch hinauszuzögern. Der dritte Chemotherapie-Zyklus wird schließlich von den Ärzten als nicht mehr indiziert verworfen, da der baldige Tod dadurch nicht mehr nennenswert hinausgeschoben werden kann. Mit dieser Mitteilung entlässt man die Patientin aus der maximalen Behandlung der spezialisierten Ärzte nach Hause. Sie fällt in das absolute Nichts. Sie weiß nicht, wie sie mit dieser Situation fertig werden soll. Sie wendet sich an die Schweizer Organisation „Exit“. Diese Organisation bietet ihr Hilfe beim Suizid an. Sie sieht angesichts der abrupten Konfrontation mit dem nahen und als schrecklich geschilderten Tod nur noch diese Lösung. Die Familie kommt zur Beratung in unsere Kanzlei und fragt, ob die Unterstützung des Suizids, etwa durch Begleitung in die Schweiz, rechtlich zulässig sei. Wir klären die Familie auf, dass die Verzweiflung der Patientin in erster Linie auf medizinischer Unkenntnis beruht. Es folgt zu Hause bei der Patientin ein zweistündiges weiteres Beratungsgespräch. Alle Möglichkeiten der Palliativmedizin in der Sterbephase werden ihr (vom Rechtsanwalt!) erläutert. Sie wird auf die Möglichkeiten der ambulanten Betreuung und Pflege zu Hause durch einen Pflegedienst und einen ambulanten Hospiz dienst sowie auf die Möglichkeit der Aufnahme in ein stationäres Hospiz hingewiesen. Daraufhin verwirft sie ihre Suizid-Absichten, wird alsbald in ein stationäres Hospiz aufgenommen, wo sie 14 Tage später, mit allen Wohltaten der Palliativmedizin versorgt, verstirbt.

Eine **Palliativstation** ist eine stationäre Behandlungs- und Pflegeeinrichtung eines Krankenhauses, die auf die besonderen persönlichen Bedürfnisse (z.B. Sterbebegleitung) und medizinischen Erfordernisse (vor allem Schmerztherapie) Schwerstkranker und Sterbender, für die keine ursächliche, sondern nur noch eine symptomatische Behandlung möglich ist, ausgerichtet ist. Die meisten der von uns betreuten Sterbefälle, insbesondere wenn es um das Zulassen des Sterbens eines Komakranken durch Beendigung der künstlichen Ernährung geht, konnten aus rechtlichen Gründen nicht in einer Palliativstation stattfinden, weil diese Sterbenden nicht einer solchen stationären Krankenhausbehandlung mit 24-Stunden-Anwesenheit eines Arztes bedürfen. In einigen Fällen wurden Patienten mit einer „sozialen Indikation" zum Sterben aufgenommen, weil die häusliche Situation dazu ungeeignet war. Pflegeeinrichtungen hingegen haben ihre Bewohner in deren dortiger häuslicher Umgebung bis zum Ende zu begleiten. Dazu sind Altenpflegekräfte ausgebildet. Zusätzlich sollten Einrichtungen dafür Sorge tragen, dass in allen Dienstschichten Mitarbeiter mit der Zusatzqualifikation „Palliativ-Care-Pflegekraft" im Einsatz sind.

II. Lebenserhaltung durch Intensivmedizin bzw. Substitution

Die Möglichkeiten der **Intensivmedizin** sind mannigfaltig und sprengen den Rahmen dieses Buches. Intensivmedizin hat selbstverständlich ihre Bedeutung und ihre Berechtigung im kurativen Bereich, in seltenen Ausnahmen auch im palliativen Bereich. Jeder möchte zunächst einmal überleben und die Chance erhalten, wieder gesund zu werden. Die gängige Vorstellung, dass eine „Lebensverlängerung um jeden Preis" in einer Intensivstation über einen langen Zeitraum und gegen den Willen des Sterbewilligen stattfindet, ist sicher ein Klischee, das zur Zeit noch selten der Realität entspricht. Leider zeigt sich, dass zunehmend finanzielle Anreize derartigen Missbrauch vor allem im Bereich der invasiven Beatmung befördern! Aber auch solche Behandlungen setzten eine strenge Indikationsstellung und die Beachtung des Patientenwillens voraus!

Erst wenn nach einer intensivmedizinischen Behandlung und der nachfolgenden Reha-Behandlung alle Möglichkeiten erschöpft sind und der Patient zwar überlebt hat, weil Atmung und Kreislauf noch funktionieren, er aber sonst bei Verlust der Kommunikation schwerst und irreversibel geschädigt ist, erst dann wird eine **Substitution** des Patienten zum eigentlichen Problem.

Substitution bedeutet, dass man jene physiologischen Vorgänge, die der Körper des Patienten nicht mehr selbst leisten kann, ersetzt. Die häufigste Form der Substitution ist die Zuführung von Flüssigkeit und Nahrung bei Patienten, die durch sich selbst oder durch Hilfe mit Anreichen der Nahrung nicht mehr ausreichend versorgt werden können. Unter den Begriff der Substitution fallen z.B. auch der Einsatz einer künstlichen Niere (Dialyse) bei Ausfall der Nierenfunktion und die künstliche Beatmung bei Patienten mit entsprechenden neurologischen Ausfällen oder Beeinträchtigungen der Atemmuskulatur. Alle diese Maßnahmen werden in der heutigen Praxis tatsächlich auch über viele Jahre durchgeführt. Technisch ist dies ohne Weiteres auch zu Hause oder in Pflegeheimen möglich. Hingegen ist es laienhaft und realitätsfremd, zu glauben, man würde langfristig mit einer Herz-Lungen-Maschine am Leben erhalten.

Im Gegensatz zur Curation (curative Medizin) oder Palliation (Palliativmedizin) bedarf Substitution einer sehr differenzierten Betrachtung. Denn „substituieren" bedeutet wohl Verlängerung von Leben und Leiden, aber nicht „heilen".

Ohne Substitution würden diese Menschen an ihrer **Grunderkrankung** sterben, denn diese ist unheilbar. So gesehen ist auch der Zuckerkranke oder der Dialysepatient (abgesehen von einer Nierentransplantation) irreversibel (also unumkehrbar) bzw. unheilbar erkrankt (so zu verstehen auch der Bundesgerichtshof in seiner Entscheidung vom 17.3.2003, NJW 2003, 1588). Substitution kann aber auch bei einer heilbaren Grunderkrankung vorübergehend angebracht sein. So wird etwa bei einer Unfallverletzung im Halsbereich bis zu deren Heilung eine Substitution der Ernährung und Flüssigkeitszufuhr über die Magensonde durch die Bauchdecke stattfinden.

Wie jeder andere medizinische Eingriff bedarf auch die Substitution der Rechtfertigung. Sowohl bei bewussten wie auch bei bewusstlosen Patienten ist sie nur gerechtfertigt, **wenn sie indiziert ist und dem Patientenwillen entspricht** (vgl. hierzu 2. Kapitel II).

Bei bewussten Patienten ist dies einfach: Wenn der Dialysepatient oder der Zuckerkranke wünscht, dass substituiert werden soll, dann darf und muss selbstverständlich substituiert werden. Ebenso selbstverständlich darf nicht mehr substituiert werden, wenn er es verbietet. Dabei kommt es nicht auf die Motivation für seine Entscheidungsbildung an. Der Patient muss seine Motive weder offen legen noch rechtfertigen. **Bei bewusstlosen Patienten** gilt exakt das Gleiche.

Hat der Patient in einer schriftlichen **Patientenverfügung oder mündlichen Behandlungswünschen**, die nach seinem Bewusstseinsverlust fortdauern (BGH NJW 2003, 1588), seinen Willen selbst im Voraus festgelegt, so ist auch hier das Motiv für seine Willensbildung unbeachtlich. Es darf nicht substituiert werden, weil der Patient es verboten hat. Die Vertreter des Patienten, Ärzte und Pflegekräfte müssen den Willen des Patienten beachten und umsetzen (BGH NJW 2003, 1588).

Liegen jedoch keine schriftlichen oder mündlichen Patientenwünsche vor, so muss der Vertreter auf den **mutmaßlichen Willen** des Patienten zurückgreifen. Nun kommt es zum ersten Mal auf die Motive an, die sich aus individuellen Umständen und Kriterien im Leben des Betroffenen ergeben, (Aus welchem Grund würde der Patient welche Entscheidung treffen?, BGH NJW 1995, 204) Lässt sich kein mutmaßlicher Wille ermitteln, so ist nach der Indikation die Behandlung zu beginnen, fortzusetzen oder zu beenden. Für einen Patienten, egal ob bewusst oder bewusstlos, kann es nur zwei Kriterien für eine Substitution geben:

- Er will gesünder oder gesund werden.
- Er will **so** leben.

Somit muss für Lebensverlängerung bei einem willensunfähigen Patienten entweder

- eine Aussicht auf Besserung bejaht werden, die der Patient auch mutmaßlich erleben will, oder
- ein mutmaßlicher Wille des Patienten festgestellt werden, dass er seinen (z.B. komatösen) Zustand nach seinen Wertvorstellungen lebenswert findet.

In keinem Fall sind die Wertvorstellungen des Arztes oder des Vertreters des Patienten oder die Machbarkeit der Lebensverlängerung als solche ein Rechtfertigungsgrund für eine Substitution!

Den gravierendsten Wandel hat die Erfindung der PEG gebracht (siehe Einleitung und nachfolgendes Kapitel).

1. Die PEG – Technik und Risiken, Fluch und Segen

Bei der PEG (perkutane, endoskopisch kontrollierte Gastrostomie) handelt es sich um eine Magensonde, die in einer kurzen Operation, meist in einer gastroenterologischen Abteilung eines Krankenhauses, durch die Bauchdecke direkt in den Magen gelegt wird. Sie ist heute medizinischer Standard in der gesamten Alten- und Krankenpflege, wenn Pflegepatienten immer schlechter zu „füttern" sind – anfangs (was nicht sein sollte, aber Realität ist) als **Pflegeerleichterung**, schließlich als einzige Möglichkeit der ausreichenden Versorgung mit Nahrung und Flüssigkeit. Die PEG wird mit Sondennahrung, die alle notwendigen Substanzen enthält, beschickt. Die Nahrung muss auf den einzelnen Patienten abgestimmt werden, was zuweilen sehr aufwändig ist. Diese Maßnahme ist zeitlich praktisch unbegrenzt möglich. Der Patient verstirbt später entweder an seiner Grunderkrankung oder an einer hinzutretenden Erkrankung, z.B. an einer Lungenentzündung, oder er stirbt den Alterstod an der Sonde. Der längste uns bekannte Fall betrug im Jahr 2011 insgesamt 32 Jahre (Gesamtdauer des Komazustandes). Nachdem es die PEG erst seit Mitte der 80er Jahre gibt, bedeutet dies interessanterweise, dass man diese Patientin offensichtlich vor dieser Zeit länger als üblich mit einer Sondenernährung durch die Nase am Leben erhalten konnte. Denn diese Art der künstlichen Ernährung war in der Regel nicht lange möglich, da es zu schwersten Nebenwirkungen, wie Geschwürbildung entlang der Sonde im Nasen-Rachen-Raum und der Speiseröhre, kam. Im Schnitt liegt die Lebenserwartung komatöser Patienten mit Sondenernährung deutlich unter zehn Jahren.

Natürlich kommt die PEG auch zum Einsatz in der akutmedizinischen Versorgung von Kranken, die vorübergehend zur Aufnahme von Nahrung und Flüssigkeit auf natürlichem Wege nicht fähig sind (z.B. Operationen im Rachenraum, Halsbereich oder Versorgung nach schwersten Verletzungen, besonders im Kopfbereich). Für diese Fälle ist die PEG ein Segen: Der kranke Körper bzw. die verletzten Körperbereiche können heilen, während der Patient mit optimaler Ernährung versorgt wird, wie dies durch Füttern entweder nicht oder nicht in dieser Qualität möglich wäre. Die Zuführung von Nährlösungen in die Vene steht der Versorgung mit einer Sondennahrung in den Magen nicht gleich. Eine Ernährung durch Nährlösungen in die Vene ist nicht langfristig möglich.

Rechtlich gilt, wie für jede andere medizinische Maßnahme, die in den Körper eines Patienten eingreift: Der Arzt muss feststellen, ob die Indikation gegeben ist. Diese bestimmt er z.B. nach der Leitlinie enterale Ernährung der Deutschen Gesellschaft für Ernährungsmedizin und der Deutschen Gesellschaft für Geriatrie (Volkert/Lenzen-Großimlinghaus (Hrsg.): Aktuelle Ernährungsmedizin 2004, S. 198 bis 225), in der z.B. auf Seite 223 ausgeführt wird: „Für final Demenz kranke (irreversibel, immobil, kommunikationsunfähig, vollständig pflegeabhängig, mangelnde körperliche Reserven) wird eine Sondenernährung nicht empfohlen.“

Dass diese Einschätzung nicht auf die Gruppe der final Demenzkranken beschränkt bleibt, illustriert der Artikel „Künstliche Ernährung: Gut gemeint ist nicht immer gut gemacht“ von Strätling u. a. aus dem Deutschen Ärzteblatt vom 8.8.2005, S. A2153. Sodann muss der Arzt feststellen, ob der Patient selbst **einwilligungsfähig** ist.

- Wenn ja, kann der Patient selbst zustimmen.
- Wenn nein, muss der Vertreter (Bevollmächtigte oder Betreuer) zustimmen.

In jedem Fall setzt eine wirksame Zustimmung das Angebot und ggf. eine entsprechende Aufklärung voraus mit folgenden **Aufklärungsinhalten:**

- Vorgang ist unphysiologisch – Auswirkungen müssen erläutert werden (siehe nachfolgende Schilderung)
- Aufklärung über geplante Verweildauer (Behandlungsziel?)
- Was soll verabreicht werden: Nahrung und/oder Flüssigkeit?
- Gesundheitliche Risiken des Eingriffs und des Verweilens: Letalität 0 bis 0,3%, schwere Komplikationen wie Magenperforation, Peritonitis oder intraabdominelle Blutung 1 bis 4%, Wundinfektion 5 bis 15%, technische Komplikationen 0,3 bis 0,5%
- Ggf. weitreichende soziale, psychische und physische Auswirkungen für das weitere, ggf. restliche Leben (siehe nachfolgende Schilderung)
- Hinweis, dass PEG-Versorgung kein Weg ohne Umkehr ist (ständige Überprüfung der Indikation)
- Bei schwerer Altersdemenz hohe Gefahr von Reflux und Aspiration mit Pneumonie (Magensäure gelangt über die Speiseröhre in den Rachen und wird eingeatmet. Dies führt zur Lungenentzündung).

2. Das Legen der PEG – „ethische Pflicht" zur Befriedigung menschlicher Grundbedürfnisse?

Obwohl die Ernährung über die PEG ebenso eine Substitution ist wie die Beatmung oder die künstliche Niere, obwohl auch sie in unphysiologischer Weise das Leben künstlich verlängert, wird die Versorgung des Kranken mit Nahrung und Flüssigkeit durch die PEG zuweilen anders bewertet als die künstliche Beatmung oder die Dialyse.

Der Abbruch oder die Verweigerung von PEG-Ernährung ruft bei Laien in aller Regel erst einmal Entsetzen hervor. „Essen und Trinken hält Leib und Seele zusammen“, „Essen und Trinken will doch jeder“, wird empört entgegnet. Am häufigsten aber hören unsere Mandanten „Wollen Sie Ihre Mutter grausam verhungern und verdursten lassen?“ Auch einige Theologen unterscheiden zwischen den remedia ordinaria (Essen, Trinken, Sauerstoff) und den remedia extraordinaria (künstliche Niere, Herz-Lungen-Maschine, Antibiose usw.). In diesem Buch werden wir noch ausführlich darauf eingehen, dass der Tod durch Einstellung von Nahrung und Flüssigkeitszufuhr schon medizinisch kein Verhungern oder Verdursten ist, dass Hunger nicht auftritt und Durst bekämpft werden kann, dass dieser Tod gnädig, schmerzfrei und friedlich in Würde eintritt.

Die Zuführung von Flüssigkeit und Nahrung durch die PEG wird geradezu als die „letzte und einzige Freude“, die der Schwerstkranke noch hat, dargestellt. Wir wollen deshalb den Hamburger Aujust Ottie zu Worte kommen lassen, der uns als 80-Jähriger geschrieben hat und uns erlaubt hat, seine Lebens- und Krankengeschichte hier auszugsweise abzudrucken. Wir danken ihm für dieses einzigartige Dokument:

FALL 23: Aujust Ottie – ein Leben ohne Essen, ein Leben mit der PEG – Mein Zustand als Patient nach Tonsillen-Karzinom (Mandelkrebs) mit filialisiertem Lymphknoten-Tumor am Hals – „ohne Schmerzen"! – und Radiatio (Röntgenbestrahlung) sowie Diagnose der nuklearmedizinischen Sialo-Szintigraphie (Speichelsekretionsuntersuchung):
Meine Situation sehe ich als außergewöhnlich an. Sie ist eine Ironie des Schicksals, denn eigentlich bin ich mit meinen 80 Lebensjahren „kerngesund" oder fühle mich wenigstens so. Nach den erfolgreichen Krebsoperationen inklusive Prostata-Krebs, nach Hirnhautentzündung, reversiblem Schlaganfall (PRIND), Prostatakrebs, Herzinfarkt und coronarer Bypassoperation geht es mir blendend. Diese ellenlange Krankengeschichte habe ich rest- und schadlos überstanden. Magen, Nieren, Leber, Lunge, Blutdruck (140:80) alles bestens. Keine Arthrose, Osteoporose, Altersdemenz, keine Kreislaufbeschwerden, keine Schmerzen, bis auf Reißen in der Schulter nach Tumor-OP, kein Rheuma, alles ist picco bello, mir fehlt wirklich absolut nix – außer Spucke! – lächerlich, meinen Sie!? – Von wegen!!
Seit vier Jahren leide ich unter Asialie bzw. Apthyalismus. Das ist das völlige Aufhören der Speichelsekretion (Speichelabsonderung, Speichelfluss). Was es bedeutet, jahrelang keinen Tropfen Spucke mehr im Mund zu haben, ist für keinen Menschen vorstellbar, auch keinen Arzt, soweit er es nicht am eigenen Leibe erlebt hat. Der normale Mensch hat

Spucke, das ist für ihn selbstverständlich, also kann er einen Zustand ohne Mundspeichel nicht nachvollziehen.
Die Speicheldrüsen sind durch die Bestrahlung unwiederbringlich zerstört. Sie existieren nicht mehr. Ihre Heilung ist demnach unmöglich (ein amputiertes Bein kann man nicht heilen); hinsichtlich der Speichelsekretion besteht also eine infauste Prognose und irreversible Krankheit. Die Mund- und Rachenschleimhaut wird zerfressen, die Zähne werden angegriffen und ruiniert.
Man muss wissen: pro Tag produziert der Mensch ein bis zwei Liter Speichel und sondert ihn ununterbrochen ab (permanente Speichelsekretion), was für das Einweichen der Speisen und die Vorverdauung sorgt. Der Speichel besteht zu 99% aus Wasser, der Rest sind Ingredienzien, die ihn sämig, glitschig machen; er schützt die Schleimhaut und die Zähne gegen Bakterien. Wasser bringt nichts."
Aujust Ottie schildert nun umfassend, wie ihm das Essen zur täglichen Qual wird. Rindfleisch und Geflügel bleiben im Rachen kleben. Kauen kann er nicht mehr, weil man ihm die Backenzähne gezogen hat. Das Frühstück mit seinen geliebten Morgenbrötchen war schon nach einem halben Jahr tabu. Gemüse ist nicht mehr essbar, sodass die Verstopfung mangels Ballaststoffen beginnt. Er muss Sauerkrautsaft und eingeweichte Backpflaumen essen, die Säure brennt im Mund. Daher kann er auch keine Fruchtsäfte trinken, sie enthalten zu viel Säure, Kartoffelsalat und andere Salate enthalten Majonäse mit Essig, jeder Tropfen Alkohol brennt im Mund. Er muss plötzlich auf alles verzichten, was er gerne gegessen und getrunken hat. Er nimmt extrem ab.
Aujust Ottie schreibt weiter: „Früher war ich ein Gourmand (kein Gourmet, Feinschmecker, Genießer) sondern ein Gerne-Esser, ein Schlemmer, ein Genüssling; mir schmeckte alles, ich habe nie gemäkelt. Und nun ist alles vorbei. Worte wie Mahlzeit, Guten Appetit, hat's geschmeckt, Frühstück, lecker, essen, speisen, tafeln, mampfen, frühstücken, dinieren, knautschen, genießen sind aus meinem Wörterbuch gestrichen. Ich fürchte mich vor jedem Essen, der Magen wird immer kleiner, ich habe kaum noch Hunger und bereits wieder vier Kilo abgenommen.
Ich habe eine private Erhebung gemacht und errechnet, dass 98% des Lebens mit dem Essen zu tun haben. Mir ist das früher nie aufgefallen, ständig werde ich mit dem Essen konfrontiert. Wenn ich aus der Wohnungstür trete, riecht es im Treppenhaus nach Schweinebraten; trete ich aus der Haustür, geht da ein Mädchen und knauscht ein Brötchen, drei Schritte weiter sehe ich ein Werbeplakat mit „Big Mäc", an der nächs-

ten Ecke ist das Ristorante, in dem ich immer Spaghetti a la Carbonara gegessen habe, gegenüber der Imbiss mit duftenden Brathendln. Im Einkaufcenter die schönsten Angebote, malerisch belegte Brötchen, Kuchen, Fischsalate. Im Fernsehen, ob Krimi-, Sport-, Musik-Unterhaltungssendung, immer ist Essen und Trinken und Prosten dabei, ganz abgesehen von den Werbespots und Alfredissimo: hm – lecker! Also eine ständige seelische Qual!
Aber es ist nicht nur das Essen selbst, was einem das Leben verleidet. Ich bin auch gesellschaftlich isoliert. Im Restaurant essen geht nicht! ... Einladungen zum Essen (Hochzeit, Geburtstag) muss ich ausschlagen. „Komm', wir besprechen das bei einem Bierchen", sagt einer. Dann müsste ich aber Wasser trinken, und – und – und ...
„Essen und Trinken hält Leib und Seele zusammen" heißt der Spruch, der wohl wahr ist. Die Haupttriebe des Menschen wie aller Kreaturen sind der Selbsterhaltungstrieb und der Fortpflanzungstrieb, also Essen/Trinken und Sex. Beide sind mit den höchsten Genüssen verbunden. Von ihnen gehen alle anderen Triebe und Freuden aus. Wer nicht gut essen kann, wird körperlich kraft- und widerstandslos und verliert seelisch die Lust. Das gehört aber unbedingt zum Leben. Ohne dies sind alle anderen Triebe und Aktivitäten nur bedingte Anhängsel, Lückenbüßer. So vegetiere ich nur noch lust- und freudlos dahin.
Es ist für mich ganz schlimm, dass die Lebensfreude schwindet. Richtig lauthals lachen kann ich gar nicht mehr, aber Lachen ist und macht gesund. Ich habe einen kreativen Beruf und war und bin auf Einfälle und Ideen angewiesen. Durch die Bitterkeit, die mich befallen hat, fehlt mir der Auftrieb, der Antrieb, es fällt mir nichts mehr ein. Lust und Spaß sind weg, die aber sind das Wichtigste. Früher, nach einem schönen Frühstück morgens, war der ganze Tag gerettet, ich ging munter ans Werk und hatte Lust anzupacken. Jetzt ist alles futsch. Das Dilemma ist, dass ich eigentlich alles könnte. Vor meiner Krankheit hatte ich meine Wohnung komplett renoviert mit allem Drum und Dran, ein neues Studio und eine neue Küche einbauen lassen, weil ich mir einen schönen Lebensabend aufbauen wollte. Damit kann ich gar nichts mehr anfangen. Mein Leben ist sinnlos geworden.
Jener HNO-Chefarzt, der meine Bestrahlung indiziert hatte, schlug mir mit einem süffisanten Lächeln eine Magensonde vor, was ich entrüstet ablehnte. Was hat die Sonde mit Essen und Trinken zu tun? Eine unverschämte Zumutung, dachte ich, zuerst macht man mich kaputt und dann will man mich mit einer Magensonde abspeisen. Später, als ich nicht mehr aus noch ein wusste, legte mir ein anderer, anteilnehmender

Professor die Sonde nochmal ans Herz, was ich dann notgedrungenerweise doch akzeptierte.
Damit war die Essensqual zwar beseitigt, aber der Wunsch nach Essen und die Speichellosigkeit blieben bestehen. Meine Zähne, die immer gesund waren, beginnen zu verfaulen. Die Austrocknung der Mund- und Rachenhöhle ist unerträglich, …
Eigentlich langt es mir! Ich hab' den Kanal gestrichen voll, so kann und will ich meinen Lebensabend nicht verbringen. Lebenserhaltung? Wer will mir denn das einreden? Das ist doch wohl ein schlechter Witz! Es fällt mir nicht schwer, mich vom Leben zu trennen. Todesangst kenne ich nicht, weil ich mich schon früh mit dem Tod auseinander gesetzt habe ….
Der Tag meines Ablebens wäre eine Erlösung und würde wohl der glücklichste in meinem Leben sein, weil ich mich vom Leiden verabschieden könnte.
Aujust Ottie

Diese Darstellung zeigt in beeindruckender Weise, wie dominierend Essen und Trinken im Leben sind – als Ausdruck von Genuss, Freude und Sinnlichkeit, nicht als bloße Nahrungsaufnahme, um die Körperfunktionen aufrechtzuerhalten. Nur Letzteres gewährleistet die Substitution über die PEG. Aujust Ottje lehrt uns: Wenn die Freude am Essen fehlt, fehlt auch die Freude am Leben.

3. Flüssigkeits- und Nahrungsbedarf in der Sterbephase

Die Einstellung der Zufuhr von Flüssigkeit und/oder Nahrung stellt nach gesicherten medizinischen Erkenntnissen keine Zufügung von Leid dar, wenn sie palliativ korrekt begleitet wird. So hängt Durst nicht von der infundierten Menge an Flüssigkeit, sondern vielmehr wesentlich von der Mundpflege, dem Befeuchten des Mundes, ab. Die Einstellung der Ernährung führt am Ende nach aller medizinischen Erkenntnis nicht zu einem Empfinden von Hunger. Aus geriatrischer Erfahrung ist das Sterben, das in der Endphase schließlich durch Mangelernährung und Flüssigkeitsmangel mitverursacht wird, sogar der **ganz normale Tod** von hochbetagten Menschen. In

England wird dies sehr anschaulich mit dem Schlagwort „spoon to the mouth“ beschrieben, eine allgemein anerkannte Leitlinie im Pflegebereich: Solange der Mensch mitwirkt und vom Löffel isst, zeigt er seine Teilnahme am Leben, seinen Lebenswillen. Verweigert er das Essen vom Löffel, so signalisiert er seiner Umwelt, dass er nicht mehr will.

Viele Beschwerden können gerade durch die Zufuhr von Nahrung und Flüssigkeit gefördert werden und können deshalb in der Sterbephase nach Beendigung von künstlicher Zufuhr von Nahrung und Flüssigkeit nachlassen oder aufhören (Wundliegen, Verschleimen, Röcheln, Rasseln u.v.a.) Daher ist ein Sterben bei reduzierter Flüssigkeitszufuhr auch stets für die Angehörigen mit dem Eindruck des friedlichen Einschlafens verbunden. Der Sterbende kommt in ein **terminales Nierenversagen**, das zu einer **Urämie** und einem narkoseartigen Zustand führt. Der Patient stirbt ohne Bewusstsein. Kein Mensch würde auf die Idee kommen, dieses Sterben des hochbetagten oder sterbenskranken Menschen mit künstlicher Flüssigkeitszufuhr, künstlicher Nahrungszufuhr oder künstlicher Beatmung zu substituieren, um diesen Vorgang „menschenwürdig zu gestalten“ oder gar zu verhindern. (Siehe unten: Einstellung der Substitution)

Gegen mögliche Schmerzen oder Missempfindungen gibt man entsprechende **Schmerzmittel** oder **Psychopharmaka**. Die heutige Palliativmedizin kann derartige Sterbevorgänge so gestalten, dass der Patient, bei dem bekannt ist oder vorsorglich unterstellt wird, er könne etwas empfinden, ohne Angst, Atemnot, Schmerzen, Durst und Hunger verstirbt.

Der Vorgang des Sterbens dauert ein bis vier Wochen (unser längster Fall bei allerdings nicht vollständiger Flüssigkeitsreduktion dauerte 30 Tage). Der eigentliche Sterbevorgang ist Ärzten, Schwestern und Pflegern ein vertrautes Bild: Der Patient entspannt sich ersichtlich und schläft schließlich ohne irgendwelche Anzeichen von Missempfindungen ruhig ein. Für die beteiligten Pflegekräfte und die meist „rund um die Uhr“ anwesenden Angehörigen stellt sich dieser Sterbevorgang überhaupt nicht belastend dar. Im Gegenteil: er wird als ein normaler zum Leben gehörender Vorgang empfunden. Wir haben sowohl bei Angehörigen als auch bei Pflegekräften die Erfahrung gemacht, dass das Miterleben eines solchen Sterbeprozesses zu einer fast euphorischen Meinungsänderung führte.

Dies alles ist mittlerweile Lehrbuchwissen und wird den Medizinstudenten an den Universitäten gelehrt. Für die praktische Umsetzung auch durch Pflegekräfte gibt es etwa den Leitfaden des bayerischen Staatsministeriums für Arbeit und Sozialordnung, Familie und Frauen, „künstliche Ernährung und Flüssigkeitsversorgung", Leitfaden des bayerischen Landespflegeausschusses vom Dezember 2008, der in einer Zusammenarbeit mit allen einschlägigen Fachverbänden entstanden ist.

Ebenso die Leitlinie enterale Ernährung der Deutschen Gesellschaft für Ernährungsmedizin und der Deutschen Gesellschaft für Geriatrie (Volkert/Lenzen-Großimlinghaus (Hrsg.): Aktuelle Ernährungsmedizin 2004, S. 198 bis 225) in der z.B. auf Seite 223 ausgeführt wird: „Für final Demenzkranke (irreversibel, immobil, kommunikationsunfähig, vollständig pflegeabhängig, mangelnde körperliche Reserven) wird eine Sondenernährung nicht empfohlen."

Siehe auch die Zusammenstellung im 2. Kapitel I. „Behandlung nach Indikation", die wir dem Urteil des Oberlandesgerichts München vom 21.12.2017 entnommen haben.

FALL 24: Roland M., 50 Jahre: Der aktive Sportler war beim Joggen zusammengebrochen. Über zwanzig Stromstöße versetzte ihm der Notarzt, bis der Patient nach ca. dreißig Minuten wieder ins „vegetative" Leben zurückkam. Da sein Großhirn irreversibel zerstört war, blieb er im Koma. Für die Ehefrau war es der letzte Liebesdienst, ihren Mann durch Beendigung der Substitution sterben zu lassen. Dies hat die Witwe von Roland M. als ein extrem positives, geradezu beglückendes Erlebnis des Abschiednehmens empfunden.

FALL 25: Die 80-jährige Anna E., nach schwerer Gehirnschädigung irreversibel im Koma, wird von der Familie zum Sterbenlassen nach Hause geholt. Die Hausärztin, der Pflegedienst und die Angehörigen besprechen das Vorgehen umfassend mit uns. Die Ärztin macht ihre Mitwirkung von der verantwortlichen Betreuung durch unsere Kanzlei abhängig. Als sich die Richterin des Betreuungsgerichts zu einer Routine-Kontrolle im Rahmen der gerichtlich angeordneten Betreuung an

das Krankenbett der inzwischen im Sterben begriffenen Frau begibt, merkt sie nichts vom Sterbevorgang. Nach 29 Tagen verstirbt Anna E. friedlich im Kreis ihrer Familie. Die Angehörigen bedanken sich bei allen Mitwirkenden mit folgendem Schreiben:
„Vier lange, schwere, aber auch schöne Wochen hat sie hier in unserem Hause verbracht. Sie hat es sich in dieser Zeit nicht leicht gemacht in ihrem Kampf gegen den zerrütteten Körper und dem Ringen um einen vertrauensvollen Abschied von ihrem Leben. Ich glaube, sie hat am Ende ihren Frieden in sich und mit sich gefunden.
Wir haben sie so behutsam begleitet und zugleich behütet, wie wir das in dieser Situation erfüllen konnten. Dabei haben wir viel von der Auseinandersetzung erfahren, durch die ein Mensch in seiner letzten Phase hindurchgehen muss. Das hat uns ein Stück stärker gemacht für unser eigenes Leben und mich meiner Mutter näher gebracht als jemals zuvor.
Ich möchte mich nun bei allen bedanken, die die Bewältigung der notwendigen Aufgaben mitgetragen und damit uns und meiner Mutter den Weg erleichtert haben. Jeder hat an seiner Stelle das Rechte und Richtige getan und sich darüber hinaus eingefühlt in die besonderen Umstände und Erfordernisse dieses Geschehens. Das persönliche Engagement aller Beteiligten hat mir meine immer wieder auftretenden Zweifel gelindert und meiner Mutter den Boden bereitet für die Lösung ihrer schwierigen letzten Aufgaben.
Danke für die gemeinsame Arbeit, die selbstlose Unterstützung, den loyalen Beistand und die vielen guten Gedanken im Stillen."

In unserer Praxis begegnen wir regelmäßig Pflegekräften, Pflegedirektoren oder Geschäftsführern von Pflegeheimen, die eine Einstellung der Substitution „ethisch begründet" ablehnen, weil dies ein grausames Verhungern und Verdursten darstelle. In einem solchen Heim spielte sich dann folgender Fall ab:

FALL 26: Maria N., 92 Jahre alt, liegt seit vielen Jahren im irreversiblen Koma. Sowohl das Amtsgericht als auch das Landgericht sehen im Sterbenlassen nach medizinischer Indikation und nach dem Willen der Patientin die einzig richtige Handlung. Das Heim weigert sich jedoch, diesen Vorgang zuzulassen. Der Ehemann, selbst über neunzig Jahre alt, hat nicht die Kraft, den Wunsch seiner Frau durchzusetzen. Wie Maria N. schließlich an der PEG-Sonde sterben konnte, schildert die Tochter in einem Schreiben an unsere Kanzlei:

„Folgendes hat zum Tod meiner Mutter, die fast sechs Jahre im Wachkoma mehr oder weniger gelebt hat, geführt. Sie war wie Ihnen bestens bekannt war, organisch gesund, hatte aber schon immer (Gott sei Dank) sehr schlechte Zähne. Diese haben den Tod herbeigeführt, da sie durch das Erbrechen abgefault sind und sich im Kiefer Eiter angesammelt hat. Im Heim wollten sie die Zähne ziehen und den Eiterherd behandeln lassen. Der Hausarzt erklärte, dass dies nur operativ durchzuführen sei, meine Mutter aber in ihrem Zustand nicht mehr narkosefähig sei und einen solchen Eingriff nicht überlebt hätte. Außerdem würden die Ärzte im Krankenhaus dafür keine Verantwortung übernehmen. Auch ich und der Rest der Familie haben dazu die Einwilligung verweigert. Dies war die einzige Chance, einen schnelleren Tod herbeizuführen, da der Eiterherd mit der Zeit das Herz schwächen würde. Und so ist es gekommen. Gegen ständiges Fieber bekam sie Medikamente und in den letzten Tagen gegen die Schmerzen (sie stöhnte) noch Morphiumspritzen. Das Ganze dauerte trotzdem etwa sechs Monate."

Unter Berufung auf „ethische Pflegegrundsätze" lässt man eher eine Patientin grausam an einer Lungenentzündung sterben oder qualvoll bei lebendigem Leib verfaulen und vereitern, als dass man der Natur ihren Lauf lässt: Die Patientin hätte in guter palliativer Betreuung bedingt durch ihre schwere Gehirnschädigung, die sie zur Aufnahme von Nahrung und Flüssigkeit unfähig machte, einen leichten Tod haben können.

4. Sterben des Menschen bei Beendigung der Substitution

a) Einstellung der Beatmung

Wird bei einem Menschen die künstliche Beatmung eingestellt, so würde er bei vollem Bewusstsein Atemnot und damit panische Todesangst erleiden. Der Patient würde qualvoll ersticken. Dies kann vermieden werden durch Medikamente, die den Atemnotreflex unterdrücken, so wird der Patient vorher sediert. Jeder palliativmedizinisch geschulte Arzt kann und muss die Beendigung der künstlichen Beatmung so gestalten, dass der Kranke friedlich einschläft, ohne zu leiden. Nach dem Abschalten der Beatmung schlägt das Herz weiter und der Kreislauf bleibt aufrecht erhalten. Mangels Atmung nimmt der Sauerstoffgehalt des Blutes nach kurzer Zeit kontinuierlich ab. Diese nachlassende Sauerstoffsättigung des Blutes führt zu Müdigkeit, Bewusstseinsverlust (Ohnmacht) und dann zum Herzstillstand. Zwischen dem Abschalten der Beatmung und dem Herzstillstand können sehr wohl bis zu 20 Minuten vergehen.

b) Einstellung der künstlichen Niere (Dialyse)

Wird bei einem Menschen, der auf eine künstliche Niere angewiesen ist, die so genannte Dialyse (künstliche Niere) nicht mehr durchgeführt, so kommt es mangels Nierentätigkeit zur Anreicherung des Blutes mit so genannten harnpflichtigen Stoffen, also zu einer Harnvergiftung, einer so genannten „Urämie“, dem normalen Endstadium der Niereninsuffizienz. Diese führt zu Organschäden, vor allem im Gehirn, damit alsbald zum Verlust des Bewusstseins, zu einem komatösen Zustand und wegen dieses Zustands zu einem weitgehend schmerzfreien Tod. Dieser Vorgang kann palliativmedizinisch zusätzlich erleichtert werden.

c) Einstellung der Zufuhr von Nahrung und Flüssigkeit

In aller Regel werden die Patienten (was nicht standardgemäß ist) mit einer stetigen Tröpfel-Infusion von Sondennahrung über eine PEG-Sonde in den Magen versorgt. Dadurch verliert der Magen seinen physiologischen Rhythmus im ständigen Wechsel von Auffüllung und Entleerung. Aber auch nach langer korrekter Versorgung über eine PEG gilt: Beim langsamen „Ausschleichen“ der Zufuhr von Sondennahrung tritt kein Hungergefühl auf. Dies weiß man von bewussten Patienten. Durch die Einstellung von Flüssigkeitszufuhr kann es jedoch alsbald zu einem Durstgefühl kommen, weil die Mundschleimhäute trocken werden. Dies kann durch so genannte „Mundpflege“ wirksam bekämpft werden, z.B. durch Einschmieren der trocken werdenden Lippen und des Mundes mit Butter oder mit speziellen Wattestäbchen. Seit langem hat sich auch hier ein Pflegestandard entwickelt. Ist die Entscheidung gefallen, das Sterben des Patienten zuzulassen, wird die Ernährung über die Magensonde völlig abgesetzt, die Flüssigkeit über die Magensonde auf 250 ml pro Tag eingestellt und in drei Tagen auf Null ausgeschlichen.

Auch weitgehend oder völlig bewusstlose Patienten behandelt man wie Patienten, die bei Bewusstsein sind. Dies darf nicht dahin gehend missverstanden werden, dass man sich über den Bewusstseinszustand des Patienten nicht sicher sei. Im Gegenteil, dies hat eher die umgekehrte Bedeutung: Wenn ein Patient in gesunden Tagen vorausverfügt hat, dass er in einem solchen Zustand nicht künstlich am Leben erhalten werden will, dann liegt dieser Verfügung immer das Motiv zugrunde, diesen unerträglichen Zustand keineswegs erleben zu wollen. Wenn man also dem sterbenden, bewusstlosen Patienten Schmerzmittel und Mundpflege angedeihen lässt, so entspricht dies seinem Willen und höchsten pflegerischen Ansprüchen.

Ebenso wie bei Beendigung einer Dialyse kommt es nach Einstellung der Flüssigkeitsgabe zu einer terminalen Niereninsuffizienz. Weil dem Körper keine neue Flüssigkeit zugeführt wird, „stellt die Niere ihre Tätigkeit ein". Der Körper zieht aber aus den eigenen Reserven (auch aus dem körpereigenen Fett) noch Flüssigkeit, sodass der Sterbevorgang unterschiedlich lange andauern kann.

Es kommt also nicht zu einem Gefühl von Hunger und Durst, schon gar nicht zu einem qualvollen Verhungern oder Verdursten, wie dies den Angehörigen immer empört vorgehalten wird, um sie von ihrem Vorhaben, den Patientenwillen umzusetzen, abzubringen.

d) Ausfüllen des Totenscheins bei Tod infolge Beendigung der Substitution

Manche Ärzte, die das Sterben durch Einstellung der Ernährung und Flüssigkeit zulassen, sind anschließend unsicher, was sie in den Totenschein (Todesbescheinigung) eintragen sollen. Der Totenschein ist wahrheitsgemäß auszufüllen. Ein legales Handeln muss nicht umschrieben, verschleiert oder beschönigt werden. Prof. Dr. med. Wolfgang Eisenmenger, emeritierter Ordinarius für Rechtsmedizin an der Ludwig-Maximilians-Universität München, riet uns, eine korrekte Ausfüllung könnte folgendermaßen aussehen (bayerisches behördliches Muster einer Todesbescheinigung):

a) Unmittelbar zum Tode führende Krankheit: Urämie
b) Vorangegangene Ursachen
   Krankheiten, die die unmittelbare Todes-Ursache unter a) herbeigeführt haben

„als Folge von“:	terminales Nierenversagen
„als Folge von (Grundleiden)“:	zentraler Regulationsverlust bei… z. B. bei apallischem Syndrom
c) andere wesentliche Krankheiten:	z. B. Diabetes

III. Formen der Lebensverlängerung

1. Antibiose als Beispiel für Medikation

Die Gabe von Antibiotika kann sowohl kurative als auch palliative Bedeutung haben. Es gibt auch bei schwer kranken und sterbenden Patienten keinen Grund, diese an einer qualvollen Lungenentzündung oder an einer ähnlichen Infektion leiden zu lassen. Die sterbewilligen Patienten muss man durch Beendigung der künstlichen Ernährung sterben lassen. Es kann aber in Einzelfällen während dieses Sterbevorgangs die Therapie einer Lungenentzündung geboten sein, wenn sie dem Patienten Schmerzen erspart, die dieser sicherlich nicht will. Aus palliativen Gesichtspunkten kann es dann geboten sein, die Lungenentzündung mit Antibiotika zu therapieren, selbst wenn dies als ungewünschte aber gebilligte Nebenwirkung eine Lebensverlängerung bewirkt. Entscheidend ist, dass der Wille des Patienten, sterben zu dürfen, und die gebotene Symptomlinderung gleichermaßen handlungsleitend sind.

2. Die PEG für vorübergehende Ernährung in der kurativen Phase

Die PEG ist per se weder etwas Gutes noch etwas Böses. Wenn sie dem Willen des Patienten entspricht und medizinisch indiziert ist, ist sie zwingend geboten. Dies gilt vor allem für schwer kranke Menschen, die sich während einer Heilungsphase nicht auf normalem, natürlichem Wege ernähren können. Hier muss bei willensunfähigen Patienten die PEG vom Bevollmächtigten oder vom Betreuer oder vom Betreuungsrichter genehmigt werden. Da es sich um eine Dauerbehandlung handelt, muss diese sowohl die Indikation als auch der Patientenwille fortdauernd rechtfertigen. Entfällt die Indikation, weil z.B. die erwartete Verbesserung ausbleibt, oder der Wille des Patienten, der z.B. nur für eine kalendermäßig begrenzte Zeit zugestimmt hat, so ist die Dauerbehandlung zu beenden.

3. Die PEG im Heim- und Pflegebereich

In Alten- und Pflegeheimen kommt immer mehr die Tendenz auf, die PEG „zur normalen Art der Ernährung" zu machen, wenn ein Patient durch Füttern nicht mehr ausreichend ernährt werden kann. Die Frage, ob die Implantation einer PEG medizinisch gerechtfertigt ist und dem Willen des Patienten entspricht, ist indes in jedem Einzelfall sorgfältig zu klären. Die Leitlinie enterale Ernährung der Deutschen Gesellschaft für Ernährungsmedizin und der Deutschen Gesellschaft für Geriatrie (hrsg. von Volkert/Lenzen-Großimlinghaus: Aktuelle Ernährungsmedizin 2004, S. 198 bis 225) führt hierzu auf Seite 223 aus: „Für final Demenz kranke (irreversibel, immobil, kommunikationsunfähig, vollständig pflegeabhängig, mangelnde körperliche Reserven) wird eine Sondenernährung nicht empfohlen." Dass diese Einschätzung nicht auf die Gruppe der final Demenzkranken beschränkt bleibt, illustriert der Artikel „Künstliche Ernährung: Gut gemeint ist nicht immer gut gemacht" von Strätling u. a. aus dem Deutschen Ärzteblatt vom 8.8.2005, S. A2153.

Häufig wird damit der nahende natürliche Sterbevorgang auf unbestimmte Zeit, oft auf viele Jahre hinausgeschoben, weil von Pflegeheimen und auch Ärzten fälschlicherweise häufig noch immer die Meinung vertreten wird „Einmal PEG, immer PEG".

Umgekehrt haben Heimbewohner, die leben wollen, ein Recht auf angemessene Ernährung, gegebenenfalls auf eine Ernährung über die PEG (vgl. 4. Kapitel II 1 und 2).

IV. Hirntod: Großhirn, Stammhirn, Gesamthirn

Der unumkehrbare Ausfall der gesamten Hirnfunktionen – des Großhirns, Kleinhirns und Stammhirns – definiert aus neurologischer Sicht in der Praxis den Tod eines Menschen. Denn im Transplantationsrecht ist der irreversible Hirnfunktionsausfall die Voraussetzung für die Organentnahme, ohne dass das Gesetz ausdrücklich damit den Tod des Menschen definiert. In letzter Zeit mehren sich kritische Stimmen, die einen Menschen mit irreversiblem Hirnfunktionsausfall bei aufrechterhaltenem Kreislaufsystem nicht als Toten bezeichnen. So kann er z.B. für die Vorbereitung der Transplantation künstlich beatmet sein, so dass sein Herz schlägt, er warm ist, eine rosige Hautfarbe hat und alle gesunden Organe funktionieren. Für viele Menschen ist dies kein Toter. Schwangere wurden schon in diesem Zustand gehalten (z.B. „Erlanger Baby"), um die Entwicklung des Kindes im Mutterleib bis zur Geburtsreife zu erreichen. In anderen Kulturen wird ein Mensch nur als tot bewertet, wenn er ausgekühlt ist (Islam) oder sonstige sog. Todeszeichen wie Leichenstarre oder Leichenflecken sich einstellen.

Ein Ausfall eines Teils des Gehirns kann völlig unterschiedliche gesundheitliche Folgen haben: Je nachdem, welcher Teil des Gehirns, in welcher Weise, wie lange, reversibel oder nicht reversibel, geschädigt wurde, kann dies vollkommene Heilung oder völliges „Dahinvegetieren" bei künstlicher Lebensverlängerung bedeuten. Ein „Gehirnschlag" kann entweder nach rehabilitativen Maßnahmen vollkommen geheilt werden oder zum Siechtum oder zum Tod führen, je nachdem wo und wie er „einschlägt". Es kommt nämlich darauf an, in welchem Ausmaß und an welcher Stelle des Gehirns Nervenzellen absterben.

Der Grund hierfür ist, dass die Nervenzellen des Gehirns, die einmal zugrunde gegangen sind, nicht mehr „nachwachsen". Sind jedoch nur Teile des Großhirns untergegangen, so können unter Umständen andere gesunde Nervenzellen des Großhirns nach entsprechendem Training diese Funktion der untergegangenen Gehirnzellen übernehmen (Rehabilitation).

Sind allerdings sehr große Teile oder die gesamte Großhirnrinde untergegangen, so ist eine „Übernahme" durch den verbliebenen Teil des Großhirns niemals und ohnehin nicht durch das Stamm- oder Kleinhirn möglich. Dies gilt ausnahmslos, wenn die gesamte Großhirnrinde, also der gesamte Mantel des Gehirns (lateinisch: Pallium = Mantel) vollständig untergegangen ist (so genanntes „Apallisches Syndrom", siehe übernächste Seite).

Das **Stammhirn** ist zuständig für die Vitalfunktionen, Atmung und Herz-Kreislauf.

Das **Kleinhirn** ist der unterhalb des Großhirns gelegene Teil des Gehirns; es ist mit allen wichtigen Strängen des Zentralen Nervensystems verbunden und zuständig für Körpergleichgewicht, Muskeltonus sowie die Koordination der Bewegungen.

Großhirn/Großhirnrinde nennt man die beiden Hälften des Großhirns, die mit einer grauen Rindenschicht „ummantelt" sind: die Hirnrinde. Man muss sie sich als einen handtuchgroßen, zusammengeknüllten Lappen, 2 bis 3 mm dick, in mehrere Schichten aufgeteilt und ineinander verwachsen vorstellen – jeder Quadratmillimeter enthält rund 80.000 Zellen. Es handelt sich um jene gewundenen Strukturen, die eigentlich jeder Laie bildlich vor sich hat, wenn er sich ein menschliches Gehirn vorstellt. Diese Strukturen liegen an der gesamten Oberfläche des Großhirns und am gewölbten Schädeldach innen, getrennt nur im Wesentlichen durch die Hirnhaut. Diese Hirnrinde ist für das Denken, Fühlen, Bewegen und Handeln und Kommunizieren zuständig, also für all das, was wir mit „Persönlichkeit" definieren, das Bewusstsein, das Ich, die „Seele".

Wenn es durch eine Schädigung unwiederbringlich zu einem weitgehenden oder kompletten **Ausfall der Großhirnrinde** kommt, ist eine Rückkehr in ein bewusstes, gesundes Leben nicht mehr möglich. Dies geschieht seltener durch Verletzungen, häufig aber durch mangelnde Durchblutung. Wird die Hirnrinde längere Zeit nicht ausreichend oder überhaupt nicht mehr durchblutet, so fehlt die notwendige Sauerstoffversorgung (Hypoxie). Hierauf reagieren Gehirnzellen äußerst empfindlich, sodass es sehr bald zu irreversiblen Schädigungen kommt. Je nachdem, ob die Versorgung mit Sauerstoff vollkommen unterbunden wurde (z.B. Herz-Kreislauf-Stillstand oder Strangulation) oder ob diese über einen längeren (häufig nicht mehr genau feststellbaren) Zeitraum verringert stattgefunden hat (z.B. bei einer über einen längeren Zeitraum insuffizienten Atmung), kann das Ausmaß der Schädigung der Hirnrinde sehr unterschiedlich sein. Im Übrigen sind auch die Möglichkeiten, dass sich der Zustand bessert, von sehr vielen Faktoren, wie etwa Art der Schädigung, Ausmaß der Schädigung und Alter des Betroffenen abhängig. Es ist immer eine sorgfältige Diagnostik zu betreiben, um daraus die Prognose im einzelnen Fall abzuleiten. Unterschiedlich ist auch die Zeit, die abzuwarten ist, bis die Aussage, dass ein solcher Gehirnschaden „aus ärztlicher Sicht aller Wahrscheinlichkeit nach irreversibel" ist, getroffen werden kann. Es können deswegen auch nicht alle Apalliker (A – Pallium: Der Mantel des Gehirns ist zerstört) einheitlich bewertet und erst recht nicht einheitlich „behandelt" werden. Weder ist es angebracht, jeden Apalliker so lange am Leben zu halten, wie es medizinisch machbar ist, noch ist es gerechtfertigt, grundsätzliche Maßstäbe zu entwickeln, ab wann bei einem Apalliker die künstliche Lebensverlängerung zu beenden ist. Zum einen gibt es nicht „den Apalliker", weil die Fälle zu unterschiedlich sind, zum anderen kommt es zusätzlich immer auf den Willen des Patienten an.

Sind jedoch **Stammhirnstrukturen** durch eine Quetschung oder Blutung **geschädigt**, während das Großhirn in seiner Funktion nicht beeinträchtigt ist, dann haben wir es sozusagen mit dem Gegenteil, nämlich mit Patienten zu tun, bei denen z.B. die Fähigkeit der Bewegung, der Sprache usw. mehr oder weniger beeinträchtigt oder gänzlich ausgefallen ist. Diese Menschen sind jedoch geistig vollkommen klar, können sehen, hören, lesen, denken, sich freuen usw. Sie haben also alle Funktionen des Großhirns für ein bewusstes umweltbezogenes Leben, können ihren Willen frei bilden, ihn aber womöglich kaum oder gar nicht äußern. Im schlimmsten Fall sind sie in einem „Locked-in-Syndrom". Dies bedeutet, dass eine Kommunikation nicht mehr möglich ist.

Aus anderen medizinischen Gründen kommt auch der Patient, der an einer **amyotrophen Lateralsklerose** (**ALS**) leidet, zuletzt in diese

Phase. Auch er ist hinsichtlich aller inneren Organe und hinsichtlich seiner geistigen Leistungen vollkommen gesund, kann zuletzt aber keinen Muskel des Körpers mehr bewegen. Sein Tod tritt aufgrund dieser Erkrankung ein, weil die notwendige Bewegung für die Atmung nicht mehr erbracht werden kann. Zuletzt sind Äußerungen noch über Lidschläge (Ja und Nein) möglich. Lebensverlängerung ist hier durch künstliche Beatmung und eine PEG-Magensonde möglich. Die Entscheidung darüber kann der Patient tatsächlich bis kurz vor seinem Tod, wie er nach dem natürlichen Gang der Dinge eintreten würde, selbst treffen. Alternativ kann er sich beatmen lassen und dann zu jeder Zeit entscheiden, dass man ihm die Beatmung abstellt, damit er sterben darf. Der Sterbevorgang ist ein humaner, gnädiger Tod, wenn er ärztlich begleitet wird (siehe oben: Einstellung der Beatmung).

V. Apallisches Syndrom – Koma – Wachkoma – Kommunikationsverlust

1. Kann der Patient „aufwachen"?

Sowohl im Rahmen der Vorsorge, bei der Abfassung einer Patientenverfügung für den Fall der dauerhaften Gehirnschädigung, als auch bei jenen Fällen, in denen es um das Sterbenlassen von nahe stehenden Menschen geht, kommt immer wieder die Diskussion auf: Ist es denn ausgeschlossen, dass sich ein solcher Zustand noch verbessern kann?

Wir wollen hier nicht die medizinischen Aspekte behandeln. Wir wollen aber die für beide Situationen allein entscheidende Frage stellen:

- Will man selbst (im Rahmen der Vorsorge) oder will der betroffene Patient (im Rahmen der Entscheidung über sein Sterben oder Weiterleben) in jenem komatösen Zustand gehalten werden?
- Und die zweite Frage: Wie lange soll auf die Chance aufzuwachen (egal wie groß oder wie gering sie ist – egal, wie weit das „Aufwachen" geschieht) gewartet werden?

„Aufwachen" ist kein klar definierter und damit tauglicher medizinischer Begriff. Deshalb wurde er in den Patientenverfügungstexten auch ersetzt durch „Besserung dieses Zustands". Das ändert aber nichts an der Grundproblematik: In allen so genannten Sterbehilfe-Mandaten, in allen Beratungsgesprächen und bei öffentlichen Veranstaltungen haben wir auf diesen Aspekt hingewiesen. Die zentrale Fragestellung war immer, ob der betroffene Patient unter Verzicht auf letzte Chancen ein natürliches Sterben einem jahrelangen vegetativen Zustand zur Offenhaltung der letzten Chancen vorziehen würde oder nicht. Dazu muss man die Frage erörtern, wie weit der Patient „etwas mitbekommt" und sich dies verbessern könnte.

2. Was bekommt der Patient mit?

Sowohl bei der Abfassung einer Patientenverfügung als auch in jenen Fällen, in denen es um das Zulassen des Sterbens von Apallikern oder Patienten mit ähnlichen Krankheitsbildern geht, werden wir immer wieder mit der Diskussion konfrontiert, ob diese Patienten nicht doch noch etwas von ihrer Umwelt mitbekommen. Provozierend hält man uns entgegen: „Das wissen Sie doch gar nicht!"

Unstrittig gibt es je nach dem Grad und der Art der Schädigung des Gehirns unterschiedliche noch bestehende Möglichkeiten, gewisse Wahrnehmungen zu machen und sogar darauf zu reagieren, etwa mit so genannten **subcortikalen Reflexen**. Es handelt sich um Reflexe, die auch ohne Funktion des Großhirns auszulösen sind, etwa das Augenzwinkern, wenn man in die Hände klatscht. Der Fall der Amerikanerin Terri Schiavo bewies, dass selbst die Kopf- und Blickwendung zu einer hinzutretenden Person ohne Großhirn (bewiesen durch die nachfolgende Obduktion!) möglich ist.

Die entscheidende Frage lautet: Selbst wenn der Patient etwas empfindet, will er deswegen diesen Zustand langfristig erleben?

So wurde uns in einem Fall entgegengehalten, der Patient unterscheide Zahnpasta von Erdbeergeschmack. Unsere Gegenfrage lautete: „Glauben Sie, dass der Patient jahrelang am Leben gehalten werden will, um Zahnpasta von Erdbeergeschmack zu unterscheiden?"

Oder noch deutlicher: Was ist eigentlich schlimmer, „so gut wie tot" im Bett zu liegen und „garantiert nichts" mehr mitzubekommen oder jahrelang zwar „wie tot" im Bett zu liegen, in Wirklichkeit jedoch alles um sich herum mitzubekommen, was wiederum die Umwelt nicht realisiert?

Führt man denjenigen, die eine Patientenverfügung abfassen wollen, oder denjenigen, die nach dem mutmaßlichen Willen eines betroffenen Patienten gefragt werden, diese Frage vor Augen, so haben wir ausnahmslos die Antwort bekommen, Letzteres sei wohl das Entsetzlichste, was man sich vorstellen könne. Dies wollte niemand, weder für sich selbst noch für den betroffenen Patienten. Das Kammergericht Berlin hatte sich mit der Bewertung unterschiedlicher Formen der Bewusstlosigkeit auseinandergesetzt: Durch eine ärztliche Fehlbehandlung war nach Darstellung der klagenden Eltern die Versorgung ihres schwerstbehinderten Kindes „... weitgehend auf die Aufrechterhaltung vitaler Funktionen beschränkt". Das Kind war aber durchaus noch in der Lage, grundlegende Emotionen, wie Freude, Unwohlsein und Angst zu empfinden und zu äußern. Es erkannte auch nahestehende Bezugspersonen und reagierte auf diese. Es konnte – so das Kammergericht – daher auch nicht ausgeschlossen werden, dass das Kind, welches zum Zeitpunkt der fehlerhaften Behandlung viereinhalb Jahre alt war, eine Erinnerung an seinen früheren gesunden Lebenszustand hatte und **ihm daher die Beschränktheit und Aussichtslosigkeit der jetzigen Situation in gewisser Weise bewusst war.** Hier sah das Kammergericht Berlin den Unterschied zu den sonstigen vergleichbaren Geburtsschadenfällen und setzte ein deutlich **höheres** Schmerzensgeld als die sonst üblichen Beträge, die im Bereich von 500.000 Euro liegen, an, nämlich 650.000 Euro (Kammergericht Berlin vom 16.2.2012, MedR 2012, 596, Anhang III Nr. 16).

Für ältere Patienten, die für immer in einem Komazustand mit Minimalbewusstsein (MCS = Minimal Concious State) bleiben, wird man erst recht von einer deutlich schwereren Schädigung ausgehen müssen als bei voller Bewusstlosigkeit. Menschen, die sich über ihre Vorausverfügungen zu solchen Situationen für ein natürliches Versterben entscheiden, wollen ja derartige Daseinszustände „nicht erleben". **Deswegen ist bei solch vorausgeäußertem Patientenwillen ein minimales Bewusstsein kein Argument gegen, sondern ein „Erst-Recht-Argument" *für* ein Zulassen des Sterbens!**

Um es etwas pointiert auszudrücken: Je „toter" ein Mensch auf uns wirkt, desto eher sind wir bereit, ihn sterben zu lassen. Entdecken wir aber Reflexe oder in subcortikalen Aktionen des Körpers noch Leben, so verweigern wir dem Patienten den Tod. Dies sind tradierte Verhaltensweisen aus einer Zeit, in der klinisches Verhalten nur von klinischen Eindrücken abhängig gemacht werden konnte, weil andere Erkenntnismöglichkeiten, wie Schichtaufnahmen des Gehirns, nicht zu Verfügung standen. Im Übrigen stellte sich früher das Problem schon deswegen nicht, weil eine jahrelange Aufrechterhaltung der Vitalfunktionen nicht möglich war.

3. Der Umgang mit Komapatienten

Unabhängig von der Frage, welchen Grad des Bewusstseins derartige Patienten haben, möchten wir auf eine Erfahrung hinweisen, die wir in allen Fällen, in denen es um Komakranke ging, gemacht haben: Durch die jahrelange Sondenernährung verwandeln wir geliebte Angehörige, vertraute Gesichter und Menschen, mit denen man jahrelang kommuniziert hat, in „bewirtschaftete Mumien", die wir nicht als tot und nicht als lebendig empfinden können. Wir produzieren Umstände, die wir nicht bewältigen können, nicht mit dem Kopf und nicht mit der Seele. Wir haben in den letzten fünfzig Jahren etwas geschaffen, was wir in den letzten Jahrtausenden nicht gelernt haben zu bewältigen. Nun sagen die einen, wir müssen es lernen. Wir meinen, wir dürfen solche widernatürlichen Zustände nicht produzieren.

Unsere praktische Erfahrung zeigt, dass letztlich niemand das jahrelange Weiterleben eines bewusstlosen, schwerst gehirngeschädigten, kommunikationsunfähigen Menschen bewältigen kann. Trainiert man sich an, den Zustand zu ertragen und mit diesen Menschen umzugehen (wie die Schwestern und Pfleger in Heimen), dann kommt es nicht selten zu der medizinisch nicht mehr haltbaren Behauptung von „Kommunikation auf anderer Ebene" und dergleichen, in Wahrheit ein Verdrängen.

Verdrängt man nicht, dann wird man an diesem Beruf zerbrechen, ihn aufgeben, solange man diesen Patienten nicht ausweichen kann. Wir haben sowohl Pflegekräfte erlebt, die ausdrücklich derartige Patienten pflegen möchten, wir haben aber auch Pflegekräfte erlebt, die genau wegen dieser Entwicklung ihren Beruf aufgegeben haben. Im Frühjahr 2011 hatten wir in Hessen parallel in nächster Nähe zwei Fälle zu betreuen, wo es um das Sterben von Patienten ging, die 15 bzw. 22 Jahre im Koma lagen. Das eine Pflegeheim argumentierte, es sei den Pflegekräften nicht länger zumutbar, eine solche Pflege durchzuführen, das andere Pflegeheim argumentierte, es sei den Pflegekräften nicht zumutbar, nach so langer Pflege den Patienten sterben zu lassen.

Auch die Angehörigen reagieren zwiespältig: Wir kennen Angehörige, die ihre Patienten auch nach Jahren täglich besuchen und Stunden an ihrem Bett verbringen, als ob nichts wäre. Wir kennen umgekehrt Angehörige, die den Weg ins Heim nicht mehr schaffen, weil sie es nicht ertragen können, dass der Patient nicht endlich sterben darf.

Und schließlich kennen wir Angehörige, die schlicht nicht mehr im Pflegeheim erscheinen, weil der Patient für sie längst gestorben ist.

Diese Betrachtung erscheint uns sehr wichtig, weil auch die Reaktion des persönlichen Umfelds des Patienten zeigt, dass wir mit unreflektierter Lebensverlängerung gegen den Willen des Patienten ethisch nicht mehr vertretbare Zustände schaffen.

Steht der Patientenwille im Einzelfall einer Lebensverlängerung entgegen, so ist die Entscheidung zwingend, diese Patienten nicht weiter am Leben zu erhalten. Auf entgegenstehende Wertvorstellungen von Ärzten und Pflegepersonal darf keine Rücksicht genommen werden. Diese rechtfertigen keine Maßnahme gegen den Willen eines Patienten.

Gibt es jedoch bei einem Patienten keinerlei Anhaltspunkte für seinen aktuellen mutmaßlichen Willen, geschweige denn eine Vorausverfügung (etwa bei jenem Obdachlosen, der mit schwerster Hirnschädigung in ein Krankenhaus kommt oder in einem Pflegeheim liegt und keine Angehörigen hat), dann werden wir uns in Zukunft die Frage stellen müssen, ob es **allgemeine Wertvorstellungen** für die Frage nach dem „Ob?“ und „Wie lange?“ (also nach der Indikation) der künstlichen Lebensverlängerung gibt. Die medizinische Entwicklung und gesundheitspolitische Sachzwänge werden uns jedenfalls veranlassen, darüber nachzudenken. Die Medizin hat auf die technische Machbarkeit von Lebensverlängerung seit Jahren mit der Entwicklung eines entsprechenden Facharztstandards durch Empfehlungen, Grundsätze und Leitlinien reagiert. Siehe dazu im 2. Kapitel I. Behandlung nach Indikation, und die dortige Zusammenstellung nach OLG München.

Mit der enormen Zunahme von Patientenverfügungen verschieben sich naturgemäß die allgemeinen Wertvorstellungen und damit die Indikationsstellung für eine künstliche Lebensverlängerung.

5. Kapitel

Rechtsgrundlagen

I. Formen der Sterbehilfe

„Sterbehilfe" ist ein Überbegriff, genauso wie „Geburtshilfe". Es gibt fünf Formen der Sterbehilfe, zwei passive und drei aktive Formen, wobei aktiv oder passiv nichts über die Rechtmäßigkeit aussagt (vgl. die Grafik im Anhang IV Nr. 2 sowie BGH vom 25.6.2010, Anhang III Nr. 13). Rechtlich ist erlaubt, was dem Willen des Patienten entspricht, sei es aktives Tun oder Unterlassen im Zuge eines Behandlungsabbruchs (so zuletzt der BGH am 25.6.2010, Anhang III Nr. 13). Lediglich die vorsätzliche, aktive Tötung des Patienten (in der Regel durch Gift, oder etwa auch durch eine nicht indizierte „Wunschsedierung", in der der Patient an Flüssigkeitsmangel verstirbt) ist durch §§ 212 und 216 des Strafgesetzbuches als Totschlag bzw. Tötung auf Verlangen verboten.

Trotzdem ist die präzise Unterscheidung zwischen aktiver und passiver Sterbehilfe in anderem Zusammenhang von eminenter Bedeutung: Der Patient (oder sein Vertreter, der den Willen des Patienten umsetzen muss) kann grundsätzlich einen Arzt **zwingen**, eine Behandlung **zu unterlassen** (verbieten, etwas zu tun), er kann ihn aber nicht zwingen, eine Behandlung vorzunehmen. Deshalb kann z.B. der Patient wirksam eine künstliche Ernährung verbieten, er kann jedoch einen Arzt z.B. nicht zu einer Morphiumgabe in bestimmter Dosis zwingen (Eine indizierte Morphiumgabe schuldet der Arzt nach dem Facharztstandard und nicht erst, wenn sie der Patient fordert!). Nach der BGH-Entscheidung vom 25.6.2010, Anhang III Nr. 13 in Verbindung mit der BGH-Entscheidung vom 8.6.2005, Anhang III Nr. 7, hat der Patient u.a. einen klagbaren Anspruch, dass der Arzt „aktiv" die Beatmung beendet und dadurch die künstliche Lebensverlängerung unterlässt. Hier wird der Arzt nicht zum Handeln, sondern zum Unterlassen gezwungen! Deswegen darf man die präzise Unterscheidung nie aufgeben. Wie im gesamten Medizinrecht gilt: Der Patient kann dem Arzt alles verbieten, ihn aber zu nichts zwingen.

In der Praxis würde man sinnvollerweise den Arzt wechseln, statt den vertraglichen Anspruch auf Unterlassen bzw. auf eine qualifizierte palliativmedizinische Versorgung einzuklagen. Dem könnte der Arzt nämlich mit einer Kündigung zuvorkommen (siehe 2. Kapitel III 1). Dies garantiert dem Arzt sein Grundrecht auf Selbstbestimmung nach Art. 2 unseres Grundgesetzes.

Auch auf der emotionalen Ebene ist es wichtig, zwischen Tun und Unterlassen zu unterscheiden. Zum einen, wenn man Ärzten klar machen kann, dass sie das Sterben durch Passivität zulassen und nicht aktiv töten sollen. Zum anderen erwidern uns Pflegeheime, von denen wir eine Begleitung eines zugelassenen Sterbevorgangs verlangen, „Das machen wir nicht!". Das suggeriert, dass eine geforderte Aktivität verweigert wird. In Wirklichkeit fordern wir ein Unterlassen, und das Pflegeheim maßt sich eine Aktivität, nämlich die eigenmächtige künstliche Ernährung, an. Stellt man klar, dass nicht Handeln, sondern Unterlassen gefordert wird, erreicht man oft die emotionale Ebene, was dann die rechtliche Bewältigung erleichtert.

1. Passive Sterbehilfe

Passiv ist eine Sterbehilfe dann, wenn man zulässt, dass der Tod des Patienten aufgrund seiner altersbedingten und krankheitsbedingten Konstitution eintreten kann. Man lässt der Natur ihren Lauf. Dieser „tatbestandliche" Vorgang sagt allein nichts über die Rechtmäßigkeit aus.

a) Sterbebegleitung

Sterbebegleitung ist erst einmal Beistand, Seelsorge, menschenwürdige und vertraute Umgebung, Trost oder einfühlsame Betreuung, z.B. durch Hospizmitarbeiter. Zur Sterbebegleitung gehört aber auch die Symptomkontrolle, vor allem eine wirksame **Schmerztherapie** oder eine Sedierung des Patienten (z.B. bei Unruhe) durch ambulant oder stationär tätige Palliativpflegekräfte oder Palliativärzte. Der Arzt hat bei allem ausschließlich die Linderung im Sinne, eine Lebensverkürzung durch die Medikamentengabe findet weder objektiv noch subjektiv statt. All diese Maßnahmen der Sterbebegleitung sind nicht nur ethisch geboten, sondern auch rechtlich erlaubt und jedenfalls dort rechtlich geboten, wo es um Symptomlinderung geht. Ein Unterlassen wäre behandlungsfehlerhaft und strafbar.

Wer die Praxis der Sterbebegleitung kennt, weiß, dass die wirksame Schmerzbekämpfung und vor allem natürlich die psychische Betreuung den Todeszeitpunkt indirekt zu beeinflussen vermag. So können z.B. viele Sterbende nicht loslassen. Frauen befürchten, dass sich der Ehemann nach ihrem Tod nicht allein versorgen kann. Die beruhigende Sicherheit, dass für die Versorgung des hinterbleibenden Ehemannes gesorgt ist, kann zur Entspannung und sodann zum friedlichen Einschlafen führen. Andere Sterbende klammern sich an das Leben, bis etwa die einzige Tochter aus dem Ausland angereist ist. Solche Umstände können über ihre psychische Wirkung den Tod eher zulassen oder hinauszögern. Rechtliche Konsequenzen haben solche Kausalitäten freilich nicht!

b) Zulassen des Sterbens

Das Zulassen des Sterbevorgangs geschieht durch das **Unterlassen (Nicht-Beginnen) oder durch das aktive Beenden** (Rechtliche Gleichsetzung seit LG Ravensburg vom 3.12.1986, MedR 1987, 196, bekräftigt vom BGH in der Kemptener Entscheidung vom 13.9. 1994, NJW 1995, 204 sowie BGH NJW 2003, 1588 sowie strafrechtlich endlich „höchstrichterlich" geklärt durch BGH NJW 2010, 2963, Anhang III Nr. 13) **von lebens- und evtl. leidensverlängernden Maßnahmen** (z.B. Abschalten der Beatmung, Beendigung der

Ernährung/Flüssigkeitszufuhr, Antibiose oder künstliche Niere). Ob man eine Beatmungsmaschine abschaltet oder nichts mehr über eine Magensonde zuführt, in beiden Fällen tötet man nicht (auf Verlangen), sondern leistet Beistand im Sterben. Man lässt einem ohne Behandlung zum Tode führenden Krankheitsprozess seinen Lauf. Rechtlich spielt es keine Rolle, ob man vom Beginn einer lebensverlängernden Behandlung absieht oder diese zwar begonnen hat, aber dann beendet (siehe Anhang III Nr. 13). Das Recht orientiert sich an der Indikation und am tatsächlichen oder mutmaßlichen Willen des Patienten und unterscheidet nicht zwischen den verschiedenen Möglichkeiten der künstlichen Lebensverlängerung und nicht zwischen Nichtbeginn oder Beendigung.

Wenn der Patient sterben will, verbietet sich jede weitere eingreifende Behandlung zum Zwecke der Lebensverlängerung als rechtswidrige Körperverletzung. (Wenn der Patient leben will, wäre die gleiche „Untätigkeit" des Arztes eine rechtswidrige Tötung durch Unterlassen.)

Die Bundesärztekammer formuliert, dass sich dann das **Therapieziel** bzw. das **Behandlungsziel ändert**. Nun ist nicht mehr Lebensverlängerung das Ziel, sondern in Erfüllung des Wunsches des Patienten darf der natürliche Sterbeprozess, der sich aus der Krankheitssituation des Patienten ergibt, nicht weiter aufgehalten werden. Hat man z.B. mit der Beatmung begonnen, muss sie nun beendet werden. Dies nennt man „Therapiezieländerung". Verliert ein Patient die Fähigkeit, selbständig zu atmen, darf mit der Beatmung nicht begonnen werden.

Früher wurde noch die rechtliche Meinung vertreten, beim Vorgang des Abschaltens handle es sich um verbotene direkte aktive Sterbehilfe. Dies ist nun durch die Grundsatzentscheidung des Bundesgerichtshofs im Fall Putz (Fall 16a = Anhang III Nr. 13) endgültig und höchstrichterlich verneint worden.

Stehen Indikation und/oder der Patientenwille einer lebensverlängernden Beatmung entgegen, so ist der Arzt, der mit der Beatmung begonnen hat, verpflichtet, passiv zu werden, also die Beatmung zu beenden. Ist die Beatmung noch nicht begonnen worden, ist der Arzt verpflichtet, sie zu unterlassen. Beide Ärzte handeln gleichermaßen rechtens. In beiden Fällen stirbt der Patient an seiner Krankheit.

In unserer Praxis hat sich gezeigt, dass die Fälle der passiven Sterbehilfe für Komakranke emotional die allergrößten Widerstände bei Angehörigen und/oder Ärzten und Pflegekräften erzeugen. Einen Menschen, den man technisch problemlos noch Jahrzehnte am Leben erhalten könnte, einfach sterben zu lassen, verstellt den Blick auf die Tatsache, dass man sich erst mit der künstlichen Verlängerung „zum Herrn über Leben und Tod“ macht. So stellt sich nicht die Frage, ob man den Patienten sterben lassen darf, sondern die Frage, ob der Patient so leben und leiden **will**. Allein ein solcher Patientenwille könnte eine lebenserhaltende Behandlung rechtfertigen, vorausgesetzt sie ist medizinisch indiziert. Fordert der Wille des Patienten (und nicht der seiner Angehörigen!) eine nicht indizierte Lebensverlängerung, so stellt sich die ethisch schwierige Frage, ob der Arzt dem folgen darf. Eine Rechtspflicht zu einer solchen rein „wunscherfüllenden“ Behandlung trifft den Arzt nicht. Resourcenverfügbarkeit, Belastung der Gemeinschaft der Krankenversicherten und andere Aspekte müssen einbezogen werden. Auch diese Aspekte der Gerechtigkeit gehören zu den Grundprinzipien der medizinischen Ethik.

2. Aktive Sterbehilfe

Aktiv ist eine Sterbehilfe dann, wenn der Patient von Menschenhand stirbt. Dieser „tatbestandliche“ Vorgang sagt allein nichts über die Rechtmäßigkeit aus.

a) Indirekte aktive Sterbehilfe

Sie wird meist nur als „indirekte Sterbehilfe“ bezeichnet. Die notwendige Medikamentengabe zum Zwecke der Schmerzlinderung oder für die Sedierung zur Bekämpfung der Atemnot bewirkt in seltenen Fällen eine Lebensverkürzung. Dies wird vom Arzt zwar nicht direkt gewollt, aber als Nebenwirkung billigend oder gezielt in Kauf genommen. Die **Willensrichtung des Arztes**, also der juristische „Vorsatz“, ist hier zum Beispiel auf die **Symptomlinderung** gerichtet. Faktisch muss natürlich die Gabe von Medikamenten den Tod des Patienten herbeigeführt haben. Ansonsten würde es sich ohnehin nur um Leidenslinderung (Palliation), also einen Fall der Sterbebegleitung, um eine Form der passiven Sterbehilfe handeln.

Bei der Diskussion über solche Formen der legalen indirekten Sterbehilfe wird der Fokus viel zu sehr auf die Bekämpfung von Schmerzen gerichtet. Dies ist nach heutigem medizinischen Können in aller Regel wirksam möglich ohne Lebensverkürzung. Die moderne Palliativmedizin vertritt vehement die Auffassung, dass bei qualifizierter ärztlicher Behandlung eine angemessene und wirkungsvolle Schmerzbekämpfung niemals den Tod des Patienten herbeiführt (juristisch gesehen „den Todeszeitpunkt vorverlegt").

Ganz anderes kann für gewisse Formen der nicht bekämpfbaren Atemnot im Sterbeprozess gelten, z.B. bei gewissen Lungenerkrankungen oder etwa für Bluthusten, wenn ein Lungenkarzinom große Lungengefäße erfasst hat. In solchen Situationen droht dem Patienten unmittelbar ein grauenhafter Todeskampf. Hier ist es notwendig, dem Patienten sofort und sicher jedes Bewusstsein zu nehmen. Die Verkürzung der Agonie wird nicht nur zur zwingenden Nebenwirkung, sondern zum ärztlichen Auftrag und ist zwingend geboten. Ihr Unterlassen wäre rechtswidrig!

Dies ist seit dem Urteil des Bundesgerichtshofs vom 15.11.1996 („Dolantinurteil", BGH NJW 1997,807) anerkannte Rechtsdogmatik. Der Leitsatz lautet: „Eine ärztlich gebotene schmerzlindernde Medikation entsprechend dem erklärten oder mutmaßlichen Patientenwillen wird bei einem Sterbenden nicht dadurch unzulässig, dass sie als unbeabsichtigte, aber in Kauf genommene unvermeidbare Nebenfolge den Todeseintritt beschleunigen kann."

Wenn sich allerdings die Schmerzmittelgabe außerhalb des palliativmedizinisch vertretbaren Rahmens (nicht mehr „ärztlich geboten") bewegt, dann ist sie per se fehlerhaft. In diesem Falle wird ein Strafgericht entweder zur Verurteilung wegen fahrlässiger Tötung (Behandlungsfehler) oder vorsätzlicher Tötung (aktive Sterbehilfe) kommen. Einem Missbrauch wirken also hohe Strafdrohungen entgegen.

Der alleinige Nachweis, dass der Patient aufgrund der Medikation und nicht beispielsweise am Lungenversagen oder Bluthusten bei Lungenkrebs gestorben ist, würde allein aber noch keine Strafbarkeit bedeuten. Denn die Unterscheidung zwischen der erlaubten aktiven indirekten und der verbotenen aktiven direkten Sterbehilfe liegt einzig und allein in der zugrunde liegenden palliativen Willensrichtung des Arztes. Nur eine unvertretbar hohe Dosis spräche per se für eine Tötungsabsicht:

- Hatte der Arzt also den Vorsatz der Schmerzlinderung, handelt es sich um legale aktive indirekte Sterbehilfe, eine straffreie ethisch hoch angesehene Hilfe im Sterben. Das gilt sowohl für den seltenen Fall, dass die notwendige Bekämpfung von Atemnot den Todeszeitpunkt sicher vorverlegt, als auch für den Fall, dass dies nur vermutet und billigend in Kauf genommen wird.
- Hatte der Arzt hingegen den Vorsatz, den Patienten z.B. mit einer Überdosis Morphium aus Mitleid sofort zu töten, so handelt es sich um verbotene aktive direkte Sterbehilfe, ein nach § 212 Strafgesetzbuch (siehe Anhang I Nr. 2) strafbares Tötungsdelikt (siehe unter b), mindestens dessen Versuch.

Kritiker meinen, hier liege eine Gefahr, dass allein die unüberprüfbare Willensrichtung des Arztes den Unterschied zwischen Recht und Unrecht, zwischen ethisch hoch angesehenem Helfen einerseits oder verachtungswürdigem Töten des Patienten andererseits ausmache. Wir meinen, dass diese Verantwortung bei Ärzten immer gut aufgehoben war!

Wir wollen aber nicht verschweigen: Mehrfach haben Ärzte uns unter vier Augen berichtet, dass in allen Zeiten mit Medikamenten kurz vor dem Todeseintritt das Leiden des Patienten abgekürzt und der erlösende Tod beschleunigt wurde.

Wir haben mehrfach erlebt, dass eine nicht indizierte, terminale Sedierung vom Patienten als vorzeitige Erlösung gewünscht wurde. In mehreren Fällen wollten Patienten mit schwersten Hirntumoren durch eine Sedierung (in der sie dann an Flüssigkeitsmangel versterben würden) erlöst werden. Nicht die aktuellen Symptome sondern die Angst vor dem Erleben der extremen Schlussphase mit potentiell gravierenden Wesensveränderungen waren das Motiv. Dies stellt jedenfalls solange keine ärztliche Indikation für eine terminale Sedierung dar, solange nicht aus psychiatrischer Sicht die Angst selbst solchen Krankheitswert erlangt, dass dafür die terminale Sedierung indiziert ist. Würde der Arzt diesem Begehren des Patienten ohne krankheitswertiger Angst folgen, würde es sich um eine nach § 216 StGB strafbare Tötung auf Verlangen handeln (siehe nachfolgend unter b) „Direkte aktive Sterbehilfe").

b) Direkte aktive Sterbehilfe

Direkte aktive Sterbehilfe ist die Tötung durch aktives Tun (z.B. „Todesspritze" oder eine Überdosis eines tödlich wirkenden Medikaments oder eine nicht indizierte, sog. Wunschsedierung, in der der Patient an Flüssigkeitsmangel verstirbt). Hier ist der **Vorsatz auf die Tötung des Patienten** gerichtet, sei es z.B. aus Mitleid in „Eigenregie" oder auf Verlangen des Patienten. Die aktive Tötung des Patienten ist in Deutschland nach den §§ 212 oder 216 Strafgesetzbuch (siehe Anhang I Nr. 2) ausdrücklich verboten, also sowohl aus eigener Initiative als auch auf Verlangen des Patienten. In Einzelfällen haben sich Menschen als „Sterbehelfer" bezeichnet, die in nächtlichen Aktionen Patienten in Altenheimen getötet haben. Hier kam es zu Verurteilungen wegen Totschlags nach § 212 StGB. Fälle aktiver **Tötung auf Verlangen** sind in Deutschland kaum bekannt geworden. Hingegen sind sie in die Diskussion geraten, weil sie in den Niederlanden und in Belgien unter speziellen rechtlichen Voraussetzungen straffrei gestellt wurden. Auch in Deutschland gibt es die Diskussion darüber, ob bereits geltendes Recht im Einzelfall ermöglichen könnte, einen Patienten auf dessen respektablen Wunsch hin (mangels Vorwerfbarkeit bzw. „Verschulden" straffrei, wohl allerdings rechtswidrig) zu töten. Hier werden immer wieder extreme Fallbeispiele konstruiert, um darzulegen, dass in derartigen Situationen nur die Tötung eine Erlösung sei und von jedem human denkenden Menschen nur befürwortet werden kann, der Patient aber nicht mehr in der Lage sei, sich selbst zu töten (was ihm grundsätzlich erlaubt ist, siehe unten). Häufig hört man auch Argumente wie „Jedem Hund würde man in dieser Situation den Gnadenschuss geben!" Letztendlich zeigt auch die Nähe von indirekter aktiver Sterbehilfe zu direkter aktiver Sterbehilfe, die sich eben nur noch im

Kopf des Arztes unterscheiden, dass wir uns nicht anmaßen sollten, jegliche Form aktiver Sterbehilfe zu verdammen. Zugrunde liegt schließlich immer der gleiche Patientenwille, die Sehnsucht nach dem erlösenden Tod.

c) Beihilfe zur Selbsttötung des Patienten

Wir verwenden in diesem Ratgeber nur die neutralen Begriffe, „Selbsttötung" oder Suizid" sowie Suizident". „Selbstmord" ist ein negativ besetzter Begriff. Man kann sich nicht selbst ermorden, sondern nur selbst töten (vgl. die „Mordmerkmale" des § 211 Strafgesetzbuch). „Selbstmörder" kann nur der Selbstmordattentäter sein. Hingegen ist „Freitod" ein positiv besetzter Begriff.

Man kann sich das Leben nehmen bzw. den Tod geben durch Tun oder Unterlassen. Allgemein wird fast ausschließlich das Tun, die aktive Selbsttötung, thematisiert, also die Gifteinnahme, die Selbsttötung mit einer Waffe oder die sog. harten Suizide. Ebenso kann man sich aber auch durch Unterlassen lebenswichtiger Verhaltensweisen vorzeitig den Tod geben (z.B. Verzicht auf Essen und Trinken, FVET oder FVNF). Man setzt ebenso wie beim aktiven Suizid einen eigenen, ggf. von einer bestehenden Erkrankung unabhängigen Kausalverlauf in Gang, der zum vorzeitigen Tod führt. Rechtlich ist beides Selbsttötung. Nur verläuft der passive Suizid als langsamer Vorgang und verlangt eine Willenskonstanz des Suizidenten. Zudem sollte die passive Selbsttötung (als Ultima Ratio von der Palliativmedizin zugestanden) palliativärztlich, pflegerisch oder seelsorgerisch begleitet werden. Beides verleitet manch einen dazu, diese Unterschiede als Ausschlusskriterien für die Definition von FVNF als passiver Suizid zu bewerten. Rechtlich ist dies unzutreffend (siehe oben), auch wenn man den langsamen Verlauf und die nötige Willenskonstanz des Suizidenten positiv bewerten mag.

Derzeit hat dies keine rechtlichen Konsequenzen, da jegliche Förderung von oder Beihilfe zur aktiven wie passiven Selbsttötung von freiverantwortlichen Suizidenten straffrei ist. Von Dezember 2015 bis zum Urteil des Bundesverfassungsgerichts vom 26.2.2020 (Anhang III Nr. 23) war dies nach dem damaligen § 217 StGB strafbar. Mehr dazu unter d!

Ebenso wie weithin unbekannt war, dass ein Zulassen des Sterbens trotz möglicher medizinischer Lebensverlängerung bei entsprechendem Patientenwillen erlaubt und sogar geboten ist, kannten viele Menschen nicht die **Straflosigkeit** der **Beihilfe zum freiverantwortlichen Suizid**. Schon im Urteil des Bundesverwaltungsgerichts aus dem Jahr 2017 (Anhang III Nr. 20) wurde höchstrichterlich festgestellt, dass die Selbstbestimmung über das eigene Lebensende nicht nur die Ablehnung lebensverlängernder Behandlung beinhalte sondern auch das Grundrecht, sich selbst zu töten. Parallel schaffte die Diskussion um das Verbot der „Sterbehilfegesellschaften" eine öffentliche Bewusstseinsbildung, dass die Beihilfe zur freiverantwortlichen Selbsttötung gar nicht strafbar ist. Erst recht hat das Urteil des Bundesverfassungsgerichts, das die 2015 geschaffene, entsprechende Strafnorm des § 217 StGB am 26.2.2020 für verfassungswidrig und nichtig erklärt hat (Anhang III Nr. 23), der Öffentlichkeit klar vermittelt, dass der Suizid ein Grundrecht ist und die Förderung sowie die Beihilfe dazu grundsätzlich nicht strafbar sein kann.

Voraussetzung für jegliche legale Suizidhilfe ist, dass der Suizidwillige

- wohlerwogen handelt. Er muss über alle medizinischen Angebote (z.B. Onkologie, Psychiatrie, Palliativmedizin) aufgeklärt sein. Mindestens muss ihm dies nachweislich angeboten worden sein.
- frei von krankhafter Störung den Entschluss zum Suizid gefasst hat.
- frei von nötigenden Einflüssen den Entschluss zum Suizid gefasst hat.

Nur wenn diese Voraussetzungen gegeben sind, handelt der Suizident **freiverantwortlich**!

Wer einem handlungswilligen Suizidenten Hilfe leistet, der **nicht freiverantwortlich**, nicht wohlerwogen, nicht frei von krankhafter Störung oder nicht frei Zwang von außen ist, **war, ist und bleibt durch § 212 StGB mit bis zu lebenslanger Freiheitsstrafe bedroht.** Denn dies ist eine **Tötung des Suizidenten in sog. „mittelbarer Täterschaft".** Täter ist in juristischer Betrachtungsweise der Suizidhelfer, sog. „willenloses Werkzeug" der Suizident, deshalb liegt keine Selbsttötung, sondern rechtlich eine Fremdtötung vor! (BGH 2019, Anhang III Nr. 21).

Die Beihilfe zum Suizid ist ein bewusstes, gewolltes Helfen beim Suizid, ohne die „letzte" Handlung selbst auszuführen. Diese führt der Suizident selbst aus und dies führt ohne weiteres Zutun zum Tod. Die Abgrenzung zur strafbaren Tötung ist klar: führt jene letzte Handlung eine andere Person aus, macht sich diese der Tötung schuldig. Die Grenze ist klar und deshalb ein „Dammbruch" hier rechtlich nicht möglich. Wenn geschäftsmäßige Suizidhilfe künftig einmal nach diesen klaren Abgrenzungskriterien öffentlich reglementiert und kontrolliert stattfindet, ist Missbrauch zu verhindern. Man kann jedoch Missbrauch nicht dadurch verhindern, dass man die Wahrnehmung des Grundrechts auf Suizid faktisch unvertretbar erschwert. Mit diesem Argument hat das Bundesverfassungsgericht den § 217 StGB als verfassungswidriges Mittel für nichtig erklärt. Nun ist es Aufgabe des Gesetzgebers, neue verfassungskonforme Wege zur Erreichung des von ihm verfolgten politischen Zwecks zu suchen.

Die Grundsätze der Bundesärztekammer (zuletzt: DÄBl. 2004, S. A1298) klassifizierten die ärztliche Beihilfe zum freiverantwortlichen Suizid als Widerspruch zum ärztlichen Ethos. Umstritten war, ob dies ein standesrechtliches Verbot mit entsprechenden berufsrechtlichen Konsequenzen war. In einer von der Bundesärztekammer selbst in Auftrag gegebenen Allensbach-Umfrage im Jahr 2009 befürworteten 30 Prozent der deutschen Ärzte eine ärztliche Suizidbeihilfe. Die Neufassung vom 21.1.2011 (DÄBl 2011, S. A346, siehe unter 5. Kapitel III und Anhang II Nr. 1, Vorwort und Präambel) liberalisierte die Haltung zum ärztlich assistierten Suizid mit der abgeschwächten Formulierung, sie sei „keine ärztliche Aufgabe". Kurz: der Arzt darf, aber muss nicht! Damit, so hieß es in der Begründung, würden die verschiedenen und differenzierten individuellen Moralvorstellungen von Ärzten in einer pluralistischen Gesellschaft anerkannt, ohne die Grundausrichtung und die grundlegenden Aussagen zur ärztlichen Sterbebegleitung infrage zu stellen.

Soweit derzeit 10 von 17 ärztliche Landesberufsordnungen folgende Formulierung zur Suizidhilfe in ihren jeweiligen § 16 enthalten:

> „Ärztinnen und Ärzte haben Sterbenden unter Wahrung ihrer Würde und unter Achtung ihres Willens beizustehen. Es ist ihnen verboten, Patienten auf deren Verlangen zu töten. Sie dürfen keine Hilfe zur Selbsttötung leisten."

ist dieser Passus hinsichtlich der Suizidhilfe nach dem Urteil des Bundesverfassungsgerichts vom 26.2.2020 (Anhang III Nr. 23) nicht verfassungskonform. Dem Berufsrecht ist nicht gestattet, was dem Staatsrecht von Verfassungs wegen verboten ist.

Beihilfe zur Selbsttötung ist z.B. die Beschaffung von tödlichen Medikamenten. Beihilfe zum Suizid scheidet jedoch begrifflich aus, sobald die Tötungshandlung abgeschlossen ist und der Sterbeprozess beginnt. Somit verbieten weder das Standesrecht noch das Strafrecht, dass der Arzt einen freiverantwortlichen Suizidenten nach vollzogener Selbsttötungshandlung in diesem Sterbeprozess palliativ begleitet. Ebenso wenig kann das Standesrecht oder das Strafrecht erzwingen, einen freiverantwortlichen Suizidenten an seiner Selbsttötung zu hindern oder ihn nach Verlust der Handlungsfähigkeit zu retten. Beides wäre bei einem freiverantwortlichen Patienten rechtswidrige Nötigung bzw. Körperverletzung. Zwar ist nach Verlust der Handlungsfähigkeit z.B. ein Arzt oder Angehöriger in der Garantenpflicht. Diese umfasst aber nicht mehr die Pflicht zur Rettung des Lebens sondern die Pflicht zur Beachtung des Patientenwillens, siehe unten. Ausdrücklich definiert es die MBO als ärztliche Pflicht, „Sterbenden unter Wahrung ihrer Würde und unter Achtung ihres Willens beizustehen". Es macht keinen standes- oder strafrechtlichen Unterschied, ob der Arzt das Sterben nach einer freiverantwortlich vorgenommenen aktiven Selbsttötungshandlung, nach freiverantwortlicher Ablehnung lebensverlängernder Behandlung oder nach freiverantwortlichem passiven Suizid, etwa durch Verzicht auf Essen und Trinken, palliativmedizinisch begleitet. Man spricht von der Gleichstellung von Suizidpatienten und Normalpatienten. Voraussetzung ist eben allein die Freiverantwortlichkeit des Patienten. Sein Sterbewunsch darf nicht auf krankhafter Störung der Willensbildung beruhen.

Sobald die Tötungshandlung durch den Suizidenten abgeschlossen ist, ist eine ärztliche Betreuung zwar keine Beihilfe zum Suizid.

Allerdings läuft der Arzt, der die Sterbephase ab jetzt palliativ begleitet, Gefahr, wegen Tötung durch Unterlassen einer Rettung bestraft zu werden. Denn die Rechtsprechung betrachtet den Suizid immer noch als Unglücksfall, bei dem jedermann und besonders der Arzt zur Hilfeleistung (also Lebensrettung) verpflichtet ist (so genannte „Garantenstellung, vgl. BGHSt 2019, Anhang III Nr. 1“). Dies gilt aber – bestätigt durch die neueste Rechtsprechung – nicht für freiverantwortliche Suizide, denn in diesem Fall ist die Lebensrettung gegen den Patientenwillen nicht zumutbar, überdies als Körperverletzung strafbar. Hier raten wir zu einer schriftlichen Modifizierung der Garantenpflicht, deren Text im Anhang V. 8. abgedruckt ist. Zusätzlich raten wir beweissichernd durch kompetente ärztliche Bewertung (Hausarzt, nicht zwingend Facharzt für Psychiatrie) zu dokumentieren, dass der Suizident sich nicht in einer Depression oder sonstigen krankhaften Einschränkung seiner Willensbildung befindet. Werden diese Voraussetzungen beachtet, ist eine legale Begleitung eines freiverantwortlichen Suizides von den ersten Vorbereitungshandlungen über die eigentliche Tötungshandlung (die der Suizident natürlich selbst vornehmen muss) bis zum Versterben strafrechtlich unbedenklich. Zu dieser nach wie vor geltenden Rechtslage hat der Strafsenat des Bundesgerichtshofs in einem Urteil zu zwei Fällen (aus Hamburg und Berlin) diese höchstrichterliche Klarheit geschaffen, Anhang III Nr. 21. Ebenso hatte bereits das Schwurgericht beim Landgericht Deggendorf im Beschluss vom 13.9.2013 entschieden, dass ein Arzt bei einem freiverantwortlichen Bilanzsuizid an den beachtlichen Patientenwillen des Suizidenten gebunden ist und deshalb nicht zur Vornahme lebenserhaltender Maßnahmen verpflichtet ist, DÄBl. 2014, 111 (44) (Anhang III Nr. 17).

d) Aktiver und passiver Suizid versus Tötung auf Verlangen – Abgrenzungsfragen

Bei einer Tötung auf Verlangen (Fremdtötung) tötet eine andere Person den Patienten. Beim Patientensuizid (Selbsttötung) setzt der kranke Suizident selbst und absichtlich eine von seiner Erkrankung unabhängige Kausalkette in Gang, die dazu führt, dass er nicht erst später an seiner Grunderkrankung verstirbt, sondern vorzeitig an dem selbst herbeigeführten Sterbeprozess. Er kann sich dabei helfen lassen, aber die Beherrschung des „letzten Gliedes der Kausalkette", die zum Tod führt, muss zwingend ausschließlich beim Suizidenten liegen. Ein Suizid kann auch passiv begangen werden. Ein Mensch könnte etwa bei Frost durch Verzicht auf wärmende Bekleidung den Erfrierungstod herbeiführen (Beispiel von Professor Dr. Gian Domenico Borasio, Palliativmedizin, Universität Lausanne). Am Lebensende wählen hingegen immer häufiger (nicht zuletzt wegen des unverhofften Bekanntwerdens der Methode in jüngster Zeit) schwer kranke Patienten den passiven Suizid in Form des Sterbefastens, der nach ihrem Wunsch palliativ begleitet werden soll. Hier führt der Patient durch freiwilligen Verzicht auf Essen und Trinken bzw. Nahrung und Flüssigkeit (FVET bzw. FVNF) seinen vorzeitigen Tod selbst herbei. Dies muss übrigens nach palliativmedizinsicher Überzeugung zwingend unter ärztlicher, pflegerischer und seelsorglicher Begleitung geschehen, so dass der Patient ebenso human sterben kann wie bei der ärztlich begleiteten Einstellung künstlicher Ernährung, vgl. 4. Kapitel II 4 c.

Eine von uns rechtlich abgesicherte Suizidassistenz führte zu einer Einstellungsverfügung der Staatsanwaltschaft München I, die im Anhang III. Nr. 14 wiedergegeben ist. Es war die erste einschlägige Entscheidung einer deutschen Justizbehörde nach dieser Rechtslage. Inzwischen sind die Fälle „ Dr. Spittler" (Hamburg) und „Dr. Turowski" (Berlin) 2019 vom Bundesgerichtshof in letzter Instanz in gleicher Weise entschieden worden (Anhang III Nr. 21). Beide Ärzte waren nach geleisteter Beihilfe zum Suizid wegen Totschlags angeklagt worden. Der BGH hat jedoch beide Ärzte freigesprochen, weil sie nachweislich freiverantwortlichen Suizidenten Suizidbeihilfe geleistet hatten. Deutsches Recht erzwingt also keineswegs den „letzten Weg" des Patienten in die Schweiz oder zu „Sterbehilfevereinen"! Allerdings findet bei den meisten deutschen Ärzten, wenn überhaupt, nur der passive Suizid Akzeptanz. Zurecht hat das Bundesverfassungsgericht im Urteil vom 26.2.2020 (Anhang III Nr. 23) darauf hingewiesen, dass diese Ablehnungshaltung vieler deutscher Ärzte gegenüber dem aktiven Suizid den Nährboden für „Sterbehilfeorganisationen" schafft. Nicht jeder Suizidwillige kann sich mit der Methode des Sterbefastens (Nicht essen und trinken bis der Tod eintritt) anfreunden. Bietet ihm der Arzt oder das ambulante oder stationäre Palliativteam jedoch nur die Begleitung des Sterbefastens an, so wird sich der Patient notgedrungen an Suizidhilfe-Organisationen wenden müssen. Rechtlich darf jedermann in Deutschland, folglich auch jeder Arzt, einem freiverantwortlich und wohlerwogen handelnden Patienten Beihilfe zu aktiven und passiven Suiziden leisten. Ein Rechtsanspruch des Patienten auf Suizidhilfe besteht aber nicht.

Wir halten es jedoch für ethisch nicht vertretbar, wenn palliativ betreuende Berufe einerseits die freiverantwortliche Entscheidung des Patienten, seinem Leben ein vorzeitiges Ende zu setzen, respektieren, dann aber dem Suizidwilligen nur die passive Variante des Suizids, das begleitete Sterbefasten, anbieten. Das ist eine ethisch nicht zu rechtfertigende Beeinflussung. Würde so gehandelt, um den Patienten mit der Vorgabe des schwereren Weges letztlich von seinem Vorhaben abzubringen, wäre dies ethisch inkonsequent und daher erst recht nicht vertretbar und inhuman.

Achtung!

Die Musterberufsordnung ist für Ärzte nicht verbindlich! Verbindlich für einen Arzt ist die Berufsordnung der für ihn zuständigen Landesärztekammer! In diesen Landes-Berufsordnungen sind die Regelungen hinsichtlich der ärztlichen Beihilfe zur Selbsttötung teilweise völlig unterschiedlich! Soweit sie dem Arzt Suizidhilfe verbieten, ist dies nach dem Urteil des Bundesverfassungsgerichts vom 26.2.2020 verfassungswidrig!

Die Bundesärztekammer ist lediglich eine „Arbeitsgemeinschaft der Landesärztekammern“ in Deutschland. Sie hat keine Kompetenz zum Erlass einer verbindlichen Berufsordnung. Deshalb heißt deren Berufsordnung „Musterberufsordnung“. Sie gibt den Landesärztekammern lediglich ein „Muster“. Fast ausnahmslos übernehmen dann die Landesärztekammern die Regelungen der Musterberufsordnung. Nicht so bei der ärztlichen Beihilfe zur Selbsttötung, § 16 MBO. Die Vorgabe wurde ganz, teilweise, abgeschwächt oder gar nicht übernommen. **Einige Ärztekammern belassen es dabei, dass**

es dem einzelnen Arzt nach seinem Gewissen freigestellt ist, ob er dem Suizidwilligen hilft oder nicht: Der Arzt darf, aber er muss nicht, wie dies auch bei der legalen Abtreibung der Fall ist. Wenn ein Arzt aus seiner ethischen Überzeugung einem Patienten beim Suizid helfen will, dann sollte er sich über die Regelung der für ihn zuständigen Landesärztekammer, § 16 der Landes-Berufsordnung (LBO), kundig machen.

Nach dem Urteil des Bundesverfassungsgerichts vom 26.2.2020 (Anhang III Nr. 23) ist ein berufsrechtliches Verbot für Ärzte, bei einer freiverantwortlichen Selbsttötung Beihilfe zu leisten, mit der Verfassung nicht vereinbar, weil es die Ärzte in ihren Grundrechten verletzt (zuletzt auch auf verwaltungsgerichtlicher Ebene so gesehen! Anhang III Nr. 20). Dem Berufsrecht ist nicht gestattet, was dem Staatsrecht von Verfassungs wegen verboten ist. Die regionalen Unterschiede des Berufsrechts in Deutschland sind überdies medizinethisch untragbar!

II. Die Grundrechte des Grundgesetzes

Aus Art. 1 Abs. 1 und Art. 2 Abs. 1 und 2 GG (Grundgesetz) folgt, dass die Patientenautonomie (Selbstbestimmung) tatsächlich das höchste Grundrecht ist und über dem Lebensschutz steht. Das Recht auf Leben begründet keine Pflicht zu leben. Die Freiheit der Selbstbestimmung begründet auch ein Recht auf Sterben, ein Recht auf den selbstbestimmten Tod. Dieses Recht umfasst nicht nur das Grundrecht, lebensverlängernde Behandlung abzulehnen, sondern auch das Grundrecht, sein eigenes Leben selbst zu beenden. (Urteile des Bundesverwaltungsgerichts von 2017, Anhang III Nr. 20 und Urteil des Bundesverfassungsgerichts von 2020, Anhang III Nr. 23).

III. Zu den Grundsätzen der Bundesärztekammer zur ärztlichen Sterbebegleitung vom 21.1.2011 (Deutsches Ärzteblatt 2011, S. A 346)

Die Kemptener Entscheidung des BGH von 1994 (NJW 1995, 204) erzwang die Überarbeitung der seit 1993 bestehenden Richtlinien der Bundesärztekammer. Am 11.9.1998 wurden die vollkommen neu formulierten Grundsätze zur ärztlichen Sterbebegleitung veröffentlicht. Die Entwicklung im Bereich der Sterbehilfe in Deutschland in den Folgejahren führte schließlich zur Entscheidung des Bundesgerichtshofs vom 17.3.2003 (NJW 2003, 1588, Anhang III. 6). Auch die Bundesärztekammer sah sich nun veranlasst, ihre Grundsätze zur ärztlichen Sterbebegleitung abermals zu überarbeiten. Die Neufassung wurde im Deutschen Ärzteblatt am 7.5.2004 veröffentlicht. Das Patientenverfügungsgesetz, das am 1.9.2009 in Kraft trat, und die Grundsatzentscheidung des Bundesgerichtshofs zur Sterbehilfe vom 25.6.2010 (Anhang III Nr. 13) erzwangen erneut eine völlige Überarbeitung der Grundsätze.

Im Anhang dieses Buches ist die aktuelle Version vollständig (Anhang II Nr. 1) abgedruckt. In der ersten Auflage dieses Ratgebers hatten wir die Grundsätze in der Form von 1998 in vielen Punkten kritisiert. Die Bundesärztekammer hat diese Kritik im Wesentlichen in die Überarbeitung von 2004 aufgenommen, sodass wir die Grundsätze in ihrer jetzigen Fassung nur noch kurz wie folgt vorstellen möchten (Überschriften und Nummerierung entsprechen der amtlichen Fassung):

1. Zur „Präambel"

Die Verpflichtung des Arztes zur Lebenserhaltung besteht niemals gegen den Willen des Patienten. Dieses elementare Umdenken im Verhältnis zu den Grundsätzen von 1993 zieht sich wie ein roter Faden durch die gesamten Grundsätze und wird in den jeweiligen Abschnitten zur Klarstellung wiederholt.

Allen Patienten schuldet der Arzt die so genannte Basisbetreuung, welche die Bundesärztekammer **„symptombezogen"** und nicht **„bedarfsbezogen"** definiert.

„Symptombezogen" heißt: Sauerstoff, Flüssigkeit und Nahrung sind in solchem Maße zuzuführen, dass **Atemnot, Durstgefühl** und **Hungergefühl vermieden** werden. Dies ist aber auch ohne Substitution (siehe 4. Kapitel – Medizinische Grundlagen) möglich, da Atemnot durch Medikamente und Durst durch intensive Mundpflege und Vernebler vor dem Mund vermieden werden. Hungergefühl tritt bei Beendigung einer Sondenernährung entweder nicht ein oder hört nach kurzer Übergangzeit auf.

Substitution hieße:

- Aufrechterhaltung eines ausgeglichenen Flüssigkeitshaushaltes durch entsprechende Zufuhr von Flüssigkeit
- Ausreichende Ernährung durch entsprechende Zufuhr der notwendigen Kalorienmenge
- Gabe von Sauerstoff, um die ausreichende Sauerstoffsättigung des Blutes zu gewährleisten.

Die Grundsätze formulieren später unter Ziffer I. kurz und treffend: „Die Hilfe besteht in palliativ-medizinischer Versorgung und damit auch in Beistand und Sorge für Basisbetreuung. Dazu gehören nicht immer Nahrungs- und Flüssigkeitszufuhr, da sie für Sterbende eine schwere Belastung darstellen können. Jedoch müssen Hunger und Durst als subjektive Empfindungen gestillt werden."

2. Zu „I. Ärztliche Pflichten bei Sterbenden"

Maßnahmen, die den Todeseintritt nur verzögern, sollen unterlassen oder beendet werden. Bei Sterbenden kann die Linderung des Leidens so im Vordergrund stehen, dass eine möglicherweise dadurch bedingte unvermeidbare Lebensverkürzung hingenommen werden darf (so genannte indirekte Sterbehilfe, siehe oben). Die Unterrichtung des Sterbenden über seinen Zustand soll wahrheitsgemäß aber der Situation entsprechend und einfühlsam sein. Die Information an Angehörige oder andere Personen darf nicht gegen den Willen des Patienten erfolgen.

3. Zu „II. Verhalten bei Patienten mit infauster Prognose"

Das Sterbenlassen (Man spricht besser vom „Zulassen des Sterbens") von nicht im unmittelbaren Sterbevorgang befindlichen Patienten wird weiterhin als „Änderung des Behandlungszieles" bezeichnet, was nichts anderes bedeutet, als dass die Absicht der Heilung und Lebenserhaltung abgelöst wird vom gewollten Zulassen des Sterbevorgangs. Dieser ist palliativmedizinisch und palliativpflegerisch zu begleiten.

4. Zu „III. Behandlung bei schwerster zerebraler Schädigung"

Die Bundesärztekammer erinnert an die Selbstverständlichkeit, dass auch Patienten mit schwersten zerebralen Schädigungen und kognitiven Funktionsstörungen ein Recht auf Behandlung, Pflege und Zuwendung haben. An dieser Stelle betont die Bundesärztekammer aber, dass Art und Ausmaß der Behandlung gemäß der medizinischen Indikation vom Arzt zu verantworten sind und nur insoweit angeboten werden dürfen. Wir haben im 2. Kapitel unter I. Behandlung nach Indikation umfassend dargestellt, dass auch eine lebens- bzw. leidensverlängernde ärztliche Behandlung einer ärztlichen Indikation bedarf. Dazu die BÄK: „Ist nichts über die Präferenzen des Patienten bekannt, darf der Vertreter davon ausgehen, dass der Patient den ärztlich **indizierten** Maßnahmen zustimmen würde."

Eine anhaltende Bewusstlosigkeit allein rechtfertigt aber nicht den Verzicht auf lebenserhaltende Maßnahmen. Für Patienten in einem dauerhaften Koma bedeutet dies: Medizinrechtlich ist die Fortsetzung der Behandlung, nicht deren Abbruch zu rechtfertigen. Es muss also die Fortsetzung der lebensverlängernden Therapie erst einmal nach dem Facharztstandard indiziert werden Wenn z.B. über die Bewusstlosigkeit hinaus weitere krankhafte und belastende Umstände hinzutreten, könnte eine weitere künstliche Verlängerung des leidvollen Zustands nicht mehr indiziert sein. In diesem Fall und ebenso bei mangelnder Rechtfertigung durch den Patientenwillen (der z.B. nur mit zeitlicher Limitierung zugestimmt hat) ist die Weiterbehandlung zu beenden und das zugelassene Sterben des Patienten palliativ zu begleiten.

5. Zu „IV. Ermittlung des Patientenwillens"

Ist die Indikation vom Arzt gestellt und ein Behandlungsziel und die daraus abgeleiteten Maßnahmen beschrieben, so muss die Frage der Einwilligungsfähigkeit des Patienten und der maßgebliche Patientenwille im Gespräch zwischen dem Arzt und dem Patienten respektive Patientenvertreter erörtert werden (so auch die gesetzliche Regelung des § 1901b BGB „Gespräch zur Ermittlung des Patientenwillens"). Hier stellt die Bundesärztekammer deutlich klar, dass der aktuelle Wille selbst dann zu beachten ist, wenn er sich nicht mit den aus ärztlicher Sicht gebotenen Behandlungsmaßnahmen deckt. Dies gilt nach dem klaren Wortlaut auch für die Beendigung schon eingeleiteter lebenserhaltender Maßnahmen. In diesem Gespräch muss nach § 1901b BGB der Arzt dem Betreuer bzw. Bevollmächtigten erklären, welche Therapieoptionen aus medizinischer Sicht im konkreten Behandlungsfall indiziert sind. Dazu kann auch gehören, dass er mitteilen muss, dass für eine laufende Dauerbehandlung die Indikation voraussichtlich bald entfallen wird oder bereits nicht mehr bejaht werden kann. Für jegliche Entscheidung zu einer indizierten Behandlung muss nun der Patientenwille erörtert werden, der sodann gemäß § 1901a Abs. 1 BGB **zwingend** der Weiterbehandlung (die auch eine palliative Behandlung im Sterben sein kann) zugrunde zu legen ist.

Die Bundesärztekammer gibt hier die rechtliche Situation nach dem Patientenverfügungsgesetz und dem Grundsatzurteil des Bundesgerichtshofs zur Sterbehilfe vom 25.6.2010 wieder.

6. Zu „V. Betreuung von Schwerstkranken und sterbenden Kindern und Jugendlichen"

Die Grundsätze gehen auf die Besonderheiten der Sterbebegleitung bei Kindern und Jugendlichen ein, wobei vorangestellt wird, dass hier die gleichen Grundsätze wie für Erwachsene gelten. Für Kinder und Jugendliche sind kraft Gesetzes die Sorgeberechtigten, d.h. in der Regel die Eltern, zur Entscheidung berufen. Sie sind daher über die angebotenen ärztlichen Maßnahmen aufzuklären, um dann über ihre Einwilligung zu entscheiden. Schwerstkranke und sterbende Kinder oder Jugendliche sind wahrheits- und altersgemäß zu informieren. Sie sollen regelmäßig und ihrem Entwicklungsstand entsprechend in die sie betreffenden Entscheidungen einbezogen werden, soweit dies von ihnen gewünscht wird. Dabei ist anzuerkennen, dass schwerstkranke Kinder und Jugendliche oft einen frühen Reifungsprozess durchmachen. Sie können aufgrund ihrer Erfahrungen mit vorhergegangenen Behandlungen und deren Folgen ein hohes Maß an Entscheidungskompetenz erlangen, die bei der Entscheidungsfindung berücksichtigt werden muss. Es wird jedenfalls ab dem 16. Lebensjahr dem Minderjährigen entsprechend seinem Entwicklungsstand und seiner Fähigkeit, Bedeutung und Tragweite der ärztlichen Maßnahme zu verstehen, sogar ein Vetorecht zugestanden. Im Streitfall ist das Familiengericht einzuschalten.

7. Zu „VI. Vorsorgliche Willensbekundungen des Patienten"

Hier geben die Grundsätze die aktuelle Rechtslage nach dem Patientenverfügungsgesetz vom 1.9.2009 und dem Grundsatzurteil des Bundesgerichtshofs zur Sterbehilfe vom 25.6.2010 wieder. Vorsorgevollmacht und Patientenverfügung werden in einer für Ärzte in der Praxis gut umzusetzenden Anweisung dargestellt.

Anhang

Übersicht Seite

I. Gesetzestexte (Auszüge)

1. Grundgesetz für die Bundesrepublik Deutschland (GG)

Art. 1 [Schutz der Menschenwürde, Menschenrechte, Grundrechtsbindung]

(1) [1]Die Würde des Menschen ist unantastbar. [2]Sie zu achten und zu schützen ist Verpflichtung aller staatlichen Gewalt.

(2) Das Deutsche Volk bekennt sich darum zu unverletzlichen und unveräußerlichen Menschenrechten als Grundlage jeder menschlichen Gemeinschaft, des Friedens und der Gerechtigkeit in der Welt.

(3) Die nachfolgenden Grundrechte binden Gesetzgebung, vollziehende Gewalt und Rechtsprechung als unmittelbar geltendes Recht.

Art. 2 [Freie Entfaltung der Persönlichkeit, Recht auf Leben, körperliche Unversehrtheit, Freiheit der Person]

(1) Jeder hat das Recht auf die freie Entfaltung seiner Persönlichkeit, soweit er nicht die Rechte anderer verletzt und nicht gegen die verfassungsmäßige Ordnung oder das Sittengesetz verstößt.

(2) [1]Jeder hat das Recht auf Leben und körperliche Unversehrtheit. [2]Die Freiheit der Person ist unverletzlich. [3]In diese Rechte darf nur auf Grund eines Gesetzes eingegriffen werden.

2. Strafgesetzbuch (StGB)

§ 211 Mord

(1) Der Mörder wird mit lebenslanger Freiheitsstrafe bestraft.

(2) Mörder ist, wer
aus Mordlust, zur Befriedigung des Geschlechtstriebs, aus Habgier oder sonst aus niedrigen Beweggründen,
heimtückisch oder grausam oder mit gemeingefährlichen Mitteln oder
um eine andere Straftat zu ermöglichen oder zu verdecken,
einen Menschen tötet.

§ 212 Totschlag

(1) Wer einen Menschen tötet, ohne Mörder zu sein, wird als Totschläger mit Freiheitsstrafe nicht unter fünf Jahren bestraft.

(2) In besonders schweren Fällen ist auf lebenslange Freiheitsstrafe zu erkennen.

§ 216 Tötung auf Verlangen

(1) Ist jemand durch das ausdrückliche und ernstliche Verlangen des Getöteten zur Tötung bestimmt worden, so ist auf Freiheitsstrafe von sechs Monaten bis zu fünf Jahren zu erkennen.

(2) Der Versuch ist strafbar.

§ 223 Körperverletzung

(1) Wer eine andere Person körperlich mißhandelt oder an der Gesundheit schädigt, wird mit Freiheitsstrafe bis zu fünf Jahren oder mit Geldstrafe bestraft.

(2) Der Versuch ist strafbar.

3. Bürgerliches Gesetzbuch (BGB)

§ 630a Vertragstypische Pflichten beim Behandlungsvertrag

(1) Durch den Behandlungsvertrag wird derjenige, welcher die medizinische Behandlung eines Patienten zusagt (Behandelnder), zur Leistung der versprochenen Behandlung, der andere Teil (Patient) zur Gewährung der vereinbarten Vergütung verpflichtet, soweit nicht ein Dritter zur Zahlung verpflichtet ist.

(2) Die Behandlung hat nach den zum Zeitpunkt der Behandlung bestehenden, allgemein anerkannten fachlichen Standards zu erfolgen, soweit nicht etwas anderes vereinbart ist.

§ 630b Anwendbare Vorschriften

Auf das Behandlungsverhältnis sind die Vorschriften über das Dienstverhältnis, das kein Arbeitsverhältnis im Sinne des § 622 ist, anzuwenden, soweit nicht in diesem Untertitel etwas anderes bestimmt ist.

§ 630c Mitwirkung der Vertragsparteien; Informationspflichten

(1) Behandelnder und Patient sollen zur Durchführung der Behandlung zusammenwirken.

(2) [1]Der Behandelnde ist verpflichtet, dem Patienten in verständlicher Weise zu Beginn der Behandlung und, soweit erforderlich, in deren Verlauf sämtliche für die Behandlung wesentlichen Umstände zu erläutern, insbesondere die Diagnose, die voraussichtliche gesundheitliche Entwicklung, die Therapie und die zu und nach der Therapie zu ergreifenden Maßnahmen. [2]Sind für

den Behandelnden Umstände erkennbar, die die Annahme eines Behandlungsfehlers begründen, hat er den Patienten über diese auf Nachfrage oder zur Abwendung gesundheitlicher Gefahren zu informieren. [3]Ist dem Behandelnden oder einem seiner in § 52 Absatz 1 der Strafprozessordnung bezeichneten Angehörigen ein Behandlungsfehler unterlaufen, darf die Information nach Satz 2 zu Beweiszwecken in einem gegen den Behandelnden oder gegen seinen Angehörigen geführten Straf- oder Bußgeldverfahren nur mit Zustimmung des Behandelnden verwendet werden.

(3) [1]Weiß der Behandelnde, dass eine vollständige Übernahme der Behandlungskosten durch einen Dritten nicht gesichert ist oder ergeben sich nach den Umständen hierfür hinreichende Anhaltspunkte, muss er den Patienten vor Beginn der Behandlung über die voraussichtlichen Kosten der Behandlung in Textform informieren. [2]Weitergehende Formanforderungen aus anderen Vorschriften bleiben unberührt.

(4) Der Information des Patienten bedarf es nicht, soweit diese ausnahmsweise aufgrund besonderer Umstände entbehrlich ist, insbesondere wenn die Behandlung unaufschiebbar ist oder der Patient auf die Information ausdrücklich verzichtet hat.

§ 630d Einwilligung

(1) [1]Vor Durchführung einer medizinischen Maßnahme, insbesondere eines Eingriffs in den Körper oder die Gesundheit, ist der Behandelnde verpflichtet, die Einwilligung des Patienten einzuholen. [2]Ist der Patient einwilligungsunfähig, ist die Einwilligung eines hierzu Berechtigten einzuholen, soweit nicht eine Patientenverfügung nach § 1901a Absatz 1 Satz 1 die Maßnahme gestattet oder untersagt. [3]Weitergehende Anforderungen an die Einwilligung aus anderen Vorschriften bleiben unberührt. [4]Kann eine Einwilligung für eine unaufschiebbare Maßnahme nicht rechtzeitig eingeholt werden, darf sie ohne Einwilligung durchgeführt werden, wenn sie dem mutmaßlichen Willen des Patienten entspricht.

(2) Die Wirksamkeit der Einwilligung setzt voraus, dass der Patient oder im Fall des Absatzes 1 Satz 2 der zur Einwilligung Berechtigte vor der Einwilligung nach Maßgabe von § 630e Absatz 1 bis 4 aufgeklärt worden ist.

(3) Die Einwilligung kann jederzeit und ohne Angabe von Gründen formlos widerrufen werden.

§ 630e Aufklärungspflichten

(1) [1]Der Behandelnde ist verpflichtet, den Patienten über sämtliche für die Einwilligung wesentlichen Umstände aufzuklären. [2]Dazu gehören insbesondere Art, Umfang, Durchführung, zu erwartende Folgen und Risiken der

Maßnahme sowie ihre Notwendigkeit, Dringlichkeit, Eignung und Erfolgsaussichten im Hinblick auf die Diagnose oder die Therapie. [3]Bei der Aufklärung ist auch auf Alternativen zur Maßnahme hinzuweisen, wenn mehrere medizinisch gleichermaßen indizierte und übliche Methoden zu wesentlich unterschiedlichen Belastungen, Risiken oder Heilungschancen führen können.

(2) [1]Die Aufklärung muss

1. mündlich durch den Behandelnden oder durch eine Person erfolgen, die über die zur Durchführung der Maßnahme notwendige Ausbildung verfügt; ergänzend kann auch auf Unterlagen Bezug genommen werden, die der Patient in Textform erhält,
2. so rechtzeitig erfolgen, dass der Patient seine Entscheidung über die Einwilligung wohlüberlegt treffen kann,
3. für den Patienten verständlich sein.

[2]Dem Patienten sind Abschriften von Unterlagen, die er im Zusammenhang mit der Aufklärung oder Einwilligung unterzeichnet hat, auszuhändigen.

(3) Der Aufklärung des Patienten bedarf es nicht, soweit diese ausnahmsweise aufgrund besonderer Umstände entbehrlich ist, insbesondere wenn die Maßnahme unaufschiebbar ist oder der Patient auf die Aufklärung ausdrücklich verzichtet hat.

(4) Ist nach § 630d Absatz 1 Satz 2 die Einwilligung eines hierzu Berechtigten einzuholen, ist dieser nach Maßgabe der Absätze 1 bis 3 aufzuklären.

(5) [1]Im Fall des § 630d Absatz 1 Satz 2 sind die wesentlichen Umstände nach Absatz 1 auch dem Patienten entsprechend seinem Verständnis zu erläutern, soweit dieser aufgrund seines Entwicklungsstandes und seiner Verständnismöglichkeiten in der Lage ist, die Erläuterung aufzunehmen, und soweit dies seinem Wohl nicht zuwiderläuft. [2]Absatz 3 gilt entsprechend.

§ 630f Dokumentation der Behandlung

(1) [1]Der Behandelnde ist verpflichtet, zum Zweck der Dokumentation in unmittelbarem zeitlichen Zusammenhang mit der Behandlung eine Patientenakte in Papierform oder elektronisch zu führen. [2]Berichtigungen und Änderungen von Eintragungen in der Patientenakte sind nur zulässig, wenn neben dem ursprünglichen Inhalt erkennbar bleibt, wann sie vorgenommen worden sind. [3]Dies ist auch für elektronisch geführte Patientenakten sicherzustellen.

(2) [1]Der Behandelnde ist verpflichtet, in der Patientenakte sämtliche aus fachlicher Sicht für die derzeitige und künftige Behandlung wesentlichen Maßnahmen und deren Ergebnisse aufzuzeichnen, insbesondere die Anam-

nese, Diagnosen, Untersuchungen, Untersuchungsergebnisse, Befunde, Therapien und ihre Wirkungen, Eingriffe und ihre Wirkungen, Einwilligungen und Aufklärungen. [2]Arztbriefe sind in die Patientenakte aufzunehmen.

(3) Der Behandelnde hat die Patientenakte für die Dauer von zehn Jahren nach Abschluss der Behandlung aufzubewahren, soweit nicht nach anderen Vorschriften andere Aufbewahrungsfristen bestehen.

§ 630g Einsichtnahme in die Patientenakte

(1) [1]Dem Patienten ist auf Verlangen unverzüglich Einsicht in die vollständige, ihn betreffende Patientenakte zu gewähren, soweit der Einsichtnahme nicht erhebliche therapeutische Gründe oder sonstige erhebliche Rechte Dritter entgegenstehen. [2]Die Ablehnung der Einsichtnahme ist zu begründen. [3]§ 811 ist entsprechend anzuwenden.

(2) [1]Der Patient kann auch elektronische Abschriften von der Patientenakte verlangen. [2]Er hat dem Behandelnden die entstandenen Kosten zu erstatten.

(3) [1]Im Fall des Todes des Patienten stehen die Rechte aus den Absätzen 1 und 2 zur Wahrnehmung der vermögensrechtlichen Interessen seinen Erben zu. [2]Gleiches gilt für die nächsten Angehörigen des Patienten, soweit sie immaterielle Interessen geltend machen. [3]Die Rechte sind ausgeschlossen, soweit der Einsichtnahme der ausdrückliche oder mutmaßliche Wille des Patienten entgegensteht.

§ 630h Beweislast bei Haftung für Behandlungs- und Aufklärungsfehler

(1) Ein Fehler des Behandelnden wird vermutet, wenn sich ein allgemeines Behandlungsrisiko verwirklicht hat, das für den Behandelnden voll beherrschbar war und das zur Verletzung des Lebens, des Körpers oder der Gesundheit des Patienten geführt hat.

(2) [1]Der Behandelnde hat zu beweisen, dass er eine Einwilligung gemäß § 630d eingeholt und entsprechend den Anforderungen des § 630e aufgeklärt hat. [2]Genügt die Aufklärung nicht den Anforderungen des § 630e, kann der Behandelnde sich darauf berufen, dass der Patient auch im Fall einer ordnungsgemäßen Aufklärung in die Maßnahme eingewilligt hätte.

(3) Hat der Behandelnde eine medizinisch gebotene wesentliche Maßnahme und ihr Ergebnis entgegen § 630 f Absatz 1 oder Absatz 2 nicht in der Patientenakte aufgezeichnet oder hat er die Patientenakte entgegen § 630f Absatz 3 nicht aufbewahrt, wird vermutet, dass er diese Maßnahme nicht getroffen hat.

(4) War ein Behandelnder für die von ihm vorgenommene Behandlung nicht befähigt, wird vermutet, dass die mangelnde Befähigung für den Eintritt der Verletzung des Lebens, des Körpers oder der Gesundheit ursächlich war.

(5) [1]Liegt ein grober Behandlungsfehler vor und ist dieser grundsätzlich geeignet, eine Verletzung des Lebens, des Körpers oder der Gesundheit der tatsächlich eingetretenen Art herbeizuführen, wird vermutet, dass der Behandlungsfehler für diese Verletzung ursächlich war. [2]Dies gilt auch dann, wenn es der Behandelnde unterlassen hat, einen medizinisch gebotenen Befund rechtzeitig zu erheben oder zu sichern, soweit der Befund mit hinreichender Wahrscheinlichkeit ein Ergebnis erbracht hätte, das Anlass zu weiteren Maßnahmen gegeben hätte, und wenn das Unterlassen solcher Maßnahmen grob fehlerhaft gewesen wäre.

§ 1896 Voraussetzungen

(1) [1]Kann ein Volljähriger auf Grund einer psychischen Krankheit oder einer körperlichen, geistigen oder seelischen Behinderung seine Angelegenheiten ganz oder teilweise nicht besorgen, so bestellt das Betreuungsgericht auf seinen Antrag oder von Amts wegen für ihn einen Betreuer. [2]Den Antrag kann auch ein Geschäftsunfähiger stellen. [3]Soweit der Volljährige auf Grund einer körperlichen Behinderung seine Angelegenheiten nicht besorgen kann, darf der Betreuer nur auf Antrag des Volljährigen bestellt werden, es sei denn, dass dieser seinen Willen nicht kundtun kann.

(1a) Gegen den freien Willen des Volljährigen darf ein Betreuer nicht bestellt werden.

(2) [1]Ein Betreuer darf nur für Aufgabenkreise bestellt werden, in denen die Betreuung erforderlich ist. [2]Die Betreuung ist nicht erforderlich, soweit die Angelegenheiten des Volljährigen durch einen Bevollmächtigten, der nicht zu den in § 1897 Abs. 3 bezeichneten Personen gehört, oder durch andere Hilfen, bei denen kein gesetzlicher Vertreter bestellt wird, ebenso gut wie durch einen Betreuer besorgt werden können.

(3) Als Aufgabenkreis kann auch die Geltendmachung von Rechten des Betreuten gegenüber seinem Bevollmächtigten bestimmt werden.

(4) Die Entscheidung über den Fernmeldeverkehr des Betreuten und über die Entgegennahme, das Öffnen und das Anhalten seiner Post werden vom Aufgabenkreis des Betreuers nur dann erfasst, wenn das Gericht dies ausdrücklich angeordnet hat.

§ 1901 Umfang der Betreuung, Pflichten des Betreuers

(1) Die Betreuung umfasst alle Tätigkeiten, die erforderlich sind, um die Angelegenheiten des Betreuten nach Maßgabe der folgenden Vorschriften rechtlich zu besorgen.

(2) [1]Der Betreuer hat die Angelegenheiten des Betreuten so zu besorgen, wie es dessen Wohl entspricht. [2]Zum Wohl des Betreuten gehört auch die Möglichkeit, im Rahmen seiner Fähigkeiten sein Leben nach seinen eigenen Wünschen und Vorstellungen zu gestalten.

(3) [1]Der Betreuer hat Wünschen des Betreuten zu entsprechen, soweit dies dessen Wohl nicht zuwiderläuft und dem Betreuer zuzumuten ist. [2]Dies gilt auch für Wünsche, die der Betreute vor der Bestellung des Betreuers geäußert hat, es sei denn, dass er an diesen Wünschen erkennbar nicht festhalten will. [3]Ehe der Betreuer wichtige Angelegenheiten erledigt, bespricht er sie mit dem Betreuten, sofern dies dessen Wohl nicht zuwiderläuft.

(4) [1]Innerhalb seines Aufgabenkreises hat der Betreuer dazu beizutragen, dass Möglichkeiten genutzt werden, die Krankheit oder Behinderung des Betreuten zu beseitigen, zu bessern, ihre Verschlimmerung zu verhüten oder ihre Folgen zu mildern. [2]Wird die Betreuung berufsmäßig geführt, hat der Betreuer in geeigneten Fällen auf Anordnung des Gerichts zu Beginn der Betreuung einen Betreuungsplan zu erstellen. [3]In dem Betreuungsplan sind die Ziele der Betreuung und die zu ihrer Erreichung zu ergreifenden Maßnahmen darzustellen.

(5) [1]Werden dem Betreuer Umstände bekannt, die eine Aufhebung der Betreuung ermöglichen, so hat er dies dem Betreuungsgericht mitzuteilen. [2]Gleiches gilt für Umstände, die eine Einschränkung des Aufgabenkreises ermöglichen oder dessen Erweiterung, die Bestellung eines weiteren Betreuers oder die Anordnung eines Einwilligungsvorbehalts (§ 1903) erfordern.

§ 1901a Patientenverfügung

(1) [1]Hat ein einwilligungsfähiger Volljähriger für den Fall seiner Einwilligungsunfähigkeit schriftlich festgelegt, ob er in bestimmte, zum Zeitpunkt der Festlegung noch nicht unmittelbar bevorstehende Untersuchungen seines Gesundheitszustands, Heilbehandlungen oder ärztliche Eingriffe einwilligt oder sie untersagt (Patientenverfügung), prüft der Betreuer, ob diese Festlegungen auf die aktuelle Lebens- und Behandlungssituation zutreffen. [2]Ist dies der Fall, hat der Betreuer dem Willen des Betreuten Ausdruck und Geltung zu verschaffen. [3]Eine Patientenverfügung kann jederzeit formlos widerrufen werden.

(2) [1]Liegt keine Patientenverfügung vor oder treffen die Festlegungen einer Patientenverfügung nicht auf die aktuelle Lebens- und Behandlungssituation zu, hat der Betreuer die Behandlungswünsche oder den mutmaßlichen Willen des Betreuten festzustellen und auf dieser Grundlage zu entscheiden, ob er in eine ärztliche Maßnahme nach Absatz 1 einwilligt oder sie untersagt. [2]Der mutmaßliche Wille ist aufgrund konkreter Anhaltspunkte zu ermitteln. [3]Zu berücksichtigen sind insbesondere frühere mündliche oder schriftliche Äußerungen, ethische oder religiöse Überzeugungen und sonstige persönliche Wertvorstellungen des Betreuten.

(3) Die Absätze 1 und 2 gelten unabhängig von Art und Stadium einer Erkrankung des Betreuten.

(4) [1]Niemand kann zur Errichtung einer Patientenverfügung verpflichtet werden. [2]Die Errichtung oder Vorlage einer Patientenverfügung darf nicht zur Bedingung eines Vertragsschlusses gemacht werden.

(5) Die Absätze 1 bis 3 gelten für Bevollmächtigte entsprechend.

§ 1901b Gespräch zur Feststellung des Patientenwillens

(1) [1]Der behandelnde Arzt prüft, welche ärztliche Maßnahme im Hinblick auf den Gesamtzustand und die Prognose des Patienten indiziert ist. [2]Er und der Betreuer erörtern diese Maßnahme unter Berücksichtigung des Patientenwillens als Grundlage für die nach § 1901a zu treffende Entscheidung.

(2) Bei der Feststellung des Patientenwillens nach § 1901a Absatz 1 oder der Behandlungswünsche oder des mutmaßlichen Willens nach § 1901a Absatz 2 soll nahen Angehörigen und sonstigen Vertrauenspersonen des Betreuten Gelegenheit zur Äußerung gegeben werden, sofern dies ohne erhebliche Verzögerung möglich ist.

(3) Die Absätze 1 und 2 gelten für Bevollmächtigte entsprechend.

§ 1904 Genehmigung des Betreuungsgerichts bei ärztlichen Maßnahmen

(1) [1]Die Einwilligung des Betreuers in eine Untersuchung des Gesundheitszustands, eine Heilbehandlung oder einen ärztlichen Eingriff bedarf der Genehmigung des Betreuungsgerichts, wenn die begründete Gefahr besteht, dass der Betreute auf Grund der Maßnahme stirbt oder einen schweren und länger dauernden gesundheitlichen Schaden erleidet. [2]Ohne die Genehmigung darf die Maßnahme nur durchgeführt werden, wenn mit dem Aufschub Gefahr verbunden ist.

(2) Die Nichteinwilligung oder der Widerruf der Einwilligung des Betreuers in eine Untersuchung des Gesundheitszustands, eine Heilbehandlung oder einen ärztlichen Eingriff bedarf der Genehmigung des Betreuungsgerichts, wenn die Maßnahme medizinisch angezeigt ist und die begründete Gefahr besteht, dass der Betreute auf Grund des Unterbleibens oder des Abbruchs der Maßnahme stirbt oder einen schweren und länger dauernden gesundheitlichen Schaden erleidet.

(3) Die Genehmigung nach den Absätzen 1 und 2 ist zu erteilen, wenn die Einwilligung, die Nichteinwilligung oder der Widerruf der Einwilligung dem Willen des Betreuten entspricht.

(4) Eine Genehmigung nach den Absätzen 1 und 2 ist nicht erforderlich, wenn zwischen Betreuer und behandelndem Arzt Einvernehmen darüber besteht, dass die Erteilung, die Nichterteilung oder der Widerruf der Einwilligung dem nach § 1901a festgestellten Willen des Betreuten entspricht.

(5) [1]Die Absätze 1 bis 4 gelten auch für einen Bevollmächtigten. [2]Er kann in eine der in Absatz 1 Satz 1 oder Absatz 2 genannten Maßnahmen nur einwilligen, nicht einwilligen oder die Einwilligung widerrufen, wenn die Vollmacht diese Maßnahmen ausdrücklich umfasst und schriftlich erteilt ist.

§ 1906 Genehmigung des Betreuungsgerichts bei der Unterbringung

(1) Eine Unterbringung des Betreuten durch den Betreuer, die mit Freiheitsentziehung verbunden ist, ist nur zulässig, solange sie zum Wohl des Betreuten erforderlich ist, weil

1. auf Grund einer psychischen Krankheit oder geistigen oder seelischen Behinderung des Betreuten die Gefahr besteht, dass er sich selbst tötet oder erheblichen gesundheitlichen Schaden zufügt, oder
2. zur Abwendung eines drohenden erheblichen gesundheitlichen Schadens eine Untersuchung des Gesundheitszustands, eine Heilbehandlung oder ein ärztlicher Eingriff notwendig ist, ohne die Unterbringung des Betreuten nicht durchgeführt werden kann und der Betreute auf Grund einer psychischen Krankheit oder geistigen oder seelischen Behinderung die Notwendigkeit der Unterbringung nicht erkennen oder nicht nach dieser Einsicht handeln kann.

(2) [1]Die Unterbringung ist nur mit Genehmigung des Betreuungsgerichts zulässig. [2]Ohne die Genehmigung ist die Unterbringung nur zulässig, wenn mit dem Aufschub Gefahr verbunden ist; die Genehmigung ist unverzüglich nachzuholen. [3]Der Betreuer hat die Unterbringung zu beenden, wenn ihre Voraussetzungen wegfallen. [4]Er hat die Beendigung der Unterbringung dem Betreuungsgericht anzuzeigen.

(3) [1]Widerspricht eine ärztliche Maßnahme nach Absatz 1 Nummer 2 dem natürlichen Willen des Betreuten (ärztliche Zwangsmaßnahme), so kann der Betreuer in sie nur einwilligen, wenn

1. der Betreute auf Grund einer psychischen Krankheit oder einer geistigen oder seelischen Behinderung die Notwendigkeit der ärztlichen Maßnahme nicht erkennen oder nicht nach dieser Einsicht handeln kann,
2. zuvor versucht wurde, den Betreuten von der Notwendigkeit der ärztlichen Maßnahme zu überzeugen,
3. die ärztliche Zwangsmaßnahme im Rahmen der Unterbringung nach Absatz 1 zum Wohl des Betreuten erforderlich ist, um einen drohenden erheblichen gesundheitlichen Schaden abzuwenden,
4. der erhebliche gesundheitliche Schaden durch keine andere dem Betreuten zumutbare Maßnahme abgewendet werden kann und
5. der zu erwartende Nutzen der ärztlichen Zwangsmaßnahme die zu erwartenden Beeinträchtigungen deutlich überwiegt.

[2]§ 1846 ist nur anwendbar, wenn der Betreuer an der Erfüllung seiner Pflichten verhindert ist.

(3a) [1]Die Einwilligung in die ärztliche Zwangsmaßnahme bedarf der Genehmigung des Betreuungsgerichts. [2]Der Betreuer hat die Einwilligung in die ärztliche Zwangsmaßnahme zu widerrufen, wenn ihre Voraussetzungen wegfallen. [3]Er hat den Widerruf dem Betreuungsgericht anzuzeigen.

(4) Die Absätze 1 und 2 gelten entsprechend, wenn dem Betreuten, der sich in einer Anstalt, einem Heim oder einer sonstigen Einrichtung aufhält, ohne untergebracht zu sein, durch mechanische Vorrichtungen, Medikamente oder auf andere Weise über einen längeren Zeitraum oder regelmäßig die Freiheit entzogen werden soll.

(5) [1]Die Unterbringung durch einen Bevollmächtigten und die Einwilligung eines Bevollmächtigten in Maßnahmen nach den Absätzen 3 und 4 setzen voraus, dass die Vollmacht schriftlich erteilt ist und die in den Absätzen 1, 3 und 4 genannten Maßnahmen ausdrücklich umfasst. [2]Im Übrigen gelten die Absätze 1 bis 4 entsprechend.

§ 1906a Genehmigung des Betreuungsgerichts bei ärztlichen Zwangsmaßnahmen

(1) Widerspricht eine Untersuchung des Gesundheitszustands, eine Heilbehandlung oder ein ärztlicher Eingriff dem natürlichen Willen des Betreuten (ärztliche Zwangsmaßnahme), so kann der Betreuer in die ärztliche Zwangsmaßnahme nur einwilligen, wenn

1. die ärztliche Zwangsmaßnahme zum Wohl des Betreuten notwendig ist, um einen drohenden erheblichen gesundheitlichen Schaden abzuwenden,
2. der Betreute auf Grund einer psychischen Krankheit oder einer geistigen oder seelischen Behinderung die Notwendigkeit der ärztlichen Maßnahme nicht erkennen oder nicht nach dieser Einsicht handeln kann,
3. die ärztliche Zwangsmaßnahme dem nach § 1901a zu beachtenden Willen des Betreuten entspricht,
4. zuvor ernsthaft, mit dem nötigen Zeitaufwand und ohne Ausübung unzulässigen Drucks versucht wurde, den Betreuten von der Notwendigkeit der ärztlichen Maßnahme zu überzeugen,
5. der drohende erhebliche gesundheitliche Schaden durch keine andere den Betreuten weniger belastende Maßnahme abgewendet werden kann,
6. der zu erwartende Nutzen der ärztlichen Zwangsmaßnahme die zu erwartenden Beeinträchtigungen deutlich überwiegt und
7. die ärztliche Zwangsmaßnahme im Rahmen eines stationären Aufenthalts in einem Krankenhaus, in dem die gebotene medizinische Versorgung des Betreuten einschließlich einer erforderlichen Nachbehandlung sichergestellt ist, durchgeführt wird.

§ 1846 ist nur anwendbar, wenn der Betreuer an der Erfüllung seiner Pflichten verhindert ist.

(2) Die Einwilligung in die ärztliche Zwangsmaßnahme bedarf der Genehmigung des Betreuungsgerichts.

(3) Der Betreuer hat die Einwilligung in die ärztliche Zwangsmaßnahme zu widerrufen, wenn ihre Voraussetzungen weggefallen sind. Er hat den Widerruf dem Betreuungsgericht unverzüglich anzuzeigen.

(4) Kommt eine ärztliche Zwangsmaßnahme in Betracht, so gilt für die Verbringung des Betreuten gegen seinen natürlichen Willen zu einem stationären Aufenthalt in ein Krankenhaus § 1906 Absatz 1 Nummer 2, Absatz 2 und 3 Satz 1 entsprechend.

(5) Die Einwilligung eines Bevollmächtigten in eine ärztliche Zwangsmaßnahme und die Einwilligung in eine Maßnahme nach Absatz 4 setzen voraus, dass die Vollmacht schriftlich erteilt ist und die Einwilligung in diese Maßnahmen ausdrücklich umfasst. Im Übrigen gelten die Absätze 1 bis 3 entsprechend.

4. Gesetz über das Verfahren in Familiensachen und in den Angelegenheiten der freiwilligen Gerichtsbarkeit (FamFG)

§ 278 Anhörung des Betroffenen

(1) [1]Das Gericht hat den Betroffenen vor der Bestellung eines Betreuers oder der Anordnung eines Einwilligungsvorbehalts persönlich anzuhören. [2]Es hat sich einen persönlichen Eindruck von dem Betroffenen zu verschaffen. [3]Diesen persönlichen Eindruck soll sich das Gericht in dessen üblicher Umgebung verschaffen, wenn es der Betroffene verlangt oder wenn es der Sachaufklärung dient und der Betroffene nicht widerspricht.

(2) [1]Das Gericht unterrichtet den Betroffenen über den möglichen Verlauf des Verfahrens. [2]In geeigneten Fällen hat es den Betroffenen auf die Möglichkeit der Vorsorgevollmacht, deren Inhalt sowie auf die Möglichkeit ihrer Registrierung bei dem zentralen Vorsorgeregister nach § 78a Abs. 1 der Bundesnotarordnung hinzuweisen. [3]Das Gericht hat den Umfang des Aufgabenkreises und die Frage, welche Person oder Stelle als Betreuer in Betracht kommt, mit dem Betroffenen zu erörtern.

(3) Verfahrenshandlungen nach Absatz 1 dürfen nur dann im Wege der Rechtshilfe erfolgen, wenn anzunehmen ist, dass die Entscheidung ohne eigenen Eindruck von dem Betroffenen getroffen werden kann.

(4) Soll eine persönliche Anhörung nach § 34 Abs. 2 unterbleiben, weil hiervon erhebliche Nachteile für die Gesundheit des Betroffenen zu besorgen sind, darf diese Entscheidung nur auf Grundlage eines ärztlichen Gutachtens getroffen werden.

(5) Das Gericht kann den Betroffenen durch die zuständige Behörde vorführen lassen, wenn er sich weigert, an Verfahrenshandlungen nach Absatz 1 mitzuwirken.

(6) [1]Gewalt darf die Behörde nur anwenden, wenn das Gericht dies ausdrücklich angeordnet hat. [2]Die zuständige Behörde ist befugt, erforderlichenfalls um Unterstützung der polizeilichen Vollzugsorgane nachzusuchen.

(7) [1]Die Wohnung des Betroffenen darf ohne dessen Einwilligung nur gewaltsam geöffnet, betreten und durchsucht werden, wenn das Gericht dies zu dessen Vorführung zur Anhörung ausdrücklich angeordnet hat. [2]Bei Gefahr im Verzug kann die Anordnung nach Satz 1 durch die zuständige Behörde erfolgen. [3]Durch diese Regelung wird das Grundrecht auf Unverletzlichkeit der Wohnung aus Artikel 13 Absatz 1 des Grundgesetzes eingeschränkt.

§ 279 Anhörung der sonstigen Beteiligten, der Betreuungsbehörde und des gesetzlichen Vertreters

(1) Das Gericht hat die sonstigen Beteiligten vor der Bestellung eines Betreuers oder der Anordnung eines Einwilligungsvorbehalts anzuhören.

(2) Das Gericht hat die zuständige Behörde vor der Bestellung eines Betreuers oder der Anordnung eines Einwilligungsvorbehalts anzuhören, wenn es der Betroffene verlangt oder es der Sachaufklärung dient.

(3) Auf Verlangen des Betroffenen hat das Gericht eine ihm nahestehende Person anzuhören, wenn dies ohne erhebliche Verzögerung möglich ist.

(4) Das Gericht hat im Fall einer Betreuerbestellung oder der Anordnung eines Einwilligungsvorbehalts für einen Minderjährigen (§ 1908a des Bürgerlichen Gesetzbuchs) den gesetzlichen Vertreter des Betroffenen anzuhören.

§ 298 Verfahren in Fällen des § 1904 des Bürgerlichen Gesetzbuchs

(1) [1]Das Gericht darf die Einwilligung, die Nichteinwilligung oder den Widerruf einer Einwilligung eines Betreuers oder eines Bevollmächtigten (§ 1904 Absatz 1, 2 und 5 des Bürgerlichen Gesetzbuchs) nur genehmigen, wenn es den Betroffenen zuvor persönlich angehört hat. [2]Das Gericht soll die sonstigen Beteiligten anhören. [3]Auf Verlangen des Betroffenen hat das Gericht eine ihm nahestehende Person anzuhören, wenn dies ohne erhebliche Verzögerung möglich ist.

(2) Die Bestellung eines Verfahrenspflegers ist stets erforderlich, wenn Gegenstand des Verfahrens eine Genehmigung nach § 1904 Absatz 2 des Bürgerlichen Gesetzbuchs ist.

(3) [1]Vor der Genehmigung ist ein Sachverständigengutachten einzuholen. [2]Der Sachverständige soll nicht auch der behandelnde Arzt sein.

5. Sozialgesetzbuch V (SGBV)

§ 132g SGB V Gesundheitliche Versorgungsplanung für die letzte Lebensphase

(1) Zugelassene Pflegeeinrichtungen im Sinne des § 43 des Elften Buches und Einrichtungen der Eingliederungshilfe für behinderte Menschen können den Versicherten in den Einrichtungen eine gesundheitliche Versorgungsplanung für die letzte Lebensphase anbieten. Versicherte sollen über die medizinisch-pflegerische Versorgung und Betreuung in der letzten Lebensphase beraten werden, und ihnen sollen Hilfen und Angebote der Sterbebegleitung aufgezeigt werden. Im Rahmen einer Fallbesprechung soll

nach den individuellen Bedürfnissen des Versicherten insbesondere auf medizinische Abläufe in der letzten Lebensphase und während des Sterbeprozesses eingegangen, sollen mögliche Notfallsituationen besprochen und geeignete einzelne Maßnahmen der palliativ-medizinischen, palliativ-pflegerischen und psychosozialen Versorgung dargestellt werden. Die Fallbesprechung kann bei wesentlicher Änderung des Versorgungs- oder Pflegebedarfs auch mehrfach angeboten werden.

(2) In die Fallbesprechung ist der den Versicherten behandelnde Hausarzt oder sonstige Leistungserbringer der vertragsärztlichen Versorgung nach § 95 Absatz 1 Satz 1 einzubeziehen. Auf Wunsch des Versicherten sind Angehörige und weitere Vertrauenspersonen zu beteiligen. Für mögliche Notfallsituationen soll die erforderliche Übergabe des Versicherten an relevante Rettungsdienste und Krankenhäuser vorbereitet werden. Auch andere regionale Betreuungs- und Versorgungsangebote sollen einbezogen werden, um die umfassende medizinische, pflegerische, hospizliche und seelsorgerische Begleitung nach Maßgabe der individuellen Versorgungsplanung für die letzte Lebensphase sicherzustellen. Die Einrichtungen nach Absatz 1 Satz 1 können das Beratungsangebot selbst oder in Kooperation mit anderen regionalen Beratungsstellen durchführen.

(3) Der Spitzenverband Bund der Krankenkassen vereinbart mit den Vereinigungen der Träger der in Absatz 1 Satz 1 genannten Einrichtungen auf Bundesebene erstmals bis zum 31. Dezember 2016 das Nähere über die Inhalte und Anforderungen der Versorgungsplanung nach den Absätzen 1 und 2. Den Kassenärztlichen Bundesvereinigungen, der Deutschen Krankenhausgesellschaft, den für die Wahrnehmung der Interessen der Hospizdienste und stationären Hospize maßgeblichen Spitzenorganisationen, den Verbänden der Pflegeberufe auf Bundesebene, den maßgeblichen Organisationen für die Wahrnehmung der Interessen und der Selbsthilfe der pflegebedürftigen und behinderten Menschen, dem Medizinischen Dienst Bund, dem Verband der Privaten Krankenversicherung e.V., der Bundesarbeitsgemeinschaft der überörtlichen Träger der Sozialhilfe sowie der Bundesvereinigung der kommunalen Spitzenverbände ist Gelegenheit zur Stellungnahme zu geben. § 132d Absatz 1 Satz 3 bis 5 gilt entsprechend.

(4) Die Krankenkasse des Versicherten trägt die notwendigen Kosten für die nach Maßgabe der Vereinbarung nach Absatz 3 erbrachten Leistungen der Einrichtung nach Absatz 1 Satz 1. Die Kosten sind für Leistungseinheiten zu tragen, die die Zahl der benötigten qualifizierten Mitarbeiter und die Zahl der durchgeführten Beratungen berücksichtigen. Das Nähere zu den erstattungsfähigen Kosten und zu der Höhe der Kostentragung ist in der Vereinbarung nach Absatz 3 zu regeln. Der Spitzenverband Bund der Krankenkas-

sen regelt für seine Mitglieder das Erstattungsverfahren. Die ärztlichen Leistungen nach den Absätzen 1 und 2 sind unter Berücksichtigung der Vereinbarung nach Absatz 3 aus der vertragsärztlichen Gesamtvergütung zu vergüten. Sofern diese ärztlichen Leistungen im Rahmen eines Vertrages nach § 132d Absatz 1 erbracht werden, ist deren Vergütung in diesen Verträgen zu vereinbaren.

(5) Der Spitzenverband Bund der Krankenkassen berichtet dem Bundesministerium für Gesundheit alle drei Jahre über die Entwicklung der gesundheitlichen Versorgungsplanung für die letzte Lebensphase und die Umsetzung der Vereinbarung nach Absatz 3. Er legt zu diesem Zweck die von seinen Mitgliedern zu übermittelnden statistischen Informationen über die erstatteten Leistungen fest.

II. Verlautbarungen der Bundesärztekammer (Auszüge), Leitlinien und Grundsätze zur künstlichen Lebensverlängerung

1. Grundsätze der Bundesärztekammer zur ärztlichen Sterbebegleitung vom 21.1.2011

Quelle: Deutsches Ärzteblatt vom 18.2.2011, S. A346–348

Vorwort

Seit 1979 veröffentlicht die Bundesärztekammer Richtlinien, später Grundsätze genannt, zur ärztlichen Sterbebegleitung. Diese werden entsprechend den Entwicklungen in der Medizin (z.B. Palliativmedizin) und in der Rechtsprechung in unregelmäßigen Abständen überarbeitet.

Nach dem Dritten Betreuungsrechtsänderungsgesetz, das u.a. die Patientenverfügung und das Gespräch zur Feststellung des Patientenwillens geregelt hat, ist die Anpassung der Grundsätze der Bundesärztekammer zur ärztlichen Sterbebegleitung aus dem Jahr 2004 notwendig geworden. Dabei galt es auch, die aktuelle Rechtsprechung des Bundesgerichtshofs, insbesondere nach dem Urteil vom 25. Juni 2010 zur Sterbehilfe, zu berücksichtigen.

Die ursprüngliche Struktur der Grundsätze wurde beibehalten. Den einzelnen Abschnitten ist eine Präambel mit wesentlichen Aussagen vorangestellt, die die Basis für die verschiedenen speziellen Abschnitte bildet. Nach der Berufsordnung haben Ärztinnen und Ärzte die Aufgabe, das Leben zu erhalten, die Gesundheit zu schützen und wiederherzustellen, Leiden zu lindern sowie Sterbenden Beistand zu leisten. Die Mitwirkung des Arztes bei der Selbsttötung ist hingegen keine ärztliche Aufgabe. Das wird in der Präambel ausdrücklich klargestellt. Diese eindeutige Aussage bekräftigt die Grundaussagen zur ärztlichen Sterbebegleitung. Sie tritt an die Stelle der bisherigen Feststellung, dass die Mitwirkung des Arztes an der Selbsttötung des Patienten dem ärztlichen Ethos widerspricht. Damit werden die verschiedenen und differenzierten individuellen Moralvorstellungen von Ärzten in einer pluralistischen Gesellschaft anerkannt, ohne die Grundausrichtung und die grundlegenden Aussagen zur ärztlichen Sterbebegleitung infrage zu stellen. Anders § 16 MBO nach der Neufassung auf dem 114. Deutschen Ärztetag, siehe dazu 5. Kapitel III.

Der Abschnitt I wurde an die geltende Rechtslage angepasst. Der Abschnitt II blieb im Wesentlichen unverändert. Der Teil, der sich mit der Betreuung von schwerstkranken und sterbenden Kindern und Jugendlichen befasst, wurde in einem gesonderten Abschnitt neu gefasst (Abschnitt V). Neu strukturiert wurde der Abschnitt III zur Behandlung bei schwerster zerebraler Schädigung. Der Abschnitt IV zur Ermittlung des Patientenwillens wurde den neuen gesetzlichen Regelungen angepasst. Der letzte Abschnitt zu den vorsorglichen Willensbekundungen des Patienten enthält im Wesentlichen die zusammengefassten Kernaussagen aus den Empfehlungen der Bundesärztekammer und der Zentralen Ethikkommission bei der Bundesärztekammer zum Umgang mit Vorsorgevollmacht und Patientenverfügung in der ärztlichen Praxis.

Diese Grundsätze sollen Ärztinnen und Ärzten eine Orientierung bei der Begleitung von Sterbenden geben, auch wenn sie die eigene Verantwortung in der konkreten Situation nicht abnehmen können. Wir sind uns der großen Verantwortung bewusst, die Ärztinnen und Ärzte bei der Sterbebegleitung tragen, und hoffen, dass diese Grundsätze dazu beitragen, das Vertrauen, das Patientinnen und Patienten ihren Ärztinnen und Ärzten entgegenbringen, gestärkt wird.

Prof. Dr. med. Dr. h. c. Jörg-Dietrich Hoppe, Präsident der Bundesärztekammer und des Deutschen Ärztetages

Präambel

Aufgabe des Arztes ist es, unter Achtung des Selbstbestimmungsrechtes des Patienten Leben zu erhalten, Gesundheit zu schützen und wiederherzustellen sowie Leiden zu lindern und Sterbenden bis zum Tod beizustehen. Die ärztliche Verpflichtung zur Lebenserhaltung besteht daher nicht unter allen Umständen.

Es gibt Situationen, in denen sonst angemessene Diagnostik und Therapieverfahren nicht mehr angezeigt und Begrenzungen geboten sind. Dann tritt eine palliativmedizinische Versorgung in den Vordergrund. Die Entscheidung hierzu darf nicht von wirtschaftlichen Erwägungen abhängig gemacht werden.

Unabhängig von anderen Zielen der medizinischen Behandlung hat der Arzt in jedem Fall für eine Basisbetreuung zu sorgen. Dazu gehören u.a. menschenwürdige Unterbringung, Zuwendung, Körperpflege, Lindern von Schmerzen, Atemnot und Übelkeit sowie Stillen von Hunger und Durst.

Art und Ausmaß einer Behandlung sind gemäß der medizinischen Indikation vom Arzt zu verantworten. Er muss dabei den Willen des Patienten achten. Bei seiner Entscheidungsfindung soll der Arzt mit ärztlichen und pflegenden Mitarbeitern einen Konsens suchen.

Ein offensichtlicher Sterbevorgang soll nicht durch lebenserhaltende Therapien künstlich in die Länge gezogen werden. Darüber hinaus darf das Sterben durch Unterlassen, Begrenzen oder Beenden einer begonnenen medizinischen Behandlung ermöglicht werden, wenn dies dem Willen des Patienten entspricht. Dies gilt auch für die künstliche Nahrungs- und Flüssigkeitszufuhr.

Die Tötung des Patienten hingegen ist strafbar, auch wenn sie auf Verlangen des Patienten erfolgt.

Die Mitwirkung des Arztes bei der Selbsttötung **ist keine ärztliche Aufgabe,** nach § 16 MBO ist sie aber seit Juni 2011 dem Arzt standesrechtlich verboten, siehe unter 5. Kapitel III.

Diese Grundsätze sollen dem Arzt eine Orientierung geben, können ihm jedoch die eigene Verantwortung in der konkreten Situation nicht abnehmen. Alle Entscheidungen müssen unter Berücksichtigung der Umstände des Einzelfalls getroffen werden. In Zweifelsfällen kann eine Ethikberatung hilfreich sein.

I. Ärztliche Pflichten bei Sterbenden

Der Arzt ist verpflichtet, Sterbenden, d.h. Kranken oder Verletzten mit irreversiblem Versagen einer oder mehrerer vitaler Funktionen, bei denen der Eintritt des Todes in kurzer Zeit zu erwarten ist, so zu helfen, dass sie menschenwürdig sterben können.

Die Hilfe besteht in palliativmedizinischer Versorgung und damit auch in Beistand und Sorge für die Basisbetreuung. Dazu gehören nicht immer Nahrungs- und Flüssigkeitszufuhr, da sie für Sterbende eine schwere Belastung darstellen können. Jedoch müssen Hunger und Durst als subjektive Empfindungen gestillt werden.

Maßnahmen, die den Todeseintritt nur verzögern, sollen unterlassen oder beendet werden. Bei Sterbenden kann die Linderung des Leidens so im Vordergrund stehen, dass eine möglicherweise dadurch bedingte unvermeidbare Lebensverkürzung hingenommen werden darf.

Die Unterrichtung des Sterbenden über seinen Zustand und mögliche Maßnahmen muss wahrheitsgemäß sein, sie soll sich aber an der Situation des Sterbenden orientieren und vorhandenen Ängsten Rechnung tragen. Der Arzt soll auch Angehörige des Patienten und diesem nahestehende Personen informieren, soweit dies nicht dem Willen des Patienten widerspricht.

II. Verhalten bei Patienten mit infauster Prognose

Bei Patienten, die sich zwar noch nicht im Sterben befinden, aber nach ärztlicher Erkenntnis aller Voraussicht nach in absehbarer Zeit sterben werden, ist eine Änderung des Behandlungszieles geboten, wenn lebenserhaltende Maßnahmen Leiden nur verlängern würden oder die Änderung des Behandlungsziels dem Willen des Patienten entspricht. An die Stelle von Lebensverlängerung und Lebenserhaltung tritt dann die palliativmedizinische Versorgung einschließlich pflegerischer Maßnahmen.

III. Behandlung bei schwerster zerebraler Schädigung

Patienten mit schwersten zerebralen Schädigungen und kognitiven Funktionsstörungen haben, wie alle Patienten, ein Recht auf Behandlung, Pflege und Zuwendung. Art und Ausmaß ihrer Behandlung sind gemäß der medizinischen Indikation vom Arzt zu verantworten; eine anhaltende Bewusstseinsbeeinträchtigung allein rechtfertigt nicht den Verzicht auf lebenserhaltende Maßnahmen.

Soweit bei diesen Patienten eine Situation eintritt, wie unter I. und II. beschrieben, gelten die dort dargelegten Grundsätze.

Zudem sind in Bezug auf eine Änderung des Behandlungsziels zwei Gruppen von Patienten zu unterscheiden: von Lebensbeginn an nichteinwilligungsfähige Menschen sowie Menschen, die im Laufe des Lebens die Fähigkeit, ihren Willen zu bilden oder zu äußern, verloren haben. Eine Änderung des Behandlungsziels ist mit dem Patientenvertreter zu besprechen. Dabei ist bei der ersten Gruppe das Wohl des Patienten, bei der zweiten Gruppe der zuvor geäußerte oder der mutmaßliche Wille zu achten (vgl. Abschnitt IV. bis VI.).

IV. Ermittlung des Patientenwillens

Die Entscheidung über die Einleitung, die weitere Durchführung oder Beendigung einer ärztlichen Maßnahme wird in einem gemeinsamen Entscheidungsprozess von Arzt und Patient bzw. Patientenvertreter getroffen. Das Behandlungsziel, die Indikation der daraus abgeleiteten Maßnahmen, die Frage der Einwilligungsfähigkeit des Patienten und der maßgebliche Patientenwille müssen daher im Gespräch zwischen Arzt und Patient bzw. Patientenvertreter erörtert werden.

Bei einwilligungsfähigen Patienten hat der Arzt den aktuell geäußerten Willen des angemessen aufgeklärten Patienten zu beachten, selbst wenn sich dieser Wille nicht mit den aus ärztlicher Sicht gebotenen Diagnose- und Therapiemaßnahmen deckt. Das gilt auch für die Beendigung schon eingeleiteter lebenserhaltender Maßnahmen. Der Arzt soll Kranken, die eine medizinisch indizierte Behandlung ablehnen, helfen, die Entscheidung zu überdenken.

Bei nichteinwilligungsfähigen Patienten ist die Erklärung ihres Bevollmächtigten bzw. ihres Betreuers maßgeblich. Diese sind verpflichtet, den Willen und die Wünsche des Patienten zu beachten. Falls diese nicht bekannt sind, haben sie so zu entscheiden, wie es der Patient selbst getan hätte (mutmaßlicher Wille). Sie sollen dabei Angehörige und sonstige Vertrauenspersonen des Patienten einbeziehen, sofern dies ohne Verzögerung möglich ist. Bestehen Anhaltspunkte für einen Missbrauch oder für eine offensichtliche Fehlentscheidung, soll sich der Arzt an das Betreuungsgericht wenden.

Ist kein Vertreter des Patienten vorhanden, hat der Arzt im Regelfall das Betreuungsgericht zu informieren und die Bestellung eines Betreuers anzuregen, welcher dann über die Einwilligung in die anstehenden ärztlichen Maßnahmen entscheidet.

Liegt eine Patientenverfügung im Sinne des § 1901a Abs. 1 BGB vor (vgl. VI. 2.), hat der Arzt den Patientenwillen anhand der Patientenverfügung festzustellen. Er soll dabei Angehörige und sonstige Vertrauenspersonen des Patienten einbeziehen, sofern dies ohne Verzögerung möglich ist. Trifft die Patientenverfügung auf die aktuelle Behandlungssituation zu, hat der Arzt den Patienten entsprechend dessen Willen zu behandeln. Die Bestellung eines Betreuers ist hierfür nicht erforderlich.

In Notfallsituationen, in denen der Wille des Patienten nicht bekannt ist und für die Ermittlung individueller Umstände keine Zeit bleibt, ist die medizinisch indizierte Behandlung einzuleiten, die im Zweifel auf die Erhaltung des Lebens gerichtet ist. Hier darf der Arzt davon ausgehen, dass es dem mutmaßlichen Willen des Patienten entspricht, den ärztlich indizierten Maßnahmen zuzustimmen. Im weiteren Verlauf gelten die oben dargelegten allgemeinen Grundsätze. Entscheidungen, die im Rahmen einer Notfallsituation getroffen wurden, müssen daraufhin überprüft werden, ob sie weiterhin indiziert sind und vom Patientenwillen getragen werden. Ein Vertreter des Patienten ist sobald wie möglich einzubeziehen; sofern erforderlich, ist die Einrichtung einer Betreuung beim Betreuungsgericht anzuregen.

V. Betreuung von schwerstkranken und sterbenden Kindern und Jugendlichen

Bei Kindern und Jugendlichen gelten für die ärztliche Sterbebegleitung die gleichen Grundsätze wie für Erwachsene. Es ergeben sich aber Besonderheiten aufgrund des Alters bzw. der Minderjährigkeit dieser Patienten.

Für Kinder und Jugendliche sind die Sorgeberechtigten, d.h. in der Regel die Eltern, kraft Gesetzes für alle Angelegenheiten zuständig, einschließlich der ärztlichen Behandlung. Sie müssen als Sorgeberechtigte und gesetzliche Vertreter des Kindes über die ärztlichen Maßnahmen aufgeklärt werden und darin einwilligen.

Bei Neugeborenen mit schwersten Beeinträchtigungen durch Fehlbildungen oder Stoffwechselstörungen, bei denen keine Aussicht auf Heilung oder Besserung besteht, kann nach hinreichender Diagnostik und im Einvernehmen mit den Eltern eine lebenserhaltende Behandlung, die ausgefallene oder ungenügende Vitalfunktionen ersetzen soll, unterlassen oder beendet werden. Gleiches gilt für extrem unreife Kinder, deren unausweichliches Sterben abzusehen ist, und für Neugeborene, die schwerste zerebrale Schädigungen erlitten haben.

Wie bei Erwachsenen ist der Arzt auch bei diesen Patienten zu leidensmindernder Behandlung und Zuwendung verpflichtet. Der Arzt soll die Sorgeberechtigten bei ihrer Entscheidung über die Einwilligung in ärztliche Maßnahmen zur Behandlung eines schwerstkranken Kindes oder Jugendlichen beraten und sie dabei unterstützen, ihre Verantwortung wahrzunehmen. Gegen den Willen der Sorgeberechtigten darf er – außer in Notfällen – keine ärztlichen Maßnahmen beginnen oder fortführen. Bestehen konkrete Anhaltspunkte dafür, dass durch das Verhalten der Sorgeberechtigten das Wohl des Kindes gefährdet wird, soll er sich an das Familiengericht wenden.

Schwerstkranke und sterbende Kinder oder Jugendliche sind wahrheits- und altersgemäß zu informieren. Sie sollten regelmäßig und ihrem Entwicklungsstand entsprechend in die sie betreffenden Entscheidungen einbezogen werden, soweit dies von ihnen gewünscht wird. Dabei ist anzuerkennen, dass schwerstkranke Kinder und Jugendliche oft einen frühen Reifungsprozess durchmachen. Sie können aufgrund ihrer Erfahrungen mit vorhergegangenen Behandlungen und deren Folgen ein hohes Maß an Entscheidungskompetenz erlangen, die bei der Entscheidungsfindung berücksichtigt werden muss.

Soweit der Minderjährige aufgrund seines Entwicklungsstandes selbst in der Lage ist, Bedeutung und Tragweite der ärztlichen Maßnahme zu verstehen und zu beurteilen, steht ihm ein Vetorecht gegen ihre Durchführung zu, selbst wenn die Sorgeberechtigten einwilligen. Davon wird ab einem Alter von 16 Jahren regelmäßig ausgegangen.

Bei bedeutsamen oder riskanten ärztlichen Maßnahmen ist neben der Zustimmung des minderjährigen Patienten auch die Einwilligung der Sorgeberechtigten erforderlich.

Können Meinungsverschiedenheiten zwischen Sorgeberechtigten untereinander oder mit dem Minderjährigen für eine solche Entscheidung über die medizinische Betreuung oder Behandlung nicht ausgeräumt werden, muss eine familiengerichtliche (Eil-)Entscheidung eingeholt werden.

VI. Vorsorgliche Willensbekundungen des Patienten

Willensbekundungen, in denen sich Patienten vorsorglich für den Fall des Verlustes der Einwilligungsfähigkeit zu der Person ihres Vertrauens und der gewünschten Behandlung erklären, sind eine wesentliche Hilfe für ärztliche Entscheidungen. Die Bundesärztekammer und die Zentrale Ethikkommission bei der Bundesärztekammer haben Empfehlungen zum Umgang mit Vorsorgevollmacht und Patientenverfügung in der ärztlichen Praxis erarbeitet.

1. Bestellung einer Vertrauensperson

Die Auswahl und die Bestellung einer Vertrauensperson können in unterschiedlicher Weise erfolgen:

Mit der Vorsorgevollmacht bestellt der Patient selbst einen Vertreter (Bevollmächtigten in Gesundheitsangelegenheiten). Das Betreuungsgericht muss in diesen Fällen keinen Vertreter (Betreuer) bestellen. Bei fehlender Einwilligungsfähigkeit des Patienten kann die Vertrauensperson sofort tätig werden. Eine Vollmacht in Gesundheitsangelegenheiten muss vom Patienten eigenhändig unterschrieben sein und ärztliche Maßnahmen ausdrücklich umfassen. Bestehen Zweifel an der Wirksamkeit einer Vollmacht, soll sich der Arzt an das zuständige Betreuungsgericht wenden.

In einer Betreuungsverfügung schlägt der Patient dem Gericht eine Person seines Vertrauens vor. Die Bestellung zum Betreuer erfolgt durch das Betreuungsgericht, sofern der Patient seine Angelegenheiten nicht (mehr) selbst zu besorgen vermag. Das Gericht prüft dabei auch, ob der Vorschlag dem aktuellen Willen des Patienten entspricht sowie die vorgeschlagene Person als Betreuer geeignet ist, und legt den Aufgabenkreis fest. Die vorgeschlagene Person kann erst nach ihrer Bestellung zum Betreuer für den Patienten handeln.

2. Patientenverfügungen und andere Willensbekundungen zur medizinischen und pflegerischen Behandlung und Betreuung

Der Arzt und der Vertreter haben stets den Willen des Patienten zu achten. Der aktuelle Wille des einwilligungsfähigen Patienten hat immer Vorrang; dies gilt auch dann, wenn der Patient einen Vertreter (Bevollmächtigten oder Betreuer) hat. Auf frühere Willensbekundungen kommt es deshalb nur an, wenn sich der Patient nicht mehr äußern oder sich zwar äußern kann, aber nicht einwilligungsfähig ist. Dann ist die frühere Willensbekundung ein Mittel, um den Willen des Patienten festzustellen.

Seit der gesetzlichen Regelung der Patientenverfügung durch das Dritte Betreuungsrechtsänderungsgesetz 2009 sind folgende Formen von vorsorglichen Willensbekundungen zu unterscheiden:

Der Patient kann eine Patientenverfügung verfassen. Das Gesetz (§ 1901a Abs. 1 BGB) versteht darunter eine vorsorgliche Erklärung des Patienten, mit der er selbst in bestimmte ärztliche Maßnahmen, die nicht unmittelbar bevorstehen, sondern erst in Zukunft erforderlich werden können, im Vorhinein einwilligt oder diese untersagt. Sie muss daher konkrete Festlegungen für bestimmte beschriebene Situationen enthalten. Diese Erklärung ist für andere verbindlich. Eine Patientenverfügung setzt die Einwilligungsfähigkeit des Patienten voraus; sie bedarf der Schriftform.

Andere Formen der vorsorglichen Willensbekundung eines Patienten (z.B. mündliche Erklärungen) sind daher keine Patientenverfügung im Sinne des Gesetzes; sie sind aber als Behandlungswünsche oder als Indizien für die Ermittlung des mutmaßlichen Willens zu beachten. Der Vertreter hat diese in den Behandlungsprozess einzubringen und auf dieser Grundlage ärztlichen Maßnahmen zuzustimmen oder diese abzulehnen.

Ist nichts über die Präferenzen des Patienten bekannt, darf der Vertreter davon ausgehen, dass der Patient den ärztlich indizierten Maßnahmen zustimmen würde.

Berlin, den 21. Januar 2011

2. Leitlinien und medizinethische Stellungnahmen zur Frage der Indikation künstlicher Lebensverlängerung mittels PEG bei einwilligungsunfähigen Patienten ohne Genesungs- und/oder Remissionschance (Zusammenstellung)

Vorbemerkung der Autoren: Es geht um Schadensersatz für eine nicht indizierte künstliche Leidensverlängerung durch Magensondenernährung (PEG). Wir werden sehr oft von Ärzten gefragt, ob es dazu einen gesicherten Facharztstandard durch Leitlinien oder sonstige Positionierungen medizinischer Fachverbände gebe. Seit 2017 verweisen wir dann auf die perfekte Darstellung im Urteil des OLG München. Es sei erwähnt, dass der Bundesgerichtshof in seiner Revisionsentscheidung vom 2.4.2019 (Anhang III Nr. 22) die tatsächlichen Feststellungen und die Bewertungen im medizinischen Bereich ausdrücklich Bestand haben ließ. Die Verneinung von Schadensersatzansprüchen begründete er lediglich mit dem Hinweis, es könne für die Verneinung „dahinstehen", ob die Behandlung gegen den Facharztstandard verstieß und somit „fehlerhaft" im Sinne des Arzthaftungsrechts war. So haben wir durch das OLG München eine einzigartige Zusammenstellung aller erreichbaren Quellen zum Facharztstandard für künstliche Lebensverlängerung bei einwilligungsunfähigen Patienten ohne Genesungs- und/oder Remissionschance.

Dem Verfahren in zweiter Instanz vor dem Oberlandesgericht lag ein von beiden Parteien nicht angegriffenes Sachverständigengutachten des Gerichtssachverständigen aus erster Instanz vor dem Landgericht München I zugrunde. Dieser hatte bereits in seinem schriftlichen Gutachten und in seiner mündlichen Erläuterung des Gutachtens vor der Arzthaftungskammer des Landgerichts München I die ärztliche Behandlung als gegen den Facharztstandard verstoßend klassifiziert. Das Oberlandesgericht legte seiner Entscheidung das weiterhin nicht angegriffene Gutachten zugrunde, stellte darüber hinaus sämtliche Leitlinien und medizinethischen Stellungnahmen zur Frage der Indikation künstlicher Lebensverlängerung mittels PEG bei einwilligungsunfähigen Patienten ohne Genesungs- und/oder Remissionschance umfassend zusammen. Die Zusammenstellung trifft den Zeitpunkt des streitgegenständlichen Geschehens ca. 2010 bis 2011. Sie hat unverändert Gültigkeit (Auszüge):

1. Auszug aus der „DGEM-Leitlinie Enterale Ernährung: Ethische und rechtliche Gesichtspunkte" (Aktuel Ernaehr Med 2003; 28, Supplement 1: S36-41, U. Körner et al)

„Anwendung der Sondenernährung

Der Einsatz von Sondennahrungen erfolgt stets auf der Basis eines medizinisch begründeten Behandlungszieles. Eine Ernährungssonde darf nicht allein zum Zweck der Reduktion des Pflegeaufwandes gelegt werden.

Bei unsicherer Indikation empfehlen wir den Therapieversuch. Beim Eintreten von Komplikationen oder bei Ausbleiben des gewünschten Therapieerfolges ist von dem Therapieversuch Abstand zu nehmen.

Das Fortbestehen der Indikation für eine Sondenernährung muss in regelmäßigen Abständen überprüft werden. Der Arzt muss in Situationen, in denen die Indikation (bei Komplikationen, im Sterbeprozess ...) nicht mehr gegeben ist, bereit sein, die Entscheidung für eine Behandlungsalternative einschließlich Behandlungsabbruch zu treffen und muss dies den Entscheidungsberechtigten auch nachvollziehbar vermitteln.

Der Anspruch an die Sorgfalt und Begründung von Entscheidungen über die Anwendung einer Ernährung über eine Sonde ist besonders in solchen Fällen hoch, bei denen für einen Patienten (wie insbesondere einen Patienten im apallischen Syndrom) die Ernährungstherapie als einzige intensive kontinuierliche Maßnahme zur Lebenserhaltung erforderlich ist. Abgesehen davon, dass bei jedem Menschen einmal die Therapiebemühung an natürliche Grenzen stößt und einen Lebensgewinn für den Patienten nicht mehr ermöglicht, ist die Ernährung jedenfalls bei diesen Patienten indiziert und fortzusetzen, solange Möglichkeiten der Remission nicht ausgeschlossen sind.

Die Lebensqualität als Entscheidungskriterium

Bei schwersten Krankheitszuständen und im Sterben kann die Sicherung von Lebensqualität zum alleinigen Behandlungsziel werden und tritt die Sicherung der Lebensdauer und des Überlebens als therapeutisches Ziel zurück. ..."

2. Auszug aus der „Leitlinie Enterale Ernährung der DGEM und DGG: Trink- und Sondennahrung in der Geriatrie und geriatrisch-neurologischen Rehabilitation" (Aktuel Ernaehr Med 2004; 29: 198-225, D. Volker et al)

Zusammenfassung:

(...) Nicht indiziert ist Sondenernährung dagegen in finalen Krankheitsstadien einschließlich finalen Stadien der Demenz sowie zur Pflegeerleichterung oder Zeitersparnis. Unabhängig von der Indikation muss die Entscheidung für oder gegen Sondenernährung immer individuell unter Berücksichtigung des (mutmaßlichen) Patientenwillens, vorhandener Komorbiditäten, des Krankheitsgrades und der Prognose getroffen werden. (...)

2.6. Ist bei Patienten mit Demenz eine enterale Ernährung indiziert?

Obwohl Auswirkungen einer Ernährungstherapie auf die Überlebenszeit und funktionelle Parameter bisher nicht adäquat untersucht sind, werden orale Supplemente bei Demenzkranken in frühen und mittleren Krankheitsstadien empfohlen. Die Entscheidung für Sondenernährung bei Patienten mit fortgeschrittener Demenz bleibt eine Einzelfallentscheidung. Für final demente Patienten wird Sondenernährung nicht empfohlen.

Die Datenlage lässt es nicht zu, eine Sondenernährung für fortgeschrittene Demenzstadien zu empfehlen. Vor diesem Hintergrund bleibt jede Entscheidung zur PEG bei Patienten mit fortgeschrittener Demenz und erkennbarem Risiko für Mangelernährung eine Einzelfallentscheidung (IV).

Für final Demenzkranke (irreversibel, immobil, kommunikationsunfähig, vollständig pflegeabhängig, mangelnde körperliche Reserven) wird eine Sondenernährung nicht empfohlen (IV).

3. Aus „Grundsätze der Bundesärztekammer zur ärztlichen Sterbebegleitung" (Deutsches Ärzteblatt 2004; Heft 19: A 1298-9):

II. Verhalten bei Patienten mit infauster Prognose

Bei Patienten, die sich zwar noch nicht im Sterben befinden, aber nach ärztlicher Erkenntnis aller Voraussicht nach in absehbarer Zeit sterben werden, weil die Krankheit weit fortgeschritten ist, kann eine Änderung des Behandlungszieles indiziert sein, wenn lebenserhaltende Maßnahmen Leiden nur verlängern würden und die Änderung des Therapieziels dem Willen des Patienten entspricht. An die Stelle von Lebensverlängerung und Lebenserhaltung treten dann palliativ-medizinische Versorgung einschließlich pflegerischer Maßnahmen.

Lässt sich der mutmaßliche Wille des Patienten nicht anhand der genannten Kriterien ermitteln, so soll der Arzt für den Patienten die ärztlich indizierten Maßnahmen ergreifen und sich in Zweifelsfällen für Lebenserhaltung entscheiden. Dies gilt auch bei einem apallischen Syndrom.

4. Nach Inkrafttreten des Dritten Betreuungsrechtsänderungsgesetzes aktualisierte Fassung der „Grundsätze der Bundesärztekammer zur ärztlichen Sterbebegleitung" (Deutsches Ärzteblatt 2011; Heft 7 v. 18. Februar 2011: A 346-8):

II. Verhalten bei Patienten mit infauster Prognose

Bei Patienten, die sich zwar noch nicht im Sterben befinden, aber nach ärztlicher Erkenntnis aller Voraussicht nach in absehbarer Zeit sterben werden, ist eine Änderung des Behandlungsziels geboten, wenn lebenserhaltende Maßnahmen Leiden nur verlängern würden oder die Änderung des Behandlungsziels dem Willen des Patienten entspricht. An die Stelle von Lebensverlängerung und Lebenserhaltung tritt dann die palliativmedizinische Versorgung einschließlich pflegerischer Maßnahmen.

III. Behandlung bei schwerster zerebraler Schädigung

Patienten mit schwersten zerebralen Schädigungen und kognitiven Funktionsstörungen haben, wie alle Patienten, ein Recht auf Behandlung, Pflege und Zuwendung. Art und Ausmaß ihrer Behandlung sind gemäß der medizinischen Indikation vom Arzt zu verantworten; eine anhaltende Bewusstseinsbeeinträchtigung allein rechtfertigt nicht den Verzicht auf lebenserhaltende Maßnahmen. Soweit bei diesen Patienten eine Situation eintritt, wie unter I. und II beschrieben, gelten die dort dargelegten Grundsätze.

5. „Empfehlungen der Bundesärztekammer und der Zentralen Ethikkommission bei der Bundesärztekammer zum Umgang mit Vorsorgevollmacht und Patientenverfügung in der ärztlichen Praxis" (Deutsches Ärzteblatt 2007; Heft 13: A 891-6):

Die Grundsätze der Bundesärztekammer enthalten wesentliche Aussagen zur ärztlichen Sterbebegleitung. Die vorliegenden Empfehlungen knüpfen daran an;

Sehr hilfreich kann es sein, das Ziel ärztlichen und pflegerischen Handelns jeweils zu überprüfen. Der Arzt hat zu hinterfragen, ob im konkreten Fall noch eine medizinische Indikation für eine bestimmte Therapie vorliegt. Wenn eine Behandlung nicht medizinisch indiziert ist, stellt sich die Frage nicht, ob der Patient mit dem Abbruch einverstanden wäre. An die Stelle von Lebensverlängerung und Lebenserhaltung treten dann palliativ-medizinische Versorgung und pflegerische Maßnahmen.

6. Weitere „Empfehlungen der Bundesärztekammer und der Zentralen Ethikkommission bei der Bundesärztekammer zum Umgang mit Vorsorgevollmacht und Patientenverfügung in der ärztlichen Praxis" (Deutsches Ärzteblatt 2010; Heft 18: A 877-):

Behandlungswünsche sind immer an die ärztliche Indikation gebunden. Ärztlicherseits besteht keine Verpflichtung, den Behandlungswünschen Folge zu leisten, wenn keine Indikation für eine Behandlung (mehr) besteht...

Konfliktsituationen

b) Der Patientenvertreter oder die Angehörigen des Patienten verlangen die Durchführung oder Weiterführung einer medizinisch nicht (mehr) indizierten Maßnahme. Besteht keine medizinische Indikation zur Einleitung oder Weiterführung einer Maßnahme, so darf diese nicht (mehr) durchgeführt werden. Die Übermittlung der Information über eine fehlende medizinische Indikation für lebensverlängernde Maßnahmen und die damit verbundene Therapiezieländerung hin zu palliativen Zielen stellt für Patienten und deren Angehörige meist eine extrem belastende Situation dar, die vom aufklärenden Arzt hohe kommunikative Kompetenzen verlangt. Weder der Patient noch seine Vertreter oder seine Angehörigen können verlangen, dass der Arzt eine medizinisch nicht indizierte Maßnahme durchführt. Ein Gesprächsangebot sollte immer bestehen bleiben.

7. „Leitfaden des Bayerischen Landespflegeausschusses Dezember 2008: Künstliche Ernährung und Flüssigkeitsversorgung", S. 28:

Regelmäßige Überprüfung der Indikation

Eine einmal begonnene Sondenernährung bedeutet nicht zwangsläufig deren Durchführung bis zum Lebensende. In regelmäßigen Abständen ist zu überprüfen, ob die Notwendigkeit der Sondenernährung noch besteht.

Übersteigt die Belastung in Folge der Sondenernährung die möglichen Vorteile (z.B. im Sinne einer verbesserten Lebensqualität) für die Patientin oder den Patienten, sollte sie eingestellt werden.

Anmerkung der Autoren: Der Bundesgerichtshof hat in diesem Fall am 2.4.2019 Schadensersatzansprüche aus dieser nicht indizierten Behandlung, die schweres Leiden künstlich verlängerte, verneint. Dies alles berührt nicht die korrekte Darstellung des Facharztstandards. Gegen das Urteil haben die Autoren Verfassungsbeschwerde eingelegt. Mit einer Entscheidung des Bundesverfassungsgerichts über die Schadensersatzklage ist im Jahr 2021 zu rechnen.

III. Gerichtliche Entscheidungen

Für die Leser unseres Buches referieren wir die wesentlichen der mittlerweile zahlreichen Urteile aus der deutschen Rechtsprechung, welche das Recht des Patienten am Lebensende abschließend erfasst haben, weitgehend in einer frei formulierten Zusammenfassung, gegebenenfalls unter teilweiser, nicht im Einzelnen kenntlich gemachter wörtlicher Wiedergabe. Für juristisch interessierte Leser sind die Fundstellen für den vollständigen Wortlaut jeweils angegeben. Bewusst haben wir ab der vierten Auflage dieses Ratgebers auch „überholte" Entscheidungen, wie etwa die frühe Entscheidung des Landgerichts Ravensburg (Nr. 2) aus dem Jahr 1987 zur passiven Sterbehilfe im Buch belassen, weil sie zeigen, dass das Patientenverfügungsgesetz (1.9.2009) und die strafrechtliche Grundsatzentscheidung des Bundesgerichtshofs im Fall Putz vom 25.6.2010 (unten Nr. 13) im Ergebnis darauf aufbauen, nichts substantiell neues brachten, dieses nur sachgerechter und nach heutigen medizinischen Denkweisen begründen und formulieren.

1. BGH NJW 1984, 2639 ("Wittig-Urteil" bzw. "Peterle-Urteil": Nichtrettung einer Suizidentin)

Die 76-jährige Witwe U. sah nach dem Tod ihres Ehemannes, den sie „Peterle" nannte, bei schwerer Erkrankung und starker Behinderung in ihrem Leben keinen Sinn mehr. Immer öfter äußerte sie die Absicht, aus dem Leben zu scheiden. Schon zu Lebzeiten ihres Ehemannes hatte sie sich mit der Problematik des Suizids beschäftigt. Sie wollte nicht in einen Zustand der Hilflosigkeit geraten und weder in ein Krankenhaus noch in ein Pflegeheim eingewiesen werden. Dies hatte sie dem Angeklagten, ihrem Hausarzt Dr. Wittig, mitgeteilt, der vergeblich versuchte, sie von ihren Selbstmordgedanken abzubringen. Sie hatte in einem Schriftstück verfasst: „Willenserklärung. Im Vollbesitz meiner Sinne bitte ich meinen Arzt keine Einweisung in ein Krankenhaus oder Pflegeheim, keine Intensivstation und keine Anwendung lebensverlängernder Medikamente. Ich möchte einen würdigen Tod sterben.

Keine Anwendung von Apparaten. Keine Organentnahme." Später verfasste sie ein weiteres Schriftstück etwa desselben Inhalts mit der zusätzlichen Erklärung „Ich bin über 76 Jahre alt und möchte nicht länger leben".

Bei einem verabredeten Hausbesuch fand Dr. Wittig seine Patientin bewusstlos vor. Unter ihren gefalteten Händen befand sich ein Zettel: „An meinen Arzt – bitte kein Krankenhaus – Erlösung! Datum, Unterschrift". Auf einen anderen Zettel hatte sie geschrieben „Ich will zu meinem Peterle". Anhand zahlreicher Medikamentenpackungen und des Abschiedsbriefes war die Situation für Dr. Wittig klar. Er ging davon aus, dass die Patientin jedenfalls nicht ohne schwere Dauerschäden zu retten sein werde. Da er den Willen der Patientin genau kannte, unternahm er nichts zu ihrer Rettung und blieb bis zu ihrem Tod bei ihr.

Die juristische Begründung ist für Laien dieses Urteils schwer verständlich. Letztlich wurde Dr. Wittig freigesprochen, weil hier seine ärztliche Gewissensentscheidung, Rettungsversuche zu unterlassen, von der Rechtsordnung hingenommen werden müsse, obwohl in dem Schreiben der Patienten („An meinen Arzt...") keine förmliche Entbindung aus der so genannten Garantenpflicht zu sehen sei. In der Entscheidung wurden auch die Grenzen der ärztlichen Behandlungspflicht gegenüber den technischen Möglichkeiten der Medizin aufgezeigt. Der Patient dürfe nicht Objekt einer Behandlung sein. Wenn der Patient Lebensrettung verbietet, dann muss der Arzt dies respektieren (Rechtsprechung des Bundesgerichtshofes seit BGHSt 11, 111). Es gibt keine Rechtspflicht zur Erhaltung des erlöschenden Lebens um jeden Preis. Auch nicht beim bewusstlosen Selbstmörder-Patient, bei dem der Arzt in eigener Verantwortlichkeit handeln muss. Grundsätzlich verbleibt es nach Ansicht des Bundesgerichtshofes bei der Bewertung einer Selbsttötung als Unglücksfall, jedenfalls dann, wenn eine Entbindung von der Garantenpflicht nicht gegeben war.

2. LG Ravensburg MedR 1987, 196 = NStZ 1987, 229 (Abschalten der Beatmung ist keine aktive Sterbehilfe)

Diese Entscheidung wurde in die wichtigsten Strafrechtskommentare übernommen. Der Bundesgerichtshof hat sie ausdrücklich in der so genannten Kemptener Entscheidung bestätigt (siehe unten).

Rosa F., die Ehefrau des Angeklagten, litt an Amyotropher Lateralsklerose (ALS). Diese Nervenkrankheit führt zu fortschreitender Lähmung sämtlicher Muskeln im Körper. Die Patienten sterben in der Regel daran, dass sie nicht mehr selbständig atmen können. Dabei bleiben alle Organe und vor allem das Gehirn bis zum Tod vollkommen gesund. Der Ravensburg-Fall betrifft das Endstadium, als die Patientin in einem Krankenhaus schon künstlich beatmet wurde, nachdem sie kurz zuvor fast an der krankheitsbedingten Atmungsunfähigkeit mit nachfolgender Bewusstlosigkeit gestorben wäre.

Durch künstliche Beatmung wurde die Patientin wieder bewusstseinsklar. Sie empfand dies als „unerträgliche Quälerei" und teilte mit einer speziellen Schreibmaschine ihren Patientenwillen mit: „Ich will sterben, je schneller, desto besser". In Erfüllung dieser klaren Patientenverfügung schaltete der Ehemann das Beatmungsgerät aus, sodass seine Frau sterben konnte.

Das Landgericht berief sich in seiner Entscheidung im Wesentlichen auf die Urteilsgründe des Wittig-Urteils des BGH. Es stehe der Patientin die freie Entscheidung über Beendigung oder Fortsetzung der Beatmung zu. Sie dürfe die künstliche Beatmung verbieten. An der Ernsthaftigkeit ihres Todeswunsches bestünden keine Zweifel. Das Verbot habe bindende Wirkung gegenüber Ehemann und Ärzten. Es handele sich um keine aktive Sterbehilfe, weil das aktive Ausschalten nicht anders bewertet werden könne als das Nichteinschalten eines Beatmungsgerätes. Damit hatte sich die Rechtsprechung klar zur gebotenen passiven Sterbehilfe auch durch aktive Beendigung von Maßnahmen der Substitution bei entsprechend eindeutig feststehendem Patientenwillen geäußert.

3. OLG München NJW 1987, 2940 (Hackethal: Suizidhilfe)

Frau E. hatte seit 1977 Hautkrebs und hatte schon fünfzehn Operationen am Kopf hinter sich. Sie litt unter stärksten Schmerzen. 1984 kam es zu einem bösartigen Tumor in der Oberkieferhöhle und tiefem Wachstum in die Augenhöhle und in den Schädel hinein. Frau E. war nun soweit, die schon seit Jahren ins Auge gefasste Selbsttötung vorzunehmen. Sie informierte ihre Ärzte, denn sie brauchte ein tödliches Gift. Sie nahm Kontakt mit Professor Julius Hackethal auf, in dessen Klinik sie schon früher einmal behandelt worden war. Der Zustand verschlechterte sich rapide. Die Schmerzen wurden immer unerträglicher, die Patientin konnte kaum mehr essen. Schließlich war auch Professor Hackethal bereit, ihr zu helfen. Der Tag ihres Todes wurde festgelegt. Professor Hackethal besorgte das tödliche Gift, Kaliumcyanid. Dieses verabreichte er der Patientin jedoch nicht selbst, sondern er gab es einem Helfer mit der genauen Anweisung, wie das Gift mit Wasser aufzulösen und zu trinken sei. Die Patientin übte beides mit dem Helfer. Sie nahm schließlich die tödliche Menge des Giftes, als Professor Hackethal selbst abwesend und nicht erreichbar war. Damit stellte sich die Thematik der unterlassenen Hilfeleistung nicht.

Das Landgericht Traunstein lehnte die Eröffnung des Hauptverfahrens nach entsprechender Anklageerhebung durch die Staatsanwaltschaft ab. Hiergegen erhob die Staatsanwaltschaft Beschwerde beim Oberlandesgericht München, die erfolglos blieb.

Im Gegensatz zum Fall des Dr. Wittig hatte Professor Hackethal nach der Begründung des Gerichts keine tatsächliche Möglichkeit, durch sein Eingreifen den Geschehensablauf zu verhindern, da die Patientin selbst das Gift in Abwesenheit des Arztes getrunken hatte. Das Oberlandesgericht betonte noch einmal das Recht des einsichtsfähigen Patienten, seinen Arzt aus der Garantenpflicht zu entlassen. Dieses Recht resultiere aus der durch die Verfassung geschützten Selbstbestimmung des Patienten, Art. 2 GG. Auf der Grundlage dieser Rechtsprechung und des Grundgesetzes haben wir für diese Fälle die im Anhang abgedruckte Erklärung „Entbindung von der Garantenpflicht" entwickelt. Es wurde die wichtige Aufgabe des Arztes als palliativ-medizinischem Begleiter in dieser Phase bestätigt. Dem Arzt komme es nicht zu, die Entscheidung des Patienten aus seiner Sicht zu bewerten, sondern er habe sie zu respektieren. Der Arzt, der einen Suizidenten zwischen Tötungshandlung und Eintritt des Todes begleite, werde nicht zwangsläufig zum Garant seines Lebens, wenn dies der Willensrichtung des Patienten zuwiderliefe. Damit wurde klargestellt, dass das Selbstbestimmungsrecht des Patienten die Garantenstellung des Arztes begrenze. Dieser Grundsatz wurde dann auch später in die Grundsätze der Bundesärztekammer zur ärztlichen Sterbebegleitung (in diesem Anhang auszugsweise wiedergegeben) übernommen. Ganz klar erkannte das Oberlandesgericht München, dass der Auftrag des Arztes in diesem Fall nicht der Lebensschutz, sondern die Sterbehilfe war. Hackethal handelte also legal.

4. BGH NJW 1995, 204 (Kemptener Entscheidung: Zulassen des Sterbens durch Beendigung der künstlichen Ernährung)

Der angeklagte Arzt Dr. T. war Hausarzt der damals 70-jährigen S. Ihr Sohn war Pfleger (heute „Betreuer"). Frau S. litt an einer schweren Gehirnerkrankung, einer Demenz mit Verdacht auf Alzheimer-Krankheit. Nach einem 15-minütigen Herzstillstand mit anschließender Reanimation war sie schwerst hirngeschädigt, Apallikerin, ohne Aussicht auf eine Besserung.

Auf Reize reagierte sie nur mit unkontrollierten Zuckungen. Sie wurde künstlich mit einer PEG-Magensonde ernährt.

Der Arzt und der Sohn kamen überein, den aussichtslosen Zustand der Patientin zu beenden und statt der Sondenernährung lediglich Tee zu verabreichen. Dadurch werde der Tod von Frau S. binnen zwei bis drei Wochen eintreten, ohne dass sie leiden müsse. Diese Entscheidung beruhte auf der Angabe des Sohnes, wonach die Mutter in gesunden Tagen anlässlich eines in einer Fernsehsendung gezeigten schweren Pflegefalles eindeutig geäußert hatte, so wolle sie auf keinen Fall enden. Der Arzt traf sodann die auch vom Pfleger/Sohn unterzeichnete Anordnung, die Patientin nur noch mit Tee zu ernähren. Die Pfleger folgten dieser Anordnung nicht, sondern schalteten das Vormundschaftsgericht (heute „Betreuungsgericht") ein. Dies versagte die Genehmigung zur Ernährungseinstellung, sodass die Patientin weiter Sondennahrung erhielt. Ein anderer Arzt übernahm die Behandlung. Die Patientin starb Monate später an einer zusätzlich auftretenden Erkrankung. Das Pflegepersonal stellte außerdem einen Strafantrag gegen den Arzt und den Sohn, sodass es zu dem Strafverfahren wegen versuchten Totschlages kam.

Am Ende dieses Verfahrens wurden beide Angeklagten freigesprochen. Hier formulierte der Bundesgerichtshof die wesentlichen Grundsätze für die legale passive Sterbehilfe: Ein Behandlungsabbruch kommt auch in Betracht, obwohl der Sterbeprozess noch nicht eingesetzt hat, wenn er dem mutmaßlichen Willen des entscheidungsunfähigen Patienten entspricht. Denn auch in dieser Situation ist das Selbstbestimmungsrecht des Patienten zu achten, gegen dessen Willen eine ärztliche Behandlung grundsätzlich weder eingeleitet noch fortgesetzt werden darf. Entscheidend ist der mutmaßliche Wille des Patienten zum Tatzeitpunkt, wie er sich nach sorgfältiger Abwägung aller Umstände darstellt. Hierbei sind frühere mündliche oder schriftliche Äußerungen des Kranken ebenso zu berücksichtigen wie seine religiöse Überzeugung, seine sonstigen persönlichen Wertvorstellungen, seine altersbedingte Lebenserwartung oder das Erleiden von Schmerzen. Objektive Kriterien, insbesondere die Beurteilung einer Maßnahme als gemeinhin „vernünftig" oder „normal" und „den Interessen eines verständigen Patienten" entsprechend, haben keine eigenständige Bedeutung. Sie können lediglich Anhaltspunkte für die Ermittlung des individuellen hypothetischen Willens sein.

Lassen sich auch bei der gebotenen sorgfältigen Prüfung konkrete Umstände für die Feststellung des individuellen mutmaßlichen Willens des Kranken nicht finden, so kann und muss auf Kriterien zurückgegriffen werden, die allgemeinen Wertvorstellungen entsprechen. Im Einzelfall wird die Entscheidung naturgemäß auch davon abhängen, wie aussichtslos die ärztliche Prognose und wie nahe der Patient dem Tode ist.

5. BVerfG NJW 2002, 206 (Zeugen-Jehovas-Entscheidung: Verbindlichkeit des Verbotes einer lebensrettenden Bluttransfusion)

Der Beschwerdeführerin, einer Zeugin Jehovas, war gegen ihre valide Patientenverfügung („Dokument zur ärztlichen Versorgung") während einer Narkose Blut übertragen worden. Sie hatte einem Glaubensgenossen Vorsorgevollmacht in Gesundheitsangelegenheiten erteilt. Die Ärzte wollten weder der Patientenverfügung Folge leisten noch das entsprechende Verbot einer Bluttransfusion durch den Bevollmächtigten beachten.

Das Vormundschaftsgericht (heute „Betreuungsgericht") bestellte in Unkenntnis der Vorsorgevollmacht den Ehemann (der nicht Zeuge Jehovas war) als Betreuer. Dieser genehmigte unverzüglich die lebensrettende Bluttransfusion. Die Verfassungsbeschwerde richtete sich gegen die Einrichtung der Betreuung durch das Vormundschaftsgericht (heute „Betreuungsgericht"). Dadurch sei die Betroffene in ihren Grundrechten auf Entscheidungsfreiheit (Art. 2 Abs. 1 GG) und körperliche Unversehrtheit (Art. 2 Abs. 2 GG i.V.m. Art. 1 Abs. 1 GG) verletzt worden. Die Verfassungsbeschwerde wurde nicht zur Entscheidung angenommen. In der Begründung führte das BVerfG aus, das Gericht habe gerade nicht durch eine einstweilige Maßregel selbst die Verabreichung von Bluttransfusionen zur Lebenserhaltung angeordnet, sondern habe die Betroffene lediglich vorläufig unter Betreuung gestellt. Rein faktisch greife die Anordnung unmittelbar nur in die Entscheidungsfreiheit ein, nicht aber in das Grundrecht auf körperliche Unversehrtheit. Erst die Einwilligung des Betreuers habe zu der ärztlicherseits für erforderlich gehaltenen Blutübertragung und damit zu dem körperlichen Eingriff geführt. Hätte der Betreuer die Einwilligung versagt, wäre der ärztliche Eingriff wegen Unzulässigkeit nicht durchführbar gewesen. Sodann führt das BVerfG hilfsweise zur Entlastung des Betreuungsgerichts im Falle der Annahme eines mittelbaren körperlichen Eingriffs entschuldigend aus, dass dem Vormundschaftsgericht (heute „Betreuungsgericht") die Bevollmächtigung eines Glaubensgenossen der Zeugen Jehovas zum Zeitpunkt der Entscheidung nicht bekannt war. Das Gericht durfte so daran zweifeln, ob die Beschwerdeführerin auch in Kenntnis der bei ihr inzwischen eingetretenen Lebensgefahr weiterhin ihre Ablehnung zu derartigen lebenserhaltenden Maßnahmen aufrechterhalten würde. Indem es diesen

Konflikt nicht dadurch gelöst hatte, seine eigene Entscheidung an die Stelle derjenigen der Beschwerdeführerin zu setzen, sondern die Entscheidungskompetenz hierüber dem Ehemann der Beschwerdeführerin als vorläufigem Betreuer übertrug, hat es den zu diesem Zeitpunkt erkennbaren mildesten Eingriff in die Entscheidungsfreiheit der Beschwerdeführerin vorgenommen. Ein verfassungswidriger Eingriff in die Religionsfreiheit und die Freiheit der Religionsausübung gem. Art. 4 Abs. 1 und Abs. 2 GG liege durch die gerichtliche Betreuerbestellung deshalb nicht vor, weil die Betreuerbestellung die religiös begründete Entscheidung der Beschwerdeführerin gegen Bluttransfusionen nicht unmittelbar berühre. Abschließend stellt das BVerfG darauf ab, dass in Unkenntnis der vorherigen Bevollmächtigung eines Glaubensgenossen und in Anbetracht der lebensbedrohenden Situation der Beschwerdeführerin der Schutz ihres Lebens, ihrer Familie aus Art. 6 Abs. 1 GG sowie der Wahrung des Kindeswohls nach Art. 6 Abs. 2 GG die getroffene Zwangsbehandlung rechtfertigte.

Anmerkung: Da die Entscheidung im Ergebnis die Grundrechtsverletzung der Beschwerdeführerin verneint (es waren nur Tatbestand und Rechtswidrigkeit einer Körperverletzung gegeben), wird sie von Laien immer wieder in ihrer Bedeutung verkannt: Der gesamten Begründung des Nichtannahmebeschlusses liegt nämlich ganz selbstverständlich das von der Verfassung garantierte Recht zugrunde, eine ärztliche Behandlung ohne Rücksicht auf Art, Schwere oder Stadium der Krankheit abzulehnen. Hätte das Betreuungsgericht nicht unverschuldet übersehen, dass ein Vorsorgebevollmächtigter existierte, so wäre festgestellt worden, dass die Beschwerdeführerin schuldhaft (vorwerfbar) in ihren Grundrechten verletzt worden ist (Tatbestand, Rechtswidrigkeit *und* Schuld). Einerseits ist in weiten Bevölkerungskreisen bekannt, dass Zeugen Jehovas in ihrer Patientenverfügung eine Ablehnung von lebensrettender Behandlung mit einer derartigen „Reichweite" rechtswirksam – da von der Verfassung geschützt – vornehmen dürfen. Andererseits wollten politische Kreise in der Diskussion vor Inkrafttreten des Patientenverfügungsgesetz es eine solche „Reichweite" einer Patientenverfügung künftig gesetzlich verbieten. Dem hat das schließlich in Kraft getretene Patientenverfügungsgesetz in § 1901a Abs. 3 eine Absage erteilt.

Im Jahr 2005 erschütterte der Fall einer jungen Mutter aus Landau an der Isar die deutsche Öffentlichkeit: Die Frau war nach der Geburt eines gesunden Kindes wegen einer Nachblutung „transfusionspflichtig" geworden, lehnte aber die Bluttransfusion als Zeugin Jehovas ab. Die Ärzte mussten dies respektieren und die Frau sterben lassen. In einer nachfolgenden Pressekonferenz erläuterte die bayerische Justizministerin der Öffentlichkeit, dass die Entscheidung der Frau verfassungsrechtlich geschützt und zu respektieren war. Daher hatten sich die Ärzte rechtstreu verhalten.

6. BGH NJW 2003, 1588 („Kieler Fall" zu § 1904 BGB zum Patientenwillen, Verfahren vor dem Betreuungsgericht u.a.)

Der BGH entschied, dass der Betreuer die Einwilligung in eine ärztlicherseits angebotene lebenserhaltende oder -verlängernde Behandlung nur mit Zustimmung des Vormundschaftsgerichtes (heute „Betreuungsgericht") wirksam verweigern kann, wenn der Arzt auf einer solchen Behandlung insistiert und damit eine Konfliktsituation zwischen Arzt und Betreuer entsteht. Der BGH formuliert wörtlich, dies „... stellt schließlich sicher, dass die Vormundschaftsgerichte (heute „Betreuungsgerichte") nur in Konfliktlagen angerufen werden können; damit wird vermieden, dass die Vormundschaftsgerichte (heute „Betreuungsgerichte") generell zur Kontrolle über ärztliches Verhalten am Ende des Lebens berufen und dadurch mit einer Aufgabe bedacht werden, die ihnen nach ihrer Funktion im Rechtssystem nicht zukommt, ... und wohl auch sonst ihre Möglichkeiten weit überfordern würde". Zu einer solchen Konfliktlage kann es gar nicht kommen, „... wenn ärztlicherseits eine solche Behandlung oder Weiterbehandlung nicht angeboten wird – sei es, dass sie von vornherein medizinisch nicht indiziert, nicht mehr sinnvoll oder aus sonstigen Gründen nicht möglich ist." Die Indikation sieht der Bundesgerichtshof als das fachliche Urteil über den Wert oder Unwert einer medizinischen Behandlungsmethode in ihrer Anwendung auf den konkreten Fall.

Über die eigentliche Fragestellung des vormundschaftlichen (heute „betreuungsgerichtlichen“) Genehmigungsvorbehalts hinaus äußerte sich in dieser Entscheidung der Bundesgerichtshof umfassend zur Patientenverfügung, zur Ermittlung des Patientenwillens und zum Wohl des Betreuten.

Die wesentlichen Feststellungen geben wir stichpunktartig wieder:

Mündliche Patientenverfügungen haben die gleiche Rechtsverbindlichkeit wie schriftliche Patientenverfügungen. Eine Patientenverfügung ist eine Selbstbestimmung des Patienten, die nach Bewusstseinsverlust, wenn sie nicht nachweislich widerrufen worden ist, fortdauert. Sie ist nicht zu verwechseln mit dem von Vertretern zu ermittelnden mutmaßlichen Willen. Der BGH stellt klar: liegt eine Patientenverfügung vor, so ist „ein Rückgriff auf den mutmaßlichen Willen“ zur „Korrektur“ unzulässig. Der mutmaßliche Wille ist nach den Lebensentscheidungen, Wertvorstellungen und Überzeugungen des Patienten zu ermitteln. Erst wenn keine Patientenverfügung die Situation regelt, darf man auf den individuellen mutmaßlichen Willen zurückzugreifen. Erst wenn kein individueller mutmaßlicher Wille ermittelt werden kann, darf man auf einen objektiven mutmaßlichen Willen zurückgreifen. Zur Ermittlung eines objektiven mutmaßlichen Willens ist auf allgemeine Wertvorstellungen zurückzugreifen. Hier bietet sich nach der Vorstellung des Bundesgerichtshofs „… ein Verständnis des Wohles des Betroffenen an, das einerseits eine ärztlich für sinnvoll erachtete lebenserhaltende Behandlung gebietet, andererseits aber nicht jede medizinisch-technisch mögliche Maßnahme verlangt“.

In allen Fällen ist der Betreuer an den Patientenwillen gebunden und hat diesen gegenüber Ärzten und Pflegekräften zum Ausdruck zu bringen und ihm auch Geltung zu verschaffen (durchzusetzen). Insofern kann der Betreuer als Vertreter des Betroffenen für den Betroffenen die Unterlassung oder Vornahme von lebensverlängernden Maßnahmen außerhalb des Betreuungsrechts (Hinweis auf den Zivilrechtsweg) einfordern.

Weiter führt der BGH aus: Das Unterlassen des Betreuers, in den Beginn einer lebensverlängernden oder -erhaltenden Behandlung einzuwilligen (Nicht-Einschalten), kann nicht anders beurteilt werden als das Unterlassen, in die Weiterbehandlung einzuwilligen (Abschalten). Eine rechtliche Differenzierung verbietet sich.

Die Beibehaltung der Ernährung durch eine Magensonde ist ein fortdauernder Eingriff in die körperliche Integrität des Patienten und bedarf der fortdauernden Einwilligung des Patienten.

Die Entscheidung gegen die Fortführung der künstlichen Ernährung eines Patienten ist zwar höchstpersönlicher Natur, ist aber dennoch Gegenstand der Gesundheitssorge und fällt somit in den Aufgabenkreis und die Entscheidungszuständigkeit des zur Gesundheitssorge berufenen Betreuers. Der Aufgabenkreis „Sorge für die Gesundheit des Betroffenen" umfasst auch die Entscheidung über lebenserhaltende Maßnahmen.

Das „Wohl des Betreuten" ist nicht nur objektiv, sondern im Grundsatz sogar vorrangig subjektiv zu verstehen, denn zum Wohl des Betreuten gehört auch die Möglichkeit, sein Leben nach eigenen Vorstellungen und Wünschen zu gestalten, worunter auch ein selbstbestimmtes Sterben verstanden wird.

Der BGH setzt für die rechtliche Zulässigkeit des Sterbenlassens nach dem Patientenwillen voraus, dass das Grundleiden des Patienten (also nicht etwa sein aktueller Gesundheitszustand) mit letzter medizinischer Sicherheit einen irreversiblen (unumkehrbaren) und infausten (tödlich verlaufenden) Verlauf genommen hat.

Anmerkung: Selten hat eine Entscheidung eines obersten Bundesgerichts so viel Kritik hervorgerufen. Die Entscheidung ist in einigen Punkten fehlerhaft, in einigen verfassungswidrig. Die Einschränkung der Selbstbestimmung, wonach erst bei einem mit letzter Sicherheit irreversiblen und infausten Verlauf der Grunderkrankung eine Patientenverfügung, die eine lebenserhaltende Behandlung verbietet, rechtlich beachtlich ist, verstößt gegen die Art. 1 und 2 des GG. Im Patientenverfügungsgesetz wird daher eine solche Reichweitenbeschränkung ausdrücklich verneint, § 1901a Abs. 3 BGB. Ein Patient hat in jeder Phase und für jede Phase seines Lebens das Recht, Eingriffe in seinen Körper zu verbieten, gleich aus welchem Grunde und unabhängig davon, in welchem Krankheitszustand er sich befindet und welche Aussichten er noch hat. Dieses Recht resultiert aus den Art. 1 und 2 des GG. Vgl. Nr. 5 = BVerfG NJW 2002, 206 (Zeugen-Jehovas-Entscheidung) und BVerfG vom 26.2.2020 im Anhang III Nr. 23. Die Richter des 12. Zivilsenats hatten insoweit die Kemptener Entscheidung (Nr. 4) missverstanden. Der Gesetzgeber hat der daraus entstandenen Diskussion 2009 mit dem Patientenverfügungsgesetz ein Ende bereitet.

Auch die vom Bundesgerichtshof damals neu geschaffene generelle gerichtliche Überprüfung (vormundschaftsgerichtlicher [heute „betreuungsgerichtlicher“] Genehmigungsvorbehalt) verstieß gegen das Grundgesetz, auch wenn der Bundesgerichtshof den Genehmigungsvorbehalt auf Konfliktfälle beschränkte. Er übersah, dass während des betreuungsgerichtlichen Verfahrens die invasive künstliche Ernährung als ärztlicher Eingriff fortgesetzt werden muss. Stellt sich diese Behandlung am Ende als eine gegen den Willen des Patienten gerichtete Maßnahme dar, so ist und war sie eine rechtswidrige Körperverletzung. So wird mit dem staatlichen Prüfverfahren in die körperliche Integrität eines Menschen weiter eingegriffen. Das Grundgesetz bestimmt jedoch, dass derartige Verfahren nicht durch ein Gericht, sondern nur durch ein Gesetz geschaffen werden dürfen, sog. „Gesetzesvorbehalt“ nach Art. 2 Abs. 2 Satz 3 GG. Dies legalisierte der Bundesgesetzgeber (Bundestag) mit dem Patientenverfügungsgesetz mit inhaltsgleicher Regelung.

7. BGH vom 8.6.2005 (Kiefersfeldener Fall – Peter K. (I.) – Fall 16: Anspruch auf Unterlassung der Zwangsernährung gegen ein Pflegeheim), NJW 2005, 2385

Es handelt sich um den Fall des Wachkoma patienten Peter K. aus Kiefersfelden, den wir als Fall Nr. 16 in diesem Ratgeber ausführlich darstellen. Auf die Wiedergabe des Sachverhalts wird daher verzichtet. Aus der Begründung zitieren wir auszugsweise wörtlich wie folgt:

Die mit Hilfe einer Magensonde durchgeführte künstliche Ernährung ist ein Eingriff in die körperliche Integrität, der deshalb der Einwilligung des Patienten bedarf. Eine gegen den erklärten Willen des Patienten durchgeführte künstliche Ernährung ist folglich eine rechtswidrige Handlung, deren Unterlassung der Patient analog § 1004 Abs. 1 Satz 2 in Verbindung mit § 823 Abs. 1 BGB verlangen kann.

Dies gilt auch dann, wenn die begehrte Unterlassung – wie hier – zum Tode des Patienten führen würde. Das Recht des Patienten zur Bestimmung über seinen Körper macht Zwangsbehandlungen, auch wenn sie lebenserhaltend wirken, unzulässig.

Der Betreuer hat dem Willen des Klägers [...] Geltung zu verschaffen. Seine Anordnung, die weitere künstliche Ernährung des Klägers zu unterlassen, war deshalb gegenüber der Beklagten und ihrem Pflegepersonal bindend.

[...] ist das Vormundschaftsgericht (heute „Betreuungsgericht") nur dann zu einer Entscheidung berufen, wenn der einen einwilligungsunfähigen Patienten behandelnde Arzt eine lebenserhaltende oder -verlängernde Maßnahme für medizinisch geboten und vertretbar erachtet und sie deshalb „anbietet" und der Betreuer sich diesem Angebot verweigert.

Das Beharren der Beklagten, die künstliche Ernährung entgegen der ärztlichen Anordnung fortzusetzen, begründete keine dem Widerstreit von ärztlicher Empfehlung und Betreueranordnung vergleichbare Konfliktsituation.

Der mit dem Kläger geschlossene Heimvertrag berechtigt die Beklagte nicht, die künstliche Ernährung des Klägers gegen seinen – durch seinen Betreuer verbindlich geäußerten – Willen fortzusetzen. Das vom Betreuer wahrgenommene Recht des Klägers zur Bestimmung über den eigenen Körper ist einem antizipierten Verzicht nicht zugänglich. Eine einmal erteilte Einwilligung in einen Eingriff in die körperliche Integrität kann bis zu dessen Vornahme jederzeit widerrufen werden; ebenso kann der Fortsetzung einer Dauerbehandlung jederzeit widersprochen werden. [...] Der Widerruf einer mit dem Abschluss des Heimvertrages erteilten Einwilligung des Klägers in seine künstliche Ernährung wurde durch den Heimvertrag folglich nicht gehindert.

Ohne Belang ist auch, ob sich die Beklagte in dem Heimvertrag zu einer auch die künstliche Ernährung des Klägers umfassenden Versorgung verpflichtet hatte. Denn eine solche Leistungspflicht begründete jedenfalls keine Rechtspflicht des Klägers, die von der Beklagten geschuldete Leistung anzunehmen; erst recht schuf sie keine Befugnis der Beklagten, die Annahme dieser Leistung gegen den Willen des Klägers zu erzwingen.

Der Beklagten stand gegenüber dem Unterlassungsbegehren des Klägers auch kein Verweigerungsrecht zu, das sich aus den in Art. 1, 2 und 4 GG verbürgten Rechten der Beklagten oder ihrer Pflegekräfte ableiten ließe. Zwar sind die Pflegekräfte der Beklagten auch in ihrer beruflichen Tätigkeit Träger der Menschenwürde (Art. 1 Abs. 1 GG). Das bedeutet jedoch nicht, dass damit auch ihre ethischen oder medizinischen Vorstellungen vom Schutzbereich des Art. 1 Abs. 1 GG umfasst sind oder mit dem verlangten Unterlassen in diesen Schutzbereich eingegriffen würde.

Insbesondere fand das Selbstbestimmung srecht der Pflegekräfte am entgegenstehenden Willen des Klägers bzw. des für ihn handelnden Betreuers – also an den „Rechten anderer" (Art. 2 Abs. 1 GG) – seine Grenze. Die Frage, ob das Verlangen des Klägers die Gewissensfreiheit (Art. 4 Abs. 1 GG) des Pflegepersonals berührte, kann letztlich dahinstehen....; niemand darf zu unerlaubten Handlungen gezwungen werden.

Im Übrigen verleiht die Gewissensfreiheit dem Pflegepersonal aber kein Recht, sich durch aktives Handeln über das Selbstbestimmungsrecht des durch seinen Betreuer vertretenen Klägers hinwegzusetzen und seinerseits in dessen Recht auf körperliche Unversehrtheit einzugreifen.

Im letzten Absatz geht die Entscheidung darauf ein, weshalb im konkreten Fall die Kosten gegeneinander aufgehoben wurden. Dort steht – ähnlich wie im Beschluss desselben Senats vom 17.3.2003 (oben Nr. 6), dass das Zivilrecht nicht gebieten könne, was das Strafrecht verbiete. Die strafrechtlichen Grenzen erlaubter Sterbehilfe erscheinen dem 12. Zivilsenat des Bundesgerichtshofs weiterhin nicht geklärt (vergleiche dazu aber die Anmerkung der Autoren zur Entscheidung des BGH vom 17.3.2003 = Nr. 6 dieses Anhangs mit weiteren Nachweisen und 2. Kapitel IV 2 b gg).

8. OLG Frankfurt NJW 2006, 3436 (Eignung des Betreuers)

Zwischen den behandelnden Ärzten einer Betroffenen und deren Tochter gab es Meinungsverschiedenheiten über die Anlage einer Magensonde. Das Amtsgericht bestellte einen Berufsbetreuer mit der Begründung, die Tochter sei als Betreuerin ungeeignet, da sie die Betroffene verhungern lassen wolle und das Legen einer Magensonde ablehne. Die Tochter berief sich darauf, dass ihre Mutter ganz eindeutig eine Magensonde ablehne. Sie wolle ihre Mutter nicht verhungern lassen, es sei ihr nur wichtig, dem erklärten Willen ihrer Mutter gemäß zu handeln. Das Landgericht bestellte die Tochter wieder zur Betreuerin, weil die Ablehnung der Magensonde kein Grund sei, von ihrer Ungeeignetheit auszugehen. Die weitere Beschwerde des Verfahrenspflegers hatte keinen Erfolg.

Das Oberlandesgericht führt in seiner Begründung aus, die Betreuerauswahl durch das Landgericht begegne keinen rechtlichen Bedenken. Hinsichtlich der Frage lebensverlängernder Maßnahmen durch das Legen einer Magensonde habe das Landgericht zu Recht offen gelassen, ob das Verhalten der Tochter dem erklärten Willen der Betroffenen entspreche. Der Akteninhalt spreche sogar dafür, dass die Tochter lediglich die früher geäußerten Wünsche auf Vermeidung lebensverlängernder Maßnahmen respektiere. Die Tatsache, dass die ausgewählte Betreuerin bereits im Vorfeld des Betreuungsverfahrens und bei ihrer Anhörung mitgeteilt habe, lebensverlängernde Maßnahmen, wie das Legen einer Magensonde, abzulehnen, führe nicht zu einer Beeinträchtigung des Wohls der Betroffenen. Dieser Konflikt wäre nur dann zu erwarten, wenn später Ärzte die Notwendigkeit lebensverlängernder Maßnahmen sehen und diese anbieten, die Betreuerin diese jedoch verweigern möchte. Eine derartige Verweigerung wäre jedoch wirksam nur mit Zustimmung des Vormundschaftsgerichts (heute „Betreuungsgericht") möglich. Lebensverlängernde oder -erhaltende Maßnahmen wären daher bis zur Entscheidung des Vormundschaftsgerichts durchzuführen bzw. fortzusetzen (BGH NJW 2003, 1588, siehe Nr. 6). Eine rechtlich relevante Beeinträchtigung des Wohls der Betroffenen durch die ablehnende Haltung der zur Betreuerin bestellten Tochter sei daher nicht zu befürchten.

9. OLG München vom 26.4.2006 (Kiefersfeldener Fall – Peter K. (II.) – Fall 16: Schadensersatz für rechtswidrige Lebensverlängerung), 3 U 1776/06, GesR 2006, 524

Es handelt sich wieder um den Fall des Wachkomapatienten Peter K. aus Kiefersfelden, den wir als Fall Nr. 16 in diesem Ratgeber ausführlich darstellen. Auf die Wiedergabe des Sachverhalts wird daher verzichtet. Wir hatten vor der Entscheidung des OLG München vom 26.4.2006 bereits den Vorprozess auf Unterlassung der Zwangsernährung beim BGH mit der Grundsatzentscheidung vom 8.6. 2005 (oben Nr. 7) gewonnen. In diesem zweiten Verfahren ging es nun darum, ob das Pflegeheim für die rechtswidrige Fortsetzung der künstlichen Ernährung und damit der Leidensverlängerung Schadensersatz und Schmerzensgeld zahlen muss. Aus der Begründung:

Das OLG München wies die Klage der Eltern des Wachkomapatienten Peter K. ebenso wie das Landgericht Traunstein als unbegründet zurück. Das Oberlandesgericht urteilte, für eine Schadensersatzleistung sei neben der Rechtswidrigkeit des damaligen Handelns ein Schuldvorwurf an das Pflegeheim erforderlich. Die Rechtswidrigkeit bejahte das Gericht, aber es fehle am notwendigen Schuldvorwurf, weil „bis hinauf zu den Zivilsenaten des Bundesgerichtshofs" Unklarheit über die Strafrechtslage bestehe (vgl. hierzu Anmerkung zur BGH-Entscheidung vom 17.3.2003, oben Nr. 6). Es gehe in diesem Fall ja nur darum, ob ein Pflegeheim im Jahr 2002 über die Strafrechtslage subjektiv unverschuldet irren durfte. Dies bejahte das Gericht. Nicht gehe es hingegen in diesem Zivilstreit darum, festzustellen, wie diese Strafrechtslage objektiv ist).

Anmerkung: Deswegen musste das OLG München auch nicht feststellen, dass die Strafrechtslage seit der Grundsatzentscheidung des 1. Strafsenats des Bundesgerichtshofs aus dem Jahr 1994 (Kemptener Entscheidung oben Nr. 4) und der Zeugen-Jehovas-Entscheidung des BVerfG aus dem Jahr 2001 (oben Nr. 5) geklärt ist. Nachdem mittlerweile die Rechtslage durch das „Patientenverfügungsgesetz" klar ist, wird künftig auch ein Rechtsanspruch auf Schadensersatz wegen nicht indizierter und/oder nicht gewollter lebensverlängernder Behandlung erfolgreich durchgesetzt werden können! Denn solche Behandlungen sind rechtswidrige Körperverletzungen. Unser Rechtssystem gebietet effektiven Grundrechtsschutz durch rechtliche Konsequenzen bzw. Sanktionierung solcher Verstöße im Straf- und Haftungsrecht. Dies verkennt die Entscheidung des Arzthaftungssenats des BGH von 2019, nachfolgend Nr. 22.

10. OLG München vom 25.1.2007 (Eignung des Betreuers – Neuöttinger Fall), 33 Wx 6/07, NJW 2007, 3506

Eine 74-jährige Frau, von Geburt an taubstumm, anfallsleidend und geistig behindert, war nach mehreren Schlaganfällen zusätzlich blind geworden und litt unter einer fortschreitenden Gehirnzersetzung. In der Folge konnte sie nur noch mit starken Narkotika ruhig gestellt werden. Seit Jahren war der Bruder der Betroffenen ihr rechtlicher Betreuer. Nach einem Klinikaufenthalt und einem erneuten einwöchigen kurativen Therapieversuch wollte der behandelnde Hausarzt statt der lebensverlängernden künstlichen Ernährung nunmehr das Sterben zulassen und palliativ begleiten. Dies erachtete er medizinisch für geboten, während es für eine weitere lebenserhaltende Behandlung keine Indikation mehr gäbe. Der Betreuer stimmte diesem zu. Das Vormundschaftsgericht (heute „Betreuungsgericht") wurde nicht informiert, geschweige denn eine Genehmigung des Zulassens des Sterbens beantragt. Der Konsens zwischen Arzt und Betreuer wurde vielmehr dokumentiert, und die Pflegekräfte beachteten die entsprechende ärztliche Anordnung. Nachdem die Betroffene bereits sieben Tage ohne Zufuhr von Ernährung unter palliativer Medikation im Sterben lag, entdeckte bei einem Routinebesuch der Vormundschaftsrichter (heute „Betreuungsrichter") den Vorgang. Er ordnete sofort die Wiederaufnahme der künstlichen Ernährung an und entließ den Betreuer. Gegen seine Entpflichtung legte der Betreuer Beschwerde ein. Das Landgericht Traunstein gab ihm Recht. Hiergegen richtete sich die Beschwerde der Verfahrenspflegerin. Das Oberlandesgericht München bestätigte die Entscheidung des Landgerichts.

Wie das Oberlandesgericht Frankfurt, oben Nr. 8, urteilte nun auch das Oberlandesgericht München: allein die ablehnende Haltung eines Betreuers zu lebensverlängernden Maßnahmen führe nicht notwendig zu seiner Ungeeignetheit. Es komme hierzu auf die näheren Umstände, insbesondere die medizinische Indikation für derartige Maßnahmen und gegebenenfalls den wirklichen oder mutmaßlichen Willen des Betroffenen, an. Der Arzt hätte die Fortführung der Sondenernährung nicht mehr als medizinisch indiziert angesehen. Damit fehlte es an einem „Angebot" einer weiteren ärztlichen Behandlung der Betroffenen mit dem Ziel der Lebenserhaltung, wie es in der neueren Rechtsprechung des Bundesgerichtshofs (Beschluss vom 17.3.2003, oben Nr. 6 sowie Hahne, DRiZ 2005, 244, 245) im Wege der Rechtsfortbildung zur Voraussetzung einer Anrufung des Vormundschaftsgerichts (heute „Betreuungsgericht") erhoben worden sei, wenn der Betreuer aufgrund des wirklichen oder mutmaßlichen Willens des Patienten den Abbruch einer solchen Therapie durchsetzen wolle. Der gegen den Betreuer durch den Vormundschaftsrichter (heute „Betreuungsgericht") erhobene Vorwurf, der ausschlaggebender Grund für seine Entlassung als Betreuer war, sei deshalb schon objektiv unbegründet.

Unter Berücksichtigung der BGH-Rechtsprechung führt das Gericht aus: Der behandelnde Arzt werde eigenverantwortlich aufgrund seiner Sachkunde und im Rahmen seines Berufsethos zu prüfen haben, ob eine weitere Behandlung unter Einschluss einer lebensverlängernden Maßnahme, zu der auch eine Sondenernährung gehören kann, noch medizinisch sinnvoll sei, so dass ein entsprechendes Therapieziel bestehe und diese Behandlung weiterhin anzubieten sei. Komme der Arzt zu dem Ergebnis, keine derartige Therapie mehr anzubieten, so sei weder eine Zustimmung des Betreuers noch eine Genehmigung des Vormundschaftsgerichts (heute „Betreuungsgericht") hierfür erforderlich. Ein vormundschaftsgerichtliches (heute „betreuungsgerichtliches") Einschreiten käme allenfalls insoweit in Betracht, als bei begründeten erheblichen Zweifeln an der ärztlichen Diagnose der Betreuer gegebenenfalls gehalten wäre, im Interesse der Betroffenen die Erfüllung des ärztlichen Heilauftrages durch die Einforderung bestimmter lebensverlängernder oder -erhaltender Behandlungen durchzusetzen.

Werde hingegen die Fortführung der Behandlungen ärztlich angeboten, habe der Betreuer sich nach dem wirklichen oder mutmaßlichen Willen der Betroffenen zu richten. Ließe sich eine vorweg getroffene Willensbestimmung mangels irgendwie geäußerter Meinungen nicht feststellen, sei nach dem anhand der Persönlichkeit der Betroffenen, ihrer Lebensentscheidungen, Wertvorstellungen und Überzeugungen ermittelten individuellen, mutmaßlichen Willen zu entscheiden. Sei auch insoweit keine eindeutige Festlegung möglich, so sei fraglich, inwieweit – unter Vorrang des Schutzes des menschlichen Lebens vor persönlichen Vorstellungen des Arztes, der Angehörigen oder anderer Beteiligter – auf Kriterien zurückgegriffen werden kann, die allgemeinen Wertvorstellungen entsprechen (vgl. BGH, Kemptener Entscheidung, oben Nr. 4).

Das Vormundschaftsgericht (heute „Betreuungsgericht") treffe insoweit keine eigene Entscheidung für oder gegen lebensverlängernde Maßnahmen. Die Entscheidung hierüber treffe der Betreuer, der sich an den Patientenwillen halten muss. Das Vormundschaftsgericht (heute „Betreuungsgericht") prüfe lediglich, ob die Entscheidung des Betreuers vom wirklichen oder mutmaßlichen Willen der Betroffenen getragen sei.

11. Einstellungsverfügung der Staatsanwaltschaft Ingolstadt vom 22.1.2001, 11 Js 19258/00, Ermittlungsverfahren wegen Totschlags nach Zulassen des Sterbens durch Beendigung der künstlichen Ernährung

Die Verstorbene Franziska Z. erlitt am 9.6.1994 eine Hirnblutung. Der medizinische Sachverständige stellte bei ihr in seinem Gutachten vom 5.10.1994 ein persistierendes hirnorganisch bedingtes, stuporöses Durchgangssyndrom fest. In einem Attest vom 14.12.1998 haben die untersuchenden Ärzte Dr. G. und E. bei der Verstorbenen einen Zustand nach Apoplex mit Tetraparese und Blindheit festgestellt. Wegen einer Schlucklähmung wurde die Verstorbene über eine Magensonde künstlich ernährt. In einem weiteren Gutachten vom 9.11.1999 stellte der Sachverständige Dr. S. fest, die Betroffene sei nunmehr blind und es bestehe eine Lähmung an allen vier

Extremitäten. Sie befinde sich in einem Wachkoma und sei bei allen Verrichtungen des täglichen Lebens auf fremde Hilfe angewiesen. Eine Verständigung mit der Betroffenen sei nicht mehr möglich, da sie sich in einem Wachkoma befinde und nicht mehr ansprechbar sei. In einem weiteren Gutachten über den Zustand der Betroffenen vom 15.7.2000 durch den Gutachter Prof. Dr. A. wird festgestellt, dass die Betroffene an einer schweren anhaltenden Hirnschädigung infolge einer Hirnblutung vom 9.6.1994 nach vorangegangener Hirnblutung vom 1.5.1993 und infolge einer möglichen Sauerstoffmangelschädigung des Gehirns, einem apallischen Syndrom, leide. Eine Wahrnehmung der Betroffenen von Umweltreizen könne nicht vollständig ausgeschlossen werden. Auch die Fähigkeit zur Empfindung von Schmerzen oder Leiden könne nicht mit letzter Sicherheit ausgeschlossen werden.

Nach Behandlung der Betroffenen in der neurochirurgischen Klinik des Klinikums I. wurde sie in die Privatklinik Dr. R. verlegt. Seit August 1997 befindet sie sich im Seniorenheim R.

Im September 1999 wurde wegen einer möglichen Lungenentzündung medikamentös behandelt.

Mit Antrag vom 5.5.2000 hat der Betreuer der Betroffenen, der Ehemann, beim Vormundschaftsgericht (heute „Betreuungsgericht") F., Zweigstelle M., eine vormundschaftsgerichtliche (heute „betreuungsgerichtliche") Genehmigung für das Unterlassen medizinischer Behandlung der Betroffenen und die Einstellung der Ernährung und der Flüssigkeitszufuhr beantragt. [...]

In der Besprechung vom 16.11.2000 in den Räumen des Seniorenheims R., an der der behandelnde Arzt Dr. E., der Rechtsanwalt Putz als juristischer Berater, der Betreuer Z. und die vier Kinder der Betroffenen sowie ... (es folgen Vertreter des Heimes und der Pflegekräfte) teilnahmen, wurde beschlossen, Medikamente, Nahrung und Flüssigkeit abzusetzen, andererseits aber Schmerztherapie und palliative Maßnahmen (Mundpflege, Vernebler) bei der Betroffenen durchzuführen.

Die Betroffene ist daraufhin am 23.11.2000 verstorben. Als Todesursache hat das Institut für Rechtsmedizin eine abszendierende Lungenentzündung festgestellt. Als weiterer wesentlicher Befund habe sich, so das Gutachten, ein deutlich reduzierter Ernährungszustand gefunden.

Die von dem Vormundschaftsgericht (heute „Betreuungsgericht") befragten Angehörigen haben zu den Äußerungen der Verstorbenen Angaben gemacht.

[...]

(Im Folgenden schildert die Einstellungsverfügung umfangreich, dass der mutmaßliche aktuelle Wille der Verstorbenen durch entsprechende Recherchen sorgfältig ermittelt worden war.)

Ein Tatnachweis eines Tötungsdeliktes kann bei diesen Tatumständen nicht geführt werden.

Bei der Verstorbenen war irreversibel ein Dauerkomazustand eingetreten, der so lange angedauert hätte, wie die Betreute mit Flüssigkeit, Nahrung und Medikamenten versorgt worden wäre. Ihr Zustand stellt eine schwerste Schädigung unheilbarer Art dar, die jegliche Entscheidungsfähigkeit der Patientin ausschloss.

In diesem Zustand können lebenserhaltende Maßnahmen unterlassen werden, wenn eine solche Behandlung bei einem entsprechenden Patientenwillen als Ausdruck seiner allgemeinen Entscheidungsfreiheit und des Rechts auf körperliche Unversehrtheit grundsätzlich anzuerkennen ist (BGH NStZ 1995, 81). Steht ein ausdrücklicher Wille nicht fest, kann der mutmaßliche Wille des Betroffenen ausreichen. An die Feststellung dieses mutmaßlichen Willens sind jedoch erhöhte Anforderungen zu stellen.

Im vorliegenden Fall hat sich die Betroffene gegenüber ihren Angehörigen eindeutig dahingehend geäußert, dass sie lieber sterben würde als in so einem Zustand, wie er bei ihr nach dem ersten Schlaganfall eingetreten ist, weiterzuleben. Dies äußerte sie für den Fall, dass ein weiterer ähnlicher Vorfall, wie der erste Schlaganfall, bei ihr eintreten würde. Aufgrund der verschiedenen Zeugen aussagen ist von dem mutmaßlichen Willen der Betroffenen auszugehen, in ihrem unheilbaren, kranken, nicht mehr verbesserungsfähigen Zustand nicht mehr weiterleben zu wollen. Die Beendigung der medikamentösen Behandlung sowie der Nahrungs- und Flüssigkeitszufuhr entspricht daher dem mutmaßlichen Willen der Verstorbenen.

[…]

(Es folgen die Darstellung des vormundschaftsgerichtlichen (heute „betreuungsgerichtlichen") Verfahrens und umfassende rechtliche Ausführungen zur Anwendbarkeit des § 1904 BGB.)

Das Verfahren war daher einzustellen.

12. Einstellungsverfügung der Staatsanwaltschaft Traunstein vom 1.2.2002, 201 Js 741/02, Ermittlungsverfahren wegen versuchten Totschlags (Fall des Peter K. – Fall 16) durch Anordnung der Beendigung der künstlichen Ernährung

Das Ermittlungsverfahren gegen den Arzt Dr. med. S. und Rechtsanwalt Wolfgang Putz wurde mit Verfügung vom 29.1.2002 gemäß § 170 Abs. 2 StPO eingestellt.

Gründe: Es besteht kein hinreichender Tatverdacht dafür, dass sich die Beschuldigten wegen versuchten Totschlags gemäß den §§ 212, 22, 23 Abs. 1 StGB strafbar gemacht haben.

(1) Der damals 33-jährige Peter K. beging am 19.7.1998 einen Suizidversuch durch Erhängen. Nach dem Auffinden konnte er zwar erfolgreich reanimiert werden, infolge des Sauerstoffmangels kam es jedoch zu einer schwerwiegenden Hirnschädigung, die ein apallisches Syndrom zur Folge hatte. Peter K. liegt seit seinem Suizidversuch im Wachkoma. Seit dem 8.9.1998 ist er im Pflegeheim A. in K. untergebracht. Die Flüssigkeits- und Nahrungszufuhr erfolgt über eine PEG-Sonde. Dieter K., der Vater von Peter K., wurde zu dessen Betreuer bestellt. Der Beschuldigte Putz ist der Rechtsanwalt des Betreuers. Der Beschuldigte Dr. S. ist sein behandelnder Hausarzt (Fall Nr. 16 in diesem Buch).

[...] (Es wird das Verfahren vor dem Vormundschaftsgericht (heute „Betreuungsgericht"), Überprüfung der Eignung des Betreuers angesichts der beabsichtigten passiven Sterbehilfe, inklusive der dort erholten Gutachten ausführlich wiedergegeben. Ebenso wird referiert, wann der beschuldigte Arzt die Einstellung der Substitution angeordnet hat.)

(2) Die Vorgehensweise der Beschuldigten und des Betreuers erfüllt nicht den Tatbestand des versuchten Totschlags durch Unterlassen.

Bei der vom Beschuldigten S. auf Betreiben des Beschuldigten Putz ausgesprochenen Anordnung des Abbruchs einer weiteren Behandlung des Patienten Peter K. handelt es sich um keine Sterbehilfe im engeren Sinn. Zwar liegt bei dem Patienten Peter K. seit Jahren ein apallisches Syndrom vor, welches ihm nahezu jegliche Lebensaktivität unmöglich macht, ein unmittelbar zum Tod des Patienten führender Prozess ist jedoch noch nicht in Gang gekommen.

Nach dem erholten Gutachten des Sachverständigen Dr. G. kann der Patient vielmehr bei Aufrechterhaltung der bisherigen Pflegemaßnahmen noch über einen längeren Zeitraum, möglicherweise für Jahre am Leben erhalten werden. Jedoch muss ein Behandlungsabbruch vor dem Einsetzen eines unmittelbar zum Tode hinführenden Geschehensablaufes nicht zwangsläufig unzulässig sein. Ob ein solcher Behandlungsabbruch rechtmäßig ist oder als strafbares Verhalten anzusehen ist, hängt entscheidend vom Willen des betroffenen Patienten ab. Dieser ist Ausdruck seiner allgemeinen Entscheidungsfreiheit und des Rechts auf körperliche Unversehrtheit und ist deshalb grundsätzlich anzuerkennen (siehe BGHSt 40, 257 ff.). Da im vorliegenden Fall der Komapatient Peter K. aufgrund seines Zustandes völlig außer Stande ist, irgendeine Willenserklärung von sich zu geben, kommt es entscheidend auf seinen mutmaßlichen Willen an. An die Voraussetzungen für die Annahme eines mutmaßlichen Einverständnisses des entscheidungsunfähigen Patienten in einen zum Tode führenden Behandlungsabbruch sind jedoch strenge Anforderungen zu stellen (siehe BGH a.a.O. = Kemptener Entscheidung, Anm. der Verfasser). Dabei sind frühere mündliche oder schriftliche Äußerungen des Kranken ebenso zu berücksichtigen, wie seine persönlichen Wertvorstellungen und die Prognose der künftigen Entwicklung seiner Erkrankung.

Unter Berücksichtigung der genannten Umstände gelangt man im vorliegenden Fall auch bei Anlegung des von der Rechtsprechung geforderten strengen Maßstabs zu dem Schluss, dass der von dem Beschuldigten angeordnete Behandlungsabbruch dem mutmaßlichen Willen des Patienten Peter K. entspricht. Nach den von Rechtsanwalt Putz im Schriftsatz vom 20.11.2001 vorgelegten schriftlichen Aussagen der Mutter, der Stiefmutter, der Stiefschwester sowie zweier Freunde hat Peter K. in der Vergangenheit wiederholt geäußert, dass er es ablehne, nach irreversiblem Bewusstseinsverlust als Komapatient künstlich am Leben erhalten zu werden. Nach den Angaben seiner Mutter Gudrun K. sowie seines Freundes P. hat er sich noch im Mai 1998, d.h. relativ kurze Zeit vor seinem Suizidversuch, bei zwei verschiedenen Gelegenheiten in diesem Sinne geäußert. Die Zusammenschau der vorgelegten schriftlichen Aussagen von nahen Bezugspersonen des Patienten Peter K. lässt darüber hinaus den Schluss zu, dass die geäußerte Ablehnung eines Weiterlebens im Koma durch Einsatz medizinischer Geräte nicht nur momentanen Stimmungen entsprang, sondern einer verfestigten inneren Einstellung entsprach. Weiter ist zu berücksichtigen, dass nach Aussage des Sachverständigen Dr. G. die Möglichkeit, dass eine wesentliche Verbesserung des Zustandes des Patienten eintritt, als extrem gering einzuschätzen ist. Letztendlich darf auch nicht unberücksichtigt bleiben, dass der derzeitige Zustand von Peter K. auf einen Suizidversuch zurückzuführen ist, durch den dieser zum Ausdruck gebracht hat, dass ihm sogar ein Leben ohne die massiven Beeinträchtigungen und Beschränkungen, die nunmehr gegeben sind, als nicht lebenswert erschien.

Nach alledem sprechen sämtliche bekannten Umstände dafür, dass der angeordnete Behandlungsabbruch dem mutmaßlichen Willen des Patienten Peter K. entspricht. Anhaltspunkte für Zweifel am Wahrheitsgehalt der vom Beschuldigten Putz vorgelegten schriftlichen Äußerungen von Verwandten und Freunden des Patienten sind nicht ersichtlich.

Aber auch wenn ein mutmaßliches Einverständnis des Patienten in einen Behandlungsabbruch nicht festgestellt werden könnte, so läge kein strafbares Verhalten der Beschuldigten vor, da diese zweifelsfrei davon ausgegangen sind, dass ihre Vorgehensweise dem mutmaßlichen Patientenwillen entspricht. Aufgrund aller ihnen bekannten Umstände durften sie vom Vorliegen eines entsprechenden Patientenwillens ausgehen. Da somit ihrer Vorstellung nach ihr Handeln durch das mutmaßliche Einverständnis des Patienten gerechtfertigt war, läge in jedem Fall ein Erlaubnis-Tatbestandsirrtum vor, der eine Bestrafung wegen einer Vorsatztat ausschließt. Nach alledem ist das Ermittlungsverfahren gem. § 170 Abs. 2 StPO einzustellen.

13. BGH vom 25.6.2010 (Fall Putz – oben Fall 16a), NJW 2010, 2963 (Pressemitteilung des BGH zur Durchtrennung einer Magensonde zur Verhinderung der Wiederaufnahme rechtswidriger Leidensverlängerung)

Das Landgericht hat den Angeklagten P. wegen versuchten Totschlags zu einer Freiheitsstrafe von neun Monaten verurteilt und deren Vollstreckung zur Bewährung ausgesetzt. Die ursprünglich mitangeklagte Frau G. hat das Landgericht rechtskräftig freigesprochen.

Der Angeklagte ist ein für das Fachgebiet des Medizinrechts spezialisierter Rechtsanwalt. Nach den Feststellungen des Landgerichts beriet er die beiden Kinder der 1931 geborenen Frau K., nämlich die mitangeklagte Frau G. und deren inzwischen verstorbenen Bruder. Frau K. lag seit Oktober 2002 in einem Wachkoma. Sie wurde in einem Pflegeheim über einen Zugang in der Bauchdecke, eine sog. PEG-Sonde, künstlich ernährt. Eine Besserung ihres Gesundheitszustandes war nicht mehr zu erwarten.

Entsprechend einem von Frau K. im September 2002 mündlich für einen solchen Fall geäußerten Wunsch bemühten sich die Geschwister, die inzwischen zu Betreuern ihrer Mutter bestellt worden waren, um die Einstellung der künstlichen Ernährung, um ihrer Mutter ein Sterben in Würde zu ermöglichen. Nach Auseinandersetzungen mit der Heimleitung kam es Ende 2007 zu einem Kompromiss, wonach das Heimpersonal sich nur noch um die Pflegetätigkeiten im engeren Sinne kümmern sollte, während die Kinder der Patientin selbst die Ernährung über die Sonde einstellen, die erforderliche Palliativversorgung durchführen und ihrer Mutter im Sterben beistehen sollten.

Nachdem Frau G. am 20.12.2007 die Nahrungszufuhr über die Sonde beendet hatte, wies die Geschäftsleistung des Gesamtunternehmens am 21.12.2007 jedoch die Heimleitung an, die künstliche Ernährung umgehend wieder aufzunehmen. Den Kindern der Frau K. wurde ein Hausverbot für den Fall angedroht, dass sie sich hiermit nicht einverstanden erklären sollten. Darauf erteilte der Angeklagte P. Frau G. am gleichen Tag den Rat, den Schlauch der PEG-Sonde unmittelbar über der Bauchdecke zu durchtrennen.

Frau G. schnitt Minuten später mit Unterstützung ihres Bruders den Schlauch durch. Nachdem das Heimpersonal dies bereits nach einigen weiteren Minuten entdeckt und die Heimleitung die Polizei eingeschaltet hatte, wurde Frau K. auf Anordnung eines Staatsanwalts gegen den Willen ihrer Kinder in ein Krankenhaus gebracht, wo ihr eine neue PEG-Sonde gelegt und die künstliche Ernährung wieder aufgenommen wurde. Sie starb dort zwei Wochen darauf eines natürlichen Todes aufgrund ihrer Erkrankungen.

Das Landgericht hat das Handeln des Angeklagten als einen gemeinschaftlich mit Frau G. begangenen versuchten Totschlag durch aktives Tun – im Gegensatz zum bloßen Abbruch einer lebenserhaltenden Behandlung durch Unterlassen – gewürdigt, der weder durch eine mutmaßliche Einwilligung der Frau K. noch nach den Grundsätzen der Nothilfe oder des rechtfertigenden Notstandes gerechtfertigt sei. Auch auf einen entschuldigenden Notstand könne sich der Angeklagte nicht berufen. Soweit er sich in einem sog. Erlaubnisirrtum befunden habe, sei dieser für ihn als einschlägig spezialisierten Rechtsanwalt vermeidbar gewesen.

Die Mitangeklagte G. hat das Landgericht freigesprochen, weil sie sich angesichts des Rechtsrats des Angeklagten in einem unvermeidbaren Erlaubnisirrtum befunden und deshalb ohne Schuld gehandelt habe.

Der 2. Strafsenat des Bundesgerichtshofs hat das Urteil auf die Revision des Angeklagten aufgehoben und ihn freigesprochen.

Die Frage, unter welchen Voraussetzungen in Fällen aktueller Einwilligungsunfähigkeit von einem bindenden Patientenwillen auszugehen ist, war zur Tatzeit durch miteinander nicht ohne Weiteres vereinbare Entscheidungen des Bundesgerichtshofs noch nicht geklärt. Divergenzen in der Rechtsprechung betrafen die Verbindlichkeit von sog. Patientenverfügungen und die Frage, ob die Zulässigkeit des Abbruchs einer lebenserhaltenden Behandlung auf tödliche und irreversibel verlaufende Erkrankungen des Patienten beschränkt oder von Art und Stadium der Erkrankung unabhängig ist, daneben auch das Erfordernis der gerichtlichen Genehmigung einer Entscheidung des gesetzlichen Betreuers über eine solche Maßnahme. Der Gesetzgeber hat diese Fragen durch das sog. Patientenverfügungsgesetz mit Wirkung vom 1.9.2009 ausdrücklich geregelt. Der Senat konnte daher entscheiden, ohne an frühere Entscheidungen anderer Senate gebunden zu sein.

Das Landgericht ist im Ergebnis zutreffend davon ausgegangen, dass die durch den Kompromiss mit der Heimleitung getroffene Entscheidung zum Unterlassen weiterer künstlicher Ernährung rechtmäßig war und dass die von der Heimleitung angekündigte Wiederaufnahme als rechtswidriger Angriff gegen das Selbstbestimmungsrecht der Patientin gewertet werden konnte. Die im September 2002 geäußerte Einwilligung der Patientin, die ihre Betreuer geprüft und bestätigt hatten, entfaltete bindende Wirkung und stellte sowohl nach dem seit dem 1.9.2009 als auch nach dem zur Tatzeit geltenden Recht eine Rechtfertigung des Behandlungsabbruchs dar. Dies gilt jetzt, wie inzwischen § 1901a Abs. 3 BGB ausdrücklich bestimmt, unabhängig von Art und Stadium der Erkrankung.

Dagegen trifft die Bewertung des Landgerichts nicht zu, der Angeklagte habe sich durch seine Mitwirkung an der aktiven Verhinderung der Wiederaufnahme der Ernährung wegen versuchten Totschlags strafbar gemacht. Die von den Betreuern – in Übereinstimmung auch mit den inzwischen in Kraft getretenen Regelungen der §§ 1901a, 1904 BGB – geprüfte Einwilligung der Patientin rechtfertigte nicht nur den Behandlungsabbruch durch bloßes Unterlassen weiterer Ernährung , sondern auch ein aktives Tun, das der Beendigung oder Verhinderung einer von ihr nicht oder nicht mehr gewollten Behandlung diente. Eine nur an den Äußerlichkeiten von Tun oder Unterlassen orientierte Unterscheidung der straflosen Sterbehilfe vom strafbaren Töten des Patienten wird dem sachlichen Unterschied zwischen der auf eine Lebensbeendigung gerichteten Tötung und Verhaltensweisen nicht gerecht, die dem krankheitsbedingten Sterbenlassen mit Einwilligung des Betroffenen seinen Lauf lassen.

14. Staatsanwaltschaft München I, Einstellungsverfügung vom 30.7.2010, 125 Js 11736/09, MedR 2011, 291 (Begleitung eines Suizides durch die Familie)

Einschränkung der Garantenpflicht durch freiverantwortlich gefassten Selbsttötungswillen

StGB §§ 13, 212, 323 c; StPO § 170 Abs. 2

StA München, Verfügung vom 30.7.2010, 125 Js 11736/09

Zum Sachverhalt:

Nachdem bei ihr im Jahre 2007 eine Alzheimer-Demenz diagnostiziert worden war, entschloss sich die später Verstorbene, durch Selbsttötung aus dem Leben zu scheiden, da sie nicht bis zur vollen Ausprägung des Krankheitsbildes am Leben bleiben wollte. Nachdem sie sich umfänglich informiert und ihren Tod geplant hatte, setzte die Verstorbene den Zeitpunkt auf den 28.2.2009 fest.

Am Abend des 28.2.2009 kamen die Kinder der später Verstorbenen, die Beschuldigten, in die Wohnung ihrer Mutter. Zunächst unterhielt man sich dort und aß gemeinsam. Zirka eine halbe Stunde später schluckte die Verstorbene 16 Tabletten des Medikaments „Weimer quin forte" und 45 Tabletten des Medikaments „Luminal".

Anschließend begab sie sich zu Bett. Nach und nach gingen die Beschuldigten zu ihrer Mutter und verabschiedeten sich.

Die Beschuldigten setzten sich danach im Wohnzimmer zusammen. Ab und an sah jemand nach der später Verstorbenen, welche eingeschlafen war, sowie ruhig und regelmäßig atmete. Als gegen 0.30 Uhr des 1.3.2009 die Atmung flach und unregelmäßig wurde, setzten sich die Beschuldigten an das Bett ihrer Mutter. Gegen 0.41 Uhr wurde aufgrund der fehlenden Atmung und des fehlenden Pulses letztendlich der Tod festgestellt.

Versuche, die Verstorbene zu retten, wurden nicht unternommen.

Aus den Gründen:

Das Ermittlungsverfahren war einzustellen, da den Beschuldigten eine strafbare Handlung nicht mit einer für eine Verurteilung ausreichenden Sicherheit nachgewiesen werden kann. Ein Totschlag durch Unterlassen gemäß §§ 212, 13 StGB liegt nicht mit der erforderlichen Sicherheit vor.

1. Zwar hatten die Beschuldigten als Kinder der Verstorbenen dieser gegenüber eine Garantenstellung inne. Ihnen wäre es auch möglich gewesen, zu dem Zeitpunkt, als festgestellt wurde, dass die Atmung flach und unregelmäßig wurde, einen Notarzt zu rufen oder in anderer Weise das Versterben ihrer Mutter zu verhindern. Dies haben die Beschuldigten unterlassen.

2. In vergleichbaren Fällen bejahte der BGH grundsätzlich eine Handlungspflicht des Garanten in dem Sinne, dass er zum Einschreiten, also zur Rettung, verpflichtet sei (vgl. BGHSt 2, 150 ff.). Ähnlich äußerte sich der BGH im sog. „Wittig"-Fall, in dem er den Willen zum Freitod dem Grundsatz nach für unbeachtlich erklärte (vgl. BGHSt 32, 307 ff.).

Dieser Grundsatz wurde jedoch in der späteren Rechtsprechung relativiert. Der BGH entschied, dass eine eigenverantwortlich gewollte und verwirklichte Selbsttötung nicht dem Tatbestand eines Tötungsdelikts unterfalle (vgl. BHGSt 32, 262 ff.). Auch später entschied er, dass er der vorgenannten Entscheidung weiterhin zuneige und einem ernsthaften, freiverantwortlich gefassten Selbsttötungsentschluss eine stärkere rechtliche Bedeutung beimessen wolle (vgl. BGH NJW 1988, 1352). Abschließend geklärt hatte der BGH diese Frage jedoch mangels Entscheidungserheblichkeit dort nicht.

Der frühere Grundsatz, dass eine absolute Rettungspflicht des Garanten bestehe, erfuhr später auch dadurch eine Einschränkung, dass eine Rettungspflicht sowohl nach § 13 StGB wie auch nach § 323c StGB erst mit der Handlungs[unfähigkeit] bzw. Bewusstlosigkeit des Suizidenten einsetzen sollte (BGH NJW 1960, 1821 f.). Erst ab diesem Zeitpunkt gehe die Tatherrschaft auf den Garanten über, so dass aus der straflosen Beihilfe zum Selbstmord ein tatherrschaftliches Tötungsdelikt werde.

Auch diese Konstruktion führt jedoch zu unauflösbaren Wertungswidersprüchen: Demnach dürfte ein Angehöriger oder Arzt straflos einen Suizidenten bei der Realisierung seines Tötungsentschlusses unterstützen – etwa indem er Gift besorgt –, um dann nach Einnahme des Giftes zur Rettung verpflichtet zu sein.

Vorzugswürdig erscheint deshalb die durch das OLG München im Fall „Hackethal" vertretene Ansicht, wonach bei einer gegebenen Garantenstellung die sich daraus ergebende Garantenpflicht durch den freiverantwortlich gefassten Selbsttötungswillen des Suizidenten eingeschränkt wird (vgl. OLG München NJW 1987, 2940 ff.).

3. Entscheidend ist daher der sicher feststellbare oder mutmaßliche Wille des Suizidenten. Einem Angehörigen kann kein strafrechtlicher Vorwurf gemacht werden, wenn er den ernsthaften Todeswillen seines Angehörigen

respektiert und nicht sofort bei Verlust der Handlungsfähigkeit und des Bewusstseins ärztliche Hilfe ruft oder sonstige Rettungsmaßnahmen einleitet.

Auch die neuere Rechtsprechung misst dem Selbstbestimmungsrecht eines Menschen demgemäß höhere Bedeutung bei als früher. Der XII. Zivilsenat des BGH hat insoweit entschieden, dass auch wenn ein Patient einwilligungsunfähig ist und sein Grundleiden einen irreversiblen tödlichen Verlauf genommen hat, lebenserhaltende oder lebensverlängernde Maßnahmen unterbleiben müssen, wenn dies [...] einem zuvor – etwa in Form einer sog. Patientenverfügung – geäußerten Willen entspricht. Dies folge aus der Würde des Menschen, die es gebiete, sein im einwilligungsfähigen Zustand ausgeübtes Selbstbestimmungsrecht auch dann noch zu respektieren, wenn er zu einer eigenverantwortlichen Entscheidung nicht mehr in der Lage ist (vgl. BGHZ 154, 205 ff.). Dieser Entscheidung lässt sich auch für den strafrechtlichen Bereich entnehmen, dass die freiverantwortlich getroffene Entscheidung eines Menschen auch nach Eintritt der Handlungsunfähigkeit bzw. der Bewusstlosigkeit verbindlich sein soll.

4. Voraussetzung für die Straflosigkeit ist demnach, dass die Entscheidung zum Freitod tatsächlich eigenverantwortlich und im Bewusstsein der vollen Tragweite des Tuns getroffen wurde.

Diesbezüglich ergaben die Ermittlungen, dass die verstorbene Frau im vollen Besitz ihrer geistigen Kräfte ihre Selbsttötung freiverantwortlich plante und schließlich durchführte.

Bereits im Jahr 1995 hatte die Verstorbene eine erste schriftliche Patientenverfügung verfasst. Diese wurde in den Folgejahren immer wieder, letztmals am 5.2.2009, durch die Verstorbene bestätigt. Als im Jahr 2005 zunehmend Gedächtnisstörungen auftraten, suchte die Verstorbene verschiedene Nervenärzte auf. Im Jahr 2006 traf sie in Anbetracht ihres Krankheitsbildes die Entscheidung, ihrem Leben selbstbestimmt ein Ende zu setzen, um einem langsamen, demenz bedingten Verfall zu entgehen. Zu diesem Zeitpunkt wurden von ihr erstmals Informationen zur Rechtslage eingeholt und Kontakt zu Sterbehilfe-Organisationen aufgenommen. Im Jahr 2007 wurde der Verdacht auf Alzheimer-Demenz schließlich bestätigt und die Verstorbene stellte sich der Alzheimer-Ambulanz des Klinikums rechts der Isar vor. Weiterhin informierte sie ihre Kinder, ihren Ex-Mann, ihre sonstigen Verwandten, Freunde und Bekannte von ihrer Entscheidung.

Am 27.7.2007 trat die Verstorbene der Vereinigung EX International – Vereinigung zur Hilfe selbstbestimmten menschenwürdigen Sterbens – bei und traf sich in der Folge mit einem Vertreter dieser Organisation. Am 19.11. 2007 tat die Verstorbene ihren Sterbewunsch nochmals schriftlich gegenüber ihren Kindern kund. Im Hinblick auf eine geplante Selbsttötung in der Schweiz in Zusammenarbeit mit oben genannter Organisation traf die Verstorbene im Juli 2008 Vorkehrungen für ihre Bestattung und die Abwicklung ihrer Angelegenheiten nach ihrem Ableben. Nachdem jedoch die Sterbehilfe in der Schweiz nicht durchgeführt wurde, da dort der Geisteszustand der Verstorbenen für noch zu gut befunden wurde, entschloss sich die Verstorbene, zu Hause zu sterben.

Am 11.2.2009 begab sie sich in Begleitung ihrer Tochter, der Beschuldigten, zu verantwortlichen Ärzten der Alzheimer-Ambulanz. Eine psychiatrische Erkrankung konnte dabei nicht festgestellt werden. Im Übrigen wurde über die Beweggründe und [die] Alternativen zum Sterbevorhaben ausführlich diskutiert. Der Entschluss der Verstorbenen stand jedoch auch nach diesem Gespräch fest. Am 18.2.2009 begab sich die Verstorbene außerdem zur Rechtsberatung bei Herrn Rechtsanwalt Wolfgang Putz. Auch dieser hatte den Eindruck, dass es sich bei der Verstorbenen um eine extrem einsichtige, wache und klare Patientin handelte. Einschränkungen hinsichtlich [ihrer] Freiverantwortlichkeit waren für den Rechtsanwalt nicht ersichtlich [...]. Am 27.2.2009 verabschiedete sich die Verstorbene schließlich von den Ärzten der Alzheimer-Ambulanz. Am 25.2.2009 hatte sie sich die für ihre Selbsttötung notwendigen Medikamente selbst aufgrund eigener Verordnung in einer Apotheke besorgt und schließlich am 28.2.2009 ihren Plan in die Tat umgesetzt.

Insgesamt zeigten die Ermittlungen daher, dass sich die Verstorbene intensiv mit dem Gedanken des Freitodes befasst hatte, um insbesondere den von ihr befürchteten weiteren Verlauf ihrer Erkrankung nicht erleben zu müssen. Hinweise darauf, dass die Verstorbene durch Dritte in einer Art und Weise beeinflusst wurde, die ihre freiverantwortliche Willensbetätigung ausgeschlossen oder auch nur beeinträchtigt hätte, sind [nicht] – genauso wenig wie dafür, dass die Verstorbene sich der Tragweite ihres Tuns nicht bewusst gewesen wäre – vorhanden. Insgesamt ist es bei dieser Sachlage den Beschuldigten als nahe Angehörige nicht zumutbar gewesen, die geäußerte Selbsttötungsabsicht der Mutter durch Rettungsmaßnahme[n] unterlaufen zu müssen.

5. Weder ein Totschlag durch Unterlassen noch eine unterlassene Hilfeleistung ist deshalb hier nachweisbar, so dass das Verfahren einzustellen war.

Anmerkung: Vgl. hierzu die mittlerweile höchstrichterliche Bestätigung durch den BGH, Anhang III Nr. 21.

15. OLG Hamm, Beschluss vom 24.5.2007, NJW 2007, 2704 (Fall Jule – Fall 12a, Recht der Eltern, weitere künstliche Lebensverlängerung der vierjährigen Tochter im dauerhaften Koma abzulehnen)

Die Tochter Jule der klagenden Eltern war vier Jahre alt und ein gesundes Kind. Im Rahmen einer klinischen Untersuchung erlitt sie durch Sauerstoffmangel einen schweren Hirnschaden und fiel in ein unumkehrbares Koma mit künstlicher Ernährung. Als alle Hoffnung geschwunden war, entschieden sich die Eltern gegen eine weitere künstliche Lebensverlängerung durch eine solche ärztliche Behandlung. Entsprechend ihrer eigenen Vorstellung vom Wert eines Lebens in dauerhafter Bewusstlosigkeit mit weiteren schwersten Beeinträchtigungen wollten sie nicht, dass ihr Kind künstlich zu einem solchen Leben gezwungen wird. Zuerst wurden sie von der Kinderklinik unterstützt und die Verlegung für ein Sterben zu Hause mit vorbereitet. Unmittelbar vor Verlegung zeigte der Chefarzt das Vorhaben dem zuständigen Familiengericht in Minden an. Die Familienrichterin entzog den Eltern sofort die elterliche Sorge hinsichtlich der Behandlungsentscheidungen und übertrug diese dem Jugendamt. Hiergegen richtete sich das Rechtsmittel zum Oberlandesgericht Hamm, welches die Entscheidung wieder rückgängig machte. Jule starb nach Einstellung der künstlichen Ernährung zu Hause.

Das Oberlandesgericht Hamm gab den Eltern recht und urteilte:

„Das Zulassen des symptomfreien Sterbens widerspricht nicht dem Wohl von Jule. Sie hat … die denkbar schwerste Gesundheitsschädigung, die ein Mensch erleiden kann. Zum anderen ist auszuschließen, dass sich an diesem Zustand jemals etwas Gravierendes ändert. Einziges Therapieziel soll das Erreichen der Schmerzlosigkeit unter Inkaufnahme der weitgehenden Reduzierung selbst basaler Reaktionsfähigkeiten sein. … Damit entfallen aber auch die letzten Argumente für eine Lebenserhaltung des Kindes, nämlich das wenigstens basale Teilnehmen an der Umwelt. Es geht in diesem Verfahren nicht darum, staatlich zu entscheiden, ob das Leben eines solchermaßen leidenden Wachkomapatienten lebenswert oder lebensunwert ist. Es geht in diesem Verfahren alleine darum, ob die Eltern mit der Entscheidung, Jule sterben zu lassen, ihren verfassungsrechtlich geschützten Entscheidungsraum überschritten haben. In ihrer konkreten Situation

... erscheint dem Senat auch aus der Sicht des Kindeswohls im Lichte des mit Verfassungsrang ausgestatteten Rechts auf eine menschenwürdige Behandlung die Entscheidung, einer Fortsetzung der lebenserhaltenden Maßnahmen nicht weiter zustimmen zu wollen, als einfühlbar und das Kindeswohl wahrend."

16. Kammergericht Berlin vom 16.2.2012, MedR 2012, 596 (Schmerzensgeldbemessung für Koma mit Minimalbewusstsein, sog. MCS)

Durch einen ärztlichen Behandlungsfehler wurde ein viereinhalbjähriges Kind in ein lebenslanges Koma versetzt. Hierfür urteilen deutsche Gerichte in der Regel Schmerzensgeldbeträge bis ca. 500.000 Euro aus. Es ist keinerlei Bewusstsein vorhanden und das Leben dieser schwerstgeschädigten Menschen beschränkt sich weitgehend auf die Aufrechterhaltung vitaler Funktionen. Die Besonderheit des hier zugrunde liegenden Falls lag darin, dass das geschädigte Kind mindestens ein Minimalbewusstsein (MCS) hatte. Es war in der Lage, grundlegende Emotionen, wie Freude, Unwohlsein, Angst, zu empfinden und zu äußern. Es erkannte auch nahestehende Bezugspersonen und reagierte auf diese. Aus diesen allgemein als positiv empfundenen Fähigkeiten leitete das Kammergericht aber ab, dass nicht auszuschließen war, dass das Kind eine Erinnerung an seinen früheren Zustand hatte und ihm daher die Beschränktheit und Ausweglosigkeit der jetzigen Situation in gewisser Weise bewusst war. Diese Umstände führten dazu, dass das Gericht die Schädigung als noch schlimmer als bei einem vollständigen Koma einschätzte und dass dies ein höheres Schmerzensgeld rechtfertigte, hier etwa 650.000 Euro.

In der Besprechung der Entscheidung schreibt Jaeger (MedR 2012, 598–599):

„Das Kammergericht ist das erste Gericht überhaupt, das die Problematik erkannt und behandelt hat, ob einem Geschädigten, der seinen Zustand – ganz oder teilweise – empfinden kann, nicht schon deshalb ein höheres Schmerzensgeld zusteht als einem Geschädigten, bei dem nur noch die Grundfunktionen vorhanden sind und der aus medizinischer Sicht seinen Zustand nicht empfinden kann."

17. LG Deggendorf, Beschluss vom 13.9.2013, DÄBl. 2014, 111 (44) (Beachtlichkeit des Willens des Suizidenten steht Rettungspflicht entgegen)

Der angeklagte Arzt wurde bei einem Notarzteinsatz zu einem bereits durchgeführten Doppelsuizid zweier Eheleute gerufen. Bei seinem Eintreffen am Tatort lag die Ehefrau bereits tot im Bett. Der Ehemann saß bewusstlos im Rollstuhl neben dem Bett der Verstorbenen und hielt ihre Hand. In unmittelbarer Nähe wurden mehrere leere Behälter der eingenommenen tödlich wirkenden Medikamente aufgefunden. Auf einer Kommode befand sich eine Verständigungsliste, ein Brief an den Krankengymnasten, ein Brief an die Haushaltshilfe sowie Überlassungsurkunden und ein Testament.

Nach allen Umständen war für den angeklagten Arzt davon auszugehen, dass das Ehepaar über einen längeren Zeitraum geringe Dosen von Medikamenten abgezweigt und gesammelt hatte. Der Sohn der Eheleute, selbst Arzt, hatte seine Eltern fast täglich besucht und erklärte dem herbeigerufenen Notarzt, dass diese sich bis zuletzt im Vollbesitz ihrer geistigen Kräfte befunden hätten.

Das Gericht führt aus, dass bei lebensnaher Betrachtungsweise aus den Gesamtumständen geschlossen werden konnte, dass sich das Ehepaar in Anbetracht der sich zunehmend verschlechternden Situation wohlüberlegt dazu entschlossen hatte, nunmehr gemeinsam aus dem Leben zu scheiden. Im Hinblick auf das ersichtlich planmäßige und besonnene Vorgehen, wie es sich aus allen Umständen des Falles ergab, und insbesondere auch im Hinblick auf die Beurteilung des Sohnes als Allgemeinarzt war davon auszugehen, dass der Suizid des noch lebenden Ehemannes auf einer freiverantwortlichen Entscheidung ohne Willensmängel beruhte.

Nach Vornahme eigener Untersuchung hatte der angeklagte Arzt von einer Behandlung und Lebensrettung Abstand genommen, weil er dem offensichtlichen Wunsch des Patienten, aus dem Leben zu scheiden, entsprechen wollte. Auf dieser Basis war der Angeschuldigte allein schon aufgrund des beachtlichen Willens des Suizidenten nicht zur Vornahme lebenserhaltender Maßnahmen verpflichtet.

Mit dem so begründeten Beschluss wurde die Eröffnung des strafrechtlichen Hauptverfahrens gegen den angeklagten Arzt abgelehnt (rechtskräftig!).

Vgl. die Bestätigung durch höchstrichterliche Entscheidung des BGH, Anhang III Nr. 21.

18. BGH, Beschluss vom 17.9.2014, XII ZB 202/13, NJW 2014, 3572 (Feststellung des Patientenwillens, keine Beschränkung der Reichweite der Selbstbestimmung)

Die rechtlichen Betreuer einer Wachkomapatientin beantragten, ihnen zu genehmigen, in weitere lebenserhaltende ärztliche Maßnahmen nicht mehr einzuwilligen bzw. ihre Einwilligung in die Fortführung lebenserhaltender Maßnahmen zu widerrufen bzw. die Genehmigung zur Einstellung der künstlichen Ernährung zu erteilen. Hilfsweise beantragten sie festzustellen, dass die Einstellung der künstlichen Ernährung nicht genehmigungsbedürftig sei. Mit der behandelnden Ärztin bestehe Einvernehmen darüber, dass die Einstellung dem Willen der Betroffenen entspreche. Im vorliegenden Fall lag keine Patientenverfügung vor. Das Landgericht hat aber den mutmaßlichen Willen der betroffenen Patientin durch die übereinstimmenden und plausibel nachvollziehbaren Zeugenaussagen festgestellt.

Besonderheit war, dass entsprechende Formulare für eine Patientenverfügung zu Hause gelegen hatten, man aber keine Zeit mehr gefunden habe, diese auszufüllen.

Hier war die Prüfungskompetenz des Betreuungsgerichts deswegen eröffnet, weil trotz Einvernehmens zwischen Arzt und Betreuer über den Patientenwillen ein entsprechender Antrag an das Gericht gestellt worden war. Das Gericht hätte aber, so der BGH, den Antrag auf betreuungsgerichtliche Genehmigung ohne weitere gerichtliche Ermittlungen ablehnen müssen und ein so genanntes Negativattest erteilen müssen, aus dem sich ergibt, dass eine gerichtliche Genehmigung nicht erforderlich ist. Gleiches gilt, wenn das Gericht trotz

Einvernehmens zunächst einen Anlass für die Ermittlung des Patientenwillens gesehen hatte aber im Rahmen der Prüfung zu der Erkenntnis gelangt, dass die Erteilung, die Nichterteilung oder der Widerruf der Einwilligung dem Willen des Patienten entspricht.

Der Bundesgerichtshof stellt noch einmal in aller Deutlichkeit klar, dass es für die Verbindlichkeit des tatsächlichen oder mutmaßlichen Willens eines aktuell einwilligungsunfähigen Patienten nicht auf die Art und das Stadium der Erkrankung ankommt, was mittlerweile in § 1901a Abs. 3 BGB ausdrücklich geregelt ist. Das verfassungsgerichtlich verbürgte Selbstbestimmungsrecht des Patienten sei auch dann zu achten, wenn er noch nicht im Finalstadium ist. Gegen seinen Willen darf eine ärztliche Behandlung weder eingeleitet noch fortgesetzt werden. Der Betroffene darf eine Heilbehandlung auch dann ablehnen, wenn dies zu seinem Versterben führt, obwohl der Eintritt des Todes noch weit hinausgeschoben werden könnte.

Ausdrücklich betont der Bundesgerichtshof, dass eine Patientenverfügung, die nicht sicher auf die aktuelle Lebens-und Behandlungssituation des Betroffenen passt, und deshalb keine unmittelbare Wirkung entfaltet, als Behandlungswunsch Berücksichtigung finden kann. Das Gericht gibt noch einmal vor, wie der mutmaßliche Patientenwille zu ermitteln ist. Hier sind insbesondere frühere mündliche oder schriftliche Äußerungen (die jedoch keinen Bezug zur aktuellen Lebens- und Behandlungssituation aufweisen müssen), ethische oder religiöse Überzeugungen und sonstige persönliche Wertvorstellungen des Betroffenen maßgeblich. Der Betreuer stelle letztlich eine These auf, wie sich der Betroffene selbst in der konkreten Situation entschieden hätte, wenn er noch über sich selbst bestimmen könnte. Der Wille des Betroffenen muss beachtet werden, ohne Rücksicht darauf, in welcher Form er geäußert wurde. Die Willensbekundung für oder gegen bestimmte medizinische Maßnahmen darf vom Betreuer nicht durch einen „Rückgriff auf den mutmaßlichen Willen" des Betroffenen korrigiert werden.

Anforderungen an die Bestimmtheit einer Patientenverfügung dürften nicht überspannt werden. Vorausgesetzt werden kann nur, dass der Betroffene umschreibend festlegt, was er in bestimmten Lebens- und Behandlungssituationen will und was nicht. Maßgeblich ist nicht, dass der Betroffene seine eigene Biografie als Patient vorausahnt und die zukünftigen Fortschritte in der Medizin vorwegnehmend berücksichtigt. Insbesondere könne kein gleiches Maß an Präzision verlangt werden wie bei der Erklärung eines einwilligungsfähigen Kranken in die Vornahme einer ihm angebotenen Behandlung. Maßgeblich sei, ob die entsprechenden Anweisungen, welche zu einem Zeitpunkt erteilt wurden, als ein bestimmter ärztlicher Eingriff noch nicht unmittelbar bevorstand, auf die aktuelle Lebens- und Behandlungssituation zugeschnitten sind.

Der Bundesgerichtshof rügt, dass das Landgericht nicht hinreichend differenziert hatte zwischen klaren Behandlungswünschen der Betroffenen und einem mutmaßlichen Willen anhand der Wertanamnese. Bestätigt wird das Subsidiaritätsprinzip, dass bei einer Patientenverfügung nicht auf die Behandlungswünsche und bei Vorliegen von Behandlungswünschen nicht auf den mutmaßlichen Willen zurückgegriffen werden darf.

Das Gericht stellt klar, dass, wenn der Tod des Betroffenen nicht unmittelbar bevorsteht (also bei noch möglicher jahrelanger Lebenserhaltung) keine erhöhten Anforderungen an die Ermittlung und Annahme des mutmaßlichen Willens gestellt werden dürfen. Insbesondere, wenn keine schriftliche Patientenverfügung vorliege, seien an die Feststellung des behandlungsbezogenen Patientenwillens beweismäßig strenge Maßstäbe zu stellen, die der hohen Bedeutung der betroffenen Rechtsgüter Rechnung tragen. Insbesondere dürfe nicht die Wertewelt und die Vorstellung des Betreuers zum Entscheidungsmaßstab werden.

Kein Argument gegen den Patientenwillen lässt das Gericht daraus entnehmen, dass die Betroffene eine geplante schriftliche Patientenverfügung auf vorgehaltenen Vordrucken nicht mehr niedergelegt habe.

19. BGH vom 6.7.2016, XII ZB 61/16, NJW 2016, 28; vom 8.2.2017, XII ZB 604/15, NJW 2017,1737 und vom 14.11.2018, XII ZB 107/18, NJW 2019, 600 (Anforderungen an eine valide Patientenverfügung und Vorsorgevollmacht)

In diesen drei Entscheidungen hat der 12. Zivilsenat seine Rechtsprechung zu den inhaltlichen Erfordernissen einer validen Patientenverfügung fortgesetzt. In allen drei Fällen lagen die Texte der evangelischen Kirche aus den 1990er Jahren zugrunde. Dies waren seinerzeit die ersten Texte, die die grundsätzliche Selbstbestimmung des Patienten über sein eigenes Lebensende ermöglichten. Insofern waren sie – zumal aus kirchlicher Hand – geradezu revolutionär! Sie fanden alsbald eine sehr hohe Verbreitung und waren später in vielen Streitigkeiten um den Patientenwillen am Lebensende Gegenstand der streitigen Auseinandersetzung. Allerdings genügten sowohl die Formulierungen zur Vorsorgevollmacht als auch jene zur Patientenverfügung nicht in allen Punktenden rechtlichen Vorgaben.

Da alle drei Urteile ohne Einschränkungen die rechtlichen Vorgaben, wie wir sie in diesem Buch seit jeher darstellen, bestätigen, haben wir von einer inhaltlichen Wiedergabe abgesehen.

20. Bundesverwaltungsgericht, Urteil vom 2.3.2017, 3 C 19.15 (Natriumpentobarbital), NJW 2017, 2215 (Zugang zu tauglichem Suizidmittel darf vom Staat nicht übermäßig beschränkt werden)

Suizid ist ein Grundrecht. Das allgemeine Persönlichkeitsrecht aus Art. 2 i.V.m. Art. 1 Abs. 1 GG gibt jedem Freiverantwortlichen das Recht, zu entscheiden, wie und zu welchem Zeitpunkt sein Leben beendet werden soll. Daraus kann sich im Einzelfall ergeben, dass der Staat den Zugang zu einem Betäubungsmittel nicht verwehren darf, das dem Patienten eine würdige und schmerzlose Selbsttötung ermöglicht. Der Staat muss effektiven Grundrechtsschutz gewährleisten. So darf er den Zugang zum geeigneten Medikament nicht übermäßig beschränken. Das Urteil hält eine entsprechende verfassungskonforme Auslegung der Verbotsnormen im Betäubungsmittelrecht in Extremfällen ausnahmsweise bei schwer und unheilbar Kranken für möglich und geboten, wenn sie wegen ihrer unerträglichen Leidessituation frei und ernsthaft entschieden haben, ihr Leben beenden zu wollen, und keine zumutbare Alternative – etwa durch einen palliativmedizinisch begleiteten Behandlungsabbruch – zur Verfügung steht. (Anders das BVerfG unten Nr. 23, das Hinweise enthält, dass die Normen des Betäubungsmittelrechts verfassungswidrig sein dürften und einer verfassungskonformen Auslegung nicht zugänglich. Das BVerfG hält im Gegensatz zum BVerwG offensichtlich eine Beschränkung auf staatlich vorbewertete selektierte Kreise (extreme Ausnahmefälle, unerträgliches Leid, schwer und unheilbar Kranke) für nicht verfassungskonform.

21. BGH, Urteil des 5. Strafsenats vom 3.7.2019, 5 StR 132/18, NJW 2019, 3092 (Rechtliche Voraussetzungen für eine Beihilfe zum Suizid)

Dem Bundesgerichtshof lagen Revisionen der Staatsanwaltschaften gegen Urteile des Landgerichts Berlin und des Landgerichts Hamburg vor. In beiden Fällen waren die angeklagten Ärzte vom Vorwurf freigesprochen worden, mit der Beihilfe zur Selbsttötung von Patienten gegen strafrechtliche Bestimmungen verstoßen zu haben. Das Urteil des BGH ist deswegen von dauerhafter grundsätzlicher Bedeutung, weil es Tathandlungen aus der Zeit (und damit Rechtslage) vor der vorübergehenden Geltung des § 217 StGB erfasst. Somit ist es die zentrale höchstrichterliche Entscheidung im Strafrecht zur Straflosigkeit der Beihilfe zum Suizid eines freiverantwortlich und wohlerwogen handelnden Menschen. Umgekehrt bestätigt es, dass einem Suizidhelfer bis zu lebenslange Freiheitsstrafe droht, wenn er einem nicht freiverantwortlich und nicht wohlerwogen handelnden Suizidwilligen Beihilfe leistet. (...)

22. BGH, Urteil des 6. Zivilsenates (Arzthaftungssenat) vom 2.4.2019, VI ZR 13/18, NJW 2019 1741 (Schadensersatz für rechtswidrige Lebensverlängerung II) zu OLG München, Urteil vom 21.12.2017, 1 U 454/17 (vgl. auch Urteil Nr. 9)

Im Fall Nr. 9 dieses Kapitels „Gerichtliche Entscheidungen" zum „Fall 16" dieses Ratgebers hatten wir erstmals klageweise im Zivilrechtsweg geltend gemacht, dass eine rechtswidrige künstliche Lebens- und Leidensverlängerung wie jede fehlerhafte Behandlung im Medizinrecht Schadensersatzansprüche des geschädigten Patienten auslöst, auch wenn die rechtswidrige Behandlung das Leben und damit das Leiden verlängert. Rechtswidrig ist eine solche Behandlung, wenn es an der Indikation und/oder dem Patientenwillen fehlt. Im Fall 9 scheiterte die Klage noch daran, dass jedenfalls für das damals beklagte Pflegeheim deren Verhalten in den Jahren 2002 bis 2004 wegen der damals noch widersprüchlichen BGH-Rechtsprechung zur Strafrechtslage „nicht vorwerfbar" war.

Rund zehn Jahre später war die Rechtslage gesetzlich klargestellt. Der im Urteil Nr. 22 beklagte Hausarzt, der die Leidensverlängerung zu verantworten hatte, hätte sich nicht mehr auf einen unverschuldeten Verbotsirrtum wie im Fall 9 berufen können. Die Klage stützte sich in diesem Fall auch nicht auf den Verstoß gegen den Patientenwillen, sondern ausschließlich auf die fehlende Indikation, wie sie sich z.B. aus allen einschlägigen Leitlinien, den Verlautbarungen der Fachgesellschaften und Grundsätzen der Bundesärztekammern ergab, siehe unten. Dies stellte das OLG München in zweiter Instanz umfassend dar. Es verurteilte den Hausarzt zu Schadensersatz.

Der 6. Zivilsenat (Arzthaftungssenat) des BGH hob dieses Urteil auf. Es könne dahingestellt bleiben, ob die künstliche Verlängerung des Leidens wegen des Verstoßes gegen den Facharztstandard eine rechtswidrige Körperverletzung sei. Da jedenfalls zugleich das Leben des Patienten verlängert worden sei, verbiete es sich, einen Schadensersatz zuzusprechen. Das Gericht unterscheidet anders als die bisherige Rechtsprechung nicht zwischen dem Leben als Schaden oder dem Leiden als Schaden. Die tragenden Gründe fügen sich nicht in das Medizinrecht nach Recht und Rechtsprechung. So sei das Leben absolut erhaltungswürdig. „Absolut" heißt nichts anderes als *„immer, unter allen Umständen, losgelöst von Facharztstandard und Patientenwille"*. Das würde das Diktat des Machbaren bedeuten, welches die Verfassung, die einfachen Gesetze und die Rechtsprechung längst verbieten. Auch die Feststellung, Leben dürfe nie fremd beurteilt und bewertet werden, konterkariert allen Facharztstandard zu Behandlungsoptionen bei Schwerstkranken, unheilbar Kranken und sogar todgeweiht Erkrankten. Unmissverständlich ging das Gericht sogar über den vorliegenden Fall hinaus. Es befand, dass nicht nur eine Behandlung ohne medizinische Indikation sondern ebenso ein Verstoß gegen den Patientenwillen, zum Beispiel die Nichtbeachtung einer Patientenverfügung, keine Schadensersatzansprüche auslöse.

Das Urteil hat ein Arzthaftungsgericht zur Frage des Schadensersatzes für eine rechtswidrige Lebensverlängerung gesprochen. Es berührt im Übrigen nicht die Gesetzeslage und Rechtsprechung zur korrekten ärztlichen Behandlung, wie sie dieses Buch darstellt.

23. Bundesverfassungsgericht, Urteil des 2. Senates vom 26.2.2020, 2 BvR 2347/15, 651/16, 1261/16, 1593/16, 2354/16 und 2527/16, NStZ-RR 2020, 104 (Frage der Verfassungswidrigkeit des § 217 StGB, „Verbot der geschäftsmäßigen Förderung der Selbsttötung")

Das Bundesverfassungsgericht hatte nicht über den politischen Entschluss des Gesetzgebers zu urteilen, die geschäftsmäßige Förderung der Selbsttötung, z.B. durch Sterbehilfevereine, zu unterbinden (Zweck des Gesetzes). Als „Wächter der Verfassung" mussten die Richter ausschließlich das für diesen Zweck geschaffene Mittel der Strafnorm des § 217 StGB auf seine Vereinbarkeit mit der Verfassung prüfen. Im Ergebnis „heiligt der Zweck nicht das Mittel". Das Bundesverfassungsgericht formulierte folgende Leitsätze:

1. a) Das allgemeine Persönlichkeitsrecht (Art. 2 Abs. 1 i.V.m. Art. 1 Abs. 1 GG) umfasst als Ausdruck persönlicher Autonomie ein Recht auf selbstbestimmtes Sterben.

b) Das Recht auf selbstbestimmtes Sterben schließt die Freiheit ein, sich das Leben zu nehmen. Die Entscheidung des Einzelnen, seinem Leben entsprechend seinem Verständnis von Lebensqualität und Sinnhaftigkeit der eigenen Existenz ein Ende zu setzen, ist im Ausgangspunkt als Akt autonomer Selbstbestimmung von Staat und Gesellschaft zu respektieren.

c) Die Freiheit, sich das Leben zu nehmen, umfasst auch die Freiheit, hierfür bei Dritten Hilfe zu suchen und Hilfe, soweit sie angeboten wird, in Anspruch zu nehmen.

2. Auch staatliche Maßnahmen, die eine mittelbare oder faktische Wirkung entfalten, können Grundrechte beeinträchtigen und müssen daher von Verfassungs wegen hinreichend gerechtfertigt sein. Das in § 217 Abs. 1 StGB strafbewehrte Verbot der geschäftsmäßigen Förderung der Selbsttötung macht es Suizidwilligen faktisch unmöglich, die von ihnen gewählte, geschäftsmäßig angebotene Suizidhilfe in Anspruch zu nehmen.

3. a) Das Verbot der geschäftsmäßigen Förderung der Selbsttötung ist am Maßstab strikter Verhältnismäßigkeit zu messen.

b) Bei der Zumutbarkeitsprüfung ist zu berücksichtigen, dass die Regelung der assistierten Selbsttötung sich in einem Spannungsfeld unterschiedlicher verfassungsrechtlicher Schutzaspekte bewegt. Die Achtung vor dem grundlegenden, auch das eigene Lebensende umfassenden Selbstbestimmungsrecht desjenigen, der sich in eigener Verantwortung dazu entscheidet, sein Leben selbst zu beenden, und hierfür Unterstützung sucht, tritt in Kollision zu der Pflicht des Staates, die Autonomie Suizidwilliger und darüber auch das hohe Rechtsgut Leben zu schützen.

4. Der hohe Rang, den die Verfassung der Autonomie und dem Leben beimisst, ist grundsätzlich geeignet, deren effektiven präventiven Schutz auch mit Mitteln des Strafrechts zu rechtfertigen. Wenn die Rechtsordnung bestimmte, für die Autonomie gefährliche Formen der Suizidhilfe unter Strafe stellt, muss sie sicherstellen, dass trotz des Verbots im Einzelfall ein Zugang zu freiwillig bereitgestellter Suizidhilfe real eröffnet bleibt.

5. Das Verbot der geschäftsmäßigen Förderung der Selbsttötung in § 217 Abs. 1 StGB verengt die Möglichkeiten einer assistierten Selbsttötung in einem solchen Umfang, dass dem Einzelnen faktisch kein Raum zur Wahrnehmung seiner verfassungsrechtlich geschützten Freiheit verbleibt.

6. Niemand kann verpflichtet werden, Suizidhilfe zu leisten.

Die 115-seitige Begründung des Urteils ist ein Lehrstück, wie sich Medizinrecht an der Verfassung und den dort garantierten Menschenrechten zu orientieren hat. Der Bundestag muss eine verfassungskonforme gesetzliche Neuregelung verabschieden, wenn er professionelle und organisierte Suizidhilfe reglementieren will.

IV. Übersichten

1. Rechtsgrundlagen einer medizinischen Behandlung: Indikation und Patientenwille

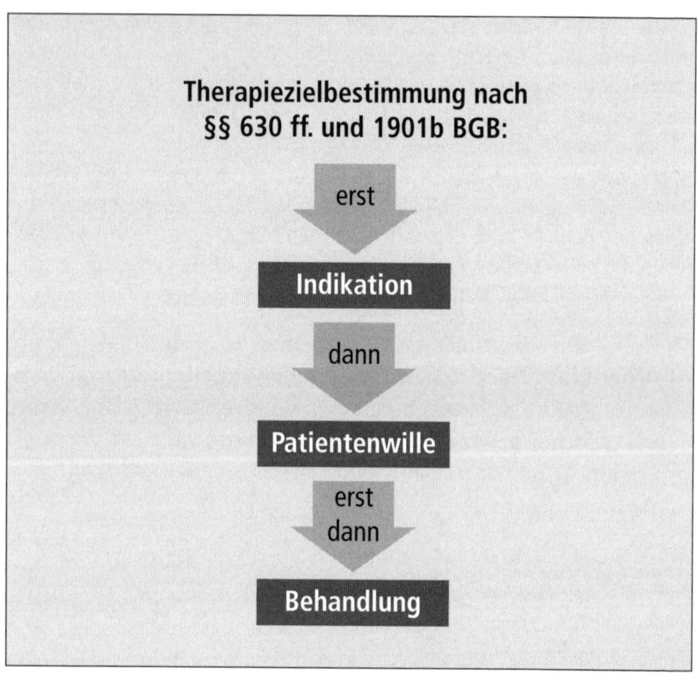

2. Selbstbestimmung – Fremdbestimmung

3. Formen der Sterbehilfe – Was ist erlaubt, was ist verboten?

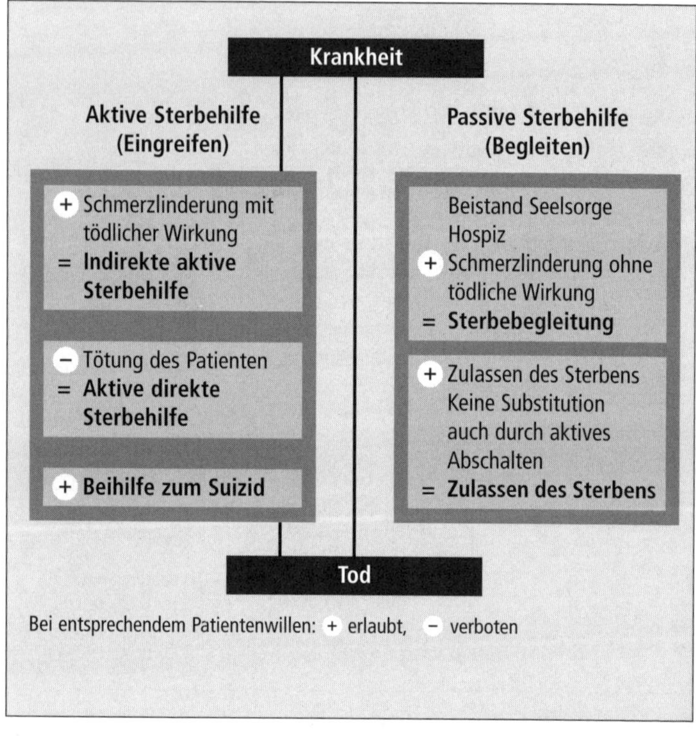

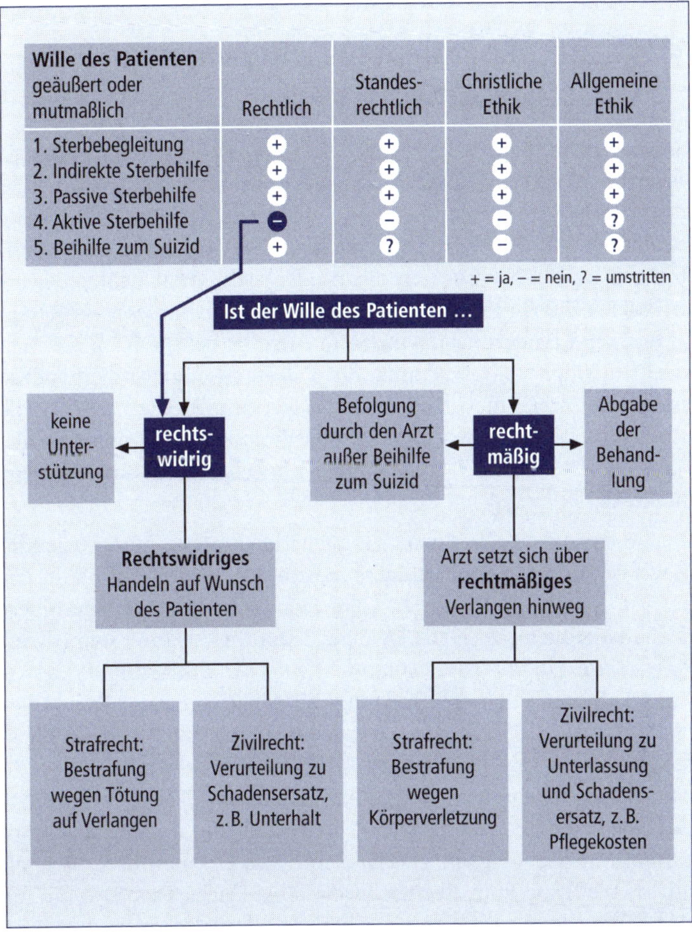

Wille des Patienten geäußert oder mutmaßlich	Rechtlich	Standes-rechtlich	Christliche Ethik	Allgemeine Ethik
1. Sterbebegleitung	+	+	+	+
2. Indirekte Sterbehilfe	+	+	+	+
3. Passive Sterbehilfe	+	+	+	+
4. Aktive Sterbehilfe	–	–	–	?
5. Beihilfe zum Suizid	+	?	–	?

+ = ja, – = nein, ? = umstritten

V. Muster für Patientenverfügung und Vorsorgevollmacht

Soweit wir in diesem Buch von der „Standard-Patientenverfügung“ oder der „Vorsorgevollmacht“ sprechen, so sind die in der Broschüre des bayerischen Staatsministeriums der Justiz „Vorsorge für Unfall, Krankheit und Alter durch Vollmacht, Betreuungsverfügung, Patientenverfügung“ abgedruckten Texte oder viele im Wesentlichen inhaltsgleiche Texte gemeint. Diese Texte und ihre in dieser Broschüre gegebenen Erläuterungen wurden in einem Arbeitskreis im Rahmen der Christophorus Akademie für Palliativmedizin, Palliativpflege und Hospizarbeit in München für das Justizministerium erstellt. Alle Rechtsgrundlagen gelten im gesamten Bundesgebiet. Somit sind alle Texte selbstverständlich im gesamten Bundesgebiet optimale Instrumente der Vorsorge.

In diesem Arbeitskreis haben mitgewirkt: Professorin Dr. Claudia Bausewein, Internistin, Palliativmedizin; Dr. Jürgen Bickhardt, Internist, Kardiologe; Prof. Dr. Gian Domenico Borasio, Neurologe, Palliativmedizin; Dr. Hans Dworzak, Anästhesist, Intensivmedizin; Bernadette Fittkau-Tönnesmann M.P.H., Anästhesistin; Professorin Dr. Monika Führer, Kinderärztin, Palliativmedizin; Bruno Geßele, Notar a.D.; Karlo Hessdörfer, Jurist; Dr. Hans-Joachim Heßler, Präsident des Bayerischen Obersten Landesgerichts; Brigitte Hirsch, Krankenschwester, Palliativfachkraft; Professor Dr. Ralf Jox, Medizinethik, Neurologie, Palliativmedizin; Annemarie Keupp, Diplom-Sozialpädagogin (FH), Professor Dr. Bernhard Knittel, Jurist; Wolfgang Putz, Rechtsanwalt; Tanja Unger, Fachanwältin für Medizinrecht; Josef Raischl, Theologe, Sozialarbeiter, Vorstand Christophorus Hospizverein; Hermann Reigber, Diplomtheologe Diplompflegewirt; Dr. Susanne Roller, Internistin, Palliativmedizin; Ursula Ruck-Köthe, Sozialpädagogin; Angelika Schieder, Diplom-Sozialpädagogin (FH); Philip Sing, Diplom-Sozialpädagoge.

Texte und weitere Informationen im Internet unter **www.justiz.bayern.de.**

Die Broschüre des Bayerischen Staatsministeriums der Justiz kann im Buchhandel (Verlag C.H.BECK, 2019) bezogen werden.

Die von den Autoren herausgegebenen Formulare, die mit denen des Justizministeriums inhaltlich identisch sind, können in der Kanzlei unter der Telefonnummer 089/652007 oder per E-Mail an kanzlei@putz-medizinrecht.de bestellt werden oder über die Homepage der Autoren (www.putz-medizinrecht.de) kostenlos heruntergeladen werden.

1. Beispiel einer Standard-Patientenverfügung

Wir wählen den Begriff „Standard-Patientenverfügung“, weil insoweit jedenfalls die meisten qualifizierten Texte inhaltlich gleich oder ähnlich sind. Obgleich selbstverständlich das Gesetz eine „Reichweitenbegrenzung“ für Patientenverfügungen verbietet (§ 1901a Abs. 3 BGB), scheitern weiterreichende Regelungen meist an der Vorhersehbarkeit gesundheitlicher Situationen, insbesondere im Hinblick auf Diagnose und Prognose und somit an der Einschätzbarkeit von Chancen. Dies gilt insbesondere für Krisen und Notfallsituationen. In diesem Bereich können Patientenverfügungen regelhaft nicht den rechtlichen Bestimmtheitserfordernissen genügen.

PATIENTENVERFÜGUNG

Für den Fall, dass ich ....

geboren am: ....

wohnhaft in: ....

meinen Willen nicht mehr bilden oder verständlich äußern kann, bestimme ich Folgendes:

(Zutreffendes habe ich hier angekreuzt bzw. eingefügt)

1. Situationen, für die diese Verfügung gilt:

- Wenn ich mich aller Wahrscheinlichkeit nach unabwendbar im unmittelbaren Sterbeprozess befinde. ☐
- Wenn ich mich im Endstadium einer unheilbaren, tödlich verlaufenden Krankheit befinde, selbst wenn der Todeszeitpunkt noch nicht absehbar ist. ☐
- Wenn infolge einer Gehirnschädigung meine Fähigkeit, Einsichten zu gewinnen, Entscheidungen zu treffen und mit anderen Menschen in Kontakt zu treten, nach Einschätzung zweier erfahrener Ärzte oder Ärztinnen aller Wahrscheinlichkeit nach unwiederbringlich erloschen ist, selbst wenn gelegentlich Reaktionen auf äußere Reize beobachtet werden und der Todeszeitpunkt noch nicht absehbar ist. Dies gilt für eine direkte Gehirnschädigung, z. B. durch Unfall, Schlaganfall, Entzündung, ebenso wie für eine indirekte Gehirnschädigung, z. B. nach Wiederbelebung, Schock oder Lungenversagen. Es ist mir bewusst, dass in solchen Situationen die Fähigkeit zu Empfindungen erhalten sein kann, dass eine Besserung dieses Zustands aber äußerst unwahrscheinlich ist. ☐
- Wenn ich infolge eines sehr weit fortgeschrittenen Hirnabbauprozesses (z. B. bei Demenzerkrankung) auch mit ausdauernder Hilfestellung nicht mehr in der Lage bin, Nahrung und Flüssigkeit auf natürliche Weise zu mir zu nehmen. ☐
- .... ☐

Vergleichbare, hier nicht ausdrücklich erwähnte Krankheitszustände sollen entsprechend beurteilt werden. ☐

2. In allen unter Nummer 1 beschriebenen und angekreuzten Situationen verlange ich:

- Lindernde pflegerische Maßnahmen, insbesondere Mundpflege zur Vermeidung des Durstgefühls, sowie lindernde ärztliche Maßnahmen, im Speziellen Medikamente zur wirksamen Bekämpfung von Schmerzen, Luftnot, Angst, Unruhe, Erbrechen und anderen Krankheitserscheinungen. Die Möglichkeit einer Verkürzung meiner Lebenszeit durch diese Maßnahmen nehme ich in Kauf. ☐

(Aus: *Vorsorge für Unfall, Krankheit und Alter*, Verlag C.H.BECK, ISBN 978-3-406-74415-0).

PATIENTENVERFÜGUNG – Seite 2 von 4

3. In den unter Nummer 1 beschriebenen und angekreuzten Situationen lehne ich Folgendes ab:

- Maßnahmen, die zum Zweck der Lebenserhaltung bzw. Lebensverlängerung eingesetzt werden und nicht ausschließlich der Linderung von Leiden dienen, wie z. B. maschinelle Beatmung, Dialyse oder Operationen. Bereits eingeleitete Maßnahmen sind zu beenden. ☐
- Wiederbelebungsmaßnahmen. ☐

4. In den von mir unter Nummer1 beschriebenen und angekreuzten Situationen, **insbesondere in den Situationen, in denen der Tod nicht unmittelbar bevorsteht, möchte ich sterben und verlange:**

- Keine künstliche Ernährung (weder über Sonde durch den Mund, die Nase oder die Bauchdecke noch über die Vene) und keine künstliche Flüssigkeitsgabe (außer zur Beschwerdelinderung). Bereits eingeleitete Maßnahmen sind zu beenden. ☐

Die Befolgung dieser Wünsche ist nach geltendem Recht keine Tötung auf Verlangen.

- Ich wünsche eine Begleitung

  durch ....

  ....

  ....

  (für persönliche Wünsche und Anmerkungen)

- Ich habe dieser Patientenverfügung „Persönliche Ergänzungen“ beigefügt. Sie sollen als erklärender Bestandteil dieser Verfügung angesehen werden. ☐
- Ich habe eine/mehrere Vollmacht/en erteilt und den Inhalt dieser Patientenverfügung mit der/den von mir bevollmächtigten Person/en besprochen. Ja ☐ Nein ☐
- Ich habe anstelle einer Vollmacht ausschließlich eine Betreuungsverfügung erstellt. Ja ☐ Nein ☐
- Ich habe einen Organspendeausweis erstellt, in dem ich meine Bereitschaft zur Organspende erklärt habe. Ja ☐ Nein ☐

Sofern dieser Patientenverfügung **Persönliche Ergänzungen** mit u. a. meiner Bereitschaft zur Organspende (**Patientenverfügung und Organspende** oder „Organspendeausweis“), meinen Vorstellungen zur Wiederbelebung (z. B. bei akutem Herzstillstand) oder Angaben zu bestehenden Krankheiten beigefügt sind, sollen sie als erklärender Bestandteil dieser Verfügung angesehen werden.

Ich habe diese Verfügung nach sorgfältiger Überlegung erstellt. Sie ist Ausdruck meines Selbstbestimmungsrechts. Darum wünsche ich nicht, dass mir in der konkreten Situation der Nichtentscheidungsfähigkeit eine Änderung meines Willens unterstellt wird, solange ich diesen nicht ausdrücklich (schriftlich oder nachweislich mündlich) widerrufen habe.

(Aus: *Vorsorge für Unfall, Krankheit und Alter*, Verlag C.H.BECK, ISBN 978-3-406-74415-0).

Ich weiß, dass ich die Patientenverfügung jederzeit abändern oder insgesamt widerrufen kann, solange ich einwilligungsfähig bin.

....

Ort, Datum *Unterschrift*

Es empfiehlt sich, diese Verfügung regelmäßig (z. B. alle ein bis zwei Jahre) durch Unterschrift zu bestätigen, auch wenn der Gesetzgeber dies nicht vorschreibt. Eine erneute Unterschrift bzw. eine Überarbeitung ist sinnvoll, wenn eine Änderung der persönlichen Lebensumstände eintritt. Eine ärztliche Beratung ist dringend zu empfehlen, auch wenn sie keine Voraussetzung für die rechtliche Wirksamkeit ist.

Ort	Datum	*Unterschrift*

Arzt/Ärztin meines Vertrauens:

Name ....

Adresse ....

Telefon .... Telefax/E-Mail ....

Bei der Festlegung meiner Patientenverfügung habe ich mich beraten lassen von*

....

Name Adresse

....

Ort, Datum Telefon/Telefax/E-Mail *Unterschrift der/des Beratenden*

* (Eine Beratung vor dem Abfassen einer Patientenverfügung ist rechtlich nicht vorgeschrieben. Ein Beratungsgespräch kann aber unterstreichen, dass Sie Ihre Wünsche ernsthaft und im Bewusstsein ihrer Bedeutung zum Ausdruck gebracht haben.)

Sollte zusätzlich eine **Anhörung meiner Angehörigen und sonstigen Vertrauenspersonen** gemäß § 1901b Abs. 2 BGB erforderlich sein, soll folgender/n Person/en – soweit ohne erheblichen Verzug möglich – Gelegenheit zur Äußerung gegeben werden:

Name, Vorname, Geburtsdatum: ....

Adresse, Telefon, Telefax, E-Mail: ....

....

....

(bitte wenden)

(Aus: *Vorsorge für Unfall, Krankheit und Alter*, Verlag C.H.BECK, ISBN 978-3-406-74415-0).

PATIENTENVERFÜGUNG – Seite 4 von 4

Folgende Person/en soll/en **nicht** zu Rate gezogen werden:

Name, Vorname, Geburtsdatum: ....

Adresse, Telefon, Telefax, E-Mail: ....

....

Name, Vorname, Geburtsdatum: ....

Adresse, Telefon, Telefax, E-Mail: ....

....

....

(Aus: *Vorsorge für Unfall, Krankheit und Alter*, Verlag C.H.BECK, ISBN 978-3-406-74415-0).

2. Patientenverfügung für Schwerkranke

Ergänzung zur PATIENTENVERFÜGUNG IM FALL SCHWERER ERKRANKUNG

1. Personalien

....

Name, Vorname Geburtsdatum

....

Anschrift

2. Krankheitsgeschichte und Diagnose[1]

....

....

....

....

....

....

....

....

3. Was mir jetzt wichtig ist[2]

Ich weiß, dass meine Erkrankung nicht mehr geheilt werden kann. Sollte ich nicht mehr in der Lage sein, Entscheidungen über meine Behandlung zu treffen, so wünsche ich ausdrücklich:

....

....

....

....

....

....

....

[1] Sollte vom behandelnden Arzt ausgefüllt werden.
[2] Grundsätzliche Überlegungen (z.B. Krankenhauseinweisung, Sterben zu Hause, persönliche Werte in der Situation u. a.).

(Aus: *Vorsorge für Unfall, Krankheit und Alter*, Verlag C.H.BECK, ISBN 978-3-406-74415-0).

PATIENTENVERFÜGUNG IM FALL SCHWERER ERKRANKUNG – Seite 2 von 4

Darüber hinaus ist mir besonders wichtig:[3]

Diagnostische Maßnahmen oder eine Einweisung in ein Krankenhaus sollen nur dann erfolgen, wenn sie einer besseren Beschwerdelinderung dienen und diese ambulant nicht durchgeführt werden können. ☐

Mein Wunsch ist es, zu Hause zu bleiben. Sollte das nicht gehen, möchte ich nach Möglichkeit in die Pflegeeinrichtung/Krankenhaus, Station: ☐

....
Name, Adresse

.... eingeliefert werden.
Telefon

Ich wünsche den Beistand meiner Kirche/Glaubensgemeinschaft ☐

....

in Person von: ....
Name

....
Adresse, Telefon

Ich wünsche die Unterstützung durch einen Hospiz- oder Palliativdienst: ☐

....
Adresse, Telefon

4. Momentane Medikation

Die aktuelle Medikation, Indikation und Dosierung bereitliegender Notfallmedikamente

sollten auf einem gesonderten Blatt beigefügt sein.

Zuletzt geändert am: ....

....
Name und Adresse des behandelnden Arztes/der Palliativfachkraft

....
Unterschrift des behandelnden Arztes/der Palliativfachkraft

[3] Zutreffendes habe ich angekreuzt.

(Aus: *Vorsorge für Unfall, Krankheit und Alter*, Verlag C.H.BECK, ISBN 978-3-406-74415-0).

5. Notfallplan[4]

Mögliche Komplikation	Vom Patienten gewünschte Behandlung

....
Name und Adresse des behandelnden Arztes/der Palliativfachkraft

....
Telefon

....
Unterschrift des behandelnden Arztes/der Palliativfachkraft

Ort /Datum: ....

....
Unterschrift des Patienten/der Patientin

[4] Muss gemeinsam mit dem behandelnden Arzt oder der Palliativfachkraft ausgefüllt werden.

(Aus: *Vorsorge für Unfall, Krankheit und Alter*, Verlag C.H.BECK, ISBN 978-3-406-74415-0).

Aktuelle Medikation

Medikament	Uhrzeit						Zweck

....

zuletzt geändert am

....

Name und Adresse des behandelnden Arztes /der Palliativfachkraft

....

Telefon

....

Unterschrift des behandelnden Arztes/der Palliativfachkraft

(Aus: *Vorsorge für Unfall, Krankheit und Alter*, Verlag C.H.BECK, ISBN 978-3-406-74415-0).

3. Patientenverfügung (Besonderer Text für ALS-Kranke)

Ich,............, weiß, dass ich an Amyotropher Lateralsklerose (ALS) leide. Ich weiß, dass es irgendwann zu einer so fortschreitenden Lähmung aller Muskeln, schließlich auch der für die Atmung notwendigen Muskeln, kommen wird, dass ich nicht mehr selbstständig atmen kann. Ich weiß, dass meine Krankheit auf diese Weise zum Tode führen wird, wenn dies nicht mit einer künstlichen Beatmung verhindert wird.

(I) Für diese Situation verweigere ich jetzt schon ausdrücklich die künstliche Beatmung. Ich weiß, dass ich mit künstlicher Beatmung durchaus noch sehr lange im so genannten „Locked-in-Syndrom" leben könnte. Das will ich nicht!

Wenn dieser Zeitpunkt erreicht ist, ich also nicht mehr genügend Sauerstoff durch eigenständige Atmung bekomme, möchte ich durch die natürlich entstehende CO-2-Narkose friedlich einschlafen dürfen.

Wenn ich in diesem Zusammenhang entweder Atembeschwerden habe, in jedem Falle aber, wenn die Atemlähmung ersichtlich beginnt, sollte mir eine Tablette Tavor expidet 1,0 g unter die Zunge gelegt werden. Wenn nach zehn Minuten keine entscheidende Besserung von ersichtlichen Symptomen der Atembeschwerden eintritt, soll noch eine zweite solche Tablette in gleicher Weise nachgegeben werden. Wenn dies immer noch nicht zu einer Linderung der Atembeschwerden führen sollte, soll Morphin-Lösung 2-prozentig, 15 Tropfen, gegeben werden. Tavor und Morphin dürfen sodann weiterhin zur dauerhaften Symptomkontrolle vierstündlich gegeben werden. Für diese Behandlung sollte ein palliativ versierter Arzt zugezogen werden, der dieses Vorgehen zu Hause begleitet.

Ich sollte bei Beginn der Maßnahmen ausdrücklich gefragt werden, ob ich die letzte Phase meines Lebens im Krankenhaus verbringen will. Nur wenn ich dies eindeutig äußere, soll ich in ein Krankenhaus verbracht werden. Ansonsten wünsche ich, entsprechend meiner hiermit vorausgeäußerten Bestimmung in meiner gewohnten Umgebung sterben zu dürfen.

Eine Änderung meines hiermit für die letzte Phase geäußerten Willens darf ohne eindeutige Bekundung meinerseits nicht unterstellt werden.

Alle Schmerzen, deren Empfinden erkennbar ist oder die den mich behandelnden Ärzten in dieser Situation vorstellbar erscheinen, sollten als gegeben unterstellt und auf jeden Fall maximal bekämpft werden, damit ich nach aller medizinischen Erkenntnis schmerzfrei sein kann.

(II) Diese Regelungen gelten sinngemäß für alle aufgrund meiner Grunderkrankung direkt oder indirekt eine Todesgefahr beinhaltenden Situationen, wie etwa eine Lungenentzündung, die aufgrund der schlechten Atmung eintreten sollte. Eine solche Lungenentzündung sollte ebenfalls nicht mehr kurativ, sondern nur noch palliativ begleitet werden.

(III) Hingegen möchte ich, dass bei von außen einwirkenden Notfällen, die nichts mit der kontinuierlichen Verschlechterung meines Zustandes aufgrund meiner Grunderkrankung zu tun haben, wie z.B. bei einem Insektenstich, der die Atemwege verlegt, erste Hilfe und alle medizinischen Notfallmaßnahmen geleistet werden.

(IV) Wenn es jedoch zu einem physiologischen Notfall wie z.B. einem Herz-Kreislauf-Stillstand, einem Schlaganfall, einer Lungenembolie oder durch vergleichbare physiologische Vorgänge kommen sollte, möchte ich palliativ, aber keinesfalls kurativ behandelt werden und vor allem auf keinen Fall reanimiert werden.

(V) Sollte ich entweder aufgrund meiner Grunderkrankung oder durch andere, nicht unfallartige oder notfallartige Entwicklungen mein Bewusstsein nach ärztlicher Einschätzung dauerhaft verloren haben, z.B. durch einen Schlaganfall oder eine Hirnblutung, so wünsche ich, sterben zu dürfen. In diesem Falle ist die zurzeit laufende künstliche Ernährung langsam zu beenden (auszuschleichen) und die Flüssigkeitszufuhr auf ein Mindestmaß nach ärztlichem Ermessen, etwa einem halben Liter am Tag, zu reduzieren, damit dieser Zustand nicht unnatürlich aufrechterhalten wird. In diesem Falle soll ich palliativ versorgt werden wie ein bewusster Mensch, insbesondere mit Mundpflege oder Vernebler gegen Durst gefühl, sowie Schmerzmittel gegen vermutete Schmerzen. Der Tod soll dann durch Unterlassen der Substitution von Sauerstoff, Nahrung und Flüssigkeit in natürlicher Weise eintreten.

4. Patientenverfügung (Besonderer Textzusatz für die Regelung der schleichenden Demenz, Alzheimerkrankheit oder vergleichbarer gesundheitlicher Entwicklungen)

Diese Erklärung ist umfassender und im zweiten Absatz weiterreichend als der entsprechende Absatz in der Standard-Patientenverfügung (oben Nr. 1):

Sollte ich an einer langsam zunehmenden schleichenden Erkrankung des Gehirns wie z.B. Altersdemenz oder Alzheimer-Krankheit leiden, so verfüge ich, dass auf keinen Fall jemals eine künstliche Ernährung über eine Magensonde, sei es durch die Nase oder durch die Bauchdecke, ebenso keinerlei künstliche Ernährung über die Venen stattfinden darf. Ich weiß, dass ich dann an mangelnder Flüssigkeitszufuhr entsprechend dem natürlichen Gang dieser Krankheit versterben werde. Dies ist mein Wunsch. Ich will in einem solchen Falle keine Verlängerung dieser ansonsten womöglich extrem langsam zum Tode führenden Krankheiten durch künstliche Zufuhr von Nahrung und Flüssigkeit. Solange ich „über den Löffel" ernährt werden kann, also beim „Füttern" mitwirke, soll dies geschehen. Eine mangelnde Mitwirkung, sei es aus Protest oder sei es unbewusst, darf keinesfalls künstlich ersetzt und dadurch umgangen werden.

Im Falle einer hinzutretenden Erkrankung (Interkurrenterkrankung), an der ich ohne Heilbehandlung sterben könnte, verbiete ich jede medizinische Behandlung, die die Bekämpfung der Krankheit (zum Beispiel Antibiotika gegen eine Lungenentzündung) zum Ziel hat. Ich will dann nur palliativ behandelt und gepflegt werden, damit ich an dieser „willkommenen Erlösung" sterben kann, ohne leiden zu müssen. In einem solchen Fall darf eine mir ggf. noch mögliche natürliche Nahrungsaufnahme durch normales Essen und Trinken auf keinen Fall als Wille oder Zustimmung zur medizinischen Behandlung zur Heilung einer ansonsten potentiell tödlich verlaufenden Interkurrenterkrankung interpretiert werden!

Sollte ich in einem Krankheitszustand, wie ich ihn soeben geschildert habe (Demenz oder Alzheimersche Krankheit oder vergleichbare Krankheiten) von selber oder auf Befragung meine soeben festgelegte Patientenverfügung widerrufen, so verlange ich, dass durch das Gutachten eines Facharztes für Neurologie oder Psychiatrie festgestellt wird, dass ich die notwendige Einsicht für diesen Widerruf **sicher** noch habe. Sollte dies **nicht sicher** sein, so hat es bei meiner in dieser Patientenverfügung niedergelegten Entscheidung zu verbleiben.

5. Patientenverfügung (absolutes Verbot jeglicher Reanimation, ggf. Verbot der Beatmung bei Erkrankung an Covid-19 („Corona"))

„Ich verbiete jegliche Reanimation." Oder „Ich verbiete eine invasive Beatmung." – Diese Formulierungen sind zwar rechtlich ausreichend, würden jedoch wegen ihrer Prägnanz und Kürze sehr wahrscheinlich kaum Beachtung finden. Deshalb empfehlen wir, die Motive für dieses Behandlungsverbot darzulegen, wie folgende Beispiele für mögliche Begründungen zeigen:

- „Ich lehne eine Wiederbelebung aus religiöser Überzeugung ab […]."
- „Ich lehne aufgrund meines Alters und erfüllten Lebens (oder Vorerkrankung, oder …) im Falle einer Erkrankung an Covid-19 („Corona") eine Wiederbelebung ebenso ab wie eine künstliche invasive Beatmung oder sonstige Behandlung auf einer Intensivstation."
- „Ich leide an der Krankheit X, die ich als derartige Last empfinde, dass ein plötzlicher Tod für mich eine willkommene Erlösung wäre […]. Deshalb verbiete ich absolut jegliche Reanimation."
- „Ich bin seit […] Dialyse -Patient und empfinde mein Leben schon jetzt als eine schwere Belastung. Ich will die Verschlimmerung meines gesundheitlichen Zustandes nicht erleben müssen und begrüße einen plötzlichen Tod als eine willkommene Erlösung […].Deshalb verbiete ich absolut jegliche Reanimation."
- „Ich weiß, dass ich an einer unheilbaren (z.B. Krebs-) Erkrankung leide, deren qualvolles Ende mir erspart bliebe, wenn ich einen plötzlichen Tod sterben dürfte […]. Dieser darf nicht mit einer Reanimation vereitelt werden."
- „Da ich hochbetagt bin, begrüße ich einen plötzlichen Tod als ein willkommenes, natürliches Ende meines erfüllten Lebens. Eine Wiederbelebung auch für den Fall eines völlig gesunden Weiterlebens lehne ich als widernatürlich ab."

In allen Fällen kann man hinzufügen, dass man bewusst auf Chancen verzichtet.

6. Patientenverfügung für Kinder (auch „Elternverfügung für ein krankes Kind")[1]

1. Personalien des Kindes und der Eltern:

Name und Vorname des Kindes, Geburtsdatum

Namen und Vornamen der Eltern bzw. des allein Sorgeberechtigten

Anschrift Kind und ggf. (bei Abweichung) der Eltern/des Sorgeberechtigten

2. Krankheitsgeschichte und Diagnose (insbesondere bei chronischem Verlauf Regelungen für die Sterbephase jetzt aufnehmen oder rechtzeitig ergänzen)

Worüber uns der Arzt aufgeklärt hat:[2]

Folgende Maßnahmen sind folgenden Personen kraft Delegation ausdrücklich erlaubt (z.B. Wer darf absaugen):

Name der Pflegekraft oder der Hospiz fachkraft: Delegierte Maßnahme:

3. Was dem kranken Kind jetzt wichtig ist:[3]

Meine Eltern und ich haben verstanden, dass die Erkrankung nicht mehr geheilt werden kann. Für den Fall, dass die Eltern/der bzw. die Sorgeberechtigte nicht aktuell zu einer Entscheidung erreichbar sind/ist, gilt diese Patientenverfügung.

Darüber hinaus ist mir besonders wichtig:[4]

Diagnostische Maßnahmen oder eine Einweisung in ein Krankenhaus sollen nur dann erfolgen, wenn sie einer besseren Beschwerdelinderung dienen und ambulant nicht durchgeführt werden können.

Das Kind soll möglichst zu Hause bleiben. Sollte das nicht gehen, soll es nach Möglichkeit gebracht werden in die Pflegeeinrichtung/Krankenhaus, Station:

Name, Anschrift

eingeliefert werden.

Telefon

1 Eine Broschüre für medizinische Fachkräfte zu diesem Thema kann beim Christophorus Hospiz Verein, München, Tel. 089/1307870, bezogen werden.

2 Sollte vom behandelnden Arzt ausgefüllt werden.

3 Grundsätzliche Überlegungen (z. B. Krankenhauseinweisung, Sterben zu Hause, persönliche Werte in der Situation u.a.).

4 Zutreffendes habe ich angekreuzt.

Das Kind wünscht den Beistand seiner Glaubensgemeinschaft/Kirche in Person von:

Name

Anschrift/Telefon

Es wünscht die Unterstützung durch einen Hospiz- oder Palliativdienst:

Anschrift/Telefon

4. Momentane Medikation:

Medikament Uhrzeit Zweck

zuletzt geändert am:

5. Notfallplan[5]

Mögliche Komplikation

Vom Patienten gewünschte Behandlung

Name, Anschrift und Telefon des behandelnden Arztes/der Palliativfachkraft:

Unterschriften von Arzt, Palliativfachkraft, Kind, Eltern bzw. Erziehungsberechtigte(r)

5 Muss gemeinsam mit dem behandelnden Arzt oder einer Palliativpflegekraft ausgefüllt werden.

7. Die Vorsorgevollmacht

VOLLMACHT – Seite 1 von 4

VOLLMACHT

Ich, ... **(Vollmachtgeber/in)**
Name, Vorname, Geburtsdatum

....
Adresse, Telefon, Telefax, E-Mail

erteile hiermit Vollmacht an

.... **(bevollmächtigte Person)**
Name, Vorname, Geburtsdatum

....
Adresse, Telefon, Telefax, E-Mail

Diese Vertrauensperson wird hiermit bevollmächtigt, mich in allen Angelegenheiten zu vertreten, die ich im Folgenden mit Ja angekreuzt oder gesondert angegeben habe. Durch diese Vollmachtserteilung soll eine vom Gericht angeordnete Betreuung vermieden werden. Die Vollmacht bleibt daher in Kraft, wenn ich nach ihrer Errichtung geschäftsunfähig werde.

Die Vollmacht ist nur wirksam, solange die bevollmächtigte Person die Vollmachtsurkunde besitzt und bei Vornahme eines Rechtsgeschäfts die Urkunde im Original vorlegen kann.

Gesundheitssorge/Pflegebedürftigkeit

- Sie darf in allen Angelegenheiten der Gesundheitssorge entscheiden, ebenso über alle Einzelheiten einer ambulanten oder (teil-)stationären Pflege. Sie ist befugt, meinen in einer Patientenverfügung festgelegten Willen durchzusetzen. Ja ☐ Nein ☐
- Sie darf insbesondere in sämtliche Maßnahmen zur Untersuchung des Gesundheitszustandes, in Heilbehandlungen oder ärztliche Eingriffe einwilligen, auch wenn die begründete Gefahr besteht, dass ich aufgrund der Maßnahme sterbe oder einen schweren und länger dauernden gesundheitlichen Schaden erleide (§ 1904 Abs. 1 BGB).* Ja ☐ Nein ☐
- Sie darf insbesondere ihre Einwilligung in medizinisch angezeigte Maßnahmen zur Untersuchung des Gesundheitszustandes, Heilbehandlungen oder ärztliche Eingriffe verweigern oder widerrufen, auch wenn die begründete Gefahr besteht, dass ich aufgrund des Unterbleibens oder des Abbruchs der Maßnahme sterbe oder einen schweren und länger dauernden gesundheitlichen Schaden erleide (§ 1904 Abs. 2 BGB). Sie darf somit auch die Einwilligung zum Unterlassen oder Beenden lebensverlängernder Maßnahmen erteilen.* Ja ☐ Nein ☐

* Besteht zwischen dem Bevollmächtigten und dem behandelnden Arzt kein Einvernehmen darüber, dass die Erteilung, die Nichterteilung oder der Widerruf der Einwilligung dem Willen des Patienten (Vollmachtgebers) entspricht, hat der Bevollmächtigte eine Genehmigung des Betreuungsgerichts einzuholen (§ 1904 Abs. 4 und 5 BGB).

(Aus: *Vorsorge für Unfall, Krankheit und Alter*, Verlag C.H.BECK, ISBN 978-3-406-74415-0).

- Sie darf Krankenunterlagen einsehen und deren Herausgabe an Dritte bewilligen. Ich entbinde alle mich behandelnden Ärzte und nichtärztliches Personal gegenüber meiner bevollmächtigten Vertrauensperson von der Schweigepflicht. Die bevollmächtigte Person darf Mitarbeiter von Versicherungsunternehmen bzw. von privatärztlichen Verrechnungsstellen von ihrer Schweigepflicht entbinden. Ja ☐ Nein ☐

- Sie darf über meine Unterbringung mit freiheitsentziehender Wirkung (§ 1906 Abs. 1 BGB) und über freiheitsentziehende Maßnahmen (z. B. Bettgitter, Medikamente und Ähnliches) in einem Heim oder in einer sonstigen Einrichtung (§ 1906 Abs. 4 BGB) sowie über ärztliche Zwangsmaßnahmen (§ 1906a BGB) entscheiden, solange dergleichen zu meinem Wohl erforderlich ist.* Ja ☐ Nein ☐

- .... Ja ☐ Nein ☐

Aufenthalt und Wohnungsangelegenheiten

- Sie darf meinen Aufenthalt bestimmen. Ja ☐ Nein ☐

- Sie darf mich bei der Meldebehörde an- und abmelden. Ja ☐ Nein ☐

- Sie darf meinen Haushalt auflösen. Ja ☐ Nein ☐

- Sie darf die Rechte und Pflichten aus dem Mietvertrag über meine Wohnung einschließlich einer Kündigung wahrnehmen. Ja ☐ Nein ☐

- Sie darf einen neuen Wohnraummietvertrag abschließen und kündigen. Ja ☐ Nein ☐

- Sie darf einen Vertrag nach dem Wohn- und Betreuungsvertragsgesetz (Heimvertrag) abschließen und kündigen. Ja ☐ Nein ☐

- .... Ja ☐ Nein ☐

Vermögenssorge

- Sie darf mein Vermögen verwalten und hierbei alle Rechtshandlungen und Rechtsgeschäfte im In- und Ausland vornehmen, Erklärungen aller Art abgeben und entgegennehmen sowie Anträge stellen, abändern, zurücknehmen, namentlich Ja ☐ Nein ☐
  - über Vermögensgegenstände jeder Art verfügen Ja ☐ Nein ☐
  - Zahlungen und Wertgegenstände annehmen Ja ☐ Nein ☐
  - Verbindlichkeiten eingehen Ja ☐ Nein ☐

* In diesen Fällen hat der Bevollmächtigte eine Genehmigung des Betreuungsgerichts einzuholen (§ 1906 Abs. 2 und 5 BGB und § 1906a Abs. 2, 4 und 5 BGB).

(Aus: *Vorsorge für Unfall, Krankheit und Alter*, Verlag C.H.BECK, ISBN 978-3-406-74415-0).

- Willenserklärungen bezüglich meiner Konten, Depots und Safes abgeben. Sie darf mich im Geschäftsverkehr mit Kreditinstituten vertreten. (**Hinweis für den Ausfüller:** Bitte beachten Sie hierzu die Frage 8) Ja ☐ Nein ☐
- Schenkungen in dem Rahmen vornehmen, der einem Betreuer rechtlich gestattet ist. Ja ☐ Nein ☐
- Folgende Geschäfte soll sie nicht wahrnehmen können Ja ☐ Nein ☐

  ....

  ....

Post und Telekommunikation

- Sie darf die für mich bestimmte Post – auch mit dem Vermerk „eigenhändig" – entgegennehmen und öffnen. Das gilt auch für E-Mails, Telefonanrufe und das Abhören von Anrufbeantwortern und der Mailbox. Zudem darf sie über den Verkehr mit Telekommunikationsmitteln entscheiden und alle hiermit zusammenhängenden Willenserklärungen (z. B. Vertragsabschlüsse, Kündigungen) abgeben. Ja ☐ Nein ☐

Digitale Medien

- Sie darf unabhängig vom Zugangsmedium (z. B. PC, Tablet, Smartphone) auf meine sämtlichen Daten im World Wide Web (Internet), insbesondere Benutzerkonten, zugreifen und hat das Recht zu entscheiden, ob diese Inhalte beibehalten, geändert oder gelöscht werden sollen oder dürfen. Sie darf sämtliche hierzu erforderlichen Zugangsdaten nutzen und diese anfordern. Ja ☐ Nein ☐

Behörden

- Sie darf mich bei Behörden, Versicherungen, Renten- und Sozialleistungsträgern vertreten. Ja ☐ Nein ☐

Vertretung vor Gericht

- Sie darf mich gegenüber Gerichten vertreten sowie Prozesshandlungen aller Art vornehmen. Ja ☐ Nein ☐

Untervollmacht

- Sie darf in einzelnen Angelegenheiten Untervollmacht erteilen. Ja ☐ Nein ☐

(Aus: *Vorsorge für Unfall, Krankheit und Alter*, Verlag C.H.BECK, ISBN 978-3-406-74415-0).

Geltung über den Tod hinaus

- Ich will, dass die Vollmacht über den Tod hinaus bis zum Widerruf durch die Erben fortgilt. Ja ☐ Nein ☐

Regelung der Bestattung

- Ich will, dass die bevollmächtigte Person meine Bestattung nach meinen Wünschen regelt. Ja ☐ Nein ☐

Betreuungsverfügung

- Falls trotz dieser Vollmacht eine gesetzliche Vertretung („rechtliche Betreuung") erforderlich sein sollte, bitte ich, die vorne bezeichnete Vertrauensperson als Betreuer zu bestellen. Ja ☐ Nein ☐

Weitere Regelungen

....

....

....	....
Ort, Datum	*Unterschrift der Vollmachtgeberin/des Vollmachtgebers*

....	....
Ort, Datum	*Unterschrift der Vollmachtnehmerin/des Vollmachtnehmers*

(Aus: *Vorsorge für Unfall, Krankheit und Alter*, Verlag C.H.BECK, ISBN 978-3-406-74415-0).

8. Modifizierung der Garantenpflicht für den Suizid

Ein (FVNF; FVET, Sterbefasten-) Suizident sollte für seinen betreuenden Arzt/Ärztin unbedingt vor der Selbsttötung anwaltliche Beratung suchen und folgende Erklärung **handschriftlich** geschrieben und unterschrieben abgeben (vgl. 5. Kapitel I 2 c):

Erklärung

Ich,

……………………………………………………………………,

Name, Vorname, Geburtsdatum

erkläre hiermit Folgendes:

Nach reiflicher Überlegung erkläre ich aufgrund meiner gesamten Lebenseinstellung und aufgrund meiner derzeitigen gesundheitlichen Situation folgendes: ich möchte mir den vorzeitigen Tod als Erlösung geben. Dieser Wille ist auch nach dem Bewusstseinsverlust im Rahmen meiner Selbsttötung für jedermann bindend!

Mein Sterben möchte ich durch Einnahme eines tödlich wirkenden Stoffes bewirken.

oder:

Mein Sterben möchte ich durch freiwilligen Verzicht auf Essen und Trinken (FVET) bewirken.

(Nicht Zutreffendes streichen)

Ich möchte dabei von dem Arzt / der Ärztin

……………………………………………………………………,

palliativ betreut werden.

Dies bedeutet konkret:

In der Zeit des Freiwilligen Verzichtes auf Essen und Trinken (FVET) respektive in der Phase zwischen Suizid-Handlung durch Einnahme eines tödlich wirkenden Stoffes und Eintritt des Todes soll mich Frau Dr. …………… …………… / Herr Dr. ………………… / die Einrichtung ………………… (z.B. Hospiz oder Palliativstation oder ambulantes Palliativteam) mit allen palliativmedizinischen Maßnahmen begleiten, den Sterbevorgang einerseits zulassen und andererseits bei Bedarf erleichtern, quälende Symptome wie z.B. Angst, Durst gefühl, Zittern, Krämpfe, Schmerzen oder Erbrechen bekämpfen, verhindern oder lindern.

Keinesfalls darf er/sie den Todeseintritt durch irgendeine Maßnahme, sei es durch eine eigene ärztliche Maßnahme oder sei es durch die Benachrichtigung einer anderen Person, wie z.B. eines Notarztes, verhindern. Insofern wird er/sie aus der Stellung eines Garanten für mein Leben entlassen und ist Garant der Beachtung meines Sterbewunsches und des Zulassens meiner autonomen Lebensbeendigung.

..........................., den...........

....
Unterschrift

Für die Wirksamkeit der Erklärung ist es sinnvoll, zur Abfassung Zeugen hinzuzuziehen und die volle Einsichtsfähigkeit für diese Erklärung sinnvoll zu dokumentieren, etwa durch das schriftlich fixierte Protokoll der Unterzeichnung durch eine vertraute Person und den behandelnden Arzt. Ferner muss vorab die Freiverantwortlichkeit und Wohlerwogenheit des Suizidenten hinsichtlich der Entscheidung zum aktiven oder passiven Suizid gegeben sein. Diese kann in aller Regel der behandelnde Arzt feststellen, hilfsweise kann man dazu einen Facharzt, z.B. FA für Psychiatrie, konsiliarisch einbeziehen.

9. Erklärung zur Organspende

Erklärung

Ich,

....,

Name, Vorname, Geburtsdatum

....

Geburtsdatum, Geburtsort, Anschrift

habe eine Patientenverfügung erstellt. Ich erkläre zugleich meine Bereitschaft, dass nach meinem Tod Organe und Gewebe zur Transplantation entnommen werden dürfen.

Es ist mir bewusst, dass Organe nur nach der Feststellung des unumkehrbaren Ausfalls der gesamten Hirnfunktionen (Hirntod) bei aufrechterhaltenem Kreislauf-System und unter künstlicher Beatmung entnommen werden können. Deshalb gestatte ich ausnahmsweise für den Fall, dass bei mir eine Organspende medizinisch infrage kommt, die kurzfristige (ca. 72 Stunden) Durchführung intensivmedizinischer Maßnahmen zur Bestimmung des Hirntods nach den Richtlinien der Bundesärztekammer und zur anschließenden Entnahme der Organe. Außerdem stimme ich der Durchführung von intensivmedizinischen Maßnahmen zu, die zum Schutz der Organe bis zu ihrer Entnahme erforderlich sind. Entsprechendes soll auch für den Fall gelten, dass zu erwarten ist, dass der unumkehrbare Ausfall der gesamten Hirnfunktionen (Hirntod) in wenigen Tagen eintreten wird.

Mit palliativmedizinischer Betreuung in dieser Phase muss ausgeschlossen werden, dass ich unter dieser Lebensverlängerung leide.

Dies widerspricht **nicht** dem Sinn meiner Patientenverfügung.

..........................., den...........

(Ort) (Datum)

....

(Unterschrift)

VI. Verfassungsrechtliches Gutachten von Prof. Dr. Friedhelm Hufen zum Fall Peter K. (Auszüge)

Die Autoren danken Herrn Prof. Dr. Friedhelm Hufen, Ordinarius für Öffentliches Recht, Staats- und Verwaltungsrecht an der Universität Mainz, für seine Erlaubnis zur auszugsweisen Veröffentlichung seiner Gutachtlichen Stellungnahme für den Bundesgerichtshof zur verfassungsrechtlichen Beurteilung der Ernährung durch PEG-Sonde bei Wachkoma patienten (Kritik an den Urteilen des LG Traunstein vom 16.10.2002, 3 O 205/02 und OLG München vom 13.2.2003, 3 U 5090/02 im Fall Peter K. [siehe oben Fall 16]).

I. Problemstellung

1. **Gegenstand** der vorliegenden Stellungnahme ist die Frage, ob ein Zivilgericht dadurch gegen Grundrechte verstoßen kann, dass es die Klage eines im irreversiblen Wachkoma liegenden Patienten auf Einstellung der künstlichen Ernährung mittels PEG-Sonde unter Hinweis auf die Rechte des Heimträgers und des Pflegepersonals zurückweist. [...]

4. Zu prüfen ist diese Frage in folgenden **Schritten**: Eine Grundrechtsverletzung liegt vor, wenn die Gerichte den Schutzbereich eines oder mehrerer Grundrechte des Klägers verkannt (II), wenn sie zu Unrecht einen Eingriff verneint bzw. falsch gewertet haben (III) oder wenn sie zu Unrecht davon ausgegangen sind, dass Eingriffe durch eine nicht vorliegende Einwilligung, gesetzliche Bestimmungen oder entgegenstehende Rechte Dritter bzw. verfassungsrechtlich geschützter Rechtsgüter der Gemeinschaft gerechtfertigt sind (IV).

II. Schutzbereich der Grundrechte des Patienten

1. Menschenwürde (Art. 1 I GG)

Unabhängig von der Frage, ob es sich bei der Menschenwürdegarantie des Art. 1 I GG ausschließlich oder vorwiegend um ein objektives Prinzip oder um ein Grundrecht handelt, ist die Menschenwürde jedenfalls ein **subjektives Recht**, das auch den im Wachkoma liegenden Patienten schützt und in diesem Zustand in besonderer Weise gefährdet ist. Die Menschenwürde schützt auch und gerade solche Patienten davor, zum bloßen Objekt des Behandlungs- oder Pflegewillens anderer oder zum Gegenstand der Apparatemedizin zu werden (Hufen, NJW 2001, 851; ähnl. aber auch Höfling, JuS 2000, 1149). Insbesondere gehört das Sterben in Würde zum Schutzbereich des Grundrechts (BGH NJW 2001, 1802, 1803); das Recht auf einen selbstbestimmten und würdigen Tod kennzeichnet den Zusammenhang von Würde und Selbstbestimmung (in diesem Sinne Dreier, GG Art. 1 I Rn. 93; u. Fink, Selbstbestimmung und Selbsttötung (1992), 154).

Dem kann nicht entgegengehalten werden, die Menschenwürde sei in erster Linie ein unverfügbares Prinzip, über das auch der Todkranke oder im Wachkoma liegende Patient nicht kraft eigener Selbstbestimmung verfügen könne (in diesem Sinne vor allem die Beiträge von Eibach, z.B. MedR 2001, 21, 24). Die hinter solchen Vorstellungen stehende „Mitgifttheorie" der Würde ist zwar als solche im Rahmen der verfassungsrechtlichen Diskussion möglich; sie darf aber nicht dazu führen, dass der Mensch zum Objekt bestimmter Definitionen der Menschenwürde wird, dass sich die Menschenwürde gegen den Menschen selbst und seine unveräußerliche Selbstbestimmung richtet (BVerfGE 61, 126, 137; Gusy, DVBl. 1982, 984, 968; Dreier, Art. 1 I Rn. 91; Hofmann, AöR 1993, 353; Pieroth/Schlink, Grundrechte, Rn. 357).

Sind also die Verfügung und die Selbstbestimmung über das eigene Leben Teil der Menschenwürde (Storr, MedR 2002, 436), so steht schon damit fest, dass dieses Grundrecht das selbstbestimmte Verhalten auch des Sterbenskranken und in seiner Willensbetätigung gehinderten Menschen schützt. Eine Zwangsernährung gegen den Willen eines Betroffenen ist schon dadurch als Verstoß gegen die Menschenwürde gekennzeichnet (Podlech, AK, Art. 1 I Rn. 55; Pieroth/Schlink, Rn. 392).

2. Freie Entfaltung der Persönlichkeit/Grundrecht auf Leben und körperliche Unversehrtheit (Art. 2 I und II GG)

Nicht nur die Menschenwürde garantie des Art. 1 sondern auch die Grundrechte des Art. 2 GG schützen die Selbstbestimmung des Patienten. Dabei sind zwei „Varianten" denkbar. Mit dem BVerfG (BVerfGE 52, 130, 171; ebenso Pieroth/Schlink, Grundrechte, Rn. 392) kann man die Selbstbestimmung über den eigenen Körper zum Schutzbereich von Art. 2 II GG (Recht auf Leben und körperliche Unversehrtheit) zählen. Es kann aber auch angenommen werden, dass das Selbstbestimmungsrecht über den eigenen Körper zum Schutzbereich des allgemeinen Persönlichkeitsrechts (also Art. 2 I i.V. mit Art. 1 GG) gerechnet wird (in diesem Sinne wohl BGH NJW 1991, 2357; Hufen, NJW 2001, 851 mit weiteren Nachweisen).

Einigkeit besteht darin, dass es zu den in Art. 2 GG geschützten Grundrechten eines Patienten gehört, dass aus medizinischer Sicht nichts gegen seinen erklärten Willen unternommen wird (BGHZ 90, 103; OLG München NJW 1987, 2940; Taupitz, Gutachten für den 63. Deutschen Juristentag

(2000), S. A12, A41; Schultze-Fielitz, in Dreier GG, Art. 2 II Rn. 43). Eine Verengung dieses Selbstbestimmungsrechts würde es darstellen, wenn man dieses Recht auf den unmittelbaren Sterbevorgang, also die passive Sterbehilfe „verengt" (so aber das OLG München in der hier zu beurteilenden Entscheidung, S. 9). Der Patient hat im Rahmen der **gesamten medizinischen und pflegerischen Behandlung** einen Anspruch auf Achtung seiner Selbstbestimmung. Wichtig ist lediglich, dass sich die Selbstbestimmung mit dem Ende des Lebens in einem besonders heiklen und beiderseits buchstäblich „vitalen" Konflikt äußert (Spickhoff, NJW 2000, 2297). Unzweifelhaft muss nur sein, dass Selbstbestimmung und körperliche Integrität auch in diesem Stadium vorgehen. Das Recht auf den Abbruch lebenserhaltender Maßnahmen (verkürzt als „selbstbestimmtes Sterben" bezeichnet) gilt nicht erst bei Einsetzen des Sterbeprozesses im Sinne passiver Sterbehilfe. Der Patient hat vielmehr auch schon vorher das grundrechtlich gesicherte Recht, durch Entziehung der Einwilligung zur Fortsetzung von ärztlichen Maßnahmen in Würde zu sterben (BGHSt 40, 257; Kutzer, NStZ 1994, 110). Der erklärte Wille des Patienten geht dabei sogar dem ärztlichen Heilauftrag vor.

Im vorliegenden Fall ist hervorzuheben, dass es **nicht** um einen – wie auch immer festzustellenden – „mutmaßlichen Willen" des Patienten geht. Dieser hat vielmehr mit hinreichender Deutlichkeit vor seinem Selbstmordversuch bereits den eindeutigen **Willen geäußert**, nicht in einem Zustand gehalten zu werden, in dem er sich jetzt seit 1998 befindet.

Es gehört also zum Schutzbereich des Selbstbestimmungsrechts (entweder aus Art. 2 I i.V. mit Art. 1 GG oder aus Art. 2 II), dass der Betroffene einen Anspruch auf Unterlassung von ihm nicht gewollter medizinischer Maßnahmen hat (Schulze-Fielitz, Art. 2 II Rn. 43; zur Bedeutung der Einwilligung des Betreuers Gründel, NJW 1999, 3391). Dieser erklärte Wille kann und muss von Verfassungs wegen vom Betreuer, den behandelnden Ärzten und allen sonstigen Personen umgesetzt werden.

3. Körperliche Unversehrtheit i. e. S. (Art. 2 II GG)

Unabhängig vom Selbstbestimmungsrecht hat der Patient auch ein Grundrecht auf Wahrung seiner körperlichen Unversehrtheit (Art. 2 II GG). Daraus ist abgeleitet worden, wenn es ein Recht auf Leben und körperliche Unversehrtheit gebe, dann gebe es in Form der „negativen Freiheit" ein Recht darauf, nicht (mehr) leben zu müssen (vgl. die Fragestellung in EGMR, NJW 2002, 2851 – Fall Pretty). Ob ein solches grundrechtlich gesichertes „negatives Lebensrecht" besteht, kann hier dahinstehen, weil jedenfalls das Grundrecht auf körperliche Unversehrtheit und Integrität gegen nicht konsentierte Eingriffe schützt. Der Patient selbst kann also über die Art und die Schwere ärztlicher Maßnahmen verfügen (Hufen, NJW 2001, 852).

III. Grundrechtseingriffe durch die künstliche Ernährung durch PEG-Sonde und deren Bestätigung durch die Urteile der Gerichte

1. Allgemeines

Es stellt sich zunächst die Frage, ob die Urteile des LG Traunstein und des OLG München schon dadurch den Stellenwert der Grundrechte des Klägers missachtet haben, dass sie die Eingriffsqualität der im Pflegeheim fortdauernden Maßnahmen verneint oder in ihrer Schwere verkannt haben. Dass dies so ist, indiziert schon der erste Satz des Tatbestandes, in dem das OLG ausführt: Der Kläger, vertreten durch seinen Betreuer, verlange im vorliegenden Rechtsstreit von der Beklagten eine „Mitwirkung an der Herbeiführung seines Todes durch Einstellung der künstlichen Ernährung". Der Kläger verlangt nämlich keineswegs eine „Mitwirkung an der Herbeiführung des Todes"; er verlangt lediglich das „Unterlassen der Fortführung eines invasiven Eingriffs in seinen Körper" – auch wenn diese zum Tode führt.

Es spricht also bereits viel dafür, dass das OLG München schon im Ansatz den verfassungsrechtlichen Auftrag zur Wahrung der Grundrechte des Betroffenen verfehlt. Das Gericht fragt offenbar danach, ob der Abbruch der Behandlung erlaubt statt – wie aus verfassungsrechtlicher Sicht unabdingbar – zu fragen, ob die Fortsetzung der Behandlung verfassungsrechtlich hinnehmbar ist (Füllmich, Der Tod im Krankenhaus (1990), 9 ff.). Damit verkennt das Gericht, dass nicht der Abbruch der Behandlung einer Rechtfertigung bedarf, sondern die Fortsetzung der Behandlung gegen den Willen des Patienten. Ein Eingriff ohne Einwilligung ist immer ein Grundrechtseingriff im Hinblick auf Art. 2 II GG (BVerfGE 52, 171, 174) und zwar unabhängig davon, ob die Behandlung nur fortgesetzt wird (wie im vorliegenden Fall) oder ob sie – etwa durch Legen einer PEG-Sonde – erst eingeleitet wird. Dass diese grundsätzliche Fragestellung verkannt wird, lässt das OLG ferner dadurch erkennen, dass es äußert, es komme nicht darauf an, „ob die geforderte Maßnahme rechtsdogmatisch als Handlung oder Unterlassung zu bewerten ist" (Begründung S. 10). Exakt dies ist aber die entscheidende Frage, weil das OLG unterstellt, der Kläger verlange vom Pflegepersonal eine aktive Tötungshandlung, während er nur die Einstellung eines nicht mehr gerechtfertigten Grundrechtseingriffs verlangt.

Wenn es stimmt, dass alle ärztlichen und pflegerischen Maßnahmen rechtswidrig sind, wenn sie nicht vom Willen des Patienten getragen sind (Uhlenbruck, FAZ vom 3.4.2002, S. 13; ders. NJW 2001, 2770; Kutzer, MedR

2001, 71; Halliday/Wittek, JZ 2002, 752), dann steht schon damit fest, dass die Fortsetzung der Behandlung Eingriffscharakter trägt, dass also deren Bestätigung durch das LG und OLG einen rechtfertigungsbedürftigen Grundrechtseingriff darstellt.

2. Menschenwürde

Allein der Zustand des Wachkoma patienten und seine Abhängigkeit von Pflege und medizinischen Einrichtungen stellen noch keinen Eingriff in die Menschenwürde dar. Auch der Patient in diesem Zustand verfügt über seine unantastbare Würde als Mensch.

Der Eingriff liegt aber darin, dass dieser Zustand aufrechterhalten wird, obwohl der Kläger und sein Betreuer ihr Selbstbestimmungsrecht dahin gehend ausgeübt haben, dass sie die Fortsetzung der Behandlung in diesem Sinne nicht wünschen. Damit werden sie zum Objekt der Wertvorstellungen anderer Menschen und müssen die patriarchalische Interpretation der Menschenwürde, wie sie von einem nur kleinen Teil der Literatur vertreten wird (insb. Eibach, MedR 2001, 21 und 2002, 123), über sich ergehen lassen. Wäre diese Interpretation richtig, so gäbe es überhaupt keine Selbstbestimmung, weil unterstellt wird, im Zustand der eingeschränkten Einwilligungsfähigkeit sei der Patient praktisch „imperfekt", er könne nicht mehr mit Ernst über seine Situation entscheiden; er müsse deshalb zwangsläufig zum Objekt der Entscheidung Dritter werden.

In der Sache ist demgegenüber klarzustellen, dass die Fortsetzung der Ernährung über eine PEG-Sonde gegen den erklärten Willen des Patienten und/oder seiner Betreuers letztlich auf eine **Zwangsernährung,** und zwar eine Zwangsernährung durch einen medizinisch-invasiven Eingriff, hinausläuft. Unabhängig von deren Motiv, ist aber Zwangsernährung immer ein Verstoß gegen die Menschenwürde, weil sie schon begrifflich die Selbstbestimmung bricht und den Menschen zum Objekt des die Maßnahme Durchsetzenden erniedrigt.

3. Eingriff in die Selbstbestimmung (Art. 2 GG)

Unabhängig von der Verletzung der Menschenwürde ist die Nichtbeachtung des erklärten Willens zur Nichtbehandlung und deren Bestätigung durch die Gerichte jedenfalls ein Eingriff in das Selbstbestimmungsrecht des Patienten. Die Selbstbestimmung schützt auch die Abwehr von lebensverlängernden Maßnahmen. Das gilt nicht nur für Sterbende (BGHSt 40, 257 = NJW 1995, 205). Im vorliegenden Fall hat der Patient immer wieder geäußert, dass er niemals in eine solche Situation kommen möchte. Dieser klare Wille wird durch die Gerichtsentscheidungen bedingungslos den Zielen des Heimes und der Pfleger untergeordnet. Dabei gehen die Gerichte von der rechtlich unzutreffenden Annahme aus, die Absetzung von lebensverlängernden Maßnahmen sei nur im unmittelbaren Sterbevorgang erlaubt.

4. Körperliche Unversehrtheit

Ein Eingriff in Art. 2 II GG liegt bei allen Maßnahmen vor, die in erheblicher Weise in den menschlichen Körper eingreifen (BVerfGE 52, 171, 174; Schulze-Fielitz in Dreier GG Art. 2 II Rn. 30). Das ist bei der PEG unstreitig der Fall. Es erfolgt ein unter Narkose vorgenommener Eingriff durch Legen einer Sonde durch die Bauchdecke, der so lange anhält, wie die PEG-Sonde sich im Körper des Menschen befindet.

Eine Einwilligung des Patienten oder seines Betreuers liegt nicht vor. Die fortbestehende künstliche Ernährung entspricht weder dem Willen des Patienten bzw. seines Betreuers noch einer durch den behandelnden Arzt festgestellten ärztlichen Indikation. Diese war zu keinem Zeitpunkt gegeben. Die liegende PEG-Sonde und die künstliche Ernährung sowie deren Bestätigung durch Landgericht und OLG sind also aus verfassungsrechtlicher Sicht ein permanenter Eingriff in das Grundrecht aus Art 2 II GG, aus strafrechtlicher Sicht eine „permanente Körperverletzung" (dazu BGH NJW 1995, 204; ebenso OLG Karlsruhe NJW 2002, 685).

Dagegen kann auch nicht eingewandt werden, es gehe nicht um einen medizinischen Eingriff, sondern lediglich um die „Grundpflege" in Gestalt des Stillens von Hunger und Durst. Grundvorsorge ist nur die Pflege und die natürliche Ernährung; die künstliche Ernährung, zumal diejenige durch einen invasiv angebrachten, durch die Bauchdecke geführten Schlauch, ist von der „Grundversorgung" nicht mehr gedeckt.

(Insofern zutreffend OLG Karlsruhe NJW 2002, 685; die ausschließlich ethisch begründete Gegenauffassung von Eibach, MedR 2002, 123 wird in der juristischen Fachliteratur, soweit ersichtlich, von niemandem vertreten.)

Damit steht fest, dass der aufgedrängte Schutz vor Selbstschädigung durch die fortgesetzte Ernährung ein rechtfertigungsbedürftiger Eingriff in das Selbstbestimmungsrecht und die körperliche Unversehrtheit des Patienten darstellt.

(Allg. dazu Kai Fischer, Die Zulässigkeit staatlichen Schutzes vor Selbstschädigung, 1997.)

Auch wenn diese Eingriffe unmittelbar nur von den Vertragspartnern im Pflegeheim und dem Pflegepersonal ausgehen, stellt die Bestätigung dieser Eingriffe durch die Gerichte selbst einen zumindest mittelbaren Grundrechtseingriff dar.

IV. Rechtfertigung des Eingriffs

1. Allgemeines

Der tatbestandsmäßige Eingriff in die Rechte des Patienten bedeutet noch nicht, dass es sich um eine Grundrechtsverletzung oder eine Missachtung des Stellenwerts der Grundrechte handelt. Das ist vielmehr erst dann der Fall, wenn der Eingriff nicht gerechtfertigt ist. Gerechtfertigt ist er – wie dargelegt – nicht dadurch, dass es sich nur um die Grundversorgung im Sinne einer „Vermeidung des Verhungernlassens" handle. Der Eingriffscharakter der invasiven Behandlung der PEG-Sonde und die Fortsetzung der künstlichen Ernährung wurde bereits unter III geklärt.

2. Rechtfertigung durch Einwilligung?

a. Eingriffe in die Rechte der Patienten können grundsätzlich durch Einwilligung gerechtfertigt sein (Schulze-Fielitz, Art. 2 II Rn. 36). Voraussetzung ist allerdings, dass die Einwilligung rechtwirksam erklärt ist **und** dass sie zum Zeitpunkt des Rechtsstreits noch andauert.

b. Eine Fehlinterpretation der Einwilligung liegt dann vor, wenn angenommen wird, in der Vertragsschließung mit dem Heim habe eine Einwilligung und eine Art grundsätzliche Unterwerfung unter die Ziele des Heimes auf unabsehbare Dauer vorgelegen (so anscheinend das OLG). Eine solche Einwilligung kann aber im vorliegenden Fall gerade nicht unterstellt werden, weil sie durch den sich auf den Patienten selbst beziehenden und dessen Willen am authentischsten interpretierenden Betreuer zwischenzeitlich explizit widerrufen bzw. verweigert wurde. Es handelt sich hier also nicht um den mutmaßlichen Willen des Patienten, sondern um einen durch den Betreuer interpretierten erklärten Willen. Das gilt umso mehr, als der Abbruch der künstlichen Ernährung einer expliziten ärztlichen Anordnung entspricht. In einem solchen Fall läuft es auf einen Grundrechtseingriff hinaus, wenn dem „Heimvertrag " ein ausschließliches und alle Erklärung der Beteiligten überragendes Gewicht beigemessen wird.

Für die Parteien ist es vorliegend unstreitig, dass die durch PEG eingeführte Ernährung und der derzeitige Zustand des Patienten nicht dessen erklärtem Willen entsprechen. Kläger und Beklagter haben den erklärten Sterbewillen insofern übereinstimmend unstreitig gestellt. Das will das OLG nicht anerkennen; der erklärte Wille könne im vorliegenden Fall nicht „unstreitig" gestellt werden. Damit verkennt das Gericht nicht nur die rechtstaatlich verankerte Dispositions-(Partei-)maxime des Zivilprozesses, sondern auch das unstreitig aus Art. 2 I und 1 GG folgende „Grundrecht auf Selbstschädigung" – selbst wenn eine ärztliche Indikation vorliegen würde, was –

gleichfalls unstreitig – nicht der Fall ist. Folgt man der Argumentation des OLG, dann wäre der erklärte Wille eines Komapatienten praktisch nie von Bedeutung; der aufoktroyierte Lebensschutz und der Heimvertrag gingen immer vor.

c. […]

Letztlich hat das OLG auch nicht mehr auf das Fehlen der vormundschaftsgerichtlichen (Anmerkung der Verfasser: heute „betreuungsrechtlichen") Genehmigung abgestellt sondern ausgeführt, dass selbst bei Vorliegen einer vormundschaftlichen (Anmerkung der Verfasser: heute „betreuungsgerichtliche") Genehmigung eine Pflicht zur Einstellung der Ernährung nicht gegeben sei (S. 12). Es hat damit kundgetan, dass es weder den entgegenstehenden Willen des Patienten noch sogar eine staatlich-richterliche Bestätigung eines solchen Willens zu achten bereit ist. Ausschließliche Bedeutung soll vielmehr insofern durchaus unspezifischer Heimvertrag und der Wille der Pflegekräfte haben.

Es bedarf keiner weiteren Begründung, dass diese Interpretation keine Rechtfertigung für den vorliegenden Grundrechtseingriff zu bieten vermag.

3. Keine gesetzliche Rechtfertigung

Unstreitig liegt im vorliegenden Fall keine Rechtfertigung des Grundrechtseingriffs durch ein seinerseits verfassungsmäßiges Gesetz vor.

Soweit die Menschenwürde betroffen ist, könnte eine solche Rechtfertigung auch nicht gesetzlich gegeben sein, denn diese ist auch für den Gesetzgeber unantastbar.

Gesetzliche Grundlagen für die Eingriffe in das **Persönlichkeitsrecht** und die **körperliche Unversehrtheit** sind nicht ersichtlich. […]

5. Verfassungsimmanente Schranken

Die Argumentation des LG Traunstein und des OLG München beruht im Wesentlichen darauf, dass das Selbstbestimmungsrecht des Patienten nicht absolut gelte, dass Gemeinwohlgründe bzw. Rechte Dritter entgegenstehen können (insofern zutreffender Bezug auf BVerfGE 59, 275, 280).

a. Schutzpflicht des Staates für das Leben

In der Begründung des OLG klingt an, dass es im vorliegenden Fall nicht nur um eine Rechtfertigung aus dem Heimvertrag und den Rechten der Pflegekräfte geht, sondern dass das OLG auch den grundsätzlichen Auftrag zum Schutz des Lebens und die Gefahr vor „Dammbrüchen" als Rechtfertigungsgrund für das Fortbestehen der Behandlung sieht. Dieser staatliche Schutzauftrag (BVerfGE 39, 1, 41) gehe dem Recht des Patienten vor.

Diese Auffassung wird in der Literatur in der Tat vor allem von solchen Autoren vertreten, die ganz allgemein Gefahren von Dammbrüchen und unerwünschten ethischen Entwicklungen sehen (Oduncu/Eisenmenger, MedR 2002, 327; Eibach/Schäfer, MedR 2001, 21). Der Patientenwille wird hier praktisch als Missbrauch des Grundrechts bezeichnet und damit faktisch eine Pflicht zum Leben statuiert (so auch die Kritik von Uhlenbruck, FAZ 3.4.2002, S. 13).

Geht man davon aus, dass auch die Menschenwürde das Selbstbestimmungsrecht des Patienten schützt, eine unerwünschte Weiterbehandlung also einen Eingriff in die Würde bedeutet, so wird vollends deutlich, dass eine solche Argumentation nicht hinnehmbar ist. Vorrang vor abstrakten gesetzgeberischen Zielen des „Lebensschutzes" muss vielmehr der Anspruch des Patienten auf Sterben in Würde (BGH NJW 2001, 1802, 1803) haben. […]

b. Grundrechte des Pflegepersonals als verfassungsimmanente Schranken?

Aus verfassungsrechtlicher Sicht besonders bedenklich und die Grundrechte des Patienten missachtend ist die Argumentation des LG und des OLG mit den „Verweigerungsrechten des Pflegepersonals aus Art. 1, 2 und 4". Das folgt nicht nur daraus, dass sich die Gerichte nicht einmal die Mühe machen, in einer exakten grundrechtsdogmatischen Prüfung nachzuweisen, ob

- die Grundrechte des Pflegepersonals wirklich einschlägig sind (Schutzbereichsprüfung),
- im vom Kläger begehrten Abbruch der künstlichen Ernährung ein Eingriff in diese Grundrechte vorläge
- und ob nicht letztlich bei der Anwendung der Grundsätze „praktischer Konkordanz" dem Willen des Patienten und dessen körperlicher Unversehrtheit vor den wirklichen oder nur behaupteten „Gegengrundrechten" der Pflegekräfte gebührt. […].

(1) Der Schutzbereich der **Menschenwürde** auf Seiten der Pflegekräfte ist erkennbar nicht berührt. Zwar sind diese auch in ihrer beruflichen Tätigkeit unstreitig Träger der Menschenwürde, doch heißt dies noch nicht, dass ihre sämtlichen ethischen und medizinischen Vorstellungen in gleicher Weise durch das Grundrecht geschützt sind.

Auch läge in der gerichtlich angeordneten Einstellung der Zwangsernährung des Patienten **kein Eingriff** in die Menschenwürde. Insbesondere ist nicht auch nur in Ansätzen denkbar, dass die Pfleger durch eine solche Entscheidung zum „Objekt" staatlicher Willkür, Erniedrigung und/oder Brandmarkung werden (BVerfGE 9, 80, 95; 87, 209, 228). In keiner Weise ist vorgetragen, warum eine solche Anordnung ein Ausdruck der prinzipiellen Verachtung des Wertes der Pfleger als Subjekte (so aber der Maßstab des BVerfG für einen Eingriff in die Menschenwürde – BVerfGE 30, 1, 26) sein soll. Die Berufung des LG Traunstein auf die Menschenwürde der Pfleger scheint also ein geradezu exemplarisches Beispiel für die „Marginalisierung der Objektformel" zu sein, vor der Dreier (GG, Art. 1 Rn. 35, 39) zu Recht warnt.

(2) Unerfindlich ist auch, warum sich die Leitung des Hauses und die Pfleger auf **Art. 2 GG** sollten berufen können. Soweit hier die Selbstbestimmung gemeint ist, fände diese unweigerlich im entgegenstehenden Willen des Patienten, des Arztes und des Betreuers ihre Grenze, bei denen es sich um „Rechte Anderer" im Sinne von Art. 2 I GG handelt. Art. 2 II GG – körperliche Unversehrtheit – kommt schon deshalb nicht in Betracht, weil es nicht um Eingriffe in die Gesundheit und körperliche Unversehrtheit der Pfleger, sondern gerade umgekehrt um einen solchen Eingriff in die körperliche Unversehrtheit des Klägers geht.

(3) Es bleibt also allein das Argument, der Abbruch der künstlichen Ernährung verstoße gegen Art. 4 GG, also die **Gewissensfreiheit** der Pfleger und sei deshalb **unzumutbar**.

Das LG und das OLG verkennen hierbei allerdings, dass es bei der Verhältnismäßigkeitsprüfung eines Eingriffs nicht darum geht, was den Eingreifenden „zumutbar" ist, sondern was dem Grundrechtssubjekt, in dessen Rechte eingegriffen **wird**, zumutbar ist. Zum anderen erweist sich hier erneut das Gewicht der grundsätzlichen Fehlbeurteilung der Gerichte, es handle sich um eine aktive Mitwirkung an der „Herbeiführung des Todes". Gerade das ist nicht der Fall. Es geht vielmehr um die Einstellung einer nicht mehr durch die Einwilligung des Patienten gedeckten medizinischen Behandlung auf ärztliche Anordnung. Hier ist es bereits fraglich, ob überhaupt ein Eingriff in die Gewissensfreiheit in Betracht kommt.

Soweit von den Pflegern im Zuge dieses Vorgangs die weitere Zuführung von Flüssigkeit, die Einbringung bestimmter Medikamente, die Anbringung eines Verneblers oder eine intensive Mundpflege verlangt wird, handelt es sich hierbei gerade nicht um gezielt auf eine „Tötung" gerichtete Maßnahmen, sondern um zur Sterbebegleitung auch nach den Grundsätzen der Bundesärztekammer gehörende Nebenmaßnahmen (NJW 1998, 3406). Diese erfüllen nicht einmal den Tatbestand der indirekten Sterbehilfe, geschweige denn führen sie selbst zum Tode (zu den Unterscheidungen Herzberg, NJW 1996, 3043).

Es geht also nicht um einen aktiven Eingriff in das Leben, sondern um die Beendigung eines Eingriffs in Unversehrtheit, Selbstbestimmung und Würde des Patienten. [...]

Die Gewissensfreiheit der Pfleger ist also nicht berührt.... Selbst wenn es aber so wäre, dass bereits das Folgen des Patientenwillens auf Einstellung medizinischer Eingriffe der Schutzbereich der Gewissensfreiheit berührt wäre, so könnte in dieser Maßnahme kein Eingriff in dieses Recht gesehen werden. Gewissensfreiheit gibt nämlich in keinem Fall das Recht, in die Rechte anderer Bürger einzugreifen bzw. die Selbstbestimmung eines anderen Bürgers zu durchbrechen (Muckel, NJW 2000, 689). Das Gewissen kann nur die Unterlassung bestimmter Maßnahmen rechtfertigen, nicht aber die Fortsetzung eines aktiven Tuns, das sich im strafrechtlichen Sinne immerhin als Körperverletzung darstellt. Niemand kann sich auf sein Gewissen zur Rechtfertigung eines Eingriffs in die Grundrechte eines anderen berufen (OVG Koblenz DVBl. 1997, 1191 – Tierpraktikum und Wissenschaftsfreiheit; bestätigt durch BVerwG NJW 2000, 88; BVerfG NVwZ 2000, 909).

Hinzu kommt, dass die Pfleger kraft ihres Dienstverhältnisses verpflichtet sind, sich an die Anordnungen der Patienten und der Ärzte zu halten. Es existiert also eine echte Dienstpflicht zur Befolgung ärztlicher Anweisung. So kann sich ein Pfleger auch nicht auf sein Gewissen berufen, wenn der Arzt ihn anweist, zur Vermeidung oder Verhinderung unerträglicher Schmerzen Morphium zu spritzen. Das gilt selbst dann, wenn dieser Vorgang auf indirekte Sterbehilfe hinausliefe. Der Pfleger wäre in seiner Handlung durch die ärztliche Verantwortung gerechtfertigt. Insofern besteht eine Parallele zum Remonstrationsrecht des Beamten (§ 38 BBG). Dieser ist von der Verantwortung frei, wenn er auf seinen Gewissenskonflikt hingewiesen, sich dann aber an die Anweisung seines Vorgesetzten gehalten hat, außer wenn ein Verstoß gegen die Menschenwürde oder die Strafgesetze vorliegt. Beides ist hier nicht der Fall. Im Gegenteil: Menschenwürde und körperliche Unversehrtheit des Patienten rechtfertigen und fordern gerade die Achtung des Patientenwillens. [...]

V. Ergebnis

Im Ergebnis besteht also keine Rechtfertigung für die geschilderten Grundrechtseingriffe auf Seiten der Pfleger. Selbst wenn diese sich auf ihre Gewissensfreiheit berufen könnten, gingen die Grundrechte des Patienten auf menschenwürdige Behandlung, körperliche Unversehrtheit und Selbstbestimmung vor.

Das LG Traunstein und das OLG München haben sowohl die Schutzbereiche der klägerischen Grundrechte verkannt als auch zu Unrecht einen

Grundrechtseingriff verneint. Jedenfalls haben sie vermeintlichen Grundrechten der Pflegekräfte in einer methodisch völlig unbegründeten und einseitigen Weise den Vorrang gegenüber elementaren Grundrechtspositionen des Patienten eingeräumt.

Die Urteile verletzen damit Grundrechte des Klägers aus Art. 1, 2 I und 2 II GG.

Sachverzeichnis

T

U

V

W

Z

BGB
Bürgerliches Gesetzbuch
Allgemeines GleichbehandlungsG
ProdukthaftungsG
WohnungseigentumsG
ErbbauRG
Mit COVID-19-Gesetzgebung
86. Auflage 2020
Beck-Texte im dtv

Ritter
Ratgeber Erbrecht
Erben und Vererben.
Rechtsberater
4. Aufl. 2020. Rd. 220 S.
ca. € 18,90. dtv 51249
Auch als **ebook** erhältlich.
Neu im Nobember 2020

TOPTITEL
NEU

Umfassender Überblick über das deutsche Erbrecht.

Dieser Ratgeber gibt einen umfassenden Überblick über das deutsche Erbrecht: von der richtigen **Vorsorge zu Lebzeiten** (wie beispielsweise Testament, Erbvertrag, Schenkung) bis hin zu den **Besonderheiten bei Ehepaaren** (mit oder ohne Kinder), **Alleinstehenden, Lebensgemeinschaften oder Geschiedenen.**

Auch erläutert der Autor, was konkret im **Erbfall** passiert und welche **Rechte und Pflichten** bestehen. Ob Alleinerbe, Erbengemeinschaft, Pflichtteilsberechtigte – für alle denkbaren Konstellationen gibt er wichtige Tipps und Hinweise bei der Abwicklung eines Erbfalls.

Eine Vielzahl von **Beispielen, Musterformulierungen, Checklisten** und Tipps erklären die rechtlichen Aspekte und machen das Verständnis leicht.

Die **5. Auflage** ist vollkommen überarbeitet und auf den neuesten Stand von Rechtsprechung und Gesetzgebung gebracht. Berücksichtigt wird unter anderem neue BGH-Entscheidungen zum **digitalen Nachlass,** zum Totenfürsorgerecht sowie zur Auslegung eines gemeinschaftlichen Testaments für den Fall des gleichzeitigen Versterbens.

Der Autor **Heiko Ritter** ist Rechtsanwalt und Fachanwalt für Familienrecht sowie Mediator in Weinheim.